赝硯考

羅土湘題

吴笠谷 著

文物出版社

1. 台北故宫博物院藏"晋玉兰堂砚"（乾隆内府原藏，收入《西清砚谱》）

2. 台北故宫博物院藏 "元结庤亭砚"
（乾隆内府原藏）

3. 日本德川美术馆藏"黄庭坚铜雀瓦砚"（日本江户幕府将军德川家康用砚）

4. 重庆博物馆藏"谢枋得抄手砚"

5. 台北故宫博物院藏"文天祥玉带生砚"（乾隆内府原藏，收入《西清砚谱》）

6. 天津博物馆藏"谢枋得桥亭卜卦砚"（徐世章原藏）

7. 日本人藏"范成大紫金石砚"（背）

8. 台北故宫博物院藏"周必大天池云带砚"
（乾隆内府原藏）

9. 日本人藏"刘宗周海天旭日砚"（正、背）

10. 台北故宫博物院藏"姜夔紫端七星砚"（乾隆内府原藏）

11. 四川眉山三苏祠博物馆藏"苏东坡笠屐图砚"

12. 黄山市博物馆藏"米芾抄手砚"

13. 台北故宫博物院藏"宋徽宗睿思东阁砚"（背。乾隆内府原藏，收入《西清砚谱》）

14. 台北故宫博物院藏"宋高宗赐王安道砚"（乾隆内府原藏）

15. 日本人藏"阿翠像砚"（背。沈汝瑾原藏，收入《沈氏砚林》）

16. 日本人藏"李商隐小像砚"（背。沈汝瑾原藏，收入《沈氏砚林》）

17.安徽省博物馆藏"杨慎端石著书砚"（背）

18. 沪上朱氏藏"袁崇焕铭仿铜雀台瓦端砚"

19. 上海博物馆藏"朱彝尊曝书亭著书砚"

凡 例

一、本书分《证伪编》、《阙疑编》两部分。《证伪编》诸砚,笔者考证认为必伪;《阙疑编》诸砚,虽少数暂缺伪品铁证,笔者私见,基本赝品。

二、本书各文,以数百字左右的短文分节,各节皆冠以小标题,求读之主题明了。

三、本书所辨主题,以今传唐宋名人铭款砚为主,所收部分明清名人砚,皆取砚史著名者。

四、本书所辨砚范围,以今日尚存世之砚为主。少数几品如"岳飞砚"、"文天祥绿端蝉腹砚",因砚史影响极大,故砚今虽不传,亦特为作专文考索。

五、本书除主题所考砚,又有与主题相关,但不敷单独成篇之文房什物,包括古琴等文人雅器,亦一并略作考辨附于文后为参考。

六、本书正文所辨各砚,以考证铭文为主,若非行文需要,其尺寸略而不录。

七、本书所辨各砚排序,以年代远近为先后。亦有少数因行文方便而顺序联篇者,如文天祥砚即与岳飞砚相衔接。

八、本书所辨各砚,涉及主题之主要人物皆有生平简介。极著名者,略之不叙。所计人物年龄,循古人惯例以虚岁为主。

九、本书所引文献,为求准确性,尽量引用原文。所记多种者,取原始出处为主。

十、本书引用原文原注,皆于括号内注明为原注。未标明原注者,皆为笔者所按。

十一、本书主题涉及之古人名贤,以称呼字号为主,敬重前贤意。影响不甚彰者,则直称其名。

十二、本书较多引用的古今人图籍,首次引用称全名,后文兼用简称。如米芾《砚史》省称《米史》、纪昀《阅微草堂砚谱》省称《纪谱》。

十三、本书所采用之砚图、砚拓,除国内今人出版物外,亦择用前人《广仓砚录》及日本人所撰《古名砚》、《砚台》等。

目 录

下编　阙疑编

引言　几格拂尘

——掀起名砚的盖头

砚以人重

晚清湘地文人曾兴仁云：

> 古今砚足传者，不论何材，视其用之为何人耳。如唐之李邺侯（泌）勘书砚、李青莲（白）墓下砚；宋陆放翁（游）五铢砚、心太平庵砚，文信国（天祥）玉带生砚、绿端砚，谢文节（枋得）桥亭卜卦砚；明宋金华（濂）自铭存道砚；国朝陈恪勤（鹏年）绿龟砚、张船山（问陶）家传仁庙所赐绿端砚，至今流传，珍逾瑶版。皆以其人心存君国，史册彪炳，固不仅如唐太常（鹤征）所获屐砚、楼京堂（俨）所获明砚，足供文人学士之传砚已也。然则今之藏有古人名砚者，必当睹物思人，常存抑止。即别获古今佳石，亦当思为文雄、为书圣、为忠臣、为孝子，庶他日不与同朽者其未可量也……（《砚考·砚以人重说》）

自然，唐代李泌、李白，宋代陆游、文天祥、谢枋得，明代宋濂等史上忠烈、文豪遗砚，无疑是后人借物慕情之良媒。对砚如晤古贤，品之味之，可以知人论世，企仰远哲，岂可徒以玩好视之？

曾氏所举，唐人李泌、李白，宋人陆、文、谢，明人宋濂诸砚，皆前朝古珍。后数砚：康熙朝名臣陈鹏年所藏绿龟砚，为白河令金桑洲所赠，天然似龟，故名。乾嘉间诗人张船山所藏绿端砚，为清圣祖康熙赐其高祖张鹏翮物。晚明唐鹤征家藏屐砚，有宋端宗御押。康乾间词人楼俨所得明砚，砚状俟考，当为明人遗物。

曾氏对宋端宗屐砚不以为然，对康熙赐砚却推之誉之，无非政治正确耳。以砚史价值论，康熙宫廷礼品砚，与四百年前之南宋御砚不可同日而语。

除楼氏砚外，曾氏所举诸砚皆清中期名闻一时之名物。陈氏绿龟砚、张氏绿端砚皆新品，自不假。惜唐宋人诸砚多不真：今传陆游五铢砚，仿品；谢枋得桥亭卜卦砚，伪品；文天祥玉带生砚、绿端砚，一仿一伪（后者今已不传），我皆有文考辨。

曾氏开篇所谓"古今砚,足传者,不论何材,视其用之为何人耳",无论足传标准如何,其所列诸砚,皆各有足传理由。余者如李后主砚山之际遇,岳飞砚之谜踪,薛素素脂砚之炫世,叶小鸾眉子砚之传奇,种种砚史名案,皆同一理。

而"视其用之为何人"之先决条件,确实道尽名人砚"砚以人重"之要旨。

铭贵人文

存世名人砚,除极少数流传有绪、来历清楚之无款砚外,主要特征便是砚上名人手迹——砚铭。否则西洞尤物、水舷极品,亦不过玩好之物而已。

乾嘉间番禺才子陈昙玩古有心得:

> 昔人有不宝珠玉,不矜裘马,独于遗簪坠珥,败篦破笥乃复摩挲抚玩,若不胜情者,盖亦仁人君子不忘故旧之意……对临之下,有不肃然旷然者哉?(《感遇堂集·邝斋四长物铭及跋》)

物因人传,名人遗物,虽"遗簪坠珥,败篦破笥"亦复可亲。坡公云"我生无田食破砚",即令坡公用砚真为劣砖粗陶所制,亦成无上奇珍,岂是珠玉、裘马可比?此亦即曾兴仁所谓"不论何材,视其用之为何人"之意。

今人所称"文物",文在前而物在后,以人为本也。无物无以传文,无文难以显物。无铭之物,属物在人亡;有铭之物,则人亡文在,可补史阙;此正砚学之佳处——"器"之外犹在于"道"。

而名人砚之有铭,又可见铭者心志。如儒家以石质坚贞自砥"道自全",道家从石品妙曼中畅想"逍遥游",释家从"蓬莱"砚中阐释"极乐天";韩魏公《铜雀瓦砚铭》:"故瓦凿成今日砚,待教人世写兴亡",此政治家感世;坡公《砚铭》所谓"真手不坏"、"真砚不损"之辩,此哲人睿思;纪晓岚《连环砚铭》:"连环可解,我不敢",此大僚官箴;朱竹垞《井田砚铭》:"井尔井,田尔田;宜丰年",此文人愿景;程瑶田《小员砚铭》:"余能方,弗能圆",此学者傲骨;金冬心《团砚铭》:"砚如此不恶,面如此便俗",此才人疾俗。

"岳飞砚"之为人称道,盖其铭文"持坚守白,不磷不淄"契合武穆心志也。区区八字,两百年间,享尽尊荣。时至今日,依旧风光无限,此便是名人砚之魅力所在。

但其迷人处,也是惑人处。

亦因人赝

晚明"博物君子"李竹懒(日华)《紫桃轩杂缀》载:

> 唐张氲,号洪崖,生有好古之癖。开国公李太一贻孔子木屐一枚,太子洗马田游岩赠伊喜龟、王戎如意杖;侍御史郭翰赠王烈石髓、杨炯赠孔子石砚、杨雄铁砚;杨齐

哲赠嵇康锻椎，陈平和赠谢灵运须数茎，僧志远赠蔡邕焦尾琴、葛洪刮药篦；僧修然赠
迦叶头陀钵，秦休庄赠河上公注五千言稿本，刘守章赠四皓鹿角枕，司马子微赠淮南
王药杵臼；节度使张守珪赠海虾蟆牙，长一尺八寸；明皇亦以内厩白驴赠之。氲跨以
出入曰：此千年雪精也。

张先生斋室，俨然一"名人名物"杂货铺，只店主是被众人揶揄之丑角。

史实之张氲，武后及玄宗屡召不赴，是唐时著名隐士。此则趣事或非史实，但迷古人
士历来有之，盖世有所好，造赝博利者必随之，伪品名人砚亦复如是。杨炯戏赠张氲之
"孔子石砚、杨雄铁砚"且不论，伪品砚北宋时必已有之。时人藏一"天宝八年端州刺史李
元"铭端砚，唐玄宗天宝年间称载不称年，州守称太守不称刺史，故铭必伪。此事当时名
士梅尧臣、刘敞、江休复皆参与辩伪。赝品"铜雀瓦砚"亦始于北宋。有王荆公诗《相州古
瓦砚》为证：

> 吹尽西陵歌舞尘，当时屋瓦始称珍；甄陶往往成今手，尚诧虚名动世人。

古名物，真者寥寥，伪者比比，此为常态。赝品砚尤其赝品名人砚，鱼目混珠，谬种流
传，习非成是，误人尤多。

清者自清，浊者自浊，即便高手作赝，亦难免疏漏之处，名人砚之珍贵在于铭文，伪品
砚之命门也在于铭文，故辨别铭文真伪乃鉴识名人砚之关键。

此固属难题却也是玩砚之意趣所在。

说文解字

古砚铭文皆"之乎者也"，若通读词句尚且不易，遑论理解其旨趣矣。因之鉴赏名人
砚除悉知历代砚式、诸坑石品外，更须具备解读铭文之素养，此属砚外功夫，其法概言之
曰："说文解字"。"说文"者，解辞义；"解字"者，识铭字。此虽不若解读卜辞之难，较别
类无铭古物却又复杂。

古砚铭，其文体多用铭、箴、跋、论、赞，于诸文体之特性，须略知，否则句读不知，丛生
疑惑；其铭字皆繁体（亦偶有异体字），又须多识"古文奇字"，方可免"鲁鱼亥豕"之误。
又，汉砚必无"魏体"，唐宋必无"馆阁"，此书体时风之差异；傅青主、吕晚村所铭，必不作
奴气之"干禄书"，此个体书风之差异。铭印亦同一理，须略悉印风之流变、印家之风格，
若明人砚是浙派篆法，自必伪。此外，落款亦有时代差异，"某某词丈"者，明人常用；"某
某明府"者，清人喜用。明以前人不称"晚生"，倘宋人款如此自称，亦伪。清人贡御，"臣"
字必小写，晋唐人无此奴性。此虽皆细节，亦可为读铭辅助。

常见今人砚谱，所译砚铭，错字连篇，断句不通，难以卒读。尤因不知出典，解文多付
阙如。如此则原铭之妙处全然不知所谓，实在有负名物。

　　要之，鉴赏古砚铭文之不二法门，无非在多"读书"、多"识字"上做功夫，更无捷径。

　　一名一物，皆有精义可传之不朽，而金石有寿，石交永久。余倾心古砚有年，或有愚得，于是，便有了此书。

　　虽然，掀起赝品名砚之盖头，兹事体大，难免有"抓破美人脸"般之煞风景。

　　然者，所谓"假作真时真亦假"，去芜方能存菁，此所以本书虽言辨伪，意实在于识真也！

上编　证伪编

乾隆内府二晋砚

——南朝风流无此样

三朝宠爱在一身

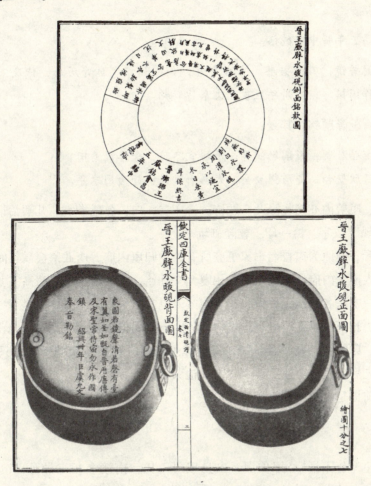

《西清砚谱》刊晋王廙璧水暖砚

梁任公云："二十四史非史也，二十四姓之家谱而已"（《梁启超文集·中国之旧史》）。以帝王将相为纲之历史，似可为"英雄造时势"之说张目。吾国向有"官本位"传统，此所以帝王将相之砚尤为世人所尊崇也。

此砚之"名贵"，不仅贵在是有图可考之最早的"名人砚"；更贵在"履历"之无比显赫：原藏于东晋名家，唐宋两名相题铭，三次入禁苑御府！

原物藏清内府乾清宫西暖阁，刊于《西清砚谱》。题为"晋王廞壁水暖砚"。实物今已杳如黄鹤。

砚为环渠圆池，状如覆釜，所谓辟雍砚式。侧缀兽面铜环二。砚材不详，四库馆臣解云："质理紫润，绝类端石"。砚侧及背镌有三铭，云字皆篆书。铭云：

规厥形，肝则白。水环周，濯冰魄。承以燧，宜冬日。垂黄耳，保终吉。晋琅琊王廞铭。

会昌五年赐中书德裕。

象圆若镜，声清若磬。有台有翼，如釜如甄。自晋历唐，传及宋圣。常侍密勿，永作国镇。绍兴卅年臣虞允文奉旨勒铭。

砚侧镌有乾隆题铭。其云：

琅琊贻朴制，雍国勒鸿篇。承燧宜冬日，含华悦意田。
文房欣璧合，美质得天全。尤喜唐庚语：静为用永年。

砚有匣，匣盖内亦镌乾隆此一题诗。钤印二，曰：乾隆御赏、几暇怡情。匣底镌乾隆楷书"晋砚"二字。钤一印：乾隆御玩。

从砚铭看，砚原为东晋名书家王廞所有；后归唐内府，唐武宗会昌年间以之赐宰相李德裕；复入南宋内府，宋高宗命丞相虞允文勒铭；再进清内府，清高宗弘历铭之。二相三帝外加一书法名家萃于一砚，岂不羡煞人也？

相对砚史长河，乾隆不过晚近人物，其内府遗砚虽极丰，但此砚历经晋、唐、宋三代名人收藏、题铭，无疑罕若星凤，可谓煌煌重器。可相与颉颃者，恐只有宋人苏东坡、米元章先后入藏之书圣王羲之"古凤池紫石砚"而已。

当然，前提是：砚必是真品。

情　种

王廞（生卒年不详），字伯舆，出身琅玡王氏，南渡名相王导孙，镇军将军王荟子。官至司徒左长史。晋哀帝隆安初，王恭举兵，假建武将军、吴国内史，寻背恭，为刘牢之所败，亡走不知所在。

《淳化阁帖》所收王廙书《静媛帖》

王伯舆其人大堪玩味，实在是一不可救药之"情种"。《世说新语·任诞》：

> 王长史登茅山，大恸，哭曰："琅玡王伯舆，终当为情死！"

王伯舆此"殉情"十字"真言"，堪称魏晋人关于情感乃至人生之千古绝唱。元遗山所谓"问世间，情为何物，直教生死相许？"正与伯舆同一心声。其"情"，言人之真性情，此正"魏晋风度"之精神。

王伯舆又以一"女权主义"之先驱者形象名传后世。其举兵"清君侧"，剑走偏锋，大用"娘子军"。只一干"胭脂虎"，怎敌名将刘牢之所统身经百战之"北府狼"（北府兵）？

王伯舆另一影响后世者，是为书法，此琅玡王氏书法世家之传统。其本王右军之侄，与王珣为兄弟行。后人赞伯舆：

> 温温伯舆，亦扇其风；风流之表，轩冕之中；骨体慢正，精彩冲融；已高天然，恨乏其功；如承奕叶之贵胄，备风训之神童。（唐书家窦泉、窦蒙《述书赋》上篇）

其人蕴藉，其书典雅，字里行间流溢出之贵族气息及浪漫情怀，从今传王氏所作《静媛帖》中或可品味一二。

石　痴

李唐一朝，有两李卫公皆极有名，前者即名震大漠之大兵家初唐卫国公李靖；后者为中唐名臣李德裕。

李德裕（787～849年），字文饶，河北赵郡（今赵县）人。宰相吉甫子。以荫补官，累至武宗朝宰相，封卫国公，当国凡六年。是"牛李党争"主角。党争失败，贬崖州司户参军，卒于贬所。

李卫公当轴有政声，曾被李商隐誉为"万古之良相"。后世论"牛李党争"，亦多扬李抑牛。实情或是：李亦偶有小人之心，牛亦时行君子之事。

李卫公善文，虽在大位，手不去书，今遗诗一卷。又工篆隶、行草。传世墨迹有《步辇图》篆书题跋，似不真。

李卫公以好石玩名世，其东都洛阳府第平泉庄，藏石千余，有醒酒石、似鹿石等诸品。其临终立遗训云："凡将藏石与他人者非吾子孙"。为史载最早之赏石大家之一。

李卫公又喜砚，高似孙《砚笺》记："李卫公多砚，妙绝者曰结邻，言与砚为邻。"又为见诸文献之史上第一位藏砚家。南宋王象之《舆地纪胜》记肇庆古有"唐李德裕题名，字为八分"，惜"石刻久亡"，可知李氏曾到过端州。

有意思者，牛僧孺亦好玩石。政见虽似冰火，于赏石之道，牛、李却为同志。东坡《赠善相程杰》诗有云："洛阳泉石今谁主，莫学痴人李与牛"，盖谓牛、李皆"石痴"。

《步辇图》后李德裕篆书跋（右第二行）。今人辨此阎立本名作为伪品。李之篆跋与其后宋人章伯益篆题书法如出一手，此应为疑点之一。今传者或摹本。

书 生

虞允文（1110～1174年），字彬甫（亦作彬父），四川隆州仁寿人，唐名书家虞世南后裔。绍兴二十四年进士。绍兴三十一年，金主完颜亮入寇，朝廷遣允文犒师采石前敌。时宋军无主，允文勉以忠义，督师击溃金人，完颜亮因被部下所弒。后任丞相多年，乃南宋初年重臣，封雍国公。首荐胡铨、周必大等，一时盛称得人。卒谥忠肃。

所谓"百无一用是书生"，视虞忠肃、班定远（超），大谬矣！史评曰：

> 允文姿雄伟，长六尺四寸，慷慨磊落有大志，而言动有则度，人望而知为任重之器。早年以文学致身台阁，晚际时艰，出入将相垂二十年，孜孜忠勤无二焉。（《宋史·虞允文传》）

杨诚斋（万里）为虞忠肃所作《神道碑》，赞云：

> 公颀而长，山立玉色，望之如神仙中人。其音如钟，杰魁俊伟，慷慨磊落，内无城府，外无边幅，好士如好色。

虞忠肃之风度大约亦算得一不世出之俊人！

虞忠肃工诗文，又善书法，其书"雍容劲逸"，今尚有墨迹《钧堂帖》、《适造帖》等传世。

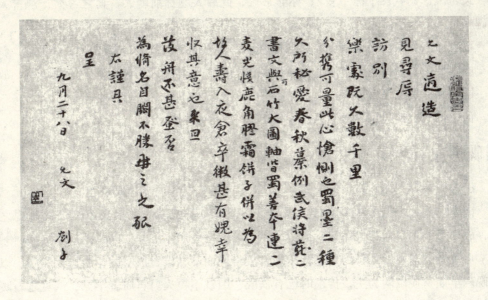

北京故宫博物院所藏虞允文《适造帖》

何以三家篆

此砚李、虞两铭年号与两人行迹相合，正如馆臣所考："会昌五年……正德裕在中书时所赐"；"（虞）于绍兴三十年十月使金，奉敕作铭当在允文未出使时"。

史评李卫公工篆隶、八分、草书。李商隐《太昌卫公会昌一品集序》赞李字"隶法遒媚"，"草势沉着"，"当代罕俦"。明书家吴宽《匏翁家藏集》评虞忠肃字书法："虞忠肃手帖，词语详雅，气象雍容。"王世贞《弇州山人稿》曰："《停云馆帖》第六卷为南宋名人书，如虞雍公之俨雅，皆有可采。"因《西清砚谱》为摹绘，铭文皆以楷书抄录，故无法从字体之篆法考证与两人书风相合与否。

书法演进之轨迹为"篆、隶、正、草"，篆书自秦汉以后多被冷落，至初唐，欧、褚诸家不过偶用之题于碑额，水平不高。迨至中唐李阳冰出，专攻篆书，始又略兴。所以，李卫公擅篆及虞忠肃能作篆字似也合理。

可疑者，此砚王伯舆铭字不合时风。

晋人盛行书，琅玡王家，以二王为首，皆以行书名满天下。以传世墨迹论，晋人亦绝不见有篆书。今传唐人摹本王氏一门书迹《万岁通天帖》十通，俱行、草书，其中即收有伯舆父王荟《疖肿》、《翁尊体》两帖。唐窦氏《述书赋》记："今见带（王伯舆）名草书一纸，七行"；宋陈思《书小史》卷五评王伯舆："善行书"。显然，王伯舆也与流风同调。其以另类之篆书题砚，大悖家学渊源及时代风尚。

又，王氏铭款首字称"晋"，亦非常规，此后人题称前朝人、物之习惯，观古人所题碑帖可知。

更者，三大家皆名列书史，必各擅胜场，何皆同一声气出以篆书题同一砚？

原因无他，盖作伪者常法，同砚多铭出一人之手耳！因书体不宽，笔路浅薄，故伎穷。同类赝品屡见不鲜。

而王伯舆之铭辞则更大有问题。

暖砚不宜石

王伯舆铭云"承以燧，宜冬日。"燧，上古取火器具。铭题暖砚也。

南朝之砚，今见之者多为带足圆砚，所谓辟雍砚式。此砚式或可归为辟雍砚之别种，故砚形制本身似无可非议。

可疑者，暖砚乃冬日为防墨汁冰冻，故将砚面下方设置成空膛，置炭火其中，以暖其砚。早期材质以陶为主，传汉时已有铁砚，因铁不畏火。石质者罕见，偶见之石暖砚皆粗石所制。盖石不耐火，久烤必胀裂（余尝遭火厄，故知其弊）。似此"质理紫润，绝类端石"之美石制为暖砚，真用恐成"石灰"了！

明清铜锡等金属材质暖砚，多用端、歙等石嵌其间以利发墨，常有隔层，非直接被炭火所烤，故可解决石被烤毁之弊。

暖砚除用炭火炙热者外，还有置热水于砚之空膛，取其热量防止砚面墨汁冻结，对砚石本身无害。然此砚铭云"承以燧"，乃承以取火器具直接烘烤而非取热水温砚。

砚即有崩裂之虞，则乾隆题诗"静为用永年"（化用北宋唐庚论砚语），愿景甚好，结果必然既不能"静"（烤之炸裂），更不能"永年"，更遑论其所赞"美质得天全"，自东晋至清时千数百年。

更者，北地苦寒，故暖砚北人多用之，南方鲜见。王伯舆居于江南，用暖砚亦悖常理。

馆臣状此砚：

> 质理紫润，绝类端石……窃意端溪岩石虽自唐著名，晋魏以前必已有取为砚材者。

晋魏已有端石之说，尚乏力证。砚乃端石所制大有可能，只是赝品而已。

残璧归赵

乾隆铭"王廙砚"诗中"文房欣璧合"句后自注："内府旧藏晋砚，亦有虞充文铭，曾题以诗。"指其内府还藏一虞款"晋砚"。

砚原陈乾清宫，亦收入《西清砚谱》。幸者，实物今尚在台北故宫博物院（彩图1）。

砚长方形，素池抄手，石质未详。色"似端而少芒，中多黄点如漱金"。墨池中矗一石柱，中有孔。砚一侧镌篆书"玉兰堂"，字残近半。背抄手内隶书铭：

> 此晋研也，翊我驱驰三十年矣，毁于陈通之乱五年。忽得于灰烬中，幸也。复制之，共伴我余龄。虽曰珠还，聊慰玉碎之感已耳。绍兴丙辰秋九月，益州虞允文份甫记

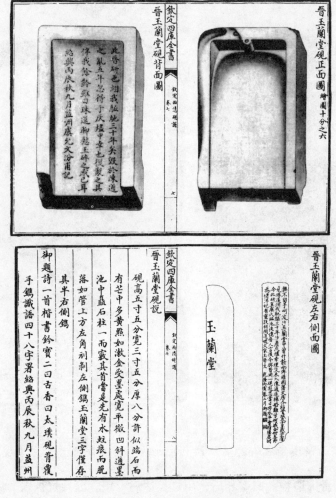

《西清砚谱》晋玉兰堂砚图

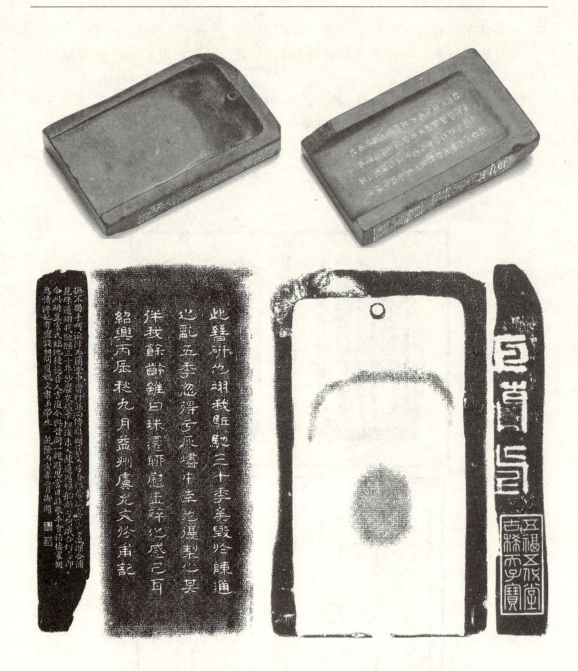

《西清砚谱古砚特展》所刊台北故宫博物院藏晋玉兰堂砚

　　铭云砚原为晋人遗物，归虞相后，用之长达三十年。因兵燹被毁，后复于灰烬中拾得，已残损。虞相感慨珠还合浦，残璧归赵，遂请人将之改制以作纪念。

　　砚侧有乾隆长题。诗云：

抚不留手呵流汗，玉兰堂中曾什袭。尚传雍国旧文房，介绍管城友子墨。

深感合浦见珠还，翊我驰驱三十年。沙尘灰烬幸埋没，未入陈通返樟船。

离兮何戚合何喜，即今此研岂虞氏。临池徒忆晋人言，后今与昔同一视。

遐思当日非承平，会稽栖处胡为情。淬妃有灵设相问，道愧文家玉带生。

此题与前题"王廒壁水暖砚"一样诗味索然，无甚可道。只末两句聊有意趣，其假"砚神"淬妃（陈眉公《小窗幽记·集法》："砚神曰淬妃"）之口，言文天祥"玉带生砚"与此砚相比，也应自愧不如。

虞、文二相，书生报国，虞关键时登高一呼，成挽狂澜于既倒之中流砥柱；文却知其不可为而为之，成慷慨悲歌之末路英雄。所谓"时也、命也、运也"，以后世影响论，文胜于虞。但虞砚若真，"玉带生砚"后出百年，其历史价值较"玉兰堂砚"或有不逮。

馆臣索隐

四库馆臣解"玉兰堂砚"：

> 考《宋史》，虞允文字彬甫，隆州仁寿人。七岁能属文，即以父任入官。建炎元年丁未，即靖康二年，高宗以是年四月即位，建元建炎。八月胜捷军校陈通作乱于杭州，执帅臣叶梦得，杀漕臣吴昉。允文本传虽不载其时任何职，据砚铭云"驱驰三十年"，又云"毁于陈通之乱"，当是以父荫为漕属也。

> 五年辛亥，改元绍兴，铭云"丙辰"，则绍兴六年也，距建炎元年丁未已十年。而云五年得于灰烬中，盖为绍兴元年而改制破砚时又逾五年也。

> "玉兰堂"无考，铭云"此晋砚"，当是晋时制砚者所署，故允文改作时爱而不忍去也。隆州，熙宁初废，至孝宗隆兴五年复升为州，属成都路。允文铭砚时，州尚未复，故止署益州也。

> "份"，古文"彬"字，从篆书也。

如馆臣所考，砚铭所云"陈通之乱"，指高宗建炎元年（1127 年），童贯旧部军校陈通因士卒不得衣粮，起事于杭州，后受招抚被诱杀。

"玉兰堂"，馆臣考"当是晋时制砚者所署"。晋时文人尚未兴用斋号，至南朝华阳隐居陶弘景、五柳先生陶渊明始偶用自号，况一匠人砚工？又，"玉兰堂"用作文人斋号较适宜；用作香料坊、绣品铺亦差可，用作砚坊、瓷庄名，恐令人不知所谓。

所谓虞相自署"益州虞允文份甫记"，乃因当时隆州州名未复之故，此未必然。古人之署郡望、里籍，并不拘泥当时名称，况隆州之历史、影响远不及益州。

玉兰堂及益州、隆州之类歧说，不过枝节，虽可见馆臣们治学之刻板，就此砚而言，倒也无关要旨。

关键在于，虽然乾隆对此"雍国旧文房"之推誉可谓无以复加，馆臣们之考证更可谓条贯详备，却奈何铭此砚时虞公尚未出生！

驱驰负四年？

检诸文献所载虞忠肃生卒年，《宋史》本传记："淳熙元年薨，年六十五。"曾为虞相僚属之名诗人杨万里不仅为虞相作传，还作有虞公《神道碑》，碑文记虞公忌日明了：

> 得疾而薨，实淳熙元年六月癸酉也，享年六十有五。

宋孝宗淳熙元年，为1174年，古人算虚岁，可知虞忠肃出生于1110年（徽宗大观四年）必可无疑。

铭款之"绍兴丙辰"，为高宗绍兴六年（1136年），虞相时方26岁。铭文云砚"翊我驱驰三十年"，人只26岁，砚却已用30年，时序错乱如此，岂有此理？

故而，倘云虞公所铭"晋王廙壁水暖砚"尚属疑似赝品，则此虞公所铭"晋玉兰堂砚"之伪则铁证如山！

虞铭必假，砚也绝非"晋砚也"，不过宋式抄手罢了；虽言乃改制之物，"晋砚"痕迹岂可全无？

视砚皮壳斑驳，倒或宋人所伪。

明代"吴门画派"领军人物文征明有斋号曰"玉兰堂"，或此砚曾过文氏之手？倘果是文氏斋中旧物，虽虞公之铭伪，砚亦属难得。检文氏《甫田集》等，并无言及此砚，且文氏同时人之诗文似也无道及此砚者，故砚上"玉兰堂"为文氏所镌之可能性甚微。

馆臣考证此砚洋洋洒洒，而记虞忠肃生卒年之《宋史》、《诚斋集》等并非僻书，更非禁书，彼辈校注之《四库全书》即收有之。

之所以馆臣诸人"顾左右而言他"，对此伪品集体"选择性失明"，原因无他，投弘历"迷古"之好罢了。

笠谷缀语：

今有端砚学者，据四库馆臣解"王廙砚"文中"绝类端石"；"玉兰堂砚"文中"似端石"语，推定端砚早在东晋时已面世（其他论据尚有王羲之"古凤池紫石砚"等，实皆牵强附会）。可见赝品砚混淆砚史视听之谬种误人。

附考　虞家蜀王砚——虞相原藏真御砚

虞相曾有一真砚传世。明人《珊瑚木难》所录杨铁崖书《虞相古剑歌》引言云：

> 宋相虞公八世孙（应为七世孙）堪，谒予云间草玄阁，自云先丞相有古遗器四，曰瓦琴、石磬、蜀王砚与此剑也……

虞堪（生卒年不详），虞相七世孙，元奎章阁侍书学士虞集从孙。其字克用，一字胜伯，苏州人。元末隐居不仕。洪武中为云南府学教授。卒于官。好吟咏，善画山水，亦能书，北京故宫博物院藏其尺牍《期约帖》，用笔徐徐有致，大有赵体风韵。著《鼓枻稿》。

虞堪为人崇尚民族气节，尝有《题画绝句》讥讽赵子昂背宗忘祖，出事蒙元。其贫而好古，富藏书。尤重先祖虞相遗文，虽千里必购得乃已。虞相所佩古剑传至其手，请名流杨铁崖、倪云林等为题诗，装订成册。后又得虞集画像，亦请郑元祐等为题。古剑、画像及两册题诗遂成虞氏传家宝。平生搜集虞集遗诗甚勤，编成《道园遗稿》刊刻行世，孝思如此。

虞相此"蜀王砚"，应是五代前后蜀某一王之内府御物。

米元章《砚史·样品》记：

> 陈文惠丞相（北宋仁宗朝宰相陈尧佐，卒谥文惠）家收一蜀王衍（前蜀后主）时皇太子陶砚，连盖，盖上有凤坐一台。余雕杂花草，涅之以金泥红漆，有字曰"凤凰台"。

此前蜀皇太子所遗陶砚，别致华美，色彩艳丽，确非民间凡常之物可比。想必虞氏传家宝砚亦美如斯，或是宋室所赐虞相者。

虞相"蜀王砚"传至虞堪，已历八世，其家族能世守二百年所传先人遗物，诚不易为。虞堪没后，所遗翰墨尚有数箧，子孙不学，漫置屋中，久而亡之。视其子孙之不肖，恐虞堪人去物散，砚必归他姓所有了。

元结唐亭砚

——依然清世宗　认人不认砚

元结唐亭砚

次山款在背

砚今在台北故宫博物院（彩图2），拓见刊于民国《故宫周刊》。

质云"端溪石，呈紫色"。长方浅抄手，砚堂近似淌池式，墨池略呈一字形。背抄手内行楷铭六字："唐亭卧岩，次山。"上端刻乾隆题铭：

> 浯溪上构唐亭旌，俯仰常欣山水清。不识屡参节度者，龙宾倚马有何成。

款"乾隆庚戌，御题"。印"会心不远"、"德充符"。

少数乾隆题铭之砚不见《西清砚谱》，乃《砚谱》成书后收入内府者，此其一。铭见载《乾隆御制诗》，题于乾隆五十五年庚戌，在乾隆四十三年《砚谱》成书之12年后。

从砚铭辞意看，乾隆显然断定此"次山"即唐名诗人元结，其根据便是元氏与湖南浯溪之渊源。

元结（719～772年），河南鲁山人，字次山，自称浪士，亦号猗玕子、漫郎、聱叟等。少时不羁，17岁才折节向学，从师于元德秀。玄宗天宝间进士。肃宗召为右金吾兵曹参军，历仕山南西道节度参谋、水部元外郎、道州刺史等。有吏才，卓有政声。诗作质朴淳厚，开新乐府运动之先声。文章亦戛戛自异，颇具特色。唯过于质朴，文采稍逊。原有集，已散佚，明人辑有《元次山集》。

元次山为官清廉，曾上《时议》三篇，抨击奸宦（乾隆砚铭第三句即指此）。安史之乱中守泌阳，保全十五城。于民有德政，其作《悯农》诗云："宁侍罪以安民，毋邀功而贼民。"

溪边元漫郎

元次山少时放荡不羁，生性热情淳朴，或其元魏鲜卑拓跋氏之奔放血缘所遗。其又"雅好山水，闻有胜绝，未尝不枉路登览而铭赞之"，此种逸趣于后人之遗泽，有浯溪碑林可为证。

浯溪在湘南祁阳境，溪为湘江支流，溪畔怪石嶙峋，峿台、峿岩、峿顶三峰峭立，其地盛唐以前并未名世。元次山两任道州（治所今道县，浯溪原为其辖地）刺史，曾三过浯溪，因"爱其胜异，遂家溪畔"，并名其溪曰"浯溪"。明人陆容考证：

> 浯溪、峿台、唐亭……命名制字皆始于结……"结"字，从水、从山、从广。曰"吾"者，旌吾独有也。按"峿"、"唐"，字韵书无之，盖制自次山。浯本琅琊水名，古有此字，湘江之溪命名曰"浯"则自次山耳。（《菽园杂记》）

可知不仅"浯溪"为元氏所命名，其还生造出"峿"、"唐"二字。

元氏又撰《浯溪》、《峿台》、《唐亭》三铭，倩篆书名家季康、瞿令问、袁滋分别用玉箸、悬针、钟鼎篆体书镌于溪崖之上，是为"三吾"。后颜鲁公（真卿）卸任北归过浯溪，书刻次山撰文一篇于溪岩上，即"灿烂金石、清夺湘江"之书史名迹、"摩崖三绝"《大唐中兴颂》。

中唐以降，黄庭坚、米芾、秦观、范成大，董其昌、袁枚等历代名人骚客纷至沓来，各有题，今尚遗名人题刻五百余通，"浯溪碑林"遂成书学胜地，此皆元次山发肇之首功。

清王宸作《浯溪读碑图》

柳子厚（宗元）不仅山水小品文上承元次山，亦效次山浯溪而有愚溪故事。浯溪地亦关涉砚史，出祁阳石砚，即称"紫袍玉带"者。

铭必后来人

乾隆从"唐亭"与"次山"而定砚为元结物，看似甚切题，实不然。

先者，砚形不类唐制，从今日考古发掘之标准器及不少藏家手里出土之可靠唐砚看，皆无同例。此种长方浅抄手是五代、两宋砚之特征。

其次，可考之名、字或号"次山"者，自唐元结至清，多达近20位，宋代即有严仁、郭峻、廖峣、方侨、张汴、季结、黄彦平等多人，其中严、张、黄三人较有名。

严仁（生卒年不详），字次山，号樵溪，闽地邵武人。与《沧浪诗话》作者、同族严羽及严参齐名，世号邵武"三严"，有《清江欸乃集》八卷，已佚。其词能道闺阁之趣，杨升庵《词品》称其"洒然脱俗"。况周颐《蕙风词话》其词"描写芳春景物，极娟妍鲜翠之致，微特如画而已。政恐刺绣妙手，未必能到"。

张汴（生卒年不详），字朝宗，一字次山，蜀人。少客丞相吴潜兄弟门，出入荆阃历年，明习韬略。潜兄弟既罢，废斥者十余年。继文天祥起兵，辟为秘阁修撰，领广东提举、督府参谋，左右幕府，知无不为。兵败，为乱兵所杀。

张汴曾官广东提举，似乎有得端砚便利，但其为文信国幕客，时值国家倾危之际，恐无暇顾及佳砚矣。

而另一"次山"黄彦平，不仅到过浯溪且遗有文字道及"三吾"。

或是黄次山?

黄彦平，字季岑，号次山，赣地丰城人。徽宗政和八年进士。历信阳州学教授，池州司理参军。钦宗靖康初为太学博士。高宗建炎初迁吏部员外郎，未几出知筠州。绍兴六年，复吏部员外郎。七年，出提点荆湖南路刑狱（《建炎以来系年要录》卷103、110）。寻罢，提举亳州明道宫，凡九年卒。有《三馀集》10卷（《宋史·艺文志》），已佚。清四库馆臣据《永乐大典》辑为4卷，其中诗2卷。

黄氏曾提点湖南刑狱，浯溪在其所辖境内。浯溪不仅地为名胜，且为南北官道之通衢，黄氏自然无不游之可能。事实上亦有遗诗可证，其《归途次韵》云：

> 隔年重到浯溪路，旌旆行疏礜雪添。幸有江山供吊屈，愧无耆旧咏来廉。

从诗中可知黄氏不止一次至过浯溪。

《全宋诗》还收有黄氏残诗两句：

> 湘江东西中浯溪，云埋雨洗三吾碑。

诗中更明确提及三吾碑。

黄氏行迹如此"靠谱"，与砚背之铭岂非"天作之合"？

此砚若非作伪者借托于"元次山"，以"雅赚"乾隆辈喜欢附会之"好事者"流，则似乎宋人某"次山"甚至或可确指黄彦平真铭之可能性为大。

以常理揣度，黄彦平铭砚当避元次山"庯亭"、"次山"之嫌，故此砚恐非同名之讹而是冒名元结之赝作。

附考一　元结邺城砖砚——浪士原好古

王渔洋《池北偶谈·铜雀砚辨》：

> 宋剌史李琮，元丰中于丹阳邵不疑家得唐元次山家藏邺城古砖砚，背有花纹及"万岁"字，与《邺中记》合。又曰"大魏兴和二年造"，知唐贤所珍，已出于南城矣。

此种北朝砖所制之砚今日出土亦有之，背或花纹、或"万岁"、"千秋"等吉祥语者，或东魏、北齐印款年号者，亦有数种兼具者。"大魏兴和二年"者，余见之有数款。

魏武设邺城为王都，建有邺北城，筑有邺城三台（金凤、铜雀、冰井）。东魏始建邺南城，北齐续建，皆用为都。南北城北齐时毁于战祸，隋后未再建。今仅存金凤台大部，铜雀台唯一土坡。

约五代北宋人所辑《邺中记》（与晋人陆翙《邺中记》同名不同书）记：

> 北齐起邺南城……古砖大者方四尺，上有盘花鸟兽纹，千秋万岁字，其纪年非天保则兴和，盖东魏、北齐也。

王氏所谓"已出于南城"，指元次山所得砚乃是用东魏邺都南城之宫砖所制。

此类邺城古砖砚，砖虽北朝物，而制成砚则是唐、宋人所为，与清人热衷以秦汉砖瓦制砚同一理。

"大魏兴和二年造记"陶砚《天津市艺术博物馆藏砚》所刊。砚为宋人以东魏邺东城古砖所制。

李琮，字献甫，江宁人。第进士，历官知吉、杭等州。有书名，善篆。神宗元丰二年以发遣户部判官使江、浙。

邵不疑，名必，丹阳人。仁宗景祐进士。官至宝文阁直学士。与欧公（阳修）、王荆公（安石）等交好，诸人皆有诗及之。

从砚之模样及李、邵行迹看，此方"唐元次山家藏邺城古砖砚"当为真品。

附考二　元结聱叟砚——罗王以为是

罗雪堂（振玉）曾得一"元结砚"。王静安（国维）先生《元次山砚跋》有记：

> 此砚癸亥季夏，雪堂先生得之天津。形制古朴，背有"聱叟"二字，似褚登善（遂良）书，盖元次山遗砚也。

李商隐抄手砚

——恨生名之不真

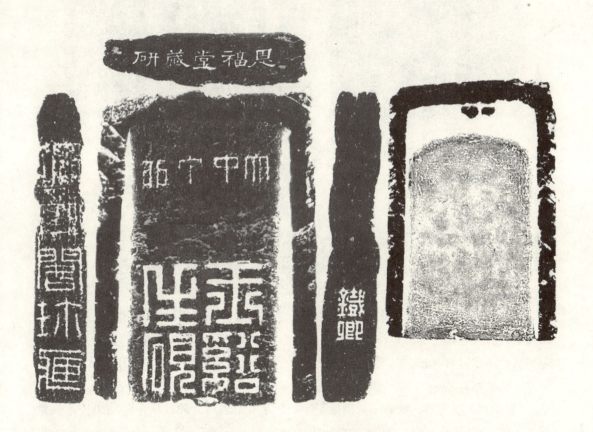

李商隐抄手砚拓

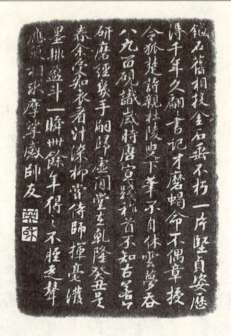

李商隐抄手砚匣拓

吾爱义山

同属"情种"，王伯舆为放情之人；李义山（商隐）则为深情之人。

"锦瑟无端五十弦，一丝一弦思年华"（李诗《锦瑟》）。我之爱李义山，于其诗似乎也是有些"无端"的。

"古来才命两相妨"！义山于仕途、爱情皆不得意，一切皆隐喻于诗，故其诗极隐晦难解，后人对其《锦瑟》诗中之"五十弦"尤"惘然"、"数不清"。我读义山诗取陶渊明"不求甚解"法，品其辞境朦胧之美足矣。我喜川蜀风物，义山《巴山夜雨》诗意之诱惑亦有之。

"春蚕到死丝方尽，蜡炬成灰泪始干"（李诗《无题》）。除却借声色消弭仕途失意因素，纯以情爱论，文与义山齐名之杜牧之（牧）、温飞卿（庭筠）：前者"十年一觉扬州梦，赢得青楼薄幸名"；后者醉卧花丛，放浪勾栏曲院，都属滥情于醇酒妇人之风流才人；而义山则"春心莫共花争发，一寸相思一寸灰"，真正芬芳悱恻、至情至性之风雅情种也！

后人学义山之所谓"无题"香艳情诗，多有"艳"而无"情"，此岂义山之过？

我之爱李义山，于其人之"深情"却确然又并非全然"无端"的。

丙戌秋，余过沁阳，谒义山墓，乃城郊麦田中新修一冢（旧墓早已无冢，原遗残碑一，"反右"时做修桥石料被毁），四周满晒农稼，堪称"门可罗雀"。

对夕阳"荒"冢，心中恻恻然，以水代酒，洒一泓矿泉水为祭。

唐无此式

民国《河北第一博物馆半月刊》刊一"李商隐砚"砚拓。砚为长方抄手，砚面池额有三眼柱。背有篆书铭：

> 大中丁卯，玉溪生砚。

砚侧镌三款，隶书曰："恩福堂藏砚"，篆书曰："□□阁藏砚"、"铁卿"。

"玉溪生"，李义山之号。武宗会昌年间，义山曾移家闲居永乐县（今晋南芮城永乐镇）。地有永乐洞，又称玉溪，"故山峨峨，玉溪在中"，故李商隐自号玉溪生。

此砚李义山之伪铭甚易识，不需赘论，盖此种抄手砚与"元结廇亭砚"类似，乃典型宋时方有之砚式，唐人李义山自然不能得宋砚而铭之。

砚从拓看，斑驳古扑，信为宋物，"玉溪生"伪铭则未必到宋，应是明清人伪托。

砚友刘奉文君（我堂）藏一此砚拓本，更有铭于砚匣两题。一隶书，云"唐官研"。行楷款：

> 大中元年李义山手记，乾隆五十八年翁方纲为冶亭侍郎题。

另一英和款行楷铭：

> 鍼石旧相投，金石垂不朽。一片坚贞姿，历得千年久。
> 翩翩书记才，磨蝎命不偶。章授令狐楚，诗亲杜陵叟。
> 下笔不自休，云梦吞八九。留砚识岁时，唐宣践称首。
> 不知古若今，研磨经几手。嗣归虚闲堂，在乾隆癸丑。
> 是春余受知，衣看汁染柳。尝侍师挥毫，泼墨辄盈斗。
> 一瞬卅余年，得之不胫走。声应气相求，摩挲感师友。

砚本身及砚匣之题者：翁覃溪乃有清一代考据巨子；铁保、英和则满人中擅诗翰之重臣。

传藏满洲二家

翁方纲（1733～1818年），字正三，一字忠叙，号覃溪，晚号苏斋，顺天大兴（今属北京）人。乾隆十七年进士，官至内阁学士。长于考证金石，富藏书。金石家鉴赏一派，翁氏实开其先。书法初学颜，继学欧，隶法史晨、韩敕诸碑。垂老康强，目力尤胜。年七十时犹能于灯下作蝇头字，可谓异禀。

翁覃溪于砚亦颇有研究，所遗文字中题砚者不少。

铁保（1752～1824年），字冶亭，号梅庵、铁卿，满洲正黄旗，先世姓爱新觉罗氏，后改栋鄂氏。乾隆进士，嘉庆时官两江总督，居官为人慷慨论事，乾隆谓其有大臣风。工书法，先学"馆阁体"，后学颜，纠正"馆阁"板滞之病。有自作诗一首言好书法："半生涂抹习难除，一任旁人笑墨楮，他日儿孙搜画箧，不留金币但留书。"字与成亲王、刘墉、翁方纲并称"翁刘成铁"。撰有《虚闲堂集》。

英和（1771～1804年），字树琴，一字定圃，号煦斋。索绰络氏，满洲正白旗，隶内务府。乾隆进士。官至户部尚书，协办大学士。和珅欲婿之而不可。工诗善书，列刘墉门。兼能绘事，其妻萨克达氏亦善丹青。

恩福堂，为英和斋名，其遗有《恩福堂笔记》。

铁、英二人算是满臣中较有文墨者，两人为官操守亦可圈可点。

若砚上翁、铁、英三家之铭为真，亦算难得之珍品，但事实上也靠不住。

翁铁英款尽赝

铁冶亭有玩砚名，其藏最珍贵者为欧阳修之"南唐官砚"（歙石，砚背镌满铭文，铭文与欧公《文集》同，惟多出一字。砚今在日本）。《广仓砚录》列其为首。铁氏镌款"乾隆五十二年在铁冶亭处"于砚侧。翁覃溪《复初斋文集·跋南唐研》末云"此砚今归冶亭宗伯，癸丑腊月之望，集同人于石经堂，展对半日，因为拓其文，题其匣，而附跋于后。"翁氏题匣为隶书"南唐官研"，楷书跋"皇祐三年欧阳文忠手记。乾隆五十八年翁方纲为冶亭侍郎题。"

翁氏《文集》收入砚跋甚多，未见此砚只语。将"玉溪生砚"与"南唐官砚"之翁氏题匣铭文相较，前者之伪明矣。去"南唐官研"之"南"成"唐官砚"；又改"皇祐三年欧阳文忠"为"大中元年李义山"而已。

检英和《恩福堂笔记》，亦未见有言此砚者。砚上英和铭，书法有赵体模样，词句亦不乏文采，并非俗品。倘翁氏、英氏之铭匣并非同时物，是否有翁氏铭伪而英氏铭真之可

《广仓砚录》刊"南唐官砚"
翁氏题匣

能？

铭云"翩翩书记才，磨蝎命不偶。章授令狐楚，诗亲杜陵叟。"指义山曾任东川节度使柳仲郢幕中掌书记，但才高命却多舛。得令狐楚之赏识，诗承杜陵（杜甫）之传统，皆能契合义山生平。

问题亦在铭诗，其又有云："嗣归虚闲堂，在乾隆癸丑。是春余受知，衣看汁染柳。尝侍师挥毫，泼墨辄盈斗。"言此砚归于铁氏虚闲堂中，事在乾隆五十八年癸丑（次年铁冶亭即故去）。此年春，英和受知于铁氏，得以侍奉铁氏于斋中学诗翰。然此与翁覃溪为铁氏题南唐官砚同一年，亦此英氏砚砚匣上翁氏伪款年份，显然此铭是与匣上伪款互作伪证。

又，若铁冶亭之铭真，何必作翁氏伪题？况英氏为铁氏入门弟子，岂能不知其师所藏名传一时之"南唐官砚"？

故而，英氏题匣长铭与砚上英氏、铁氏藏款亦必伪作。

生有砚传

我堂所藏拓，其上还有已故学者、上虞罗雪堂长孙罗继祖先生题于 1944 年和英和砚诗一首，诗云：

> 谁割紫云腴，于以寄不朽。文曰玉溪砚，诗人研磨久。
> 修罗劫百千，留遗事亦偶。兰茝搴楚同，排比尊蜀叟。
> 闰□寓感愤，意逆十得九。后来作郑笺，桐乡冯称首。
> 虚闲与恩福，契古润在手。箧审苏斋题，其年乃癸丑。
> 怨骚释李牛，名不藉韩柳。筠忆走且僵，儿袋鄙筲斗。
> 千年俄旦莫，仰景到下走。安得俪蟾蜍，砥砺资石友。

罗先生诗"安得俪蟾蜍"句后有自注云：

> 玉溪别有砚，蟾蜍形，文曰"玉溪生山房"。宋时藏吴兴陶氏，见《春渚记闻》。

言东坡所题义山蟾形砚也。

南宋初何薳《春渚纪闻》，记砚多方，其"紫蟾蜍端溪石"云：

> 紫蟾蜍，端溪石也。无眼，正紫色，腹有古篆"玉溪生山房"五字。藏于吴兴陶定安世家，云是李义山遗研。其腹疵垢，真数百年物也。其盖有东坡小楷书铭云："蟾蜍爬沙到月窟，隐避光明入岩骨。琢磨黝頳出尤物，雕龙渊懿倾澥渤。"安世屡欲易余东坡醉草，未许，而以拱璧易向叔坚矣，即以进御，世人不复见也。

坡公于何薳父去非有知遇之恩，故此书记坡公行实甚多，坡公之铭或为真迹。砚是否义山所遗真品，则不得而知。

陶安世，生平不详，曾为词人康与之词谱作序，当是文雅人。

向叔坚，字子固，曾官扬州太守。王明清《挥尘后录》云向氏"为扬帅，高宗尝密令冥搜"因兵乱失去之定武兰亭石而不获。应是一博识之人，兼当为内廷搜罗名物之差。

高似孙《砚笺》记此砚后归杜季阳，与何氏所记归于内府有异，其间曲直亦无可考。

杜季阳，即作《云林石谱》之杜绾。其字季阳，号云林居士。北宋末山阴人。祖父杜衍乃庆历名相，姑父即大名士苏舜钦。

惜杜氏未将"紫蟾蜍砚"记入《石谱》，否则后人可多获一些此名物信息。

辛文悦金星龙尾砚

——两朝太师皆野刻？

金星龙尾煜光舒

乾隆内府藏一"宋辛文悦金星龙尾砚"，砚拓见刊民国《故宫周刊》。想民国初年实物仍在故宫，今则不知何在。

砚面未刊。背抄手内上下两铭：

余昔过昇（金陵），便访蒯子鳌，永志此砚。因旌其意，重其砚，铭以识之：金玉尔质，滑泽精坚。古谓其钝，用是长年。成造斯士，厥功懋焉。辛文悦。

昔辛房州得此于蒯公，铭而宝之，后竟沉沦人间凡历三余纪矣！今转而为予所有，予因念夫物之美者必无常主，故特书此以识之，时景德丁未也东李沆。

《故宫周刊》编者释云：砚为北宋初蒯鳌赠予辛文悦，后又为李沆所得。此说亦乾隆见识，砚前侧有乾隆题铭云：

犹是南唐开采处，金星龙尾煜光舒。房州持以知州事，帝业那忘授业余。

李沆得来重有识，蒯鳌赠后不为虚。砚朱因识成所好，无翼翩来实怍余。

辛文悦金星龙尾砚背拓

乾隆题铭之"乙巳",为乾隆五十年（1785 年）乙巳。与"元结庯亭砚"一样,此砚亦为《西清砚谱》成书之后所得,故未收入谱中。

蒙冤帝师

辛文悦,可考资料不多,《宋史》本传云:

> 辛文悦者,不知何许人。以《五经》教授,太祖幼时从其肄业。周显德中,太祖历禁卫为殿前都点检,节制方面。文悦久不获接见,一日,梦邀车驾请见,既拜,乃太祖也。太祖亦梦其来谒,因令左右寻访,文悦果自至,太祖异之。及登位,召见,授太子中允,判太府事。开宝三年,出知房州。时周郑王出居是州,上以文悦长者,故命焉。文悦后累迁至员外郎。

辛教授至房州只三年,让位于赵家之郑王（周恭帝）柴宗训即死去,时只 20 岁。

赵宋一朝优渥士大夫,为后人称许。传太祖遗有"约法三章"于子孙:一云保全柴氏子孙,有罪不得加刑;二谓不得杀士大夫及上书言事者;三为不得用南人为相（或云此乃后人因恶王安石及吕、蔡等南人"改革派",而散布之谣传）。

除高宗时,岳武穆及"上书言事者"学生领袖陈东被杀外,太祖"约法三章"第二条确乎可算一以贯之（严格而论武穆算不得士大夫）。

后人以柴宗训之夭折套之"阴谋论",太祖"约法三章"之第一条自然被人所诟病,而辛太师更难免背"瓜田李下"之黑锅了。

此砚李沆铭于宋真宗景德四年丁未（1007 年）,距当年辛文悦得砚于蒯鳌时"凡历三余纪矣"。一纪为 12 年,前推 36 年为辛氏出知房州一年后之宋太祖开宝四年（971 年）,与辛氏行迹相符。

"浪子"才子　追友送砚数百余里

> 淮阴必侠;庐岳归休。
> ——佚名撰蒯姓宗祠通用联。

上联典出汉初韩信策士蒯通,下联即指蒯鳌,可见在蒯氏这个小姓中,蒯鳌算是族中之大名人了。

蒯鳌,五代末宋初宣城人。少孤贫,有才思,笃志于学。太宗太平兴国进士,历官茶陵令。以殿中丞致仕,隐于庐山而卒。善属文,不事华藻,以理趣为本。

蒯鳌早年,有才无行,北宋马令《南唐书·中主诸臣传》记其:

> 居乡饮博无行,不为人士所容,乃去。入庐山国学,亡赖尤甚。

时人将蒯鳌与卢绛、诸葛涛称为"庐山三害"。不过蒯才子晚年"浪子回头"。《南唐书》复载一则蒯鳌砚史逸事：

> （鳌）晚乃励风操，尚信义，一言之出，必复而后已。尝蓄龙尾砚，友人欲之而不言，鳌亦心许之，未及予也。一日友人不告而归，鳌悔恨，徒步数百里追之，授砚而还。

蒯鳌乡宣州与吾歙相邻，南唐朝野又宝爱龙尾，蒯氏本有得佳砚之地利。从其爱不释手，其友又因羡砚不得而置友情于不顾，竟拂袖而去看，砚必为一龙尾上上品。

此砚事确可证蒯鳌之"尚信义"，只"徒步数百里追之，授砚而还"疑有夸张。

抑或乾隆所铭之此金星龙尾砚，正是蒯氏彼"徒步数百里追之，授砚而还"之龙尾宝砚？

而"不告而归"者正是辛文悦？

"报忧"相公 奉使江南曾得名砚

辛文悦、蒯鳌，虽当时名流，史上影响不彰，而北宋李沆却是一代名臣。

李沆（947～1004年），洺州肥乡（今属河北）人，字太初。太平兴国五年进士。历任翰林学士、参知政事、知河南府、累加尚书右仆射诸职。卒谥文靖。

李沆为官恪守规制，老成持重，摒用浮薄喜事好作"形象工程"之人，且常以四方艰难奏闻。另一名相王旦不解，沆对曰：

> 人主少年，当使知四方艰难。不然，血气方刚，不留意声色犬马，则土木、甲兵、祷祠之事作矣。吾老，不及见此，此参政他日之忧也。（《宋史·李沆传》）

李沆卒后，真宗以天下太平，遂封泰岳，营宫观，侈心渐起矣。王旦乃服李氏先识之远，叹曰："李文靖真圣人也。"时人遂谓之"圣相"。

李沆此种"报忧不报喜"之"乌鸦嘴"宰相，皇帝难免多感讨嫌，却是天下百姓之福。

李沆亦曾得一龙尾名砚，即东坡所藏杨吴名砚工汪少微（即后任南唐砚务官之李少微）所制歙石"五绝砚"。背有汪少微铭云："松操凝烟，楮英铺雪。毫颖如飞，人间五绝。"砚乃坡公为好友王定国作《三槐堂记》，定国所馈赠。而砚此前本"李文靖奉使江南得之，巩获于其孙"。王定国，本王旦孙，又为李沆侄外孙，渊源如此。

托名圣相

辛文悦以儒学而为帝师，蒯鳌"善属文"，李沆不仅做过翰林学士，亦在太宗后期出任"帝师"（真宗为太子时之师傅），三人皆属翰雅之士。但观此砚辛、李两铭书刻却皆极草率随意，名人之作何至如此？

　　其字之陋或情有可原，盖北宋中前期文人铭砚尚属初兴；关键在于此砚与前考之"晋玉兰堂砚"伪铭正相反，彼砚虞相用砚时比虞公出生还早四年；此砚李相铭砚时李公竟已故去三年！

　　《宋史》李沆本传云：

> 　　景德元年七月，沆待漏将朝，疾作而归。诏太医诊视，抚问之使相望于道。明日，驾往临问，赐白金五千两。方还宫而沆薨，年五十八。上闻之惊叹，趣驾再往，临哭之恸，谓左右曰："沆为大臣，忠良纯厚，始终如一，岂意不享遐寿！"言终又泣下。废朝五日，赠太尉、中书令，谥文靖。

　　显然官方太史，对真宗皇帝"问疾"、"临奠"当朝重臣之记录，绝无错讹之理。李沆即已卒于景德元年甲辰（1004 年），何来三年后"景德四年丁未"之铭？

　　抑或别有一北宋李沆？从两则铭文看，当为托名"圣相"李文靖者。

　　此砚虽伪铭，且铭字极劣，然撰铭者却当有一定文史功底（伪铭所谓"夫物之美者，必无常主"，似化自坡公"江山风月，本无常主，闲者便是主人"句），疑辛、李两铭从蒯、李二人砚事杜撰而成。

　　伪铭能用僻典，字又劣如斯，实难想象作伪者乃何等样人。

梅王阁东坡三砚

——高公辨砚恐须让人

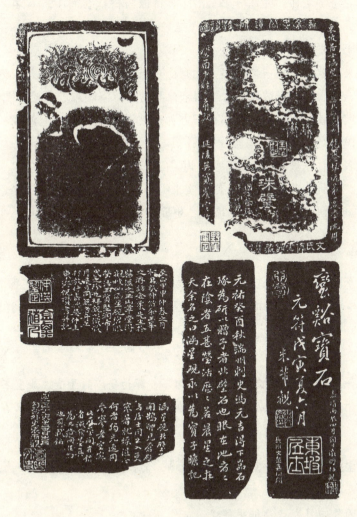

东坡涵星砚拓

梅王阁·坡王阁

从来坡公"粉丝"多!

苏门之"六君子"、"四学士"、"后四学士"不必说,道君皇帝政用新法,禁苏、黄等元祐党人文字,而自于禁中却"独乐乐"品赏坡公词翰,亦一奇事。

清文人好在腊月十九日坡公生日做寿苏会,此风气似滥觞自宋漫堂,效之者有毕秋帆、阮芸台诸人,以翁覃溪最为热衷,遗有记诸次寿苏会之诗文甚多。

民国时,杭人高野侯虽以嗜梅名世,却也好罗致坡公遗物,亦一著名"苏迷"人物。

高野侯(1878~1952年),字时显,号可庵。光绪举人,官至内阁中书。辛亥光复,寓居沪杭。诗学老杜。能八分书、治印。特以写梅饮誉海上,有名一时。富收藏,贮有古今画梅五百余件,以元人王元章(冕)《墨梅》卷为镇宅之宝,号称"古今第一",遂号"梅王阁"。

高氏藏有关东坡之书画古物甚多,计有:东坡诗石刻、平山堂藏宋刻东坡像残石、东坡分书刻石、南熏殿本东坡先生像、清宋葆淳为翁覃溪画东坡偃松屏图合幅、杭州西湖苏公祠刻东坡笠屐小像拓本。砚亦有三方:东坡涵星砚、东坡澄泥砚、东坡断石砚,砚拓皆刊载于民国时文博杂志《金石书画》。

一人而拥多种"东坡名物",高家"梅王阁"实又可称得"坡王阁"了。

高氏自诩"画到梅花不让人",作品实未见神奇。其赖以称"梅王"之王元章《墨梅》,识者云是明人伪品。而三方东坡砚,更属庸手所冒托。

盖得名人堂

高氏所藏东坡涵星砚,长方形。墨池浅刻水纹,留两眼柱。背三眼柱,以云纹绕托,下侧靠覆手边壁似尚有一眼柱。砚四侧及背俱镌铭文,四体咸集,洋洋洒洒,仿佛砚中"碑林"。

砚侧一:

> 元祐癸酉秋,端州刺史冯元吉得下岩石,琢为研以赠予者,北壁石也。眼在池者二,在阴者五,甚莹活,历历若晨星之在天,余名之曰涵星砚,永以为宝。子瞻记。

砚侧二:

> 蛮溪宝石,元符戊寅夏六月,米芾观。宝晋斋印(印)。
>
> 东坡居士(印)。
>
> 嘉靖丙辰四月朔日,征明拜观。征仲(印)。
>
> 长州文彭、嘉同阅。

心赏（印）。

砚侧三：

涵星砚，北壁石。开鹄卵，见苍壁。与居士，同出入。更寒暑，就燥湿。今何者，独先逸。同参寥，老空寂。此石莹润有铓者，诚发墨，真为几格间佳物也。苏轼铭。

至正丁亥孟春之月，句曲外史张雨观。句曲外史（印）。

砚侧四：

至正甲申仲春之月，柯君敬仲偕余五峰之游，访金粟先生于西泾之玉山草堂。得观坡仙涵星砚，碧眼莹活、玉质坚润，希代之珍也，拜观以识岁月。是日同观者丹丘柯敬仲、嘉兴吴仲圭。东海倪瓒书并记。

仲瑛鉴定（印）、金粟道人（印）。

砚背覆手边：

苏文忠公遗研。唐寅、张灵同观并篆。梦晋（印）。

东坡居士涵星研，下岩北壁石也，匏庵秘玩第一，后学沈周。

文氏停云馆藏（行书铭款已残）。

癸酉中秋允明观。

延陵吴宽鉴定（缺角后残）。

砚背覆手内：

玑衡。王蒙叔明（印）。

珠璧。国子祭酒□□观。

砚之递藏表：东坡得自端州刺史冯元吉所赠；入元，为大名士顾阿瑛（字仲瑛，号金粟道人、玉山草堂）斋中物；入明，又曾先后归吴匏庵及文征明之停云馆。

砚之名人录："宋四家"之二：苏东坡、米南宫；"元四家"之三：倪云林（瓒）、王叔明（蒙）、吴仲圭（镇）；大名士：顾仲瑛、柯敬仲（九思）、张伯雨（名雨，号"句曲外史"）。"明四家"之三：沈石田（周）、文征明（璧）、唐伯虎（寅）；与文、唐同称"吴中四子"之祝枝山（允明）；文征明二子：文寿承（彭）、文休承（嘉）；与唐伯虎齐名之张梦晋（灵）；与沈石田交厚之大名士吴匏庵（宽）。

另二不明款，想必亦一时名家。

济济名流，几占去宋、元、明三代一流名家江山之半壁。

无非作秀场

如此铭上加铭、叠床加屋之"巨迹"，其赝作手段却不甚高明。

所谓"苏轼铭",抄自东坡题龙尾石之《卵砚铭》。因此石为有眼端砚,与原铭首两句"东坡砚,龙尾石"不附,遂改为"涵星砚,北壁石"。而"子瞻记"云云,亦只为掩盖铭与石不附之"马脚"而已。只铭中"开鹊卵,见苍碧"还是与此长方形紫端砚形色不符。

东坡铭即假,米颠必无为假"东坡砚"题铭之道理。

或云苏、米铭假,元明诸人铭或真。理或有之,但元明铭者诸贤皆史上书画文章之翘楚,岂有不熟东坡诗文之理?

又,从铭文看,各铭似诸体齐备,但有通病:拘谨而乏风神,"伸手挂足"之习气明显,"苏铭"无苏体宽博浑厚之气势;"米铭"无米体八面出锋之爽劲,惟其款"米芾观"略有米字之形,当为摹刻自米苏真款。而吴匏庵一生只在苏体用功,沈石田行书学黄山谷,遒劲奇倔;文征明小楷学大王,法度谨严;唐伯虎行书学赵,意态流美;祝枝山行草恣肆,自有面目;尤其倪迂行楷大是放逸,清气满纸,诸家风格各异,风骚别样。砚铭各家风格不明显,徒有字体之别,应出自一手。

似此砚扯上宋、元、明三代众多大家充作"虎皮",与《西清砚谱》所收的"汉铜雀瓦砚"之类赝品相似,同可一乐。

"挂髯"坡公

高氏另一"东坡砚",为东坡断石砚。八菱形,只刊出背拓。

覆手内刻东坡半身像,题"坡公小像",字在篆隶之间,镌圆印"孙"。两侧铭行楷:

东坡断石砚背拓

> 南海朱完者,所画小金山像,正与王梅溪注本内所摹赵松雪画像可以相证。嘉庆四年,丹徒王文治书。

朱完(1559～1617年),字子美,号白岳山人。明代南海诸生。家藏金石、书画甚富。有文名,工篆隶书,善写人物,尤精画竹。

王文治(1730～1802年),字禹卿,号梦楼。乾隆十三年探花,授翰林院侍读。官至云南姚安知府,罢归。工书,得董玄宰精髓,喜用淡墨,时称"淡墨探花"。

"王梅溪注本",即南宋状元王十朋(梅溪)所编《集注分类东坡诗》(刊摹本赵松雪画东坡像者应为元以后重刊本)。

《金石书画》编者记砚为"清孙渊如藏东坡断石砚",当为东坡所书残碑所制,坡书残字或在砚面？因砚面未刊，其状莫可考。

孙渊如，即经学名家孙星衍（1753～1818 年）。其字渊如，号季逑，武进人。乾隆五十二年榜眼，历官山东按察使、布政使。诗文与洪亮吉齐名，人称"孙洪"，深究经史及金石碑版。工篆。撰有《寰宇访碑录》等。

砚背所刻东坡像，须长及脐，仿佛京戏中老生所挂"髯口"。

髯非髯

坡公美髯，有"髯苏"之称，但"貌秀伟而髯不丰"，乃是疏而秀之数绺，此坡公好友李龙眠所作坡公横杖坐石写真像（有摹本传世）及多种宋人笔记文字皆可为证。

翁覃溪本是"苏迷"，对各种传世东坡像有详细辨析。其文集所收关涉高氏断石砚者二则：

> 南海朱完者，所画小金山像，正与王梅溪注本内所摹赵松雪画像可以相证。十二月十九日。宝苏室书。

> 此（东坡像）本刻石于阳羡蜀山书院，今以石本与王注本，又尤茂先刻松雪本，南海小金山本，四本合对，皆与多髯本异。壬戌二月记。（《跋苏文忠公宋本真像》）

> 又南海朱完所作小金山像，及长洲李枢藏松雪画像，皆与宋人所画真本相合。盖疏眉凤眼，秀撮江山，两颧清峙，而髯不甚多，右颊近上，黑痣数点，是为宋李伯时之真本，赵松雪、朱兰嵎临本，皆足证也。（《跋东坡像》）

阳羡蜀山书院（宜兴东坡书院），毁于咸丰洪杨之役。余箧中有吴窓斋（大澂）铭宜壶一拓，摹刻有蜀山书院宋本石刻东坡像，须不甚丰。

摹刻蜀山书院东坡像宜壶拓

王梅溪《东坡诗》注本赵松雪所摹坡公画像何样俟考，今台北故宫藏赵松雪书《前后赤壁赋》卷，前有松雪亲笔绘《东坡像》，却是一缕长髯，甚是疏朗。

小金山，在南海市官窑镇附近，古时山上宝陀寺内有东坡遗像。

如翁覃溪之考证，真本东坡像："与多髯本异"、"髯不甚多"。此砚背东坡像，正一"多髯本"，与朱完、赵松雪所作异趣。

砚上"王文治"铭，与翁跋一节文字全同，只易原款为"宝苏室书"为"王文治书"。知铭乃作伪者冒名王氏而抄翁氏耳。铭字秀劲姿媚，颇类梦楼风格，必学王高手所伪。

集"天子门生"前三名：王状元、孙榜眼、王探花于一砚，此赝铭砚倒也有些意思。

《前后赤壁赋》卷前赵松雪亲笔《东坡像》

踏天磨刀割澄泥？

高氏所藏第三方为东坡澄泥砚，亦只见刊砚背。言为澄泥。

东坡澄泥砚背拓

砚背覆手内篆书铭：

> 长烁□巢，翠锁云关。幽洞□密，流泉潺湲。穿穴寻□，有石斓斑。颉颃蕉白，远轶眉山。愿言珍重，获此良艰。

侧有行书铭：

> 此坡翁澄泥古砚，因墨池损坏，后人去其古迹。余得观于粤东节署，细致润泽，莫名其妙，洵可宝也。阮元识。

此砚篆书铭，前四句"翠锁云关"云云，描写砚坑所在山水景致；"穿穴寻□，有石斓斑"，言从砚石坑洞取石之过程；"颉颃蕉白，远轶眉山"，言所取之石石品可比美端石蕉白、歙溪眉纹；"愿言珍重，获此良艰"，言采石之不易，得者珍重。诸句皆是言一种从深山幽洞所采之石质砚，铭云"有石斓斑"本已明言。

原铭既是题石，若此砚为澄泥，则铭必伪无疑。

阮元（1764～1849 年），字伯元，号芸台，仪征人。乾隆进士，曾官湖广、两广、云贵总督，体仁阁大学士。谥文达。由经籍训诂，求证于古时金石，进及天文、历算、地理。乃乾嘉考据派领袖人物。有《研经室集》。

阮芸台好砚，遗有《石鼓砚谱》。恩平茶坑即因其督粤时，作有《恩平茶坑砚石记》而名于世。

阮芸台本鉴砚高手，又为考据大家，更是诗文名家，岂能不知篆书原铭题石之意却谬跋"澄泥"？是知阮跋亦必伪。

砚面因损，拓未见刊，不知好事者以何为据托名阮芸台定为"此坡翁"之砚？

《金石书画》编辑余越园（绍宋）云，此砚阮氏之后即归高氏，高氏又藏有"米襄阳之砚"，遂号"苏米砚斋"。高氏"米砚"未见刊出，视高氏此三"东坡砚"模样，彼"米砚"真伪不能乐观。

黄庭坚铜雀瓦砚

——东瀛两幕府　各宝一陶甄

"比美"苏、黄

与坡公齐名者，书称"苏、黄、米、蔡"及"苏米"（实以砚论，"苏米"亦堪并称）；词称"苏辛"；诗称"苏黄"。山谷以诗、书占其二，苏门"大弟子"之大名岂是虚得？

坡公有云："无肉令人瘦，无竹令人俗。"后人因之演绎出"若想不俗不瘦，天天笋煮肉"之医俗、防瘦"妙方"。

东坡诗《初到黄州》云："长江绕郭知鱼美，好竹连山觉笋香。"因坡公喜食竹笋，故今日浙菜便有道"东坡笋"。

黄山谷《苦笋赋》自道："余酷嗜苦笋，谏者至十人，戏作《苦笋赋》。"山谷可称"笋迷"矣。

有一段坡、谷"笋案"：

> 世传涪翁喜苦笋……《和坡翁春菜》诗云："公如端为苦笋归，明日青衫诚可脱。"坡得诗，戏语座客曰："吾固不爱作官，鲁直遂欲以苦笋硬差致仕。"（《齐东野语》）

余嗜笋如命，冬春啖鲜，虽居无笋之北地亦必百般觅食；夏秋品干，长储家乡佳品多种以备。癖此口腹之欲，可谓：三日不尝，浑身发痒。

"嗜笋"一好，余自谓略得其中三昧，或可与坡、谷二公"争美"。

德川家康书府宝

日本德川美术馆藏一"建安瓦砚"，刊日版《文房

台北故宫博物院藏黄山谷手书《苦笋赋》

具·德川美术馆藏品抄四》（彩图3）。

砚瓦形，应为陶质。砚面浅饰琴形，开池于上，较一般瓦砚别致。池两侧篆书铭：

维曹氏西陵之陶瓦，埋伏千龄。深渊而出，逢世清明。其屋歌舞以除风雨，初不自期为翰墨主。不有君子，长与觉为伍。

池下楷书跋：

艾城王文叔为洺州守，得此于深川之工。予铭文叔之墓，故文叔之子申以为研而归予。双井黄庭坚志。

砚背阳文模印隶书："建安十五年造"。

德川家康所藏铜雀台瓦砚

王文叔（1026～1086年），名纯中，其字文叔。黄山谷分宁（今修水）同乡。宋仁宗皇祐间进士。曾知洺州（治今河北邯郸永年县南）。北宋洺州境辖邺城曹魏三台，王氏铜雀台瓦当得之洺州任上。

此砚原为日本战国末期强人德川家康所用，堪称彼国名人砚中之名物。

德川家康（1541～1616年），日本江户幕府创建者，第一代将军。三河国（今爱知县东部）冈崎城主松平广忠长子。因协助丰臣秀吉灭北条氏，成控制关东八州之大领主，移驻江户（今东京）。秀吉死后，为五大老（最高行政长官）之首。复经关原之战打败石田三成等，柄政全国，任征夷大将军，建立江户幕府。执政期间，奠定幕藩体制基础。

　　日人楠文夫氏所撰《中国的名砚》亦刊一瓦砚。椭圆池。砚铭词句、书法全与德川家康藏者相若，只款"黄庭坚"作"黄山谷"而已。砚背未刊，不详。

　　日人两砚尤其德川家康所藏，名世数百年，是否山谷真砚？

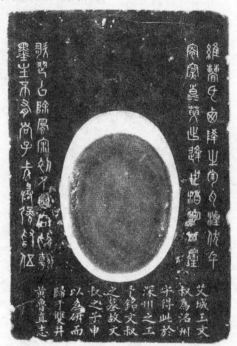

《中国的名砚》所刊铜雀台瓦砚

深川之工为何工？

　　今人多种《山谷全集·铜雀台砚铭》皆云：

　　维曹氏西陵之陶瓦，埋伏千龄。深渊而出，逢世清明。当其贮歌舞，蔽风雨，初不期为翰墨主。呜呼！不有君子，长与覆为伍。

　　其"当其贮歌舞，蔽风雨，初不期为翰墨主。呜呼！"句与日人两砚之铭有数字不同。跋则更异，山谷原文：

　　分宁王文叔为洛川守，得此于千仞之渊。举以畀余，余申以为砚。双井黄庭坚铭。

　　嘉靖古本《山谷全集》之跋则与日人两砚之铭跋相同，异处只"得此于深川之工"之"工"字，嘉靖本为"上"。

古时文人为人作墓铭以博金，实常事，韩退之因此被人所讥；蔡中郎亦一著名之墓碑写手，尝以谀死人为愧。黄山谷因为王文叔作墓铭而得文叔子以古瓦砚为报酬本是事实，后人为山谷讳，遂改其跋语，使今版《山谷全集》通行本铭跋已非原貌，实多事之举。

洛川，当是洛州别称。唐《通典》云洛州："凡河北诸县并冀州之域"，曹魏三台属其辖域。

山谷为王氏亲书之墓志，1973 年出土于修水，今藏修水黄山谷纪念馆。其志云王"知洛州"、"艾城人"甚明了。

铭辞正文与山谷原铭异同且不论，或因版本传刻而有讹错。山谷书法出于《瘗鹤铭》，又尝从舟夫伐桨悟得笔法，其字开张遒劲，变化无端。从砚铭书法看，刻板拘谨，其伪也劣。砚铭与墓志两者相较，有别天壤。

山谷书《洛州守王纯中墓志铭》

即便书法有类山谷书风，只跋"得此于深川之工"之"工"一字便可知铭乃赝刻。盖其意不通，"深川之工"为何"工"？此必作伪者讹刻原文"上"字，黄山谷岂能谬误如此？

《中国的名砚》所刊之砚竟是端石，铜雀台岂端石所构？铭之伪更是太过离谱！

坡公铭瓦蠡湖上

山谷所藏之瓦砚真品，砚上或许还应镌有东坡之铭。

哲宗绍圣元年，章惇当轴，东坡被贬惠州。途中舟过彭蠡（鄱阳湖），与赴任宣城（未到任而改知鄂州）途中之黄山谷相会三天。今人《山谷全书·年谱》云东坡七月十三日为黄铜雀砚作铭，并谓"亲笔刻砚上"（此说出处待考）。

东坡《黄鲁直铜雀砚铭》云：

> 漳滨之埴，陶氏我厄。受成不化，以与真隔。人亡台废，得反天宅。遇发丘陇，复为麟获。累然黄子，玄岂尚白，天实命我，使与其迹。

苏、黄稍后之张守所撰《毗陵集》云：

> 铜雀瓦砚，王氏旧物也。去五十年而复归承可。毗陵张某铭之：其制则覭，其恒则石，其泽则玉。既潜而出，既获而逸，既去而复。神其护持，不毁不坠。文字之详，表于再世。

山谷瓦砚后归王承可（？ ~1149 年）。承可名鈇，号亦乐居士，分宁人。以荫授通仕郎。宋高宗时，官至户部侍郎。秦桧舅父王本之子，与王文叔为同乡同姓。

为王承可铭砚之张守（1084 ~ 1145 年），字全真，一字子固，自号东山居士，常州晋陵人。崇宁间进士。为人刚直，不畏权贵，力主抗金。历官端明殿学士等职。

从张氏文可知，黄山谷原瓦极可能还镌有张守一铭。

南宋洪迈《容斋随笔》亦云：

> 相州，古邺都，魏太祖铜雀台在其处，今址仿佛尚存。瓦绝大，艾城王文叔得其一，以为砚，饷黄鲁直，东坡为作铭者也。其后复归王氏。砚之长几三尺，阔半之。

曹魏三台曾经后赵、北齐之大肆修葺。晋人《邺中记》记北齐邺南城之宫瓦"筒瓦长二尺，阔一尺。版瓦之长如之，而其阔倍。"山谷原瓦，长几达三尺，合于《邺中记》。又为管辖邺城之地方官王文叔所得物，真品无疑。只山谷藏瓦，多是北齐遗物而非曹魏原瓦。

山谷携此硕大瓦砚赴会东坡，可见山谷爱此瓦砚及索坡公砚铭之心切。

镰仓幕府席上珍

《博古》杂志 2003 年第 2 期刊陈福康先生《日本汉诗文中的中国文物——铜雀台瓦砚》一文，介绍镰仓幕府所藏一方"黄山谷瓦砚"。

日本南北朝时期（约中国元末明初）之名僧义堂同信所著《空华集》载一《铜雀研记》，其记砚状：

> 余观其瓦背，有铭云"建安十五年"。其面上下亦有铭，上铭云："绍圣元年七月十六日，东坡居士书。"下铭后别云"黄庭坚书"。左右又有铭，各二行，古篆不可读者数字……。

此砚乃日本天龙寺第一代住持春屋妙葩禅师（1311 ~ 1388 年，临济宗僧。号不经子。对于五山文学之发展贡献颇大）购得于海舶（当是中土商人贩往彼国者），献于当时之"关东幕府大人府君源公"，亦即镰仓幕府之足利基氏。

足利基氏（1340 ~ 1367 年），法名瑞泉寺玉岩道听。足利幕府创始人足利尊氏四子，足利义诠兄弟，为第一代镰仓公方。1361 年，确立其在关东地区之统治。

足利基氏本"天资文雅，每乘军多之隙，从事翰墨，以文武兼资也。"得此瓦砚甚喜，"命工雕匣以藏之，镂管以挥之，麝以研之，金貘以滴之，呼为文房至宝焉"云云。

义堂同信考证云，此砚正为绍圣元年东坡被贬惠州与山谷彭蠡舟中之会时，为山谷作铭之砚。惜其《研记》既未录出苏、黄砚铭正文，又未释出"古篆不可读者数字"为何辞，不知与苏、黄文集所载两铭同异。

此砚东坡款"绍圣元年七月十六日"，与《山谷全书·年谱》云"七月十三日为黄铜雀砚作铭"，皆在苏、黄相会于彭蠡三天之内，故难证其谬。

相对而言，足利基氏此砚或为最近苏、黄所铭原瓦者。

额镌坡谷诸铭词

纪晓岚曾得一铜雀瓦砚，邻居"西邻迁叟"因穷困为易米而"强卖"予纪者。纪作长铭镌于砚上，铭云：

> 铜雀台址额无遗，何乃剩瓦多如斯。文人例有嗜奇癖，心知其妄姑自欺。
>
> 齐征鲁鼎甘受赝，宋珍燕石恒遭嗤，西邻迁叟旧蓄此，宝如商彝周尊彝。
>
> 饥来持以易斗粟，强置之去不得辞。背文凸起建安字。额镌坡谷诸铭词。
>
> 平生雅不信古物，时或启椟先颦眉。他时偶尔取一试，觉与笔墨颇相宜。
>
> 惜其本质原不恶，俗工强使生疮痕。急呼奴子具励石，阶前交手相磨治。
>
> 莹然顿见真面目，对之方觉心神怡。友朋骤见骇且笑，谓如方竹加圆规。
>
> 三国距今二十载，胡桃油事谁见之？况为陶家日作伪，实非出自漳河湄。
>
> 诸公莫笑杀风景，太学石鼓吾犹疑。嘻！太学石鼓吾犹疑。

此瓦砚未收入《纪谱》，铭见刊纪氏《文集》，实物现藏河北博物馆。1954 年保定刘秀臣先生所捐。砚满刻隶书铭，达 218 字，乃纪氏藏砚镌字最多者。

砚左侧，尚有刘墉题铭："石庵鉴赏，嘉庆戊午六月"。

右侧有隶书铭："梦禅珍藏于闻妙盦"。铭者瑛宝，

河北博物馆藏纪晓岚铜雀瓦砚，见刊今人王敏之先生编著《纪晓岚遗物丛考》

其字梦禅，号闲庵，姓拜都氏，满洲正白旗，大学士永贵长子。官笔帖式，能书画。与刘石庵为文字交。

纪氏此瓦砚"背文凸起建安字，额镌坡谷诸铭词。"想必如前述三砚一类，砚背有阳文字"建安十五年"，砚面镌有东坡、山谷砚铭。纪氏因"平生雅不信古物"，遂"急呼奴子具砺石，阶前交手相磨治。"将铭文磨去。

河间尚书不信古

《纪谱》收有一砚，上有纪氏铭：

> 石庵自江南还，以唐子西砚见赠。子西铭灼然依托，砚则真宋石也。砻而净之，庶不致以铭损砚。

纪氏题瓦砚诗所谓"文人例有嗜奇癖，心知其妄姑自欺"，自是"迷古"者通病。但即是"真宋石"，倘"子西铭"又是旧刻，亦有留铭存考之必要。

纪晓岚以其才学，用之铭砚，自是第一流人物；然视其鉴石乃致鉴古造诣，实亦尔尔，因"不信古"而竟然将旧铭磨去，实矫枉过正，太过极端，不免"玉石俱焚"之弊。

连"太学石鼓吾犹疑"，若石鼓为纪氏所有，会遭"急呼奴子具砺石，阶前交手相磨治"之"毒手"乎？

王荆公《相州古瓦砚》云：

> 吹尽西陵歌舞尘，当时屋瓦始称珍；甄陶往往成今手，尚诧虚名动世人。

宋人所藏瓦砚已多赝品，况后来之人。

足利基氏、德川家康所用，或即宋元人所赝而由海舶流诸东瀛者，虽非真品，以二人之历史地位，其砚也算赝品"铜雀瓦砚"中难得之稀罕物了。

纪氏所遗，已被磨去"额镌坡谷诸铭词"，真伪无从说起。

岳飞砚

——说破英雄惊煞人　砚史"乌龙"此君最

　　岳飞砚拓《广仓砚录》所刊。今人所用常为此拓重排者，砚背之拓被放大，始作俑者实误导也。

"乡前贤"

余乡徽州野说：岳武穆带兵过境，拔剑砍断徽州风水龙脉，于是徽州人秦桧便公报私仇，害死武穆云云。

事固无稽，岳武穆"莫须有"之罪，无非手握重兵而又韬晦不够之"怀璧其罪"。"区区一桧亦何能"？此西子湖畔所跪之宋代"四人邦"一类帮凶之"冤"。

史上"第一汉奸"秦状元（秦桧未中状元，此姑从讹说），虽非徽人，但与徽州确有渊源。其幼时确曾随官徽州祁门之叔父居徽，从学于后有宋代"第二奸臣"之称的徽州祁门人汪状元（伯彦）。

构武穆冤狱之帮凶中，倒有一地道的徽州人，便是时任侍御史之吾歙西乡呈坎人罗汝楫。其承秦相意，上本劾岳。后居丧未终而死。汝楫子愿，字端良，号存斋，著名博物学者。知鄂州，有治绩。因父陷武穆故，不敢入岳庙。一日，自念为官清廉，姑往祠中祀之。甫拜，遽卒于像前。人疑岳王神灵不能原谅罗家云（事见《宋史·罗汝楫传》）。事实当是面对岳像，存斋感慨颇多，太过激动，引发心脏病、脑溢血之类猝死庙中。否则，使"主犯"秦长脚善终，却拿一"从犯"之无辜子、清官罗存斋撒气，岳王此种"因果报应"实也太过势利眼了。

岳武穆实在与徽州有些瓜葛，"岳案"主审何铸，因刑堂上"飞裂裳以背示铸，有尽忠报国四大字，深入肤理"，遂毅然为武穆鸣冤，因之被谪徽州。数月后郁郁而终。

绍兴元年，岳武穆提兵讨李成，过徽。戎马倥偬之际，尚题《题东松庵记》于祁门，又书"岳飞过此"四飞白大字于婺源灵岩涵虚洞（据《光绪婺源县志·通考六·佚事》）。

未知当年武穆有无砚乡访砚之事？

名砚显燕市

岳飞砚，最早见诸清人梁绍壬所著《两般秋雨庵随笔·岳忠武砚》（以下简称《随笔》）。其云：

> 道光元年，陈海楼履和于燕市买得岳忠武砚，色紫，体方而长，背镌"持坚守白，不磷不淄"八字，行书，无款。又镌曰："枋得家藏岳忠武墨迹，与铭字相若，此盖忠武故物也，枋得记。"又曰："岳忠武端州石砚，向为君直同年所藏，咸淳九年十二月十有三日，寄赠天祥，铭之曰：砚虽非铁磨难穿，心虽非石如其坚，守之弗失道自全。"谢真书，文草书，皆道古。有小方印曰："宋氏珍藏"。朱竹垞题识曰："康熙壬子二月四日，朱彝尊观于西陂主人斋中。"又一行云："雍正八年夏六月十有九日，良常王澍拜观。"

梁绍壬（1792 年~?），字应来，号晋竹，钱塘人。道光举人。能承家学，工诗善文，学问渊博，嗜酒。官内阁中书。传世有《两般秋雨庵诗》。其撰《两般秋雨庵随笔》，在近代笔记中自成一家。

获砚者陈履和（1761~1825 年），字介存，号海楼，云南石屏人。乾隆举人，历官山西太谷、浙江东阳知县。精于训诂、考据之学。书法秀劲端和，画梅亦有别趣。

陈海楼，在史上算不上名人，甚至在清代也根本算不上名流，但却是于吾国文化史有大功之人。

孝徒陈海楼

陈海楼于学术史之功，在于使其师崔述"辨古书之真伪，析群言之是非"之学问传于后世。

崔述字武承，号东壁，直隶大名人，乾隆举人，历官知县等。其学术思想之核心可归纳为——考然后信。其生当乾嘉时代，却不为训诂名物所囿，而主怀疑、辨伪（崔氏实有失之主观武断一面），但其著作被时人视为离经叛道之谤书。陈海楼却识崔氏学术史上之长远价值，认为"四海之大，百年之久，必有真知"（《崔东壁遗书·崔东壁先生行略》），遂募金先后刊刻成崔氏《考信录》等书。

果然，陈海楼身后百年（20 世纪初），崔述之说盛行中、日，被顾颉刚、钱玄同等"古史辨派"史学家奉为旗帜。

陈海楼为校点刊刻、保存及传播其师学说竭尽心力、财力，其死后，除遗尚未付印之二十箱崔述遗著书版外，身无长物，景况非常凄凉。然陈氏之献身精神，在吾国学术史上固值得大书一笔。

陈海楼更为一有进步思想之廉吏。为官以"慈爱为本"。嘉庆间官太谷令，严禁贩食大烟，并刻碑立石于城内，以示警禁，事尚在鸦片战争前二十多年。

陈海楼工书法，善绘画，更长于诗文，著有《海楼文集》（似失传）。惜海楼无嗣，其故后，旁支后人对其遗作不重视，甚至"焚书煮饭"，将崔述著作原版劈之燃火。

因陈海楼诗文多已佚失，故其有无记岳飞砚之文字似难以考证了。

宋室三孤忠

陈海楼之"岳忠武砚"，并无武穆名款。据砚铭可知，砚原曾被谢枋得所藏，谢因铭文字体与家藏岳字墨迹相似，故定砚背八字为武穆手题，并镌铭记之。后谢将砚赠于同年文天祥，文亦题一铭于砚。

于是，成就了一段宋室三孤忠之砚缘。

谢枋得在《祭辛稼轩先生墓记》中赞辛弃疾："公精忠大义，不在张忠献（张浚）、岳武穆下"，可见其对岳武穆之崇敬之情，故其斋中庋藏有武穆墨迹当极有可能。

文天祥对岳武穆亦赞誉极高，其在回复武穆曾孙岳规一信中称赞武穆："忠义与日月争光，名在旗常，功在社稷"（《文山先生全集》卷 6《回岳县尉》）。

岳飞、文天祥光照千秋之行迹世人皆知，谢枋得坚贞之民族气节与岳、文亦可日月同辉，然囿于其职位、功业之局限，其影响多在于后世士大夫文人阶层。

谢枋得（1226～1289 年），字君直，号叠山，信州弋阳人。幼聪敏，广闻博见。理宗宝祐四年进士，除抚州司户参军。为建康考官时，出题以贾似道政事为问，暗讥时事，忤似道，谪居兴国军。咸淳三年赦归。后以江东提刑、江西招谕使知信州，力拒元将吕师夔。战败城陷，隐遁闽北山中，以卖卜课徒度日。宋亡，元廷屡召出仕，不应，终被强解大都，绝食而死。门人私谥文节。

谢叠山为文推尊欧、苏，以振兴斯文自任，格调高奇，气势甚壮。诗风沉痛苍凉而饶有韵致。北上前诀别诗《初到建宁赋诗一首》，起句即以"雪中松柏愈青青"自喻，其高风亮节，视死如归之节操，感人至深。

谢叠山原著有诗文 64 卷，因屡遭兵灾，所存无几。后人仅揖得《叠山文集》五卷，附录一卷。

岳、文、谢虽皆死国，然岳出身行武，被冤杀，多因"还我河山"朴素而坚贞之复国信念；文、谢出身理学之士大夫，其殉难，更多一份"孔曰成仁、孟曰取义"之理学家本色。

文谢共奇节

文信国与谢叠山不仅理学同道，文乡庐陵，谢叠山乡弋阳，又为赣地同乡；理宗宝祐四年，文、谢同登进士第，故称同年，渊源如此。令人唏嘘者，文、谢登科时，三甲第一各是文、谢及陆秀夫，皆死难国士（而主考却是后以"状元丞相"身份降元之留梦炎。大有讽刺意味者，留老师号曰"忠斋"）。

据元初佚名《昭忠录》载，谢叠山被强解北上：

> 至京，问太后殡所洎德祐主所在，各向其方恸哭再拜，馆伴者曰："此是文丞相斫头处。"以胁之，枋得曰："当年集英殿下赐进士第幸同榜，今复得从吾同年游地下，岂非幸耶？"……

元人本欲以文信国之被"斫头"威胁谢，谁知适得其反，同年之捐躯，更固叠山尽忠之志矣！

光绪《江西通志》卷一百五十七《列传·广信府桂子恭》：

> 桂子恭，字伯元，贵溪人，以破蔡功授瑞州都监。谢枋得贻书文天祥曰："子

恭忠锐沉鸷，许国驰驱，志大而任不称"……

谢能以荐书举才于文，可见与文交情当不浅，故赠砚事想或有之。

砚铭所云谢赠砚之淳熙九年（1273 年），文 38 岁，谢 48 岁。是年蒙人终于攻破南宋军民死守达 38 年之久的战略要地襄阳。文时任湖南提点刑狱，次年调知赣州，组义兵万人起兵勤王，正国家多难之时！

以砚铭论，谢之赠砚，意以武穆之"精忠报国"勉励同年，与当时抗蒙情势甚契合。

清人三大家

砚上清代三铭之题者，亦非等闲者流。

朱彝尊（1629～1709 年），字锡鬯，号竹垞，浙江秀水人。康熙时举博学鸿词科，授检讨，曾参与纂修《明史》。于词推崇姜白石，为浙西词派创始人。其作多写琐事，记宴游，于民生疾苦亦有所反映。诗与王渔洋齐名，时称"南朱北王"，只是时人有"王爱好，朱贪多"之诮。所著有《经义考》、《日下旧闻》、《曝书亭集》等，并编有《词综》、《明诗综》等。竹垞曾两至端州，故精鉴砚，著有《说砚》名于世。

宋荦（1634～1713 年），字牧仲，号漫堂，又号西陂、绵津山人，豫地商丘人。顺治四年，应诏以大臣子列侍卫。康熙三年，授黄州通判，累擢江苏巡抚，官至吏部尚书。笃学，好交游，淹通掌故，有诗名。其论诗尊杜，自许对东坡"弥觉神契"（《漫堂说诗》），乃清人学宋诗派之重要人物。文宗唐、宋。著作有《西陂类稿》、《漫堂说诗》及《江左十五子诗选》等。好墨，著有《漫堂墨品》。

王澍（1668～1743 年），字若霖、箬林，号虚舟，别号竹云，江苏金坛人。官至吏部员外郎。康熙时，以善书特命充五经篆文馆总裁官。其书虽未上逼古人，自属一时好手。翁方纲评其："篆书得古法（余尝得其篆书《滕王阁记》四屏，毁于火），行书次之，正书又次之。"此说十分允当。尤擅鉴定古碑刻。撰有《淳化阁帖考正》、《古今法帖考》、《论书胜语》、《竹云题跋》、《虚舟题跋》等。

朱竹垞诗词书法皆称一代大家，宋漫堂享诗坛高名，王虚舟为一流学者，三人皆博雅识古，为当时大名士。故此清人三铭，固与岳、文、谢之铭不可同日而语，却也分量甚重。

清流吴肃堂

岳飞砚自梁氏所记以降，至清末又有确切消息。时人吴鲁《正气斋文稿》云：

余家藏正气砚，为岳忠武故物。背镌忠武"持坚守白，不磷不淄"八字之铭。旁镌文信国之跋，下镌谢叠山先生之记。三公皆宋室孤忠，得乾坤之正气者也。旧藏商邱宋漫堂先生家，因名之曰正气砚。甲午秋，余得之皖南，如获重宝。

吴鲁（1845～1912 年），字肃堂，号且园，福建晋江人。光绪十六年（1888 年）状元，授翰林修撰，后历任陕西典试，安徽、云南督学，云南主考，吉林提学使等。

野传吴状元之夺魁，似乎是运气使然。原应同榜文廷式为第一，惜文氏将"阎"误写为"面"，光绪便将文列为第二，让吴氏捡了个"便宜"。

吴且园热心国事，曾三渡日本考察，期间尝与孙中山先生晤谈甚欢，于时局困难，颇多共同语言。其虽未能投身革命，却也支持侄儿吉士追随孙先生（后孙吉士参加武昌首义，曾任民国首任海关关长）。足见吴氏虽钦点之状元，却能逐时代潮流而动，并非愚忠遗老。

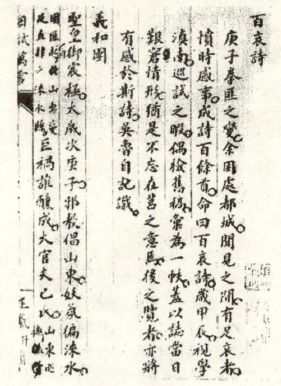

吴鲁《百哀诗》

吴且园最为今人称道者，乃其记"庚子之变"之《百哀诗》集。其中《梅花》诗"梅花不受胡尘厄，犹自凌寒次第开"等，乃吴氏清操自守之言志。其虽称义和团为"拳匪"、"邪教"、"妖氛"，然对彼场所谓"伟大的反帝反封建爱国运动"似抱一些同情态度。有《红灯照》诗："红灯照，闪烁空中一星曜。腾云驾雾高复低，睁睁万目齐瞻眺"云云。

显然，吴且园乃一近代"清流"名人。

重宝得皖南

武穆当年有无徽州访砚之事，已不可考，但清末"岳飞正气砚"却在徽州一带之皖南出世。

吴且园夺魁次年，即督学安徽。在皖任上，吴氏致力文教甚勤，曾捐俸五千金倡导太平府规复"翠螺书院"，又为泾县茂林吴氏大宗祠留墨题"延陵世家"。岳飞砚即吴官皖三年后之光绪二十年甲午（1894 年）秋所得，确切得于皖南何处则不可考矣。

是年秋，"甲午战争"暴发，诚又一国家多事之"秋"！

吴且园得砚后，爱如珍璧，取名曰"正气砚"，颜其斋云"正气砚斋"。

宣统三年（1911年），吴且园辞官归闽，逾年而卒。砚遂由居老家晋江钱塘村之子钟善保存，钟善将书斋名为"守砚庵"，其撰《守砚庵记》一文有云：

> 先君尝得岳忠武遗砚于皖南……旧藏商丘宋氏。以"正气"名其砚，先君因以名其斋。钟善编次先君遗文，又以正气研斋名其集，亦先君遗志也。其石则端州产地，纵九寸有奇，形圆而椭。

吴钟善所编即吴且园《正气研斋类稿》、《正气研斋遗诗》。

以吴氏同情革命党人，甚至其《百哀诗》所抒发之强烈民族义愤而论，吴且园固是不辱没"正气砚"者。

雅偷与强盗

吴家正气砚有一段失而复得而鲜为人知之奇案，颇有意思。

据吴氏后人云：驻日大使、吴且园学生许世英（许氏尝官至北洋政府国务总理。皖南东至人，当为吴氏督学院地时所取士），曾与两东洋人登门拜访吴宅，吴且园出家藏古物以待客。客辞后，岳飞砚竟离奇失踪。吴氏于是遣四子钟善火速东渡，寻得许世英商问，后经许氏追询，始知彼次同行之两日人有诈。在许氏通力斡旋下，方使被窃之砚完璧归赵，吴钟善终得携之归国。

据云，彼日人因窃砚事被发现，羞愧难当，不敢见钟善，乃先将砚置于一华人书馆书架下，让钟善自往取回。

彼东瀛客亦一"雅贼"也！

吴钟善，字符甫，号顽陀。能诗，小有文名，著有《守砚庵诗文集》。年二十五登经济特科。父逝后，闭门不仕，专事整理其父遗著，辑成《正气研斋集稿》问世，并在台湾首刊《百哀诗》。

为守住先人心爱之物，吴钟善特地镌"守砚斋"三字于砚上。

吴钟善病逝于20世纪30年代初，砚由其次子旭霖收藏。此后，砚被束之高阁秘藏，从此少为人知。至"文革"起，吴家被抄，历五代七十二年之久的传家宝砚便从此下落不明。

视吴家东洋追砚、三代守砚之情事，亦甚感人。只其时西湖岳坟尚被毁，况区区一砚？

吴旭霖于1980年去世，云留有一张正气砚等被抄文物之清单。

又据云吴钟善长子普霖，20世纪20年代初漂洋过海谋生，拓得砚拓两纸夹于书中携行，至今尚存，惜未见其拓刊出。

吴家岳飞正气砚失落已然 40 年，至今杳如黄鹤、莫知所终。或云砚已流诸海外，不知尚无恙否？

今拓非原本

陈海楼与吴且园之岳飞砚，皆只遗文字描述，近人邹安所编《广仓砚录》却刊有砚拓。

砚拓之背及侧岳、文、谢三铭同于陈、吴所藏。但未见"宋氏珍藏"及朱、王观款，因砚面未刊，未详是否刻于砚面。

问题在于：邹氏之拓砚侧又多出"玄赏斋宝藏"行书铭。

玄赏斋，乃董其昌斋号。

董其昌（1555～1636 年），字玄宰，号思白、思翁、香光居士、玄赏斋等，松江华亭人。万历进士，授编修，官至礼部尚书、太子太保，谥文敏。其以禅论画，分为"南北宗"，推崇"南宗"为文人画正脉，颇有识见。行书古淡潇洒，楷书有颜真卿之率真韵味，与邢侗、米万钟、张瑞图并称"明末四大书家"，对后世书风影响甚大，称"赵体"。画山水亦多禅意，为划时代之大家。善鉴别书画。著有《画禅室随笔》、《容台集》、《画旨》、《画眼》等。

《广仓砚录》砚拓有邹氏题跋云：

> 砚非原本，以人之传，附存之。平湖朱建卿藏物，今不知何往。

此拓原砚，本一摹本。

朱建卿（1800～1855 年），名善旗，字大章，号建卿、敬吾心室，浙江平湖人。名藏家朱为弼之子。道光十一年举人。曾任国子监助教，精于金石，亦能画。今津博所藏"明顾从义摹刻石鼓文砚"曾为朱氏物。朱氏又有自摹"长方石鼓文砚"，亦藏津博。

今人论吴且园所藏正气砚，皆刊《广仓砚录》此砚拓为据，然为何对砚上董思翁之藏款皆似乎视而不见？且常忽略邹安题跋特意注明砚拓之"非原本"？

砚事说纷纷

以砚铭作推测，砚之传承应是：

南宋初，此砚为岳武穆所用，自撰砚铭并请人镌于砚背，以明其清白坚贞之心志，只未署名。

南宋末，砚为谢叠山所得，叠山将砚铭字体与家藏武穆手迹比对，识砚为武穆所遗。后叠山将砚寄赠其同年文信国。文、谢二人皆镌铭于砚上以志其赠砚原委。

清初，砚归于宋漫堂，宋镌藏款于石。朱竹垞及王虚舟皆得观宋氏之砚并留有题识。

清中期道光间，砚又为陈海楼于北京古玩肆中购得，时人梁绍壬记载于所著之《两般秋雨庵随笔》中。

清末，砚复为吴且园得之于皖南某地。民国初，因砚之名高，惹得东瀛异邦"雅盗"生起觊觎之心，遂得上演一出"名砚归去来"之轻喜剧。

"文化大革命"时，吴家被抄，一直秘藏于闽地老家之砚遂失其所往。

从《广仓砚录》砚拓看，砚在晚明还曾归于董思翁之玄赏斋。

此砚铭者，前有宋室三忠烈：岳、文、谢；后有清人三名流：朱、宋、王；中还夹一开宗立派之明人董思翁。砚上铭款不仅有宋代"三忠萃一砚"，更有明清"四家集一石"。煞是壮观。

此砚藏者，前有谢叠山之慧眼识真，后有陈海楼之冷肆获珍，复有吴状元一家追宝、护宝之奇闻，更有文革中名物因遭劫而神秘佚去之谜案，种种跌宕起伏、起承转折之情事，使此砚不仅有传奇性，又极富戏剧性。故论砚者对此砚诸般情事，无不津津乐道，赞之叹之。

如此众多"大牌"，如此诸般"煽情"；

此砚不红也难！

三曹且对案

岳飞砚虽极具传奇色彩，而今人亦多言之凿凿，似乎从陈海楼而朱建卿再至吴且园，岳飞砚皆一脉相承，为流传有序之物。此实因以讹传讹而导致之混为一谈。

朱建卿之仿品其上有"玄赏斋藏"，与陈履和、吴鲁所藏之不同本已很明了，且邹安题跋已明示为"非真本"，且先不论。

即便从来被认作前后相承之陈、吴两砚，细一对勘，居然也明显并非一物：

其材：陈海楼砚："色紫"、"端州石砚"；吴鲁砚："石则端州产地"。结论：两砚材质皆为端石，倒无异处。

其铭：陈海楼砚：有岳、文、谢三铭，"宋氏珍藏"及朱、王二观款；吴鲁砚：有岳、文、谢三铭，"旧藏商邱宋漫堂先生家"。结论：略有不同，后者未言有朱竹垞、王虚舟二款。此或吴氏因朱、王二家只是"看客"，忽略不记，姑算可圆其说，但也难免可疑。

其形：陈海楼砚："体方而长"；吴鲁砚："形圆而椭"。结论：纵是苏秦再世、张仪重生，也难以圆说此一长方、一椭圆，外形全然相反之两砚为同一物。

故而，谁真谁赝不论，近人称誉连连之吴氏"正气砚"，绝非陈海楼所获之彼方"岳忠武砚"。

若再作进一步推敲，此自清中期面世以来"流传有序"之"岳飞砚"，本身恐是一臆造出之赝品，所谓忠烈名物难免是一砚史之大乌龙。

奇宝共欣赏

"奇文共欣赏，疑义相与析。"此为君子胸次；"恨人有，笑人无"，此为小人秉性，以此两者比喻玩古之人心态，再恰当不过。

晚清金石家艺风老人缪荃孙曾记："京师巨公，以深藏为旨，以独特为奇，不留一目，不跋一言。"此为缪氏批评咸同时秘藏风气而言，固一时之风尚，一部分藏家之陋习，却并非收藏史上之主流。

以常理度之，收藏家获得"重器"，除偶有秘不示人以免招致被巧取豪夺之祸者外，多会与圈中同好道友共品之，所谓"奇宝"共欣赏。好胜之人更喜借"斗宝"之机炫世，砚史此类事多多。

康熙时，林佶自陕西石门山中得一"长生未央"瓦，琢而为砚。因汉瓦古时出土不多（今则寻常品），故成轰动一时之稀罕物。其弟藏砚家林佶为作《汉甘泉宫瓦记》一卷，朱竹垞，王渔洋诸名士皆有题跋，张芑堂摹图收入所著《金石契》。

雍正时，天津周七峰所得谢叠山"桥亭卜卦砚"，都中名流钱载、钱大昕、彭元瑞、王昶、毕沅、程晋芳、洪亮吉等皆有赠诗，辑成《卜砚集》行世。后翁覃溪又为铭其匣，袁子才《随园诗话》亦有收记。

乾隆时，铁冶亭得欧公南唐官砚，翁覃溪为题匣，张船山为作长歌。同时期，东坡两"墨妙亭诗断碑砚"名世。裘曰修得"王阳明墨妙亭断碑砚"，裘自绘砚图，纪晓岚、钱载、彭元瑞、蒋士铨、曾宾谷等皆有诗跋。汪学山得"黄石斋断碑砚"，张芑堂亦为其摹图刊行，丁敬、厉鹗、蒋士铨等皆有题作。

更有咸道时，王寿迈得明季才女叶小鸾"疏香阁眉子砚"。拓铭征题，大约因砚为闺阁香泽，题者有郭频迦、杨沂孙及撰有《端溪砚史》之吴兰修等多达数十人，辑成煌煌四集《砚缘集录》行世。

此数则名砚盛事，见时人诸家著述，无不轰动一时。此名器显于世之常态。

何以独乐乐

董思翁、宋漫堂、朱竹垞、王虚舟皆一时博识翘楚，查诸人似绝无文字道及岳飞砚。

董、王所遗涉砚文字罕有，且暂不论。朱竹垞与宋漫堂，交情甚笃，诗文唱和甚多。竹垞原是鉴砚名家，其《曝书亭集》收砚铭（诗）四十余首。宋漫堂虽不似竹垞玩砚有名，但《西陂类稿》亦收砚铭近十首。今松江博物馆藏一竹垞款端砚，乃竹垞集《三公山碑》残碑隶书赠"西陂先生正"者。今藏故宫、上博两方"竹垞著书砚"上亦有宋氏之跋铭，二砚虽伪品，然宋、朱之砚事交往当或有之。

事实上，朱、宋也各有一桩名砚逸事。

竹垞藏有砚史名物"米芾南唐砚山"，乃其曾祖、明代相国朱国祚所遗传家宝。竹垞曾与其友周青士联句，作《宝晋斋砚山》咏此砚。王渔洋一见，赞为"真奇物也"，为作《米海岳研山歌》。宋漫堂得"文天祥玉带生砚"，自作《玉带生歌》，竹垞等多人皆有和作。竹垞复有《书拓本玉带生铭后》记其事，更亲书《玉带生砚歌》以赠宋氏，今墨迹尚传世。

朱、宋两人所藏之"米海岳砚山"与"文信国玉带生砚"，占林在峨《砚史》所记当时三方名砚之二。

"独乐乐，与人乐乐，孰乐？"从此两名砚看，朱、宋两人玩古，皆非保守之"独乐乐"，而是乐与同好分享之"与众乐乐"者。

然则，何以对"岳飞砚"此等旷世奇珍，朱、宋却如此低调冷落，只在砚上各留"观款"、"藏印"而已？不仅未留一诗以为名物扬誉，更离奇者，遍捡两人诸集竟无一字提及此砚？

抑或此岳飞砚之文信国不是彼玉带生砚之文信国？此"宋室三孤忠"之岳飞砚反不比彼"宋室二孤忠（文信国及谢皋羽）"之玉带生砚显赫？

诚是咄咄怪事！

并无文字忧

宋漫堂因其父宋权以明顺天巡抚重职降清之功，年仅十四便被选入宫中侍候顺治，乃政治上之"原始股"，故终其一生宦途得意，为康熙所宠信，称其"清廉为天下巡抚第一"。

康熙尝敕御厨亲至外任巡抚之宋宅厨下，传授宫中豆腐做法，以为宋氏后半辈子享用。其他诸如赏赐御笔之类优渥更是多多，宋氏甚至在乡建"御书楼"储之，其自著《筠廊偶笔》、《漫堂年谱》述及康熙恩遇颇详。

茶中名品"碧螺春"，吴中方言俗称"吓煞人香"，因宋氏以此茶进御，始由康熙题字改成今名。

宋漫堂所受"君臣鱼水情"如此，羡煞多少当时趋势汉官。

朱竹垞虽有"历史问题"，但终是不甘寂寞，作了"鸿儒"，走驴入史馆，入值内庭南书房"供了御"。其《曝书亭集·二月初二日赐居禁垣》诗自道其御用文人生涯之荣耀：

> 本作渔樵侣，翻联侍从臣。迁疏人事减，出入主恩频。
>
> 短袂红尘少，晴窗绿字匀。愿为温室树，相映上林春。

竹垞除却"抄书遭贬"之小处分外，甚得康熙礼遇，不仅得赐御匾、宫纱、宫药、御衣帽，甚至还受赐醒酶饭、鲥鱼之类种种"主恩频"，康熙第六次南巡时，尤不忘召对时已家居之七十九龄老诗翁。

因之，宋、朱两人诗文受"文字狱"毁书之害甚浅，其主要著作《西陂类稿》、《曝书亭集》且还收入《四库全书》，故两人若作有关涉岳飞砚之文字，必无佚湮之理。

朱赏扬州月

朱竹垞观砚之"康熙壬子二月四日"，为康熙十一年壬子二月四日。

据朱氏《年谱》及其诗文，考得康熙十一年前后竹垞与当时名流交游之行迹：

康熙九年：八月，竹垞自济南入都，重访书画收藏名流孙承泽，嘱孙为题"竹垞"二字。与潘耒（潘氏亦好藏砚，存世有砚赋一卷、砚铭一卷）以诗赠答。潘氏作有《赠朱十》诗，推崇竹垞为"南洲盛衣冠，之子为领袖"，彼此引为同志。后潘氏又曾为竹垞《曝书亭集》作序。

康熙十年：一月，竹垞在京，与潘耒、李良年同游西山，题诗于壁。三月，出都南归，曹贞吉、乔莱、汪懋麟、李良年等八位诗友设宴城南为朱践行。至扬州。与魏禧定交。逢周亮工，作《逢周侍郎亮工二首》，有"怅别西湖曲，重逢又十年。艰难增旅话，倾倒共诗篇"等句。

康熙十一年：二月，长孙桂孙出生。四月，还家乡嘉兴。六月，至福州，游鼓山。八月，至北京。送汪琬还吴县，作《送汪户部琬还长洲》诗。词集《江湖载酒集》编成。曹尔堪、叶舒崇为序。

康熙十二年：寓北京宣武门外。辑《词综》。二月，与侍郎刘芳躅等同游大房山；送徐乾学还昆山。秋，客居潞河（通县）金事龚佳育幕中。龚鼎孳卒，竹垞作挽诗八首。与纳兰性德书信交往。时纳兰19岁（次年两人晤面）。

由此可见，观砚之"康熙壬子二月四日"，竹垞时客居扬州。

然者，其时宋漫堂在扬州否？

宋观梁园花

宋漫堂自订《漫堂年谱》记康熙十一年壬子前后行迹：

（康熙）八年巳酉：余三十六岁……十月，闻赵夫人讣。

九年庚戌：余三十七岁。正月，奔丧归里。十一月，奉赵夫人枢祔葬于文康公（荦父权）；

十年辛亥：余三十八岁。十一月，男至入庠，娶妇同邑刘氏，慈溪知县劢女。男陆娶归夏邑崔氏，户部主事抢奇女。男致生，叶夫人出；

康熙十一年壬子：余三十九岁。正月，服阕著《筠廊偶笔》成。五月，如都候补，寓柳湖寺。龚尚书鼎孳、王吏部士禄、民部士禛、王叔兄琬，时过寺觞咏。冬，需次返里。十一月，孙吉金生，陆出。

可见，宋漫堂自康熙三年官鄂地黄州通判，至康熙九年初，即回乡为生母赵夫人奔丧，并打理葬母诸事宜，此后一直居乡里为母守孝三年。服阕，"服阕还郎"之官制惯例，即去官为亲行服时之"停官留职"。至康熙十一年五月三年守孝服满，方入都候补听用。

故"康熙壬子二月"时，竹垞时在扬州，与周亮工等酬唱。而漫堂则在家乡商丘为母守孝，除完成所撰《筠廊偶笔》外，只是处理一些诸如娶儿媳、生儿子之类家务事。想其或有闲情，也不过游游"梁园虽好"之旧迹梁园（漫堂父宋权即以"梁园"为号）等里中名胜罢了。

所以，砚款之"康熙壬子二月四日"，竹垞与漫堂两人一南一北，根本未曾有谋面之机缘，何来观砚题款之事？

珍珠混鱼目？

实者，砚款之康熙十一年，朱、宋两人恐尚未订交。

康熙十一年时，竹垞已是大名士，其交游中，显宦野老，名流多矣，然并无与宋漫堂来往之记载文字。其时漫堂官运尚未亨通，尤在积蓄声价阶段，虽也略为时人所知，与名流龚芝麓、王渔洋等已有交往，彼时恐尚未必有缘入得竹垞法眼。

朱、宋诗文中，两人之交流多在康熙四十一年（1702年）竹垞寓居苏州期间。时漫堂已官江苏巡抚，驻节苏州，正以"风雅大吏"之贵，广交名人骚客，以盟主身份总领东南骚坛。

若砚款之康熙十一年，朱、宋已相识，则铭更必伪。

盖此年竹垞44岁，距其去世尚有37年；漫堂小竹垞5岁，只39岁，距其去世更有42年之久。是时，两人皆正当壮年，又皆得享高寿过八十，岂有大半辈子绝无文字提及此砚之理？

如此大悖人情事理，唯一的可能：宋氏从未藏过一方所谓岳飞砚，竹垞观砚自然子虚乌有了！

常理，前人款伪，后人款真者常见，盖后人误赝为真而题之，传世古名人砚中此种半真半假者甚多。而前人款真，后人款假则不多见，盖此属画蛇添足，以假害真，得不偿失也。

世间常有鱼目混珍珠，那见珍珠混鱼目？

故岳、文、谢三铭伪，朱、宋两铭真或有可能；朱、宋两铭伪，岳、文、谢三铭真则大悖于常理。三忠之铭若真，何须再伪作朱、宋之赝铭作"托"以增色？况有授人口实之险？

之所以如此乖谬情理，原因无他，陈海楼所得之所谓岳飞砚，根本乃一赝品！

董思翁藏款、王虚舟观款之伪亦同一理。

作伪者弄巧成拙，本欲借朱、宋两人名声为砚添彩，那知"机关算尽，反误了卿卿生命"。

陈海楼所藏即为臆造之物，则吴且园、朱建卿所藏，皆不过仿自陈氏砚而已。

当然，朱建卿所藏摹本，从《广仓砚录》刊出之拓看，只岳、文二铭及董思翁藏款，倘未刊出之砚面并无朱、王两观款及宋氏藏印，而其所仿之原本本又如此，则竹垞、漫堂伪铭之证据当不成立。陈海楼得砚之道光元年，朱氏也已二十一岁。是否陈氏砚乃仿自朱氏者？清代确有一真品岳飞砚传世？

朱氏收藏有名，似无时人记其藏有此名砚之说（其藏明顾从义所刻石鼓砚，即被晚清人韩泰华记入所撰《无事为福斋随笔》），砚上又无朱氏铭款，云砚曾归朱氏所藏之邹安乃民国时人，故此说出处未必可靠。况梁氏《随笔》影响甚广，即便朱氏确实入藏一岳飞砚，也应是仿自陈海楼所藏者。

赝岳有前例

邓之诚氏《骨董琐记·岳忠武砺痕砚》云：

> 邹用章《纪事录》：顺治九年，曹永国志建旧部余卒，自粤下衡阳，道临武（今属郴州），屯于城东。去后，有童子拾得磨棱砚，背有砺刀痕，涤视之，岳忠武砚也。宽五寸，长七寸，高三寸，色如猪肝，面池上有一血鸲眼，琢为日象，底微琢空一指许，池畔积平。右边"丹心贯日"四字，左"汤阴鹏举志"五字，皆篆文。右侧镌楷书曰："岳少保砚，向供宸御，今蒙上赐臣达。古忠臣宝砚也，臣何能堪？谨矢竭忠贞，无辱此砚。洪武二年正月朔日，臣徐达谨记。"

徐达（1332～1385年），字天德，皖北濠州人。22岁投郭子兴红巾军，从朱洪武略定远、下和州、渡长江、拔采石，与陈友谅大战鄱阳湖。又以大将军率师出征，占淮东、平浙西，连战皆捷，攻克平江，俘获张士诚。旋再率师北伐，取山东、破河南、克大都，灭亡蒙元。明初，更多次率军远征漠北，戍守边疆，被朱洪武誉为"万里长城"。其长于谋略，治军严整，战功显赫，名列功臣第一。卒后追封中山王。

"曹永国志建"，为南明总兵曹志建，其字永国，左良玉旧部。尝被流亡之桂王称为虎将，封为保昌侯，赐尚方宝剑。受总督何腾蛟节制，于顺治年间，数度与清兵战于湘地。

邓氏评此砚曰："绝不见于他书记载，后亦无闻，恐好事者为之也。"诚是。

"岳忠武砺痕砚"今似不见音讯。曾见刊拍品清摹刻本《岳王精忠研图》手卷。图

中砚为抄手式，砚额有一高眼，朵云衬托。砚上"岳王"及"徐王"之铭与邹用章
《纪事录》所记"岳忠武砺痕砚"相同，不知是否顺治间原物。

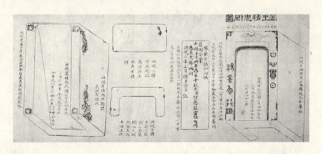

《岳王精忠石砚》清摹刻本。末有"金陵陈赞甫摹刻"字样。

砚非碧血所凝

实从岳、文两铭书法看，铭也可疑。

岳武穆夙景仰东坡，其孙岳珂《宝真斋法书赞·黄鲁直先王赐帖》谓祖父"字尚
苏体"，又在《银青制札帖》中云："先王笔法源于苏"、"先君（岳霖）受笔法于家
庭，多用苏体"，此说今遗武穆书札拓本可证。而此砚背草书铭字则未见"苏体"宽博
特点。

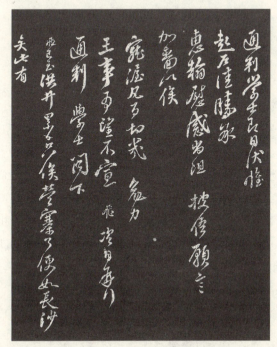

岳飞书简帖，宋《凤墅帖》所收，今藏上海图书馆。有苏体影响。

与岳武穆出身行武，后始留心文翰不同，文信国状元出身，诗文书法分内事耳。今历博藏有其行草《谢昌元座右自警辞》卷，笔法清劲。款署"咸淳癸酉（咸淳九年）六月吉日，后学文天祥书。"与铭砚时间为同一年。将两者比对，砚铭书法则稍嫌板滞。

与此砚赝铭可互证者：经今人之考证，所谓岳武穆诸遗墨，《还我河山》乃民初人所伪集字；《前后出师表》中"桓"字未避宋钦宗赵桓名讳，必伪；脍炙人口之《满江红》词，亦有人疑是明人所作。余箧中亦有清人伪托武穆作"墨庄"旧拓。

明清之交尤其清初，古玩作伪兴盛，盖明遗民耻于科举仕清，多以作伪书画以糊口。又因心怀亡国之痛，便多托名宋、明忠烈，所谓"河南造"、"开封造"即多作岳武穆、文信国伪迹；"长沙造"

文天祥书《谢昌元座右自警辞》

则多伪托杨忠愍（继盛）、史阁部（可法）。上述"岳忠武砺痕砚"恐即其时产品。

陈海楼"岳忠武砚"，倘清初人所赝，早已名传世间，不必等陈海楼道光间购得才为人知，当是乾嘉时人所伪。吴且园"正气砚"，必更在陈氏之后，当是梁氏《随笔》行世以后，好事者照书中所记铭文仿刻。

铭合丹心所寄

岳飞砚虽赝品，铭文"持坚守白，不磷不淄"却颇经典。

此铭意出《论语·阳货》，原文为"不曰坚乎？磨而不磷；不曰白乎？涅而不淄"。磷，同薄、淄，同黑。何晏集解引孔安国："言至坚者磨而不薄，至白者染之于涅而不黑。君子虽在浊乱，浊乱不能污。"讽戒意耳。《大戴礼记》载西周太公《金匮砚铭》："石墨相著而黑，邪心谗言，得无污白"；唐人张少博《石砚赋》："不磷不缁，美玉未可方其质"；朱子《怀玉砚铭》："墨尔毫端，毋俾元白"，辞意皆相类。

磨不薄，染不黑，铭文喻品质之坚贞高洁，不因外界影响而有所变易。所谓"诗言志"，此铭符合岳武穆清白之人格操守、坚贞的复国信念，故此铭是此砚精魂所在，亦为历来评砚者所津津乐道。

或是精神相契，文信国亦有《题苏武忠节图》诗。诗云：

漠漠愁云海戍迷，十年何事望京师。李陵罪在偷生日，苏武功成未死时。

铁石心存无镜变，君臣义重与天期。纵饶夜久胡尘黑，百炼丹心涅不缁。

诗以汉苏武牧羊北海之气节为颂扬，末句"百炼丹心涅不缁（同淄）"与"持坚守白，不磷不淄"意相似。

此砚托名信国之铭："砚虽非铁磨难穿，心虽非石如其坚，守之弗失道自全。"自励报国之心志须如贞石般坚定。其云所守之"道"，民族大义也。亦合信国信念。

古来志士仁人，其坚贞之意志品质本皆一脉相承。

所谓"三忠萃一砚"，岳飞砚被喻为岳、文、谢三烈士碧血丹心所凝，"得乾坤之正气者"，与《满江红》一样，已成其精忠报国精神之象征符号。砚虽伪，自有砚史之特殊意蕴。就此意义而论，"岳飞砚"铭伪意真，仍不失是名砚中之名砚！

笠谷缀语：

岳飞砚乃赝品的结论，难免使人扫兴，此煞风景之考证，恐唐突了岳、文、谢。余心大有不安焉！然三人已足够伟大，后世锦上添花式的美意，反有画蛇添足般之累赘。

写此篇文字草稿时，伴以罗文先生粤语老歌《满江红》。听之让人热血贲张，亦使人悲怆莫名。噫！

附考一　杨守敬藏岳飞砚——砚出海楼之前？

款多元明三大家

近代以来，"岳飞砚"除吴且园藏者外，世间所传之版本亦复不少。

郭若愚先生《智龛品砚录》刊一郭先生自藏"岳飞砚"旧拓（图7-7）。砚长方抄手式，题刻累累，不仅岳、谢、文、朱、王、董、鲍诸铭俱有，且更多出"商丘宋氏珍藏"、"芝圃珍藏"两藏款及四铭：

《智龛品砚录》所刊"岳飞砚"拓

至正己亥三月朔日鲍恂观于味道斋中。（隶书）

弘治甲子十二月二十五日余姚王守仁观。（楷书）

思翁藏研，此为第一。陈继儒。（行书）

金玉质，雷电光。忠武研，芝圃藏。嘉庆乙丑六月长白先福谨识。（隶书）

鲍恂（生卒年未详），字仲孚，号环中老人，学者称西溪先生。元明间名儒。浙江崇德人，徙居嘉兴。少从吴澄学《易》。学识品行，名传天下。元末第进士，不仕。入明，太祖遣使召至京城，欲拜为文华殿大学士。时恂年八十余，以年老多疾辞归。著作多种。

王守仁，自是指一代哲人、"心学宗师"王阳明。

陈继儒（1556～1639年），字促醇，号眉公、麋公，松江华亭人。早有才名。自命隐士，又周旋朱门，为时人所讥。短翰小词，皆极风致，善书画。与董思翁为莫逆交，同倡导"南北宗论"。有《陈眉公全集》传世。

嘉庆年间有官陕甘总督之先福。名前冠以"长白"，必满洲人，故得腾达如此。铭者"先福"，当指此人。

藏砚者"芝圃"，疑为寅保，字虎侯，号芝圃，汉军旗人。乾隆二十七年进士，改庶吉士，授编修。有《秀钟堂诗集》。

"书道恩人"题拓真

郭先生砚拓又有行书一题：

旧藏岳鄂王研，质稍大。有中山王徐达题识。今不知存否？对此黯然。壬子八月守敬记。杨守敬印、邻苏老人（印）。

杨守敬（1839～1915年），字惺吾，号邻苏，湖北宜都人。同治举人。光绪间，任随员随黎庶昌出使日本四载。工书法，四体皆能，格老笔苍。亦长于历史地理及鉴别考据之学，一生熟览碑帖，含英咀华，举凡异书、古籍、碑帖之搜罗，无不加以考证、评骘。在日期间，致力于搜集国内流佚日本之古版书籍，并向日人传授篆隶北碑之学，被尊为"日本近代书道的恩人"。

今人所编《杨守敬集》，煌煌十三册巨构。但涉砚文字罕少，可知杨氏虽醉心古学，精勘碑板，却于赏砚一事并无殊好。

杨氏旧藏所谓"中山王徐达题识"之"岳鄂王研"，当是邹用章《纪事录》所记"岳忠武砺痕砚"或仿制品。

此"岳忠武砚"之关键在于：若先福题于"嘉庆（十年）乙丑"（1805年）之铭为真，则比道光元年（1821年）陈海楼所得"岳忠武砚"尚早十六年，陈氏砚岳、文

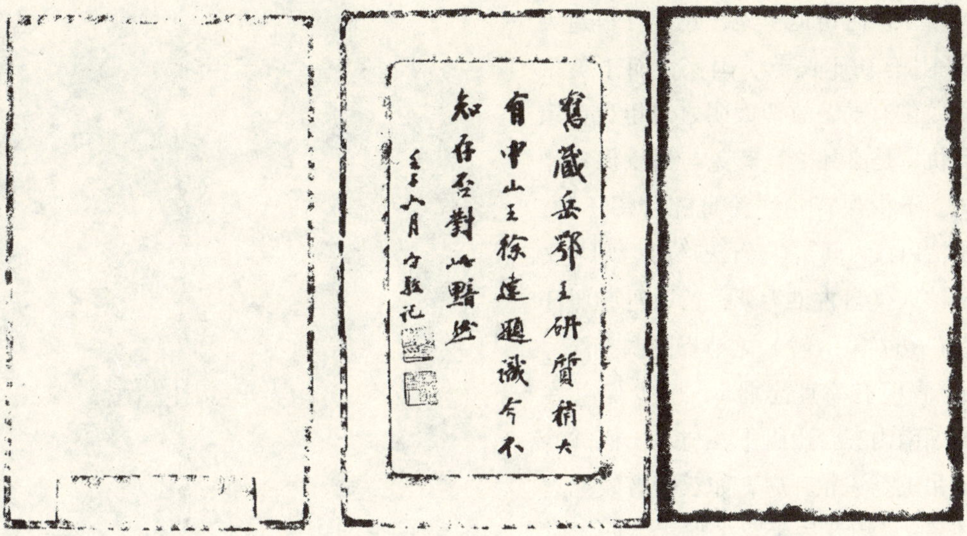

《智龛品砚录》所刊杨守敬题拓

诸铭则有仿刻此砚之可能。但从铭文布局看，杨氏砚“岳飞铭”上部空白，似有意留于“谢枋得”补铭，故疑杨氏砚仍是从陈氏原砚或仿本所仿刻，只更加上王守仁、陈继儒两伪铭而已。

因之所谓“长白先福”若即陕甘总督先福，“芝圃”即汉军旗人寅保，则先福之铭亦冒托。

从杨守敬题拓书法看，接近杨氏书风：兼汉隶、魏碑风格，行笔略带滞涩之势，峭拔古劲，此题拓当为杨氏手迹。砚为何人所藏则不得而知。

附考二　朱氏藏岳飞砚——宋明争辉两少保

今人《岳飞家史考》第二辑收“岳忠武王砚”一文（引用自台湾李安先生《岳飞史迹考》），云台湾朱氏藏一砚，色紫，长方形。岳、文、谢及鲍悯（当即鲍恂）铭、款同前述者，未见言有朱、王、宋三家款、印，但又有于谦一铭：

坚持守白人臣职，不磷不缁人臣德；谦愿人臣师其式。于谦题。

《岳飞家史考》云此砚即梁氏绍壬所记“岳忠武砚”，但两者显非一物。

于谦（1398～1457年），字廷益，钱塘人。永乐进士，历官晋、豫、赣等地巡抚。正统十四年，“土木之变”，英宗被掳，于谦力排南迁之议，调兵勤王，迁兵部尚书。北京围解，论功加少保。英宗复辟后，为谗言加害，以谋逆罪处死。其诗直抒胸臆，质朴刚健，非文士所能为。亦工书法，行楷清丽，端雅有格。著有《于忠肃公集》。万历中谥忠肃。

于少保之击退也先，几近"再造大明"，其有功于民族、国家，而于英宗复辟龙位有妨，故乃大明之忠臣，英宗之私仇，是必死之！其冤与岳少保有相似处。于少保诗句"粉身碎骨浑不怕，要留清白在人间"（《石灰吟》），则与文信国"人生自古谁无死，留取丹心照汗青"（《过零丁洋》）之节操同调。

"青山有幸埋忠骨"，于少保墓在西子湖南山三台山脚下，与北山栖霞岭山麓岳王墓遥相呼应，如双璧辉映。袁子才诗："赖有岳于双少保，人间始觉重西湖。"南屏山荔枝峰下又有张苍水（煌言）墓，人誉"西湖三杰"，民族英烈诚不寂寞！

又见报道云浙博近年征得一"岳飞砚"，长方抄手式，砚背除武穆八字行草铭外，砚侧亦有与朱氏砚相同之于少保三句铭文。只此砚从砚照观之，古气不多。

北京故宫博物院藏于谦手书《题公中塔图赞》

附考三　刘世珩藏岳飞砚——贵池镏氏号双忠

铭集诸家大成

今日豫地藏一紫石"岳飞砚"，藏者云砚为先人民国时得自开封。左、右、后三侧及砚背诸铭、印同与郭先生"岳飞砚"旧拓，只明显并非一砚。此砚不仅前侧更多出于少保一铭（铭文与台湾朱氏藏砚同），又有砚面池额篆书题"宋岳忠武研"，隶书款"光绪壬寅八月得于江宁，贵池刘氏宝藏。"池两侧行楷二铭：

　　辛亥人日，葱石参议招饮双忽雷阁观岳鄂王砚。孝胥。

　　葱石参议携此砚来，以目海上。同居慕畴堂，张謇因得敬观。时宣统三年三月三日题记。

砚有天地盖。上镌隶书四字"岳鄂王研"，款行书"杨守敬题"。

豫人今藏"岳飞砚"

刘世珩（1875～1937年），字葱石，号聚卿，贵池人。光绪举人，历官度支部参议等。晚寓沪上，著述多种。子公鲁，字之泗。为爱新觉罗氏守节，至死留有辫子，人讥称"垂辫遗少"。

刘氏父子藏历代名迹甚多，以唐大、小忽雷琴最著名，因号"双忽雷阁"（小忽雷今在北京故宫博物院，大忽雷佚失）。所藏还有唐雷氏所制二琴及明赵南星铁如意等。

张謇（1853～1926年），字季直，江苏海门人。近代实业家，光绪状元。曾参与发起立宪运动。入民国，任实业总长、农商总长等。提倡尊孔读经，抵制新文化运动。病逝于乡。著有《张謇函稿》等。

"孝胥"，自是曾官伪满总理之闽侯郑苏堪（孝胥）。

事合郑氏日记

刘氏确藏有岳、文两砚，颜其斋名"双忠砚室"。郑逸梅先生记其同学范烟桥于刘宅所亲见：

> 双忠砚者，岳武穆砚与文文山砚也。岳砚已见《两般秋两庵随笔》；文山砚为洮河石……《珍闻与雅玩·大忽雷与小忽雷及其藏者刘葱石刘公鲁父子》

今传刘世珩所撰《贵池县沿革表》，郑孝胥为题书名，张謇亦为题端。可见刘氏请郑、张二人为题砚亦合情理。

"人日"，正月初七。查得郑氏题铭之宣统三年正月初七日（辛亥人日）行迹：

> ……夜，与伯平（郑氏女婿、黟县人金伯平）同赴刘聚卿之约。于西堂子胡同，观大、小忽雷及唐雷威、雷霄二琴。座客约二十人。（郑氏《辛亥日记》）

虽《日记》未记题砚事，但京中诸名流雅集一堂，免不了题古跋今，刘氏借机出"双忠砚"求大书家郑氏为题，顺理成章之事。张謇《张季子诗录》列《辛亥人日立春》诗后一首为《为刘葱石参议题翁覃溪书金刚经塔》，亦可互证。

刘世珩所藏大小忽雷拓本，见刊《艺林月刊》第36期

郑氏《日记》未记题砚事，或郑氏当日已疑砚不真，只题一观款作应付。

豫人此砚，罗、张二铭与二人行迹相合，且刘氏曾藏"岳飞砚"世人皆知，但是否即是刘氏原藏，难作定谳，留待后考。

附考四　岳飞砚别藏更种种——蒋公馆中最高品

今人廖氏亦家藏一"岳飞砚"，刊《中国文房四宝》（以下简称《四宝》）杂志第三九、四十期合订本。

砚为长方形，端石。廖氏文中云：砚上所镌岳、文、谢三铭与"记载大致一样外，最大的不同是，砚上有一段鲍恂在至正己亥，即1359年刻的隶书铭文。"而竹垞铭则是在"康熙壬午"，与陈、吴所藏之"康熙壬子"略有不同。

廖氏家藏"岳飞砚"

廖氏所藏，似非出土物。其湔池式为明清人所常用，宋砚罕见此式。

又，重庆博物馆藏一砚（彩图4），1983年李初梨氏所捐赠。此砚虽无岳武穆之铭，却与"岳飞砚"大有干系。

砚石质不详，似绿端。高台抄手式。砚左侧行草书铭与岳飞砚文信国铭后半全同，而无文铭前部跋语，铭作者却又为谢叠山。右侧鲍恂"至正己亥"云云隶书跋，朱竹款行书："康熙壬午二月四日朱彝尊观"，则与廖氏所藏者同。

重庆博物馆藏"谢枋得砚"

　　渝博此砚，被美术名人刘海粟氏誉称"为少见好砚，又得历史人物手泽而增光"，铭字尚佳，似有年份；然亦未见竹垞道及，不过旧伪耳。

　　《中国文房四宝》杂志首期载《岳飞砚传奇》一文，皆述陈海楼、吴且园之武穆砚事，但刊出之砚拓则全异其文。砚为随形素池，背镌"持坚守白，不磷不缁"八字外，似余无别铭，让人莫名其妙。

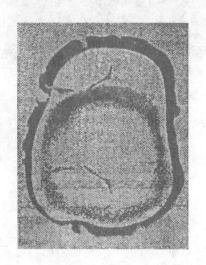

《中国文房四宝》所刊"岳飞砚"拓

又传蒋介石亦藏一"岳飞砚"。某次，其孙惹祸，蒋怒以砚砸之，遂损一角（以老蒋之秉性度，事当虚构）。蒋故后，砚曾陈于中山楼，今不知何在云云。

抗战报刊封面

附考五　武穆官印——浙派印风

印铜质。钮不详。印文多达 30 字：武胜定国军节度使、开封仪同三司、湖北京西路宣抚使、兼营田大使岳飞印。

杭州岳庙有刻于嘉庆二十三年之段骧《宋岳忠武王遗印记》碑。其记印缘：

> 嘉庆丁丑（1817 年），骧宿于李君柯溪寓，得所藏《鄂国家乘》并王遗印。其明年，柯溪以印敬归王祠于栖霞岭，属王二十四世孙秀元护持之。

《岳飞家史考·岳飞旧印真迹》云印乃："冤狱时抄家失落，后在栖霞东山出土，由州岳飞后裔保存"。从段骧所记看，似乎"栖霞东山出土"之说未必可靠。

印原有者李柯溪（生卒年未详），名宏信，藏书有名。但时人藏书名家黄丕烈评李氏"去官业贾，人本粗豪"，多有鄙夷。

罗振玉《俑庐日札》则云此印，"系渔人得之湖水中者"。或李柯溪获之于渔人？

李柯溪虽"书贩"，但其以印"敬归王祠（岳王祠）"，似又并无牟利之心。

疑此印者，篆法也。

宋官印多九叠篆，又称上方大篆。其特点，笔画盘绕，使印面饱满匀整，具有装饰美感；印文繁复重叠，使人难识，有防奸辨伪之功效；形制硕大，边栏较宽，显示官衔之庄严气势；九为数之终极，"乾元用九"，寓示皇权久远。所以，自宋以降，历代官印皆为九叠篆。

此印篆法无一与宋官印风格相符，倒与清乾嘉时"西泠八家"时风相类，与丁敬篆法尤肖。印又在嘉庆时出现于杭州，疑乃西泠印派中人所为。

岳飞三十字铜官印《岳飞家史考》第二册所刊

与岳武穆同时之南宋初官印"宜州官下羁縻都黎县令"　　丁敬篆"两户三竺万壑千岩"印

附考六　武穆名印——亦非宋篆法

武穆名印

藏吉林大学文学院,见刊《北方文物》总84期。玄武钮,无穿,铜质。阳文篆书"岳飞"。

印原为罗雪堂所藏,其题印拓刊于1928年《艺林旬刊》第九期,云"壬戌正月,得此印于嘉禾"。知印仍1922年壬戌(1922年),罗氏得于嘉兴(嘉兴古称"嘉禾",湘南有嘉禾县。以罗氏行迹看,当得印于前者)。

1949年后,流落都市,后为吉林大学历史系购藏。罗雪堂孙罗继祖先生撰《岳飞印小考》(刊《文物》1986年1期),认为必武穆遗物而无疑义。

亦有今人疑印伪者,吉林大学刘爽氏撰《再议岳飞印》一文辨之,综合各家疑点,推断:玄武早有之,皆龟蛇相缠绕,至元时,方出现蛇盘于龟背。再者,印文"岳"字乃清初篆法。

罗振玉印拓题跋

所以印乃中晚明至清初时物。

附考七　岳飞私印——有帅气

刊民国美术周刊《鼎脔》。象牙印，狻猊钮。印文九叠篆"岳飞之印"。

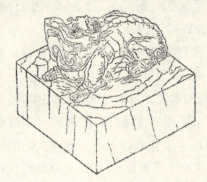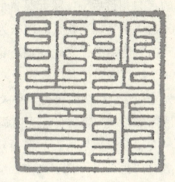

《鼎脔》所刊"岳飞之印"

此印刻工甚佳，兽钮气势甚壮，真伪则难辨。画刊编者云当时尚有"文信国铁印"、"史阁部虎魄印"，今皆不详。

附考八　岳忠武玉印——勿与"关王印"同赝

清人吴荣光《石云山人集》卷二十一《岳忠武玉印》：

> 卅九载匆匆，章留急就工。金牌沙里蜮，玉印雪中鸿。
>
> 汉寿应同炳，湘灵亦护忠。一□怀古意，但唱满江红。

句中有原注："印为白文，用急就章篆法"、"得之湘水"，故与"先出湘水者"传为关羽之"汉寿"印先后辉映。明时"武圣"为岳王，清室入关，因岳为"世仇"，始贬岳崇关。"岳王印"、"关王印"，湘水竟出两"武圣"之遗印，实非凡水可比。

吴氏所举关羽之"汉寿"印即"寿亭侯印"。南宋时洞庭渔者所得，洪迈等辨为伪（见《容斋四笔》卷八）。

清时湘地所出此"用急就章篆法"所刻"岳忠武玉印"，或武穆军中仓促凿成已为印信之用。

汤贻汾《琴隐园诗集》记有此印，卷十九《观王徵君砚农所藏岳忠武王姓名玉印》诗有注：君有记：乾隆间有贾客得之湘江渔父，后归同里王氏，再归之君。

此印出处乃"贾客得之湘江渔父"，贾客谋利为业，所谓"得之湘江渔父"恐未必可靠。

印藏者"王徵君砚农"，疑为道咸间江苏震泽人王之佐，其字砚农。工吟咏，偶画兰。著《青来草堂稿》。

笠谷又缀：

本书即将付梓之际，得原泉州晚报记者曹燮先生提供的，他发表于 2006 年《东南早报》的《泉州最后一位状元吴鲁后人讲述——岳飞正气砚沉浮记》一文中刊出的吴鲁所藏"岳飞正气砚"拓片。砚拓为吴钟善长子普霖拓于 1928 年。

此砚拓与吴钟善《守砚庵记》记砚"形圆而椭"完全相符。砚背刻岳、谢、文三铭，书法、铭辞皆同于《广仓砚录》拓。右下侧刻一长方印：商丘宋氏珍藏。

曹先生回忆，据当时吴鲁曾孙吴紫栋先生云砚面素池，边不规则，皆无铭。

此砚无朱竹垞观款，自然无陈海楼砚朱与宋未能谋面之硬伤；但砚背有宋漫堂藏印，如本文"何以独乐乐"一节所辨，宋氏所遗诗文集、自订年谱及时人文字似皆未见记宋藏有"岳飞砚"只字（宋氏文天祥玉带生砚则唱和者众），所以吴家此砚依然大有可疑。

又，此拓外形大似上文刊出之《中国文房四宝》杂志首期《岳飞砚传奇》一文中之拓，抑或《四宝》杂志之拓是经过修饰除去文、诗二铭及宋氏藏印者？

倘真如此，则吴氏砚更必伪品，盖《四宝》杂志拓之砚池宋砚未见，纯是明清人样式。

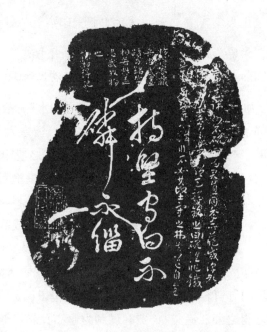

吴家岳飞正气砚背拓，《东南早报》所刊吴普霖所拓。

文天祥玉带生砚

——原是方葫芦　画成椭圆瓢

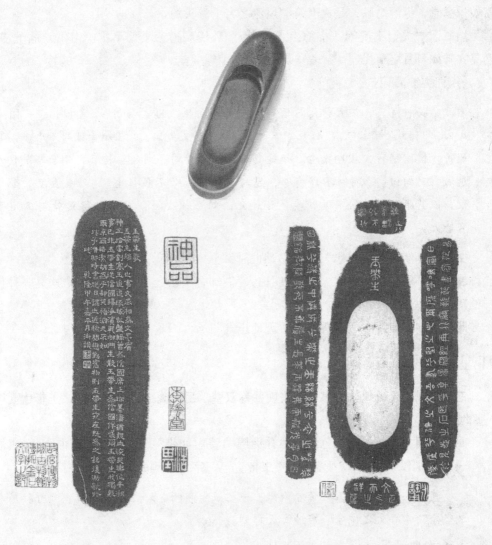

台北故宫博物院藏文天祥玉带生砚

长歌当哭

两宋，是国人史上最讲"耻感"之时代。

宋亡，史载在崖山从末帝赵昺死难，尸浮海上者十余万人！李笠翁认为此乃末帝"祖若宗之深仁厚德可概见矣"。赵宋优渥士大夫之回报便是士人争相崇尚气节、以天下为己任，国有难而不惜以身殉，忠节相望，斑斑可书。

"慷慨赴死易，从容就义难！"状元公文信国，太平时日不仅有一妻、二姜、二子、六女之天伦亲情，且"性豪华，平生自奉甚厚，声伎满前"（《宋史·文天祥传》），经常妓乐满堂，纵酒高歌，是大有诗酒风流之名士派头的。

然所谓"大德不逾闲，小德出入可也。"环境顺逆，小德不拘。当民族危难之时，乃见文皓如日月之节操。

《宋稗类钞》记：

> 临安将危日，文天祥语幕官曰："事势至此，为之奈何？"客曰："一团血！"文曰："何故？"客曰："公死，某等请皆死。"文笑曰："君知昔日刘玉川乎？与一娼狎，情意稠密，相期偕老。娼绝宾客，一意于刘。刘及第授官，娼欲与赴任。刘患之，乃绐曰：'朝例不许携家，愿与汝俱死，必不独行也。'乃置毒酒，令娼先饮，以其半与刘，刘不复饮矣。娼遂死，刘乃独去。今日诸君得无效刘玉川乎！"客皆大笑。

文信国显然并非"愚忠"之人，然此种"众人皆醒我独醉"更让人为之唏嘘！

一个"热爱生活的人"，一个"明白人"，却舍生取义、慷慨赴死，"这是一种什么样的精神"？

此种精神当即是文信国所称之"天地正气"！

炜煌丞相所赐铭

玉带生砚之砚史地位，堪与岳飞砚并称双璧。岳飞砚今已杳如黄鹤，玉带生砚则尤"遗世独立"。

砚形腰圆，如卵如履。色紫，中有夹层"莹白如带"，即所谓"玉带"。《西清砚谱》云"旧端溪子石也"。砚额镌："玉带生"三字，砚侧四周镌篆书铭：

> 紫之衣兮绵绵，玉之带兮粼粼；中之藏兮渊渊，外之泽兮日宣。呜呼！磨尔心之坚兮，寿吾文之传兮。庐陵文天祥制。

文信国铭之下及砚背有乾隆题两铭。

砚原为乾隆内府物，藏养性殿，乾隆为太子时临池所用物。收入《西清砚谱》，实物今尚藏台北故宫博物院（彩图5）。

此被乾隆定为"曾为信国席上珍"之砚，砚林推崇备至，然众多解此砚者，多只互抄故事而已，未见疑者。

台湾李安先生《文天祥史迹考》证玉带生砚之源流：砚产于粤地，可能乃文丞相转战粤地所获；且"因砚体精巧灵便，被执囚居，仍携带使用。成仁后没收人官，由元迄明以交清宫。民国成立，由故宫博物院接收典藏"。

赣地学者刘文源先生《文天祥砚考》（《井冈山师范学院学报》第22卷第1期）一文略有考辨，纠正李氏云砚"很可能是文天祥转战广东时所得"之误。亦只及此而已，未涉及根本。

实此砚不仅被乾隆误断，更使朱竹垞、宋漫堂等搏雅名士有意无意看走眼！

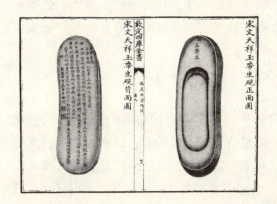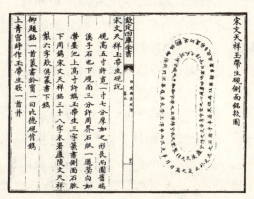

《西清砚谱》宋文天祥玉带生砚

烈士志士传名士

宋漫堂《西陂类稿·玉带生歌》云：

> 杨铁崖有七客者，者之寮以贮所藏；笛、琴、管、胡琴、古瓷与砚并己为七。六客各赐以嘉名，而砚旧宝于文丞相，紫质玉纹，所谓玉带生也。丞相殉国，砚归谢皋羽，转归铁崖。铁崖作志，命门生张宪作玉带生歌。余幸观奇宝，亦赠以歌。

> 有客有客端州生，家住下岩之老坑。质温以栗静以正，红光烛烛摇日星。
> 紫衣玉带端人相，声价倏然来连城。景炎丞相宿友善，周旋几席侪墨卿。
> 虔州露布曾视草，宝惜不数琼瑶英。柴市殉国客散走，西台血泪同各声。
> 冬青树罢归何处，抱遗老铁邀作朋。幽寮七客数晨夕，文章之职惟汝承。

门人作歌写遗烈，隐然五岳方寸横。古心古貌俨旧服，守玄那绚鹧鸪晴。
腰间骊珠四十四，炜煌丞相所赐铭。余也师事宁敢友，如圭如璧亲典型。
安得七客忽邂逅，得余而八重结盟。

此诗述砚出处：先为文天祥所用，复归遗民诗人谢翱，再归一代诗宗杨维桢。集烈士、志士、名士遗泽于一砚，岂是等闲凡品可比？

斯人可敬

清人徐夜《富春山中吊谢皋羽》诗有云："生为信国流离客，死结严陵寂寞邻。"可谓道尽谢翱悲怆之人生轨迹。

宋季金瓯破碎，投奔文信国共赴国难者，多有出身布衣，地位不高但才学不低之志士。信国抛颅燕市，同死于难之追随者，见载《宋史·忠义传》者有十九人。另有一些虽未同死，却矢志不仕元庭，浪迹江湖以守民族气节，最为后人称道者有"浙东六义士"，谢翱乃其中之领袖人物。

清季南社中人吴梅尝撰颂扬谢翱之《义士记》（又名《西台恸哭记》），为反满革命运动张目，谢翱忠义之影响深远如此。

谢翱（1249～1295年），字皋羽，一字皋父，自号晞发子，闽东长溪人，后迁浦城。幼受家学，熟读史籍，性格落拓不羁，倜傥有大节。咸淳中，试进士不第，落魄漳、泉二州。元兵陷临安，南宋分崩离析。皋羽矢志报国，值文信国开府南剑州（今闽北南平），遂变卖家产，募义兵数百往投，署咨议参军之职，随文转战闽赣年余。已而遭元兵奔袭，谢与文仓皇相失。后流落浙东一带，组织具有反元色彩之诗社"月泉吟社"、"汐社"，与南宋遗民节士郑思肖、邓牧、林景熙等互相唱和，抒发亡国之痛。客卒于杭州，年四十七。

谢皋羽一生怀才不遇，且遭亡国之痛，胸中块垒皆发为诗文，风格沉郁，多寄寓对宋室沦亡之悲痛。散文尤成就突出，被后人誉为"南宋翘楚"。一生笔耕甚勤，惜作品多散佚，惟遗《许剑录》、《晞发集》两部，黄宗羲赞皋羽文章乃天地间之"至文"。

《正气歌》开篇云"天地有正气"，文天祥是悲壮激昂之抗元民族救亡运动"正气歌"的主唱，谢翱则为合唱者之一！

吾亦同悲

谢皋羽诗文，后世传诵最多者，乃其为吊祭文信国所作之《登西台恸哭记》。

皋羽本文门客，于信国敬重之情尤笃，获悉文被害燕京柴市，悲不能禁，常独自一人行游于山野，每遇与文别时类似之景物，便徘徊顾盼，失声痛哭。有著名之"三台三哭"：过姑苏，"望夫差之台而始哭公焉"；过会稽，"哭之于越台"；最著名者乃过桐庐之"哭于子陵之台"。

元世祖至元二十七年，谢皋羽只身游浙东，经桐庐，过七里滩，于文信国之忌日，在严子陵三十五世孙严侣（号高节先生）及遗民同志吴思齐等陪同下登钓台，设文信国牌位于荒亭一隅，哭祭文公亡灵。以竹如意击石，作歌招魂曰："魂朝往兮何极，暮归来兮关水黑，化为朱鸟兮有味焉食？"悲不能制，"号而恸者三复"、"歌阕竹石俱碎"，竟至歌毕竹、石俱碎！

《登西台恸哭记》即记皋羽彼次钓台祭文信国之事也，是文与《哭所知》、《西台哭所思》、《哭广信谢公》等诗，皆哀悼故国与文信国等亡友泣血吞声之作。

男儿有泪不轻弹，谢皋羽诚至情至性之赤子！

蒙元浮屠总统（总僧官）杨琏真伽掘发临安、绍兴宋室诸陵，谢皋羽等遗民密收诸帝遗骨以瘗，其义举确是"斯亦足以尽孤臣孽子之心已"。

严子陵钓台图，左为西台，右为东台，下为严先生祠。明崇祯间刊本《钓台集》所刊图。

江山风月神仙福人

玉带生砚之得者杨维桢，亦一大堪品味之畸人。

杨维桢（1296～1370年），字廉夫，会稽人。早年读书铁崖山"万卷楼"，遂号铁崖。为人狂傲，《明史》评其"狷直忤物"。曾做诗讥讽张士诚；又有"岂有老妇将就木而再理嫁者邪"之语以对朱洪武之征召。亦有云其曾为朱洪武作过"愿效华封陈敬祝，万年圣寿与天齐"之马屁诗。大约张吴王（士诚）乃优待文士之"纸老虎"，而朱洪武可是会真砍文人头的。

铁崖诗宗李贺，而格调不及，号"铁崖体"。行书奇倔古拙，真如其名款之自称"老铁"。其为后人瞠目结舌之"出彩"在于放荡不羁，陶宗仪所撰《南村辍耕录·金莲杯》条云：

　　杨铁崖耽好声色，每于筵间见歌儿舞女有缠足纤小者，则脱其鞋载盏以行酒。谓之金莲杯。

　　某次名士雅集，"金莲迷"铁崖又作金莲之饮，使在座素有洁癖之高士画家倪云林掀案而起，拂袖而去（倪云林尝延一名妓至家，嘱其洗之又洗，却终不与其行周公之礼，其对女色之好，与铁崖大是异趣）。狂诞如此。

　　可以想见，杨铁崖之放荡行迹，必被"正人君子"诟病。铁崖集中复有不少"金盆沐发"、"月奁匀面"之类香奁艳情诗，时人称其为"江山风月神仙福人"。

　　元亡，杨铁崖以遗民自居，其《正统辩》名言："元承乎有宋，如宋之承唐，唐之承汉承隋承汉也……"铁崖维护蒙元"道统"之"气节"，与文信国、谢皋羽恰是别调。

作传志遗烈

　　明代余邑休宁程篁墩（敏政）稽宋遗民诗文成《宋遗民录》。集中收《登西台恸哭记》、《金华游录》等谢皋羽诗文，其后题者众多，其中既有杨铁崖《玉带生传》及张思廉《玉带生歌》。

　　铁崖《玉带生传》云：

　　玉带生者，宋文丞相家藏砚也。后传于其客冬青谢先生翱。翱殁，幸归于予。砚北籀文"紫之衣兮"云云、"庐陵文天祥造"凡四十四字。

　　玉带生，石氏，名端，字正平。世居端溪，性廉直。风裁方整，紫衣玉带，以人品自贵重。时文文山提刑浙西，器而聘之，呼以玉带生而不名。自是机防密议一与生谋之，生缄默不泄，公益重之。尝掬其背，与之盟曰："紫之衣兮绵绵，玉之带兮卷卷；中之藏兮囷囷，外之泽兮日宣。于乎！磨尔心之坚兮，寿吾文之传兮"。

　　文山既相，适罹国难，征兵岭海间，仓黄（皇）相失。闽谢翱，文山客也，间道携生往来桐庐山中。已而文山徇（殉）国死，翱登子陵台，以竹如意击石，歌招魂之辞曰："魂来兮何极，魂去兮关水黑。化为朱鸟兮，有咮焉食。"生□载歌曰："魂之化兮，啄于火兮；魂之泣血吾石兮，千秋其碧兮。"遂失声，竹石俱碎。乃即月泉精舍共修《南史》、《帝纪》及《独行传》、《秦楚之际月表》，翱之史学类多资于生也。翱卒，益自韬闇者六十年。

　　后会稽杨祯氏为睦李官，谒子陵祠，南望月泉，见紫气曰："佳哉！殆有端人焉？"访之得生，垢衣尘面，介如也。载与俱东，以上客七者寮。且为歌曰："有客有客来文山，润如玉兮坚非顽。文山颓兮不可攀，留尔亦足销群奸。静以安兮方以直，带苍玉兮佩文石，星烂然兮守玄默。"迨盗起邢城，偕隐海上，祯资之修

《铁史》若干卷。晚年祯客俱流离解散，独生守其玄于七者寮云。

史氏曰：诸葛亮匡略未半而天天其年，文山氏未及匡略而大运已去，其遗千载英雄之痛，也亦厚矣！石生者，以端方廉重，辅孤愤激烈之节，表《出师檄》、《勃房录》、《北征传》之义客，志东陵，哭西台传，独行足为死友矣。于乎！《血史》之后有《南史》，《南史》之后有《铁史》，岂斯文之讬于生乎？生讬于斯文乎？嘻。

史氏曰：诸葛亮匡略未半而天天其年，文山氏未及匡略而大运已去，其遗千载英雄之痛，也亦厚矣！石生者，以端方廉重，辅孤愤激烈之节，表《出师檄》、《勃房录》、《北征传》之义客，志东陵，哭西台传，独行足为死友矣！于乎，《血史》之后有《南史》，《南史》之后有《铁史》，岂斯文之讬于生乎？生讬于斯文乎？嘻。

铁崖此文记玉带生砚之由来及其得砚之机缘。文中之"杨祯氏"，即铁崖其名杨维祯之夫子自道也。

高歌颂孤忠

铁崖《玉带生传》洋洋洒洒，乃效坡公《万石君罗文传》之拟人法，以砚化名"石端"，以文、谢之际遇为纲，借其先佐信国军机、后资皋羽文学之经历，抒发其对文、谢崇敬之情，借"石端"而扬文、谢品格之"人端"耳。

铁崖高弟张宪亦为砚作有《玉带生歌》，诗与其师意味大略。其云：

明刻本《宋遗民录·玉带生传》

玉带生，端人也。事文丞相为文墨宾，与同馆谢先生翱友善。宋革，丞相殉国。死讣闻，生与翱哭于西台之下，复悯宋诸陵暴露，私相盖复（覆）以冬青木而去。后翱道卒，生今归于会稽抱遗老人，与秋声子辈为寮中七客。初宋上皇以丞相恩，赐以紫衣玉带，至今不改其旧服。生为人端厚，强记默识，不妄开口，丞相素重之，呼召不以名，但曰：玉带生。故做《玉带生歌》。

鸾刀夜割墨龙尾，碾作端溪苍玉砥。花镵铁面一尺方，紫雾红光上书几。

银丝双缠玉腰围，翡翠青斑绣紫衣。金星鸲眼不敢现，案上墨花皆倒飞。

景炎丞相魁龙榜，抚玩不殊珠在掌。背铭刻骨四十四，血录至今犹可想。

谢公古文今所师，西台一恸神血垂。独持老瓦出门去，冬青树边书愤词。

天翻地覆神鬼怒，九庙成灰陵骨露。庐陵忠魄上骑箕，流落端生何所寓

抱遗老人生计拙，爱把文章写忠烈。霜台一夜电光飞，不必矮桑重铸铁。

张宪（生卒不详），字思廉，号玉笥生，山阴人。少负才自放，从铁崖学诗。铁崖评其有"忠义之气、经济之才。"张吴王礼致为枢密院都事。吴王败，变姓名居杭州寺庙以终，诗多伤感之作。其《厓山行》诗末云："皇天不遗一块肉，一瓣香焚海舟覆。犹有孤臣卧小楼，南面从容就刑戮!"亦叹文丞相也。

信国虎帐文墨宾

铁崖《玉带生传》虽是一篇玉带生砚"履历表"，但有虚笔。其言砚乃"文文山提刑浙西"期间所得，即与文信国行迹似不合。

提刑，即宋时诸路提点刑狱公事官之简称。检诸文献，文信国只任过江西提刑、湖南提刑，并未官"提刑浙西"，其被授浙地为官只一承事郎、签书宁海军节度判官厅公事。事在开庆元年（1259年）正月，然信国"闻命辞免，乞行进士门谢礼。"并未到任。

理宗景定五年（1264年）十一月，文信国被任江西提刑，次年因遭人诽谤，愤而辞职。咸淳四年，被任福建提刑，末上任，被人奏免。咸淳九年正月，被任湖南提刑，辞谢不允，任至年底改知赣州。

抑铁崖"提刑浙西"乃"提刑江西"之误?

余之揣度，《玉带生传》本铁崖抒情文章，其实亦不知文信国得砚之由，"提刑浙西"乃"提刑江西"之误（亦有传刻讹错之可能）。其之所以言砚得于信国提刑江西时，渲染砚与信国相守时间之久、感情之笃也。

文信国壮年即殉国，一生短暂而光照日月，砚为"丞相文墨宾"随其转战南国各地，直至兵败分散，确是文信国碧血丹心之见证，其精魂所凝而物化者焉!

张思廉所谓"初宋上皇以丞相恩，赐以紫衣玉带"，衬托砚之珍贵所作之渲染。倘若真为"宋上皇"（当为理宗）御赐之砚，砚上即便无御赐、御铭字样，也应有文山铭跋记之，此赐砚之惯例。

授砚赣南漳水湄

铁崖所记文信国得砚时间有误，其云赠砚时间亦不确。

谢皋羽投奔文信国，在景炎元年七月。次年，皋羽随文转战汀州、漳州、梅州"岭海间"，直至江西会昌、兴国诸县。七月，信国率部方分兵出击，不料元将李恒援驱兵粹至。紧急疏散之际，谢皋羽携有孕五六月之妻，与信国匆促别于《西台恸哭记》

所云之"别公漳水湄",即江西赣江西源之章水岸边。

另一说"漳水",乃粤地漳州,误。铁崖所云"征兵岭海间,仓黄(皇)相失",即云文、谢别于粤地,已有误。

谢皋羽《恸哭记》抒发愤激和悼念亡友外,亦含有某种自悔之意。其云"余恨死无以藉手见公,而独记别时语。"或是当时与文丞相分别时,文曾托嘱其恢复之事,而皋羽以力不能济而自责耶?

故漳水之别,文赠砚予谢必其时。或砚本由皋羽一直随携军中,盖皋羽本主信国文幕,此时文丞相乃特意为赠,以作纪念。

谢、文分别之次年十一月,文信国驻兵粤地潮阳。十二月移驻海丰,于五坡岭为元兵张弘范部突袭所执。此或既铁崖所谓砚为"征兵岭海间,仓黄(皇)相失"讹误之由来,实文信国兵败被俘于粤地一年半之前已与谢皋羽分别。

就皋羽而言,自漳水一别,与文信国从此人神两隔,睹物思人,玉带生砚成其寄托对文公怀念之信物矣!

瘗砚富春钓台畔

富春江严子陵钓台,离水面数十米,光洁平整,可坐百余人。传为东汉严子陵不受光武帝"同富贵"之召而归隐之垂钓处。

钓台西行百步,有西台,即谢皋羽哭祭文信国之地,故亦称谢翱台。

东西两台,突兀峥嵘,一江碧水,倒映青山,乃富春名迹。范文正(仲淹)《严子陵祠堂记》赞严子陵:

> 云山苍苍,江水泱泱;先生之风,山高水长。

余谬撰一辞赞谢皋羽西台哭文曰:

> 天崩仓仓,地解茫茫;先生一恸,顽石潸然。

元成宗元贞元年,谢皋羽因患肺病,客死杭州,由挚友婺州浦江人方凤、台州括苍人吴思齐等遗民归其骨,葬于钓台南岸,与东西两台隔江为伴。归葬于此乃皋羽遗愿,方凤《谢君皋羽行状》:

> (翱)尝为《许剑录》,慨时降交靡,耆旧凋落,尽吴越殆无挂剑者,思集同好姓氏、年爵、居里,择地昔贤所尝游,作亭立石,他日示宿草不忘意……复爱子陵台下白云原,唐玄英处士(唐诗人方干)旧隐,有终焉之志;且欲为文冢,瘗所为稿台南。

方凤诸人买山地葬谢皋羽及其文稿,并依皋羽初志建"许剑亭"于墓侧。

皋羽遂长与富春江之青风明月长相伴矣！

玉带生砚，乃皋羽最崇敬之文信国所赠，是其最心爱之物，想其即有葬文之嘱，即便无殉砚之愿，方凤诸人也必以砚为殉，使砚长伴皋羽于九泉。

抱遗老铁邀作朋

元惠宗至正十六年，杨铁崖官建德路总管府推官。建德古时又称睦州、睦李（吾歙新安江下游），桐庐正其辖境，铁崖记其赴任：

> 道处桐庐，过子陵钓台，翱冢在台之对山，因披蓁上台，祭以肴酒，而又为文吊之。

铁崖拜祭所作之文即《吊谢翱文》，有序言记其事。次年之至正十七年丁酉，铁崖又复立碑石于皋羽墓侧。

铁崖之玉带生砚，当其间所得。故铁崖记得玉带生砚之经过云：

> 后会稽杨祯氏为睦李官，谒子陵祠，南望月泉，见紫气曰："佳哉！殆有端人焉？"访之得生，垢衣尘面，介如也。

严子陵祠在钓台下，唐人所建。范文正知睦州时尝重修。月泉，在桐庐邻邑浦江城郊，以"其泉随月之盈亏而消长"而名世。宋人建月泉精舍于泉边，乃朱子与吕祖谦论学之处。谢皋羽作有《月泉游记》，其与方凤、吴思齐等人所结诗社亦名"月泉吟社"。

皋羽卒，其徒吴贵买田立祠于月泉精舍，岁时烝尝不绝。

铁崖所云"谒子陵祠，南望月泉"，因识紫气而得砚，显然目力无此神奇之远，是渲染文章意境之虚拟。

铁崖得砚时，已是谢皋羽殁后60年。皋羽之子早年离散粤地，疑其墓被无良土人盗掘，而使玉带生砚复出于世，被铁崖所获，为其"七客寮"中之贵客。

笛、琴、管、砚、胡琴、古瓮

宋漫堂《玉带生歌》谓铁崖"者之寮以贮所藏；笛、琴、管、胡琴、古瓮与砚并己为七。""七客"，铁崖自己与六件心爱长物之合称，辟专室贮藏其六宝，故称"七客寮"（寮，小屋）。

明人蒋一葵《尧山堂外纪》卷七十七记杨铁崖"七客寮"之由来略详：

> 杨廉夫尝得古断剑于洞庭湖上，炼以为笛，名之曰洞庭铁龙。又得胡琴于大陵吕氏；得宋徽宗象管于杭老宫人；得文文山石砚，上有玉带文；得贾丞相古琴于赤

城；得秦始皇古陶瓷，盛酒其中，经岁不变，而折花其中，又能自菹实不死，名之曰"陶氏太古春"……

铁崖"六客"中，其他五物易理解，只道君"象管"易讹说。象管一为象牙杆毛笔之代称，《水浒传》第八一回："燕青磨的墨浓，李师师（正是道君北里知己）递过紫毫象管。"但铁崖所得象管，当是箫而非笔，《淮南子·原道》注："管，箫也。"《尧山堂外纪》还记铁崖各有诗咏"六客"，其云象管者，正言箫也：

> 有客有客来象山，渡青海，飞银湾。陪道主，登玉坛。吐星宿，呈琅玕（琅玕指青玉，箫似为青玉所制）。出入爪甲冰雪寒。号鬼母，惊神奸，一声吹裂虎豹开。

铁崖精音律，故"六客"亦以乐器为多，笛、琴、管、胡琴占其四。实铁崖之宝又不止六，其友顾阿瑛《玉山逸稿·玉鸾谣》序

明人笔下之杨铁崖形象，一侧侍女所持当即杨氏著名之铁笛。

言云，铁崖不仅铁笛有双壁，道君象管外，还另有一玉箫名"玉鸾"。

铁崖号铁笛道人，便是因得铁笛而来。其曾戴华阳巾、披羽衣，坐船台之上，吹铁笛，与歌妓传接相唱和，翩翩起舞，人望之"以为神仙中人"。

铁笛，自是杨铁崖极心爱之物，然铁崖之最爱则无疑是玉带生砚。

六客之中名第一

铁崖"六客"，名人之遗物有四，"秦始皇古陶瓷"恐托名之物罢了，可不论。余者：宋徽宗象管、贾似道古琴、文信国玉带生砚。三物中，道君象管，尚无可厚非。而贾师相之古琴，则正好被作一反衬文信国砚之"反面教员"。

铁崖自赞"六客"诗中之砚与琴：

> （砚）有客有客来文山，如金如铁坚匪顽。文山颜，不可攀，留尔亦足消群奸。静以安，方以直。带苍玉，佩文石。文星烂然守玄默。

> （琴）有客有客来赤城，碧梧风裁光玲珑。音含太古文七星，直如朱丝清如冰。洗秋壑，鸣秋声，金春玉应和以平。

诗中之"洗秋壑、鸣秋声",秋壑:为贾相斋号,"秋声":即张宪诗中所云"秋声子",贾相琴之名也。

铁崖"敝帚自珍",当然"王婆"风度,清人宫友鹿和宋漫堂砚诗则"上纲上线":

> 六客之中名第一,却嗤焦氏秋非埒。丞相虽同有贤奸,一熏一莸手泽别。

诗次句原注:"铁崖琴名为贾似道故物"。宫氏之意思,琴与砚,虽皆南宋丞相遗物,但文丞相之"香"(熏,香草)、贤,与贾师相之"臭"(莸,臭草)、奸,两者贵贱别如天渊。

君子不以言废人,亦不以人废言,当年"湖上平章"贾似道实一鉴古大家,其"半闲堂"中名物荟萃,曾藏有老米南唐砚山。

铁崖晚年,其他"五客"俱散去,独存玉带生砚为伴,确乎以玉带生砚为"六客之中名第一"!

惜砚经谢皋羽、杨铁崖手,却未言二人有手迹镌其上。或二贤出于敬重文信国,所谓"眼前有砚题不得,信国有铭在上头"之意?

真拓有传

玉带生砚,明时传世有一真拓。

杨铁崖同时人陶宗仪于其所撰《书史会要》中评文信国书法:

> 善小篆。尝见丹书一砚后云:"紫之衣兮绵绵,玉之带兮粼粼。中之藏兮渊渊,外之泽兮日宣。呜呼!磨尔心之坚兮,寿吾文之传兮。庐陵文天祥书。"共四十四字,笔画贞劲,似其人也。

明中叶书家丰坊所著《书诀·宋砚铭》记文信国:

> 玉带生铭,笔法清劲。

丰氏所记惜只孤句,不详砚状,疑据陶氏《书史会要》而言。

约与丰坊同时之叶盛所撰《水东日记·玉带生卷》云:

> 刘廷美主事求作乃翁合葬挽辞,以玉带生轴为贽,谨录如左:"紫之衣兮縣縣,玉之带兮卷卷。中之藏兮渊渊,外之泽兮日宣。呜呼!磨尔心之坚兮,寿吾文之传兮。庐陵文天祥造。"此小篆书砚阴,拓本居首。下有朱孟辩楷书释文,次则铁崖真迹,其文曰:"杨子七客者,有一客曰玉带生。玉带生者,庐陵宋丞相文天祥砚也。砚得于文丞相客冬青谢先生翱。黄太史潜尝为余记之,李著作孝光又为予歌之。兵变中,余腰砚走富春山,而诗卷则失之矣。玉笥生张宪为砚补歌,沧洲生朱芾打砚北籀文,并释音一通,写宪诗于左,与好事者传之。至正二十一年春三月

初吉，杨子维祯廉夫在荙类村居，试奎章赐墨，谨识。"又其次则孟辩所隶《玉带生歌》并引，后有："至正辛丑云间朱芾书一通"十一字。歌与《玉笥集》所载数字不同，文丞相铭亦有一二字与他本不同，此皆不重录。

明人所记"玉带生砚"者，所见唯此三处。

铁笛道人亲题

《水东日记》所记玉带生砚拓所涉及诸人亦皆元明名流。

黄溍（1277～1357年），字晋卿，一字文潜，婺州义乌人。延佑间进士，尝任国史院编修（太史），累擢侍讲学士知制诰等职。为官清廉，有"冰壶外史"之雅号。以诗文、书画名世，与虞集等并称元代"儒林四杰"。宋濂出其门下。

黄溍《文献集》卷八载一《圆砚铭》云：

> 翼之家藏王使君所贻圆砚，有白文贯其腹。铭曰：黑之守，处也久；白之不涅，归也洁。

从其描述看，此圆砚石品与玉带生砚相似。铭则与"岳飞砚"之"持坚守白，不磷不淄"相仿。

李孝光（1285～1350年），字季和，温州乐清人。少博学，以文章负名当世。早年隐居雁荡五峰山下，名誉四方。文名与铁崖并称"杨李"。至正时应召为秘书监著作郎，擢升秘书监丞。

朱芾（生卒年不详），铁崖门人。字孟辩，号沧洲生，华亭人。洪武初，征官编修，改中书舍人。善属文、擅丹青、工四体书，尤精字学。以所书瘗之山中，题曰"篆冢"。

刘珏（1410～1472年），字廷美，号完庵，长洲人。正统举人。官至山西按察佥事。为诗清丽可咏。书出赵子昂、李北海，山水出黄鹤山樵，能各极其妙。

《水东日记》作者叶盛（1420～1474年），字与中，号菉庵，昆山人。正统进士，官至吏部左侍郎。生平无他嗜好，顾独笃于藏书，手自抄雠，至数万卷。

砚拓原为刘珏所藏，因叶盛为其父作挽辞，遂馈赠叶氏此一轴砚拓。

此砚拓乃铁崖弟子朱芾所制，朱芾并录砚铭译文、张思廉《砚歌》及引文题于拓，更有铁崖自题手迹，亦罕珍之物。

从铁崖砚拓题跋知，当时两文章名手黄溍、李孝光亦曾分别为砚作《砚记》、《砚歌》，惜黄、李咏砚诗文佚于乱世中。又知兵荒马乱之际，铁崖竟将砚随携腰间避乱富春山中，可知砚之于铁崖几宝同性命。

三百秋后

玉带生砚实物，自铁崖后便莫名去处，至清初，始又"重出江湖"。

玉带生砚实物，自铁崖后便莫名去处，至清初，始又显世。

朱竹垞《曝书亭集·玉带生歌并序》云：

> 玉带生，文信国所遗砚也。予见之吴下，既摹其铭而装池之，且为之歌曰。

> 玉带生，吾语汝：汝产自端州，汝来自横浦。幸免事降表，金名谢道清，亦不识大都承旨赵孟頫。能令信公喜，辟汝置幕府。当年文墨宾，代汝一一数：参军谁？谢皋羽；寮佐谁？邓中甫；弟子谁？王炎午。独汝形躯短小、风貌朴古；步不能趋、口不能语。既无鸲之鹆之活眼睛，兼少犀纹彪纹好眉妩；赖有忠信存，波涛孰敢侮？是时丞相气尚豪，可怜一舟之外无尺土，共汝草檄飞书意良苦。四十四字铭厥背，爱汝心坚刚不吐。自从转战屡丧师，天之所坏不可支。惊心柴市日，慷慨且诵临终诗，疾风蓬勃扬沙时。传有十义士，表以石塔藏公尸。生也亡命何所之？或云西台上，唏发一叟涕涟洏，手击竹如意，生时亦相随。冬青成阴陵骨朽，百年踪迹人莫知。会稽张思廉，逢生赋长句。抱遗老人阁笔看，七客寮中敢？怒？吾今遇汝沧浪亭，漆匣初开紫衣露，海桑陵谷三百秋，以手摩挲尚如故。洗汝池上之寒泉，漂汝林端之霏雾；俾汝长留天地间，墨花恣洒鹅毛素。

此《砚歌》甚有趣，借砚贬斥签署降表之谢皇后及入仕元廷之宋宗室赵子昂，以扬文、谢之坚贞，只不知竹垞如何解说自家之入朝拜康熙？

竹垞复作有《书拓本玉带生铭后》。其云：

> 玉带生，宋文丞相砚也。石产自端州，未为绝品。其修扶寸，广半之，厚又微杀焉。带腰玉而身衣紫，丞相宝惜。旁刻以铭，书用小篆，凡四十四字。岁甲申观于商邱宋节使坐上，因请以硬黄纸摹之，不敢响搨也。生之本末略见玉笋生诗，其铭辞亦附注于诗编。按金华胡翰作《谢翱传》，称天祥转战闽广，至潮阳被执。翱匿民间流离久之，间行抵勾越。是信公军败后，砚即归翱（此处言翱、文别与潮阳，亦误。前文已辨）。可知其寓浦阳永康，阅祐、思诸陵、登钓坛，度必携生偕往，怀古之君子可以深长思矣！

因砚珍贵，竹垞只以蜡质半透明之硬黄纸摹写砚图，唯恐手拓有损名物。

得宝"宋三耳"

竹垞诗中所言"商邱宋节使"，即上文作《玉带生歌》之宋荦。

八大山人有传世名作《孔雀图》，其题曰：

> 孔雀名花雨竹屏，竹梢强半墨生成。如何了得论三耳，恰是逢春坐二更。

今人之共识，画乃八大借以讽刺时任赣抚之宋漫堂。因图中，不仅以孔雀尾部之三眼花翎暗喻清廷权贵之顶戴"花翎",还用"坐二更"讽刺清廷官员之早朝;更者,诗中直接点明宋氏蘅斋中竹屏及宋所养两只雏孔雀。

诗中"三耳",典出《孔丛子·臧三耳》,臧乃一逢迎拍马、告密他人之奴才,故比常人多出一耳。八大以丑怪孔雀之"漫画",讽喻宋氏虽显赫,实如臧三耳之类不过一清廷之高级奴才。

八大之辛辣讽刺,自有其朱明贵胄对灭其家国之清庭天然敌意在,但宋氏也确是因其父以重职降清而大得荫贵。不过宋氏早年曾从同里侯公子(方域)读书乡里。为官还算廉能有政声。又好交名流,更常于辖区修缮古贤遗迹、文庙书院。客观而论:宋氏为政、为人殊无大恶。其被八大所讽,以其"屁股"所坐之位置而言,当在于冤与不冤之间。

宋漫堂一生向慕东坡,自号西陂(坡),隐约以东坡后身自拟。尝主持订补南宋施元之、施宿父子之残本《东坡诗注》,对当时诗坛文风影响颇大。此其传播"苏学"之善业。

惜宋西陂之才学、乃至人格魅力,皆与东坡相去甚远。前人评曰:"其所以不及东坡处,多在诗外风神。"

古人一笑活,倒可为宋氏学苏作注脚,其云有一太守,自比东坡,故号西坡,人作"三句半"讥之:古人号东坡,今人号西坡,若将两坡较——差多!

赏砚沧浪亭

朱竹垞观玉带生砚之"甲申",即康熙四十三年甲申(1704年)。时竹垞已76岁,宋漫堂71岁。

是年,宋在苏抚(节使)任上,驻节苏州。官苏期间,重修北宋苏子美(舜钦)名园沧浪亭,且居园内以为行辕,并自作《重修沧浪亭记》。

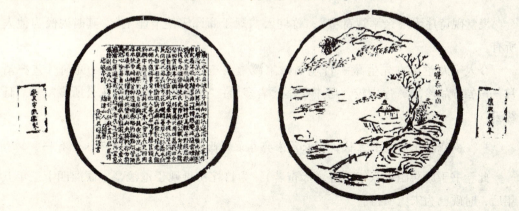

宋荦《沧浪亭记》墨,见刊周绍良先生《蓄墨小言》。记、图皆宋之幕宾歙人吴氏瞻淇、瞻泰兄弟所作。

公务余暇，宋漫堂常于园中会文赋诗、玩古品今。同年九月九日重阳节，于园中举行雅集。竹垞有诗《九日宋中丞招集沧浪亭观韩滉五牛图复成二十四韵》、《九月八日沧浪亭怀古二十四韵》等，皆与漫堂唱和于沧浪亭之作也。玉带生砚当即此年某次园中雅集所见，故竹垞云"吾今遇汝沧浪亭"。竹垞、漫堂两《玉带生歌》亦必作于其时。曾官礼部尚书之吴县人吴士玉（荆山）、曾任翰林编修之泰州人宫鸿历（友鹿），亦有和宋之作（吴、宫和诗，与朱、宋一般，借文、谢遭际抒怀，未出杨、张窠臼，不赘录）。

沧浪亭图，宋漫堂所辑《沧浪小志》刊，题名为朱竹垞书隶。

漫堂砚诗序云"余幸观奇宝"，竹垞云"观于商邱宋使节座上"，其时砚尚为他人所有。

今人宁海童衍方先生藏一竹垞书赠宋漫堂《玉带生歌》墨迹卷（见刊《艺苑清赏——晏方品珍》），序中较《曝书亭集》者多出："（砚）今为商丘宋公所藏"句。且跋云：

　　岁在屠维赤奋若兰秋，小长芦朱彝尊录寄西陂先生教正，时年八十有一。

此卷书于康熙四十八年己丑（赤奋若），为竹垞初见砚于沧浪亭之康熙四十三年五年后，时砚已为宋氏所得。

以宋氏之名望乃至权势，此砚自然不难归于箧中。

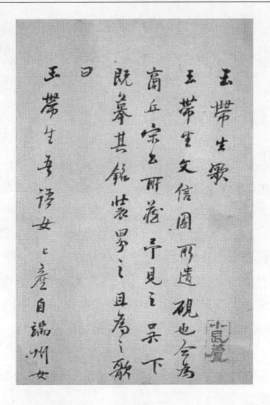

竹垞书赠宋荦《玉带生歌》墨迹卷（局部）

原是文家堂堂方正"伟丈夫"

虽然朱竹垞、宋漫堂等言之凿凿将宋氏玉带生砚，定为铁崖七客寮中原藏，事实上两者何尝是同一物。早在清中叶，翁覃溪即已有疑。其《复初斋文集·跋文信国像砚》云：

> 世所传文信国玉带生砚，最为著称。张思廉诗则称"一尺方砚"，朱竹垞诗乃云"短小之砚"。又其铭一有"心"字，一无"心"字。竹垞精于考证，尚未能辨。

翁覃溪因之断言"后人所传玉带生有二砚者"。

翁覃溪有"心"无"心"之疑且先不论，盖其所记亲见之查氏"谢枋得桥亭卜卦砚"，与砚本主查氏刊行之《卜砚集》及今尚传世之实物亦有数字之沘，故疑乃翁氏又一误记。

覃溪所引用者，乃张宪原句"花镵铁面一尺方"、朱竹垞原句"独汝身躯短小风貌朴"，言杨、宋所藏两砚大、小迥异，故感宋氏砚之可疑。

实从杨铁崖师生一《传》一《歌》对砚拟人化之文字中，不难窥得玉带生砚之直观样貌：铁崖云"性廉直，风裁方整"、"静以安兮方以直"（铁崖咏"六客"诗中之玉带生砚亦云"静以安，方以直"），是以砚形而赞誉"玉带生"（石端）之品行；而张宪云"花镵铁面一尺方"，则纯为就砚说砚。

两人所记显然是一方硕大过尺之方形或长方形大砚。

岂是宋府身躯短小"武大郎"？

宋氏砚，宫友鹿描述其规格："阔纔寸许、长手耳。"言一手长而一寸宽。朱竹垞所记与宫氏相合："其修扶寸、广半之、厚又微杀焉。"修，长也。扶，从手，指一手长。"广半之"，半手宽，亦相当"寸许"。"厚又微杀"，杀，收束。厚稍小于"寸许"。故竹垞形容："独汝身躯短小风貌朴"，

元人一尺约合今日 31 厘米左右。即便"一尺方"乃取整数之概指，杨铁崖原砚也几乎大于"长手耳"之宋漫堂所得砚一倍，故漫堂所获必非铁崖原物！

《西清砚谱》所收乾隆内府所原藏玉带生砚，馆臣记云："高五寸许，宽一寸许，厚如之"（此应略误）。今藏台北故宫之实物，乃纵 17.7、横 5.5、厚 3.9 厘米，约合成人一掌大小。其长"五寸许"，只够铁崖砚"一尺方"一半，故乾隆内府所藏亦必非铁崖原物。

实即使乾隆内府砚与铁崖砚尺寸相附，砚也必伪，盖其形为圆（腰圆）而非铁崖砚之方（当为长方）。

竹垞《玉带生歌》手迹尚存世间，惜其摹写砚图佚传，否则对宋漫堂所藏只需"看图说活"便可一目了然。

此玉带生砚方、圆之沌错，与岳飞砚《广仓砚录》刊拓与吴且园所藏之差别如出一辙。

张宪诗中云铁崖砚："银丝双缠玉腰围，翡翠青斑绣紫衣。"或铁崖真砚有两玉带双横（亦可能指一玉带透穿正背），且更有翡翠斑等石品？

真铭镌背不在腰

铁崖《玉带生传》序言中记之明确："砚北籀（篆）文：……凡四十四字"。叶盛《水东日记·玉带生卷》所记铁崖题砚拓之跋语亦云："沧洲生朱芾打砚北籀文"。

北，古通背。《书·舜典》："'分北三苗'，孔颖达疏：'北，背也'"。显然文信国铭文乃刻之于砚背！

又，铁崖云"尝拊其背，与之盟曰（铭四十四字）"、张宪诗"背铭刻骨四十四"；叶盛记砚拓"小篆书砚阴"，更是直接可证铭在砚背。故中华书局 1980 年版《水东日记》

"沧洲生朱芾打砚北籀文"句，便直接作"砚背籀文"。

清初会稽文人徐沁著有《谢皋羽年谱一卷》，书中记"初文公有端砚一方，腰萦白纹如玉，名玉带生。自为赞，题其背曰（四十四字铭，略）"。想据铁崖师生咏砚诗文而撰。

乾隆内府所藏砚，铭镌砚侧，有《西清砚谱》之砚图及台北故宫实物证之。

宋漫堂所藏，漫堂诗云"腰间骊珠四十四"，竹垞序云"旁刻以铭"（其又有所谓"四十四字铭厥背"，想不过仿张宪句"背铭刻骨四十四"之意），显然，宋氏藏砚亦铭于砚侧。

铁崖师生及叶盛皆未言砚刻有"玉带生"字样，"玉带生"砚名应由铁崖《玉带生传》而来。乾隆内府砚，砚额篆题"玉带生"，疑作伪者添足。楷书三字笔法全无，非精书法之状元公文信国手段。

故而，疑乾隆内府与宋氏所藏两赝品玉带生砚，是在《书史会要》行世后，好事者照书中所记砚铭所仿刻，只作伪者水平有所不逮，致使依样所画之"葫芦"走了模样，且模样走得不免离谱！

漫堂姑自欺

通博坟典且"精于考证"如朱竹垞者，末言宋氏所藏玉带生砚之伪，原因未必尽如翁覃溪所评"尚未能辨"之简单。

竹垞曾作有《杨维桢传》，其《书拓本玉带生铭后》又有云："生之本末略见玉笋生诗，其铭辞亦附注于诗编。"显然竹垞至少读过玉笋生张宪《玉带生歌》。如前所考，张诗已言之明了："花镵铁面一尺方"、"背铭刻骨四十四"，以竹垞之才学，岂有不能领会诗中所述真砚模样？故其所谓"尚未能辨"，想不过有意"走眼"，为巡抚宋大人"贤者讳"而已。

对宋家玉带生砚，竹垞自家"只可意会"，对漫堂乃至他人则"不可言传"矣。

宋漫堂好搜古，其鉴赏之精，收藏之富，不唯冠绝一时，后来能伦比者也不多，故曾有"江南第一收藏大家"之称。据载，康熙年间，京中古董商贾，举物以经"宋尚书"之鉴定为荣耀。漫堂对自己鉴赏功力亦很自负，尝于《论画绝句二十六首》注言中自谓："余尝云黑夜以书画至，摩挲而嗅之，可辨真赝。"此虽自夸鉴定古书画之"绝技"，鉴定古砚之手段恐也不致太低。

更者，宋氏本一时之博学名流，淹通掌故。其自作《玉带生歌》，即言砚乃"铁崖作志，命门生张宪作玉带生歌"之铁崖"七者寮"中原物，也必读过铁崖师生之《玉带生传》、《玉带生歌》，对两砚之异同，似亦当心知肚明。之所以认假为真，"指鹿为马"，或属"文人例有奇古癖，心知其非姑自欺"之心理作祟？

进御清内府

宋漫堂与乾隆内府两砚，必非杨铁崖所藏真品已可确定，而两砚是否为同一物？

且看两砚之比勘：

尺寸：宋氏砚，约一手长、一寸宽、半寸多厚；与乾隆内府砚之"高五寸许，宽一寸许，厚如之"（纵 17.7 厘米、横 5.5 厘米、厚 3.9 厘米）大约相合。

铭文：宋氏砚，未见录出全铭，宫友鹿诗有"绵绵磷磷𣹢复𣹢"句；与乾隆内府砚"绵绵"、"粼粼"、"渊渊"两者只同字异体，铭辞相同。

铭文位置：宋氏砚，"腰间骊珠四十四"，"旁刻以铭"；与乾隆内府砚镌于砚侧相同。

砚匣：宋氏砚，"漆匣初开紫衣露"；乾隆内府砚，乾隆镌砚匣识语："所贮漆匣亦朴素浑坚，即非信国时护函，当亦是元明赏鉴家所制"。两砚皆有旧配漆盒。

由是可知：宋氏所藏与乾隆内府所藏，规模、铭文及砚匣情况大致皆相符，当为同一砚。

然者，宋氏砚何以归入内府？

以宋漫堂对康熙之忠心，其得名物玉带生砚而不私享，效其与康熙"投我以豆腐，报之以"名茶"碧螺春"故事，将砚进呈入宫以供天鉴，无可怪也。

又此砚乾隆居潜邸为太子时（1723～1735 年）已使用，漫堂卒于康熙五十二年（1713 年），相距不过一二十年。漫堂子宋筠（1681～1760 年），官至奉天府尹。宋家当不致如此迅速家道败落而散出宝物，故以时间论，砚亦应为宋氏所进贡。

余甚至更有一疑，或许宋漫堂心里也甚了然：砚乃伪品！故索性将自称"声价倏然来连城"之赝品进御康熙以邀个顺水人情。即便有一二明眼人疑其伪品，谁愿做那揭穿"皇帝的新衣"之讨嫌小孩？

乾隆宝赝璧

乾隆为玉带生砚作有《御制宋文天祥玉带生砚歌》及《御制宋文天祥玉带生砚铭》，分别镌于砚背及匣侧。

《御制砚歌》：

> 玉带生，端人也，事丞相为文墨宾。神工踏云割寒玉，追逐琢琢虬盘绿。曾为信国席上珍，墨渖犹疑血泪哭。乐作午朝事已非，玉带生从信国归。海滨战衄门生散，玉带生为信国伴。嗟尔玉带生，我独叹尔卓尔皓洁胡为乎，却笑褚渊犬不如。

跋云：

> 此予潜邸时书窗日课也。近检阅懋勤旧物，则玉带生宛在。既为之铭，复沵歌于此。乾隆甲午嘉平月御识。

《御制砚铭》：

> 予《乐善堂集》有《玉带生歌》，不过书窗日课想象为之耳。兹检阅懋勤旧物，则玉带生宛在。因沵旧歌于砚并为之铭：激切尽节易，从容尽节难。穷北再经寒，晷卓乎匪石。之志见于《正气》之篇，日月争光泥而弗滓。玉带长生，履善不死。

乾隆《御制砚歌》之："玉带生，端人也，事丞相为文墨宾"，全然抄自张宪《玉带生歌》。《御制砚铭》赞文信国："激切尽节易，从容尽节难"语，甚是高明，然亦是借自谢叠山《却聘书》中之"慷慨赴死易，从容就义难。"

乾隆本人有迷古之癖无鉴古之识，其云玉带生砚为真，自不足为凭。《四库全书·玉笥集》收入张宪《玉带生歌》，馆臣们对"花镟铁面一尺方"、"背铭刻骨四十四"之真品与内府砚之不符，当不至无疑，只彼辈明知砚伪也至于拂了乾隆意兴。

绵绵、緜緜、卷卷、磷磷、粼粼、囷囷、渊渊

文信国铭，诸家所记皆有小异。以常理，自以原藏真品之本主杨铁崖所记为真，故应为：

> 紫之衣兮绵绵，玉之带兮卷卷；中之藏兮囷囷，外之泽兮日宣。于乎！磨尔心之坚兮，寿吾文之传兮。庐陵文天祥造。

叶盛所记砚拓乃据铁崖亲题原拓所录，故其记正与铁崖所记几全同，其有数字之异，只同字别体耳。古文"緜"同"绵"、"渊"同"囷"、"礳"同"磨"、"呜呼"（乌呼）通"于乎"（于呼）。绵绵：《急就篇》："绛缇絓紬丝絮绵"，颜注："渍茧擘之，精者为绵"。铭言石之色、质如紫色华服丝帛般精美；卷卷："卷"古通"衮"，代指古时贵族画卷龙图案之衮服，"天子卷冕北面"（《礼记·祭义》）。铭意玉带纹正似着衮服所配之玉腰带；渊渊：《论语》："如临深渊"，孔颖达注"渊：潭也"。此或作墨池解。

文信国之铭，大略乃借石品之吉兆、石性之坚贞以寿文房祥瑞之美意。

陶宗仪所记，"卷卷"为"粼粼"。"粼粼"：喻水流清澈或石之明净，用于形容此砚之石品倒也相合。

宋漫堂所原藏后入内府者，铭则与陶氏所记几全同，只末字"书"、"制"之异。

宫友鹿所记"绵绵磷磷渊复渊","磷磷"亦同"粼粼",刘桢《赠从弟三首》:"泛泛东流水,磷磷水中石。"

《四库全书·玉笥集》收入张宪《玉带生歌》,其录"背铭刻骨四十四"句后有注:

> 文山砚铭:丹书小篆四十四字云:"紫之衣绵绵,玉之带兮磷磷;中之藏兮渊渊,外之泽兮日宣。乌乎!磨尔心之坚兮,寿吾文之日博兮。庐陵文天祥造。"

然明刻本《宋遗民录》并无此注,疑馆臣据陶宗仪《书史会要》所录。

叶盛记朱芾题砚拓所录张宪《玉带生歌》,"歌与《玉笥集》所载数字不同,文丞相铭亦有一二字与他本不同";宋漫堂原藏后入内府之砚,铭文与铁崖所记亦有不同之处,疑皆传刻本以讹传讹所致。

亦足可传者

今藏台北故宫博物院之"文天祥玉带生砚",虽赝品无疑,但与伪品"岳飞砚"有本质区别。盖"岳飞砚"纯属向壁虚构之臆造物;玉带生砚则实有之,只今传者为仿品罢了。

此仿品经朱竹垞、宋漫堂等名流题咏,康熙间已极有名。林在峨《砚史》记与竹垞有过交游之吴县文人王孝咏所言:

> 海内所传名砚有三,一为梁陶贞白(弘景)赉砚,向藏何丈屺瞻(焯)家;一为宋米海岳砚山,秀水朱太史竹垞曾携至吴门,予皆幸得见之;一为宋文信国公玉带生,乃商邱宋太宰家物,惜余不及见也。

此砚成为当时名传四方之三方名砚之一。后又入清内府,乾隆一赞再赞,收载《西清砚谱》;入民国,转属北平故宫博物院,再迁台北故宫博物院。故而,不失为三百年以来流传有绪之真名人砚,真名人者,竹垞、漫堂及乾隆也。

文信国被难前夜,赋《衣带赞》藏于腰带间。铭曰:

> 孔曰成仁,孟曰取义。唯是义尽,所以仁至。读圣贤书,所学何事?而今而后,庶几无愧!

此绝命辞《衣带赞》,绝可与《正气歌》相媲美,亦流传千古之名篇。而《玉带生砚铭》虽不若前二者名高,然亦可作文信国言志之"座右铭"看。此当是今传仿品"玉带生砚"之特殊价值所在。

附考一　文柱藏玉带生砚——文公后裔所得一品

清人所传玉带生砚,见载于古人文字者,除宋漫堂原藏后归乾隆内府之伪品外,至少还别有二例。

刘文源先生《文天祥砚考》云：

> 玉带生砚一直流落在民间。可是后来不知怎么到了乾隆手里，他先为之作《御制玉带生歌》，又为之撰《御铭》，还写了《御识》，并且把它们都镌刻在砚的背方、下方及盛装黑色木漆盒两侧。但过了不久，玉带生砚又流落到了民间。清人平步青（1821～1896年）在《霞外捃屑》卷二中就记载了此事："道光二十四年甲辰，吴文节公文榕抚江西，疏请以文信国公从祀至圣庙廷，盖由信国十九世孙瑞昌东川方伯柱之请。方伯复校刊《文山集》二十一卷行世，又以重价购得玉带生砚及青原寺诗琴藏于家。发逆（原注：指太平天国）乱后，琴拓本尚多有之，琴与砚不知存否。"幸运的是，几经战乱，流落各地，玉带生砚得以保存下来，而且已经收藏在故宫博物院，这不能不说是一个奇迹。

此考不确，刊登清内府原藏文物之民国《故宫周刊》，即刊有乾隆所铭玉带生砚，此砚必一直在清宫，直至与其他故宫博物院珍品被迁台北。所以文柱所购者乃另外又一"玉带生砚"。

吴文榕（1792～1854年），字甄甫，一字子范，号云巢，世居歙县，客籍仪征。嘉庆进士。历官至云贵、闽浙、湖广总督，与太平军战死于黄州城。谥号文节。

文柱（生卒年不详），文信国十九世裔孙，赣北瑞昌东川人。为官政治廉明，曾任江苏布政使（别称"方伯"）。

道光二十四年，吴文榕任江西巡抚，因文柱之请而上奏朝廷，请以文信国从祀孔庙。文柱又不惜以重金购得文信国遗物玉带生砚及青原寺琴。此位文公后裔慎终追远，孝思可嘉。

只两物真物不可考。

附考二　李伟侯藏玉带生砚——天国御弟"仙窟"原珍

另一例为近人徐珂《清稗类钞·李伟侯藏玉带生砚》所记：

> 玉带生砚，乃端州产，石质非上品，以砚有白线一条，故名。为宋文天祥故物，谢叠山、黄石斋均曾宝藏。道光时，归吴人某。同治时，粤寇李秀成陷苏州，颇嗜书籍古玩，亦珍储之。合肥李文忠公克苏州，得此砚，传三世。后藏伟侯裒侯国杰家。

此显然又别是一砚，与杨铁崖原物及宋漫堂原藏皆不同，因杨、宋两人所藏与谢叠山、黄石斋皆无关联。若李家此砚确经谢、黄二人曾藏，则砚必伪，盖杨铁崖所藏真品并无谢叠山铭。抑徐氏所记乃将二谢（叠山、皋羽）相沘？

李伟侯，名国杰，李鸿章孙，袭侯爵。官农工商部左丞。入民国，为参政院参政，后又任汪伪交通部长，一长袖善舞之流。

"太平天国"之领袖们皆喜奢华。由拙政园改建之忠王府，其豪华程度，使攻下苏州之李鸿章不禁为之惊叹："琼楼玉宇，曲栏洞房，真如神仙洞窟！"天国友人、英国领事富礼赐在其所著《天京游记》中，记忠王府所用文房四宝：

> 吾友——王弟（李秀成）所自用之文具均有大价值。砚是玉制的，盛水的盂是由红石雕成的，笔是金制的，笔架乃是一块大红珊瑚，装在银座上，水晶和玉的押纸具多具，四散放在桌上。

李伟侯之玉带生砚当即李鸿章破苏州，取"战利品"玉带生砚入私囊者，此亦李氏文士出身之本色。

李氏此传家宝砚，虽亦一好事者所作伪品，但曾经李秀成、李鸿章所藏，亦属名物，只不知何种模样。

文天祥绿端蝉腹砚

——被袁大才子偿了渠"风流债"

古砚不来大鱼来

所谓"文天祥绿端蝉腹砚",实物今已不见显世,鉴于其砚史之重要地位,亦不妨别存一例,为作一"缺席审理"。

梁氏《两般秋雨庵随笔·文天祥绿端蝉腹砚》:

> 砚修、广各三寸余,受墨处微凹,底圆而凸,象蝉腹。沿左边至顶,刻谢皋羽铭云:"文山攀髯之明年,叠山流寓临安,得遗砚焉。忆当日与文山象戏谱玉趸金鼎一局,石君同在座。"右铭曰:"洮河石,碧于血,千年不死苌宏骨。"款识"皋羽"二字。袁子才贮以檀匣,而识原委于匣盖:"乾隆丁未十二月,杭州临平渔父网得此砚于临平湖,王仲瞿舟过相值,知为文文山故物,以番钱(西洋西班牙等国流入之银铸币,后世又俗称"洋钱")廿元得之,转以见赠。余仿竹垞咏玉带生故事,为作匣,兼招诗流各赋一章。甲寅六月望日,袁枚记于小仓山房,时年七十有九。"

梁氏笔下之自相矛盾:谢皋羽铭砚云"洮河石",梁却题为"绿端",显然必有一误。只谢误端为洮,或梁误洮为端,皆与文信国砚、谢皋羽铭本身真伪无妨。

出砚之临平,杭城北门户,由杭北去必过此地。今日余杭文化馆藏一"苏东坡雪堂抄手砚"(砚伪品),铭亦云砚为"渔者……得于海滨"。坡公所藏唐许敬宗砚之铜匣,亦"杭渔人于浙江"所网得。

古时渔夫造化大者,恐非越、楚二地莫属:湘人网得"关王印"、"岳王印";浙人网得"许敬宗砚铜匣"、"苏东坡雪堂抄手砚"及此"文天祥绿端蝉腹砚";鄂人渔夫运气稍逊,也有陆放翁"心太平庵砚"之收获。

鱼,我所欲也;砚,更我所欲也!若余得为古时渔人,每撒网前,当默祈曰:古砚不来大鱼来,大鱼不来小鱼来,小鱼不来虾米来!

怪人怪砚诗

　　明末清初，江南颇出特立独行之怪才，昆山归恒轩（庄）与 顾亭林（炎武）俱有才名，而耿介绝俗，人称"归奇顾怪"；萧山毛西河（奇龄）以经学傲睨一世，抨朱子、诘坡公，务欲胜人；吴县金圣叹（人瑞）狂放不羁，终被清廷"咔嚓"了。迨至乾嘉间，仁和龚定庵（自珍）异军突起，其"诗中伤时之语、骂坐之言，涉目皆是"。大约皆属性不谐俗之另类才士，故而惺惺相惜，定庵之好友王仲瞿亦一怪杰，时名不在定庵下。

　　室中有碧水丹山，妻太聪明夫太怪；门外皆青磷白骨，人何寥落鬼何多。

　　此张鸣珂《寒松阁谈艺琐录》所录王仲瞿烟霞万古楼门联，人与境皆奇谲之极。

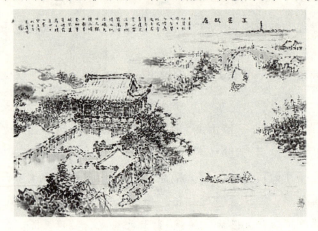

　　烟霞万古楼图。楼在嘉兴髑髅浜。该处水木清华，塔影风帆近接几席。当年楼中图书卷轴，笔砚琴箫，位置精雅而无梯，却在楼板上穴一圆洞，主人王仲瞿一跃而上，客至则挟以俱登，亦一清雅绝尘所在。此图余相识之嘉兴（祖籍吾歙）画师吴蓬先生手笔，得虚实相生之妙。

　　王仲瞿（1760～1817年），名昙，又名良士，字仲瞿，号瓶山。乾隆末举人。好游侠，兼通兵家言。善弓矢，上马如飞（野传有王欲刺和珅事，极荒诞不经）。慷慨悲歌，不可一世。世目为狂，一生潦倒。为学无所不窥，诗文豪迈奇肆，病在粗率。今存《烟霞万古楼集》等。

　　仲瞿继室金礼嬴，字云门，号会稽内史，山阴人。幼娴翰墨，画精佛像，书法晋唐。夫妇互相商榷，志趣高远。吴越幽胜之区，同舟并舻，探索殆尽。故其画得游览之助为多。有《秋红丈室遗诗》。卒年三十六。

因王氏文字多失传，其有无记"绿端蝉腹砚"者已不可知。但留下一别调砚诗《端州石砚寄赠山阴金大》：

端州石砚田田紫，蔥黑青龙寺中柿。黄犊鞭尻肉已死，铁搭铮铮老无色。

东家获稻千万种，吾稻无花食糠秕。蠢妻织妄笑如是，渔有勾竿猎有矢。

经以经，纬以史，繡黻从今赠君使。鹅毛笔，鱼卵纸；禹海弥弥舜江水。

将文房雅物紫端之色比为柿子、被鞭过黄牛犊之屁股，诚闻所未闻，空前绝后。

王仲瞿曾受业于袁子才，袁作匣题砚之乾隆五十九年，正仲瞿中举之年，想其献砚于袁乃感谢夫子授学之恩也。

子才真才子

袁子才诗学主"灵性说"，倡个性耳，只"万马齐喑"之时代，文人灵性多被扼杀，故其诗多风花雪月之吟哦，且不乏艳俗浅薄。此类诗风依仗聪明，难免格局有囿。赵瓯北（翼）所作袁氏赞歌：

八扇天门诀荡开，行间字字走风雷。子才果是真才子，我要分他一斗来。（见《随园诗话》卷十）

但真才子也有"才尽"之时。因末娴满文，袁翰林被贬任知县。只33岁即辞官归隐。其急流勇退，固是明哲保身，亦是一种抗争与蔑视！龚定庵名句："我劝天公重抖擞，不拘一格降人才"。有清一代，非无人才，无能用人才之环境耳。

袁子才内室众多，好作风月交，尝主"百妓筵"，又大收女弟子，访美论诗，品鉴闺秀，被道学家们直斥为"假托文学，导欲宣淫"。赵瓯北之盖棺定论：

花月千场供老福，诗文一代享高名。只愁未免风流罪，欲为繡经度化城。（《挽子才诗》）

子曰："食色，性也"；套之袁子才"功业"，或可谓：食色，性灵也？

食色，人之本性，凡夫俗子皆好；性灵非灵性过人者不能悟。

袁枚（1716~1798年），字子才，号简斋，钱塘人。乾隆四年进士，选庶吉士，曾任溧水等地知县。辞官后定居江宁，构筑随园于小仓山下，自号随园老人、仓山居士等，优游其中近五十年。为乾嘉诗坛盟主、性灵派主将。一生著述甚丰。有《小仓山房诗文集》、《随园诗话》、《随园食单》等。

天下没有不散之砚、书

袁子才有诗《登圭峰望海上崖门南宋张、陆诸公殉国处》赞张世杰、陆秀夫："毕

竟忠魂吹未散,瓣香犹作阵云浮"。又有《谒岳王墓》诗竟达十五首之多,其一云"江
山也要伟人扶,神化丹青即画图。赖有岳于双少保。人间始觉重西湖"。对文信国也极
敬重:

> 文文山《咏怀》云:"疎因随事直,忠故有时愚"。又宋人"独有玉堂人不寐,
> 六箴将晓献晨疏",亦皆俚语,何尝非诗家上乘?(《随园诗话·诗中有俚語》)

袁子才因号简斋,又曾得友人所赠一"简斋"铜印,云是南宋诗人陈与义(字简
斋)遗物。袁喜作《简斋印》诗纪之。其誉岳、文及张、陆等南宋烈士为"伟人"、
"忠魂"。又对所得诗人陈与义遗印作诗志喜,且连一方时人何春巢所藏之"顾二娘砚"
(伪品)也记入《随园诗话》;何以藏有文信国砚,却只题匣记事,未见为赋一诗?

此诚一憾事也,亦一怪事也!

钱梅溪《履园丛话》记:

> 襄时在小仓山房识江宁卫兔溪,手段却好,惟所琢之砚皆弃材,不过陈设案
> 头,与假古铜磁饰观而已。(《艺能·琢砚》)

又,《小仓山房》收一《钟砚铭》,云砚乃"兔氏为钟",砚当卫兔溪所制也。想
袁氏曾延卫氏入小仓山房为其制砚、刻铭。可知袁氏对砚亦有兴趣。

即便非爱砚之人,亦当知"文天祥绿端蝉腹砚"为无上至宝。令人讶异者,袁得
砚后,旋又慷慨转赠诗友两淮盐运使曾燠。

王仲瞿之赠袁砚,可算报答师恩;袁之赠曾砚,其心思或可从袁氏《散书记》中
味得一二?

小仓山房藏书四万卷,袁氏晚年,将书"散去十之六七",除应诏进呈《四库》馆
53 种外,余均奉送宾朋。且撰《散书记》、《散书后记》,认为与其身后散书,不如身
前亲见"散得其所",为人所用。袁氏"散书"之旷达,是藏书乃至玩古之最高境
界。

"散书"如是观,"散砚"亦作如是观?

曾宾谷不仅为当时东南显宦,亦一文坛名流。其骈文与袁子才等七人并称"国朝
骈文八大家"。先不论袁赠砚初衷如何,赠砚予如此文友,袁子才也算将砚许了一良
家。

公尝过我来题襟

袁子才《扬州游马氏玲珑山馆,感吊秋玉主人》诗云:

> 山馆玲珑水石清,邗江此处最有名。横陈图史常千架,供养文人过一生。

客散兰亭碑尚在，草荒金谷鸟空鸣。我来难忍风前泪，曾识当年顾阿瑛！

曾宾谷所用"题襟馆"印

袁氏此赞歌并非谀辞，扬州八怪、全祖望、厉鹗等，皆曾在"扬州二马"（兄曰琯，字秋玉，号嶰谷。弟曰璐，字佩兮，号南斋。祁门人。徽商代表人物）小玲珑山馆中"讨生话"，马氏昆仲"养士"之古风实较元季顾阿瑛（仲瑛）之轻财好客有过之而无不及。

然"扬州二马"等盐估巨商却又须从两淮盐运使曾宾谷处"讨生活"，无它，"现官不如现官"。

曾燠（1760～1831年），字庶蕃，号宾谷，江西南城人。乾隆四十六年进士，选庶吉士。授户部主事。历官两淮盐运使、湖南按察使、广东布政使、贵州巡抚等。以贵州巡抚致仕。著有《赏雨茅屋诗》22卷。

扬州自古文风腾蔚，又为财赋重镇（乾隆时，仅扬州徽籍盐商之资本即占当时国库存银之大半），故曾宾谷在两淮盐运使任上得以大做"风雅文章"，旗下才士济济，修禊唱酬，殆无虚日。据钱梅溪《履园丛话·谈诗·以人存诗》记：

南城曾宾谷中丞以名翰林出为两淮转运使者十三年。扬州当东南之冲，其时川、楚未平，羽书狎至，冠盖交驰，日不暇给，而中丞则旦接宾客，昼理简牍，夜诵文史，自若也。署中辟题襟馆，与一时贤士大夫相唱和，如袁简斋、王梦楼、王兰泉、吴谷人、张警堂、陈东浦、谢芗泉、王萚町、钱裴山、周载轩、陈桂堂、李啬生、杨西禾、吴山尊、伊耐园，及公子述之、蒲快亭、黄贲生、王惕甫、宋芝山、吴兰雪、胡香海、胡黄海、吴退庵、吴白庵、詹石琴、储玉琴、陈理堂、郭厚庵、蒋伯生、蒋藕船、何岂匏、钱玉鱼、乐莲裳、刘霞裳诸君时相往来，较之《西昆酬倡》，殆有过之。

所列名流35人，袁子才占首，可见袁居文坛名望之一斑。曾宾谷诗《题袁简斋前辈二图》亦有云："公尝过我来题襟，对酒当歌壮心在。"

蟀砚赠庾翼

曾宾谷小袁子才43岁之多，首任两淮转运使已是乾隆五十七年，六年后袁即去世。故袁之文字涉及曾氏者似只一处：

江右多宗山谷，而扬州转运曾宾谷先生独喜唐音，素未识面，蒙以诗就正。《晓行》云："白云渤在地，远望一川水。行入水云中，霏霏收不起。"《秋夜宿万

寿寺》云："幡动微风来，虚堂一钟悄。阶前瘦蛟影，斜月在松杪。"《长生殿》
云："夕殿萤飞星汉流，芙蓉香冷鸳鸯愁。娇姿侍夜玉阶立，月下相看泪痕湿。世
缘安得如牛、女，万古今宵会河渚。生生世世比肩人，牛、女在天闻此语。可怜私
语人不知，临邛道士为传之。"结句尤蕴藉。（《随园诗话》补遗卷七）

袁子才可谓未识曾氏面已识曾氏诗。

袁子才制匣题记在乾隆五十九年甲寅，赠砚必在此后。四年后袁子才即病逝。

曾宾谷有《简斋前辈赠所藏文信国公绿端蝉腹砚赋谢四十四韵》诗，诗有注云
"去岁承赠自制莲叶砚"。由此可断定绿端蝉腹砚约为嘉庆元年所赠，此前一年已先有
一莲叶砚赠曾氏。其云"自制"，当指延卫鼎溪至小仓山房之特制品。诗又云："为子
乡先贤，遗物子当惜。"此言砚为曾氏赣地乡前贤之物，故举以为赠。

曾氏原好砚，除此砚外，尚藏名物：黄道周墨妙亭断碑砚、胡铨小像遗砚，各有诗
纪之。

即属风雅同道，又有嗜砚之好，必是惜砚之人，况赣地乡先贤之遗物，故袁子才之
赠砚，与其"散得其所"之藏书观契合。

袁家自制莲叶砚，虽良工卫鼎溪所制，终只"今玩"而已。但文信国遗砚是何等
之名贵？

曾诗末云"感同袁史公，蟑砚赠庾翼"。
典出南齐高士庾翼事。庾性恬隐，不交外物。
安西长史袁象钦其风，赠以鹿角书格、蚌盘、
蚌研、白象牙笔。

曾氏言袁赠砚予己，乃效晋人高风。实
者此说为"贤者讳"，袁氏赠砚大有隐情。

袁枚风流

《小仓山房诗集》卷三十六《荐霞裳与扬
州转运曾宾谷先生附之以诗》：

> 大雅扶轮力有余，东南转运继鲜于。
> 公追汉上题襟集，我献昌黎荐士书。
> 天际众星原拱丹，人间化雨也随车。
> 三江桃李载□树，只恐欧门尚不如。

诗誉曾氏文事扶维"大雅"正统；政绩
可比北宋曾任京东路转运使之名臣鲜于侁；

断袖图，刊陈老莲《博古页子》。
画西汉董贤故事。董美仪容，哀帝
对其宠爱无比。一次午睡，董枕哀
帝衣袖子睡熟。哀帝欲起身，不忍
惊醒董，遂剪断衣袖。后人称同性
恋曰"断袖之癖"。

主持之题襟馆文会，更可追美晚唐宰相徐商举行之襄阳诗会（诗编成《汉上题襟集》）。故袁学举荐孟郊之韩愈，作书举荐杨霞裳于曾。如此众星捧月，则曾氏好士之美誉，连好提携后学之欧阳修也相形见绌。

　　之所以如此不惜放低身段，乃缘袁所荐之刘霞裳，虽居线梅溪所记唱和题襟馆中末位，却与榜首袁大才子关系非同寻常。

　　乾隆间，郑板桥以好"断袖之癖"名传东南，传其曾与后辈袁子才商改笞臀为笞背之可行性，盖郑氏不忍犯律美少年被笞臀也。袁虽鄙郑氏字"矫揉造作，效小家子态"，但对此"护臀提案"则大为感叹：实获我心矣！

　　袁子才文字中，一再谈及"龙阳"之美，心向往焉。其翰林出身又风流俊雅，投怀送抱者颇多。晚清人《随园轶事》载：

> 先生好男色，如桂官、华官、曹玉田辈（皆优伶），不一而足。而有名金凤者，其最爱也，先生出门必与凤俱。

　　绍兴秀才刘霞裳（其名已"色彩缤纷"，让人浮想翩翩。故今人书中有误其为袁氏"女弟子"者），貌比潘安，才如子建（至少袁子才以为），正是袁氏晚年"两雄相悦"所孽之心上人也。

袁枚像。罗两峰所画，藏日本。此像袁氏手持菊花，别有一本佚名所作则手持牡丹，皆极合袁氏"爱花"之本色。

为"伊"舍得文公璧

《随园诗话》卷二：

> 余弟子刘霞裳有仲荣之姣（石崇父石苞，字仲容。时人称"石仲容，姣无双"），每游山，必载与俱。赵云崧调之曰："白头人共泛清波，忽觉沿堤属目多。此老不知看卫玠，误夸看杀一东坡。"

　　魏晋时"小璧人"卫玠，被建业"色女"们围观三日，体力不支，倒地牺牲，所谓"看杀卫玠"。坡公晚年归毗陵，两岸随观者如云。坡公笑语："莫看杀轼否？"以卫玠自嘲也。刘霞裳与袁同游，亦常被人围观，袁自以为如当年坡公故事，实人争看霞裳也。

刘生年轻玉貌，有才有色；袁子才爱才兼爱色，两人同宿偕飞。袁诗《赠刘霞裳秀才约为天台之游六首》，其三云：

> 未免多情枉费才，狎游颇被里人猜。须知玉貌张雕武，终向《儒林传》上来。

北朝美男张雕武，出身寒微，遍通经史，官至散骑常侍。事载《北史·儒林传》。将刘霞裳比之张雕武，想刘生亦寒门士子。对人非议与刘生之"狎游"，袁子才不以为意。但其收刘生为弟子时已年近七旬，来日无多，对刘生之前程不得不费心思。

于是便有了《荐霞裳与扬州转运曾宾谷先生附之以诗》。

其"附之以诗"之同时应该还"附之以砚"，砚即文信国绿端蝉腹砚。

所谓"情人眼里出西施"，袁子才目中、笔下之"玉貌张雕武"刘霞裳，也并未"终向《儒林传》上来"。袁故后，刘秀才便也从此默默无闻，未再在政界、诗坛泛起几缕波澜。

名砚诚可贵，爱情价更高；为"忘年恋"之前程，袁便不惜割爱名砚予忘年交曾宾谷了！

此对袁子才赠砚动机之推测，并非"以小人之心，度君子之腹"，人之常情罢了。

乡贤两忠合精魄

曾宾谷对文、谢二乡前贤推崇备至。作题咏文谢之诗文多首：《文谢二公祠碑》、《题文信国书陶诗墨迹》、《寄题海丰县五坡岭文信国祠追次公过零丁洋诗韵》、《真州谒文信国公祠》、《悯忠寺后新立谢文节公祠，姚秋农总宪倡议也，落成有记属余为诗》、《谢文节公祠碑铭》，对文、谢如此念兹在兹，确可称当的袁子才赠砚时"为子乡先贤。遗物子当惜"之期许。其对"文信国公绿端蝉腹砚"亦咏之赞之，且多有考索。其《简斋前辈赠所藏文信国公绿端蝉腹砚，赋谢四十四韵》全诗云：

> 先生去年来莲叶，亲摘洒我笔端露；田田翠欲滴。
> 先生今复见，谓此非难得。藏有古忠肝，千年不磨泐。
> 为子乡先贤，遗物子当惜。捧函亟拜嘉，开函惨寒色。
> 洮河玉一片，三寸方以直。乃是赵家土。黯淡天水碧。
> 旁有谢翱铭，云此属信国。文山即攀髯，叠山孤作客。
> 获此于临安，两忠合精魄。曾记幕府中，参军斗象弈。
> 尝谱信公谱，石君时在侧。公今作苌宏，碧血凝此石。
> 冷映冬青树，西台恸何极。叠山旋尽忠，石君亦自溺。

有若齐田横，蹈海入五百。蛟龙不敢侵，终占完赵璧。

石面微作洼，石腹旛且硕。两翼常分张，象蝉有高格。

吁嗟如信公，螳螂捕苦迫。南冠已除貂，元龚自萧瑟。

听琴蔡邕心，在狱骆丞什。无枝可任飞，有粟焉宥食。

指南一录在，悲愤洒遗墨。所由晞发子，睹物叹畴昔。

公谱象戏图，其势凡四十。始玉趸金鼎，终单骑见贼。

局必辨奇正，机必审虚实。同时周与刘，往往战则克。

一旅宋不兴，空坑竟被执。黥岂战之罪，天意盖难逆。

玉趸即不归，单骑空谕敌。斯图遂成谶，公事一生毕。

痛哭朱鸟魂，砚当如意击。闻公玉带生，张宪有述称。

近者朱翰林，长歌重叹息。乾坤留清气，复比羽化质。

此砚入随园，遭逢亦诗伯。如何猥相贻？无以称嘉德。

感同袁史公，蟀砚赠庚翼。

此诗有序，与梁氏《两般秋雨庵随笔》所记略同，只"款识'皋羽'二字"后尚有"行书，极瘦逸"五字；"袁子才贮以檀匣"为"简斋贮以檀匣"。可知梁氏文字乃引用于曾氏此序。

此诗对砚之传承作一通解，连砚也喻为投水自尽之烈士。"参军斗象奕，尝谱信公谱"句后自注："皋羽所谱《玉趸金鼎》一局，即信公所造象戏也"；"天意盖难逆，玉趸即不归"句后自注："玉趸，文公所居山名"；"单骑空谕敌"句后自注："谓文公赴皋亭北营事"。皆考证砚铭中"玉趸金鼎"事之出处。

信国有名谱

客来不必笼中羽，我爱无如橘中枰。一任苍松栽千里，他年犹见茯苓生。

此文诗《生日中与肖敬夫韵》。信国本一象戏好手，吾国象棋史有其一席之地。

与文信国同乡、同学、同志之邓光荐（名剡，字中甫，号中斋，官至礼部侍郎，宋亡被俘，与天祥同解往北，病留建康天庆观）所撰《文丞相传》记：

公居家，当暑日，喜溪浴。与弈者周子善，于水面的意为枰，行弈决胜负。他人久浸不自堪，皆走。惟公逾久逾乐，忘日早暮，或取酒炙，就饮啖。

不假棋盘于水中凭记忆对弈下"盲棋"，见诸史端者文信国应为第一人。周子善，象戏国手也。又：

公平生嗜象弈，以其危险、制胜、奇绝者，命名自《玉趸金鼎》至《单骑见虏》，为四十局势图，悉识其出处始末。

能以出奇制胜着法创棋局四十，堪称排局大师，故后人称文、周等为“江西弈派”。惜信国破敌手段大逊奕伎，未能效谢安石手起子落间运筹帷幄，决胜千里。

戎马倥偬之隙，文丞相一时伎痒，免不了找谢参军摆枰布子，在“橘中雅戏”里“光复河山”。

砚铭“忆当日与文山象戏谱玉蓬金鼎一局，石君同在座。”言皋羽睹物思情，勾起其当年军中与文信国对弈之回忆，彼时此蝉腹砚（石君）正充文信国军中书翰所用。

汉家旧都流寓客

砚铭“文山攀髯之明年，叠山流寓临安，得遗砚焉。”传黄帝乘龙升天，从者持龙髯随去。后世以“攀髯”代指去世。铭云文信国死难后一年，砚被流寓于临安之谢叠山所得。

元世祖至元二十一年，元庭大赦天下，谢皋羽在浙东与林景熙、邓牧等遗民文士结具浓厚反元政治色彩之“月泉吟社”、“汐社”，互相唱和，抒发亡国之痛。皋羽有《过杭州故宫》二首，极故国禾黍之悲：

禾黍何人为守阍，落花台殿暗销魂。朝元阁下归来燕，不见前头鹦鹉言。

紫云楼阁燕流霞，今日凄凉佛子家。残照下山花雾散，万年枝上挂袈裟。

元成宗元贞元年（1295年），谢皋羽寓居杭州，终因心力交瘁，客死西湖，时年四十七岁。

谢皋羽在宋末文学史上之地位仅次于文信国，而与谢叠山并列，后人并称“南宋二谢”。今存皋羽纪念叠山诗两首：

自尔逃姓名，终丧哭水滨。海僧疑见貌，山鬼旧为邻。
客死留衣物，囊空出告身。他年越乡值，卖卜有斯人。（《哭广信谢公》）

汉有臣兮龚胜卒，喋不食兮十四日。今忍饥兮我复渴，道间关兮踰半月。
幸求死兮得死，苟不得兮无术。凤笙兮龙笛，燕群仙兮日将兮。
风吹衣兮佩萧瑟，骏龙兮寥天，行成兮缘毕。（《谢叠山先生有绝粒示儿诗，用其语结为楚歌》）

两诗当作于叠山死难不久。将叠山之“求死兮得死”比之西汉不仕新莽，绝食而死之高士龚胜，可见其对叠山之敬仰。

故谢叠山于杭州获得一文信国遗砚，后复又被客寓杭州之谢皋羽所获，貌似甚合理。

鸭头绿是英雄血

砚右侧谢皋羽铭文"洮河石，碧于血，千年不死苌宏骨"，典出"苌弘化碧"。

苌宏，即苌弘。清人避弘历名讳，改"弘"为"宏"。其本春秋时贤大夫，蒙冤被屈杀于蜀地。蜀人用玉匣藏其血，三年后血化为碧玉。后世借"苌弘化碧"喻忠烈之士。

谢皋羽诗《书文山卷后》：

> 魂飞万里程，天地隔幽明。死不从公死，生如无此生。
>
> 丹心浑未化，碧血已先成。无处堪挥泪，吾今变姓名。

诗言文信国殉国噩耗传来，谢皋羽痛不欲生，遂提笔题诗信国诗文集后，以消解心中痛楚。诗中"丹心浑未化，碧血已先成"与砚铭"碧于血，千年不死苌宏骨"正可相契。

信国殉难四百年后，又一民族志士屈翁山（大均）有《经紫罗山望拜文信国墓》诗赞云："万里丹心悬岭海，千年碧血照华夷"，亦典出"苌弘化碧"。

洮河石，色青碧，所谓"鸭头绿"、"鹦哥绿"；以之喻"碧血"，诚"天（石本色）、人（化碧血）合一"之砚铭佳作，堪称上乘。

因此，砚右侧谢皋羽题赞文信国"洮河石"云云之铭，与文信国之事迹、谢皋羽之语境皆极相符；砚左侧"忆当日与文山象戏谱玉薑金鼎一局"亦合信国象戏之癖。

但"文山攀髯之明年，叠山流寓临安，得遗砚焉"则大有可疑，盖考叠山行迹，似无获信国遗砚于杭州之机缘！

文山攀髯之明年

文信国被解燕京，始终不屈，遂押柴市，从容就义，化作啼鹃去也！时为元世祖至元十九年（1282 年）十二月九日。

信国牺牲不到一月，便是铭文所记"文山攀髯之明年"之至元二十年正月。查此年前后叠山行迹，《宋史·谢枋得传》：

> （德祐二年，1276 年）师夔下安仁，进攻信州，不守。枋得乃变姓名，入建宁唐石山，转茶坂，寓逆旅中……已而去，卖卜建阳市中，有来卜者，惟取米屦而已，委以钱，率谢不取。其后人稍稍识之，多延至其家，使为弟子论学。天下既定，遂居闽中。至元二十三年，集贤学士程文海荐宋臣二十二人，以枋得为首，辞不起……

元人周应极所撰《叠山先生行实》亦简略，只记谢此期间亡命闽北山中，未言复往他乡。

但叠山有文《萧冰崖诗卷跋》，乃为遗民诗人萧立之（号冰崖，宁都人。淳祐进士，官南城知县。宋亡归隐于乡）诗集所题。此跋落款云："岁在癸未清明日，龙虎山敬题卷后。"即题于元世祖至元二十年癸未，时叠山客龙虎山。

又，徽州婺源人许月卿，亦一著名遗民志士。宋亡，深居一室，三年不语。叠山慕其气节往访，书其门曰："要知今日榭枋得，便是当年许月卿。"光绪《江西通志》云谢题许门事当在至元二十年前后。

游龙虎山、访许月卿，叠山此年曾自闽回赣必可无疑，甚至可能勾留数月之久方回闽北，是否在此期间曾"流寓临安"？

血雨腥风实尚无涯

谢叠山诗《思亲（壬午寄书老母）》五首之第一首：

> 九十萱亲天下稀，十年甘旨误庭闱。临行有恳慈心喜，再睹衣冠儿便归。

萱亲：母亲。甘旨：美食。庭闱：父母居舍，代称父母。叠山此诗言与九十高龄之老母别离已十年，故思乡心切，念母情笃。诗作于元世祖至元十九年壬午（1282 年），次年便有回赣之行，游龙虎山、访许题门之事即探母期间事。

游山访友看似逍遥闲适，实以其时叠山之心境，眼中山景别是一番滋味，盖当时局势对其而言，依然血雨腥风。且看几年来叠山之血色家国"流年表"：

景炎元年丙子（1276 年）：谢信州兵败，亡命闽北山中。元军为搜捕谢，大兴株连之狱，拘捕已八十三岁之谢母；谢妻携二子一女匿于贵溪山中，采野疏而食；谢从弟君举、君禄亦迁家隐居深山以避祸。

景炎二年丁丑（1277 年）：谢妻李氏与二子熙之、定之及二弟、三侄、一女、二婢皆被逮，其中二弟死于信州。

景炎三年戊寅（1278 年）：谢妻李氏不屈，与一女、二婢皆自缢于南京狱中。一弟、三侄死于狱。二子熙之、定之移扬州狱。

祥兴二年己卯（1279 年）：二月，宋军崖山战败，陆丞相负帝昺蹈海殉国，同投海自杀者十万计，宋遂亡。叠山日夜逃窜于闽北建阳之崎岖山谷间。

至元十八年年辛巳（1281 年）：春，叠山转匿建阳城西南之考亭桃源洞。作有《庆全庵桃花》。

至元十九年壬午（1282 年）：冬，文信国殉难。谢叠山作《思亲》五首。次年初便有弋阳探母之行。

处境如此险恶，叠山此次回赣，必是潜归密行。

　　弋阳隔德兴即婺源，更与贵溪龙虎山近在咫尺。测出于奉母计，如其妻故事，叠山就近隐匿于贵溪山中，遂有作于龙虎山中之一跋一诗及访同道许月卿。

叠山流寓当避临安

　　与地避山中之小邑婺源、贵溪乃至弋阳不同，临安为"三吴都会"，更是南宋旧都，必是元兵侦骑密布、探子四出之地，对于谢叠山此种朝廷要犯而言，无疑乃天罗地网。叠山逃亡闽北山中，尚须改名换姓以避免被人识破，岂能千里跋涉去自投囹圄？

　　或云诗文并称"二谢"，同属抗元名人，何以谢皋羽可"流寓临安"而谢叠山必不可？

　　谢皋羽虽早年诗文已为世人誉，然文名大显乃在宋亡为遗民之后，且其在抗元军中不过信国帐下一幕宾；此与南宋景、咸年间道德文章已名重士林，且为抗元朝庭命官之谢叠山大不同。在元廷看来，叠山乃"要犯"，必欲从肉体或精神上消灭之；对皋羽等"从犯"追缉之罗网则稍松懈，故皋羽得以"漫游两浙以终"。

　　《叠山先生行实》记：

　　　　至元甲申，黄华平，大赦，枋得乃出，得还自寓于茶坂，设卜肆于建阳驿桥，榜曰"依斋易卦"，小儿贱卒亦知其为谢侍郎也。

　　须到文信国就义后三年（即铭中叠山获砚再后一年）之至元二十一年甲申，元廷为缓和民族矛盾，大赦天下，谢叠山亦属被"赦罪"之列，始出山复显于世。倘此年叠山"流寓临安"，一时当无性命之虞。实皋羽之流寓杭州、客死西泠，亦在元庭大赦天下之后。

　　显然，以当时"亡命徒"身份，决不允叠山有"流寓临安"之事，则砚铭必是臆造无疑！

　　又，"流寓"：指在异乡客居日久者。叠山若"流寓临安"，并非匆匆过客，至少当以月计，临安为故国旧都、可感可叹，可记可赋之事多多，如皋羽诗作，何以叠山竟不致一辞？

　　文信国与谢叠山并称"二山"，谢叠山与谢皋羽并称"二谢"；谢皋羽又曾为信国军中佐僚，故好事者便将"二谢"绑来为文"作托"。作伪路数与"岳飞砚"相类。只是"岳飞砚"乃"二山"为岳"作托"。

题襟非新馆

　　郑逸梅先生记刘世珩父子所藏"双忠砚"中，涉及"文天祥砚"之文字二则：

　　　　文山砚为洮河石，按之冷气激骨，谢叠山有跋锓其侧，正气浩然，令人肃然起

敬。《珍闻与雅玩·大忽雷与小忽雷及其藏者刘蕙石、刘公鲁父子》

彭长卿曾以文天祥砚拓见贻，刻有"题襟馆"三字。题襟馆，沪杭各有一所此题襟馆，属于杭州西泠印社，可知是砚归公家矣。砚作长方形，有谢翱铭："洮河石，碧于血，千年不死苌宏骨"。（《艺林散叶续编》802条）

前则言砚侧之铭为谢叠山所题，当误记，此从后则又记为谢皋羽所铭可知。

刘氏砚"题襟馆"必指曾宾谷所辟者，郑先生所解有误。迄今也未闻西泠印社藏有此砚。

《古董琐记》记袁子才所藏："近闻此砚为闽人郭某者，以青钱数百买得"，不知与刘氏所宝是否同一物。

倘若刘家所藏为曾宾谷"题襟馆"原物，因曾经王仲瞿、袁子才、曾宾谷之手，虽赝亦足可珍。

曾宾谷砚："修广各三寸余"、"三寸方以直"、"底圆而凸"，"石面微作洼，石腹皤且硕。两翼常分张，象蝉有高格"。从其描述揣度，似一长方抄手，池为蝉样，背凸而丰硕，俗称"孕腹抄手"者。此类蝉腹砚、蝉形砚，以明代歙石最为习见。

若郑先生所记砚铭之"千年不死苌宏骨"乃据拓片实录，则刘家砚必一赝品，盖谢皋羽无为弘历避讳而改"苌弘"为"苌宏"之道理。同理，若刘家砚正是王氏赠袁，袁氏再转赠曾氏之原物，则袁氏砚又多一伪品铁证。

笠谷缀语：

我忽生一奇想：袁子才即为诗宗又是杭人，当年得门生王仲瞿赠砚，或对谢叠山之行迹有过考索，因之亦对砚有疑，故无一辞咏赞，只题匣记事，且并无只字记入诗文集；最后借花献佛，慷慨将砚当一为刘霞裳作说项之"重礼"奉赠曾宾谷了。

附考一　文天祥日月星辰砚——见面似不如闻名

非歙非端未识名

倘云"文天祥绿端蝉腹砚"如水中之月，则"文天祥日月星辰砚"实雾里看花。

据民国《醴陵县志·艺文志》所记："日月星辰砚"为光绪间，湖南醴陵农人掊土得之，被张乐颖（其人生平无考，当是本地一士绅）所得。一时醴陵名流纷纷题咏，谭复生（嗣同）作有《文信国公日月星辰砚歌》并序云：

砚藏醴陵张氏，长五寸，广半之，质细腻，微白，圆晕径寸，黑白周数重，中微黄，又中则纯白。圆匀朗润，皎若秋阳。星二，一径分，一半之。背晕益大，黑白纷错，宛然大地山河影。太极图一，径二分，赤白各半。余类云霞类沫者，乍隐乍现，莫得名目。右侧镌铭曰："瑞石成文，星辰日月，不磷不缁，始终坚白。"末署"文天祥识"。

昔杨铁崖以七客名寮，玉带生居其一，吾不知视此奚若？而铁崖不务细行，厥号文妖，张氏宝此砚，尤愿有副此砚也。余旧蓄信国蕉雨琴，亦旷代罕觏，行出相质，而诗以先焉：天地既以其正气为河岳，为日星，复以其余气为日月星辰之怪石。河岳精灵钟伟人，伟人既生，石亦出。吁嗟乎？石不自今日而始，石亦不自今日而终。信国与之亦偶逢，遂令千载见者怀清风。当年喋血戎马中，与尔坚白之质相磨砻。方谓事定策尔功，天抠一绝徒相从。天枢绝，坤维裂。潮无信，海水竭。御舟覆，崖山蹶；丰隆伐鼓呼列缺。云师狂奔风烈烈，双轮碎碾蔚蓝屑。万星尽向沧溟灭，竹如意断冬青歇。叠山之外谁见节，斯时日月星辰安在哉。赖此片石，独留不夜之星辰，长明之日月。

吴德襄（曾任渌江书院山长）题砚云："星日交辉炳陆离，文山旧石尚留遗。黄冠未遂人长往，古谊忠肝砚可知。非歙非端未识名，应奴凤咮隶鸲睛。骍牛同皂无良伴，石友宁忘玉带生。"

彭显荣（遗有《滋兰堂诗卷》）题砚云："空拳支柱济时艰，一去孤臣竟不还。那有黄冠归故里，要留碧血在人间。摩挲片石精英在，往复遗篇涕泪潸。日月双悬照万古，争光南渡几文山。"

此砚后被阳卓湘以数百金从张乐颖处购得。

阳卓湘（1898～1968年），出生于醴陵书香门第。擅画，长期从事美术教育。对醴陵瓷釉下五彩之发展有贡献。

能售得数百金，文信国之名重后世自是主因，谭复生《砚歌》之推波助澜亦功不可没。

石笋"太极图"

读谭氏《砚歌》，颇感"日月星辰砚"之奇幻神秘。不意今日此砚还幸存人间，只谜底让人大感意料之外。见刊谭氏笔下渲染"宛然大地山河影"之物，竟是一角石砚砖！神乎其神之"太极图"云云，砚上"石笋"耳。

砚长方，石质紫红。石上部有一大一小两"石笋"，皆透于背。左侧铭文："渌江张氏□□（此两字，被磨，当是"乐颖"），荷溪精舍（疑张乐颖斋号）宝藏。"右侧行楷铭文：

瑞石成文，星辰日月，不磷不缁，始终坚白，文天祥识。

砚砖，或称砚板、砖砚、板砚，宋时已有之。角石砚，产绛州。其"白角"为海洋动物化石一种。石质"顽滑不发墨"，多制成砚板以充观赏一品而已，北方常见。

角石虽非上材，以其角之奇异，文丞相或因猎奇取赏之。此物南方本较少见，故谭诗有所谓"非歙非端未识名，应奴凤咮隶鸲睛（鸲鹆石眼）"，以为凤咮、端溪只堪为此石之奴。

然砚铭前两句"瑞石成文，星辰日月"，与《正气歌》"天地有正气，杂然赋流行，下则为河岳，上则为日星"意甚相近；后两句"不磷不缁，始终坚白"，显然又与"岳飞砚"铭"持坚守白，不磷不淄"相若。铭与文诗、"岳铭"太过紧扣，太似反若不似矣。

砚上铭文、石品与谭复生所记相合，应即一物。

今人有所谓"文天祥四大名砚"之说。云即：岳飞砚、玉带生砚、绿端蝉腹砚、日月星辰砚。如前所考，岳飞砚与绿端蝉腹砚，皆臆造；玉带生砚，今存者乃仿品；此日月星辰砚，余之感慨："见面不如闻名"。

附考二　汪立信赠文信国砚——文公岂狂生

乾嘉间当涂黄左田（钺）《一斋集·题汪立信赠文信国砚》序言云：

> 砚侧题云："京湖制置使汪立信赠天祥。咸淳十年甲戌文氏家藏。"下有方寸印曰："文山"。旁有椭圆印，文曰："杨氏珍宝"，下方为成化二十三年杨文忠公书公《衣带铭》，跋云："信国公片言只字，人得之宝如圭璧，况遗像砚耶？予末小子，何敢题识！即书公衣带中语以作像赞，谨勒于砚右。"背刻公遗像，多髯，后人摹刻者。匣有乾隆丁巳休宁程恂题："宋少保、枢密使文信国公造像砚，明华盖殿大学士杨文忠公藏。"砚曾归程耳。今不书遗像砚曰汪立信赠文信国砚，以人重也，像则非所本也。今藏叶东卿志诜处。

此砚之传承：汪立信赠予文信国，明时为杨廷和所藏，清时先归程恂，再归叶志诜。

汪立信（1201~1275年），字诚甫，号紫源，徽州婺源大畈人，迁居六安。淳祐七年进士。得理宗赏识，赞为"帅才"。度宗咸淳九年曾授荆湖安抚制置使兼知江陵府，以移书责贾似道误国罢。后闻宋军兵败芜湖，乃慷慨悲歌，失声三日而卒。年七十五。追赠光禄大夫，加太傅。

汪诚甫乡婺源大畈，乃歙石之重要产地（仅次于砚山），其地以出鱼子纹名世。

杨廷和（1459~1529年）。字介夫，号石斋，新都人。成化进士，官至华盖殿大学士。卒谥文忠。杨慎父。

程恂（生卒年不详），字栗也，号燕侯。徽州休宁人。名儒。雍正初进士，官定州知府等。同邑戴东原（震）为其弟子。

叶志诜（1779～1863年），字东卿，号遂翁，汉阳人。贡生。学问渊博，尤长于金石文字。亦好藏砚，镌铜墨盒名家陈寅生曾获其藏砚拓本二巨帙，刊砚百余方。子即"六不总督"叶名琛。

此砚侧铭"京湖制置使汪立信赠天祥。咸淳十年甲戌文氏家藏"，倘前句为汪赠砚时所刻，后句为文受砚时所刊，则合格式。但下有印"文山"，似指文一人所铭。

《礼记·檀弓》："年二十有为父之道，朋友等类不可复呼其名"。故古人称人表字或斋号，以避讳称名（作史可"称人以名"），晚下者称尊长者尤绝不可称名，否则意为轻慢。

文信国自无在题砚铭款中大书前辈"汪立信"大名之理，故疑之。

附考三　文信国像砚——前砚母本？

翁覃溪《复初斋文集·跋文信国像砚》：

昔于吴门访得长洲文氏所绘《信国像大轴》，乾隆丁未秋按试吉郡事讫，过青原山寺，以像送寺供焉。考信国及第，年二十。则咸淳十年甲戌，年三十八。且即其后卒于至元壬午，亦止年四十七。则所见长洲文氏摹本，正其壮岁之像也。此砚之像或后人所作欤？砚侧"咸淳十年"自署名，其画痕已不可辨，然必出信国手迹。而砚背之像，偶出后人所摹，亦为无疑，但究不似昔所见壮岁之像为得其真。虽此砚古泽，必是真物，而像之真否，则不得不详著之。杨文忠，明朝人，不讲考证，无足惑者。然世所传文信国玉带生砚最为著称，张思廉诗则称"一尺方砚"，朱竹垞诗乃云"短小之砚"。又其铭一有"心"字，一无"心"字。竹垞精于考证，尚未能辨。况明贤乎？此砚借杨介夫以传之，较诸后人所传玉带生有二砚者，则固宜胜之耳。

砚铭真而小像后刻之情况，亦有之，后

文天祥肖像纪念邮票（有裁剪）1966年9月台北发行。同时发行者复有"岳飞肖像纪念邮票"。文邮面值3.5元，岳邮面值2.5元。此面值到与古时文人士大夫对岳、文之评价相合，民间以岳帅影响大，文士崇文相者为多。

人补摹画像以为纪念之意耳。

从翁氏所记看，砚背有文信国小像，砚侧有文信国"咸淳十年"自署名，亦经杨文忠（介夫）所藏，又皆疑小像为后人所摹，诸般皆与黄左田所记"汪立信赠文信国砚"相似，似乎同一砚。但翁覃溪与黄左田为同时人，翁尚长黄十余岁，且翁更为考据泰斗、书法名家，何以黄能录全砚铭，而翁反云文信国铭"其画痕已不可辨"，更只字未提及汪立信？

此砚文信国铭笔迹刀痕已有分化磨损，想确有"必出信国手迹"之可能。

或黄左田所见乃以此砚为母本之仿品？

咸淳十年（1274年），文信国39岁，任赣州知州。是年九月，元兵南侵。十二月，信国接诏命赴临安勤王，名士生涯从此结束，为补金瓯之缺而耗尽心力直至为国捐躯。

附考四　文文山草檄砚——文魁用粗石？

晚清文人施鸿保《闽杂记》卷九记：

> 文文山石，予友汪伯年笺二尹所藏，曾出示余，且索予赋。其石质甚粗，紫黑色。修广不及三寸，上丰下削，边多缺裂。两面皆平坦，一面微有墨晕。一面镌字，行数不齐，字亦拙率，云："余至延津，箧无佳砚，此石质虽粗，军中草檄，易于发墨，遂属谢子铭之曰：'煌煌大宋，节制江浒。血战功成，在此片土'。"石又有"皋羽"二小字。伯年甚信之，以为真文山物。予疑其云"箧无佳砚"，则不佳者固有，何必取此甚粗之石而铭耶？且云"易于发墨"，试之亦殊不然。又铭词四句，按其文义，亦不接洽，"煌煌大宋"下，如何云"节制江浒"？若以江浒指大江以南言，又与延津不合。此恐因文山有玉带生，后人更作伪耳……

汪氏此砚，石质粗糙，书法拙劣，辞意悖歧，当如施氏所疑：铭文乃后人因攀附玉带生砚之文、谢故事而伪造。

辨伪者施鸿保（？～1871年），字可斋，钱塘人。道光秀才，屡试不第，长期游幕赣、闽。在闽地将见闻及稗史撰成《闽杂记》。

藏砚者汪笺（1813～1864年）字伯年，号百研。钱塘人。官闽地清流知县。饱学，作书画有天趣，精鉴赏，与何绍基、张廷济为金石契。

汪笺号百研，想藏砚甚丰。所谓当局者迷，对乡友施鸿保之质疑大不以为然，以文信国遗砚不止玉带生尚有绿端蝉腹为对。于是施先生索性亦对绿端蝉腹砚考索一番，结论是彼砚亦是伪品。其指伪品证据：铭文"玉蟴金鼎"之"蟴"字写法有误；袁子才题匣文字不见袁氏及门生友好集中，乃仿自宋漫堂《玉带生歌》序言，故连袁氏题匣之铭亦赝。

如余上文所考，"䵋"是僻字，写法笔误无可怪。而袁氏藏砚题匣之事，曾氏诗可证，施氏未见曾氏诗集耳。

附考五　文山之砚——似文山口吻

清人韩应阶《砚铭》收一"宋文文山砚"。

砚夔纹边抄手。背铭篆书："文山之研"。下有六字印曰："寻孔颜之乐趣"。

孔夫子云：

> 饭疏食，饮水，曲肱而枕之，乐亦在其中矣。不义而富且贵，于我如浮云。（《论语·述而》）

> 贤哉，回也！一箪食，一瓢饮，在陋巷，人不堪其忧，回也不改其乐。贤哉，回也。（《论语·雍也》）

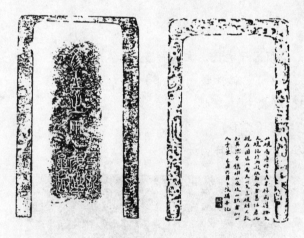

《砚铭》所刊文山之砚

孔颜之乐，自周莲溪（敦颐）首倡此说，始终贯穿于宋明理学之中，且由此发展出多种关乎"乐"之理论，乃儒家情操之重要表现。印文辞意倒甚附和崇奉"孔曰成仁、孟曰取义"之理学名家文信国之心志。

然此砚面所刻饰之夔纹边，为明清人常式，故信国之铭未必真。

附考六　文天祥辟雍砚——吉州只一"文"？

晚清人平步青《霞外捃屑》除记文信国后裔文柱得一玉带生砚外，书中还记有一"文文山砚"。其云：

> 今春一古骨董客，以信国遗砚一来售，左侧八分"辟雍遗制"四字。又一行曰"宝祐二年吉州文氏藏"，行书九字。以索价太昂，留数日取去。

宝祐二年，时文信国方 18 岁。

若铭文未漏记，则即便砚铭非伪，只凭"吉州文氏"就认定必信国遗物，尚嫌缺少说服力。当然，年款乡里合信国行迹，亦不无其早年用砚之可能性，只概率问题耳。

平步青（生卒年不详），名庸，号栋山、三壶佚史，绍兴人。官至署江西按察使。

平氏官至三品，非清寒书生可比，尚嫌砚贵，可知鬻砚者以其为奇货。此位平公，平生不喜见权贵，尤不惯与名士游，声色玩好，一无所嗜，倒是一僻人奇士。其名与字有趣得紧，名庸字步青，即取中庸之道，又想平步青云，比之购"吉州文氏"砚事：即欲得名砚，却又惜财，亦是辨证。

附考七　文文山遗砚——亨九不佩

见刊清末《国粹画报》，题为"文文山遗砚"。唯刊出背拓，砚石何材、砚池何状皆不详。

背镌数铭：

> 温润缜密，是谓君子之德。文天祥。（行草）
> 万古不磨（八分）。韩性题。（行书）
> 洪承畴珍玩。（楷书）
> 竹垞居士鉴藏。（行书）
> □□（正德？）三年夏日。进贤舒芬拜观。（八分）

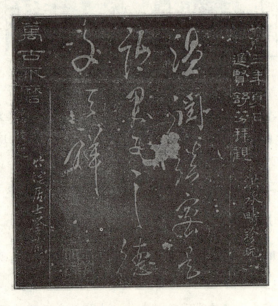

《国粹画报》所刊文文山遗砚

韩性（1266~1341 年），字明善，绍兴人。精通性理之学，元代名儒。名画家王冕尝师之。

舒芬（？~1531 年），字国裳，号梓溪，进贤（今属南昌）人。外貌丑陋，身材短小，但才学过人。正德状元。为官清正，屡因犯颜直谏被罪，时称"忠孝状元"。

洪承畴（1593~1665 年），字彦演，号亨九，泉州南安人。万历进士。历任至陕西三边总督。活捉高迎祥，屡败李自成，时誉颇高。然此公"内战内行，外战外行"，后任蓟辽总督，兵败被俘，降清。为清朝底定南国，立有殊劳。卒赠少师，谥文襄。

明季天崩地裂之世，闽南颇出风云人物，漳浦黄道周与南安郑成功同流；晋江施大将军则与南安洪督师同污。

"竹垞居士"，当指朱彝尊。此款乃砚伪品证据，盖朱氏虽号"竹垞"，亦偶有用"竹垞老人"，但从未见用"竹垞居士"者。"东坡居士"，可省称"东坡"，"竹垞"，则并非一定可延伸称"竹垞居士"，此作伪者之想当然也。更者竹垞对其文友宋漫堂所藏"玉带生"尚有长歌咏之，何对自家"鉴藏"之文信国砚反不作一字？

此砚文信国伪铭，意乃化用《礼记·聘义》所录孔夫子语，原文："君子比德于玉焉。温润而泽，仁也；缜密以栗，知也。"文信国本为理学一脉，与"寻孔颜之乐趣"印一样，伪铭亦合其心迹。

此砚托名明之罪人、清之功臣洪承畴，恐使后人观者哭笑不得。

附考八　文信国蕉雨琴、凤矩剑——琴心剑胆文山有"后身"

谭复生《文信国公日月星辰砚歌》所谓"信国与之亦偶逢"，盖谭氏亦藏有二文信国遗物：一琴一剑。剑是凤矩剑，模样不详。琴为蕉雨琴，即《砚歌》所云："余旧蓄信国蕉雨琴，亦旷代罕觌"者。琴上镌信国铭云：

> 海沉沉，天寂寂。芭蕉雨，声何急。孤臣泪，不敢泣。

琴铭似不见信国诗文。道光三子、瑞亲王绵忻曾藏一"文天祥蕉雨琴"。谭氏所获或即绵忻所藏遗物。

传变法失败后，谭将凤矩剑赠予大刀王五。此剑一直在王家，直到为"大炼钢铁"作贡献（说部谭、王故事多虚构）。"土改"时，谭家将蕉雨琴及部分复生遗物交佃户谭某保管。谭某恐受连累，遂将诸物埋于地下，蕉雨琴遂成朽木一堆矣！

谭本好琴，尝取家中被雷击劈开之梧桐残干，制成二琴，起名"残雷"、"崩霆"，各镌一铭。前者现藏北京故宫博物院。

谭嗣同（1865~1898 年），字复生，号壮飞。浏阳人。咸丰间官至湖广总督谭继洵子。性任侠，善文章，甲午战争后力倡西学。捐赀为江苏知府，戊戌变法时为四品军机章京，变法失败后遇害，为"戊戌六君子"之一。著有《仁学》、《莽苍苍诗》。

想那拉氏"保中国、不保大清，汉人一兴、满人必亡"之实质，乃谭等同志之死结。

"琴心剑胆"，此古时文人士大夫追求之完美人格，文信国、谭复生庶可当之。信国一琴一剑归于复生，乃是天作之合。谭殉难之所亦是六百年前文赴难之处——菜市口。即有浓烈之"文山情结"，绝命彼处，谭复生亦可谓"死得其所"矣！

附考九　文信国青原寺、松风二琴——抄诗代铭

谭复生"蕉雨琴"其铭不见信国诗文，真伪莫辨。清人倒有一"文信国青原寺琴"，铭见载《文文山集》，却应是一伪品。

文信国诗《夜宿青原寺感怀》：

> 松风一榻雨萧萧，万里封疆夜寂寥。独坐瑶琴悲世虑，君恩犹恐壮怀消。

青原寺，原名静居寺，在信国家乡吉安东南十五里之青原山。唐高僧禅宗七祖行思禅师（？～740年）得法曹溪，开化于此，故佛事特盛，乃禅宗名刹。

伊墨卿《留春草堂诗钞·文信国琴》记"琴有字曰'夜宿青原寺，闻召谱一阙'"。同时人吴锡麒有《文丞相琴歌》记琴为闽人何氏家藏。上刻信国《夜宿青原寺感怀》四句诗，且诗后有题："时景炎元年，蒙恩遣问召入，夜宿清原寺，感怀之作，谱於琴中识之。"

疑乾嘉时期至少流传于世有两"文天祥青原寺琴"。

《艺林旬刊》第五十二期刊一"宋文文山遗琴拓本"，拓不甚清晰。云琴上镌有信国自书："景炎元年，蒙恩趋□，夜宿青原寺，感怀之作"。琴亦闽人所藏，拓有"何君手跋"，但不知何故，铭与吴锡麒所记闽人何氏家藏有数字之异。拓有翁覃溪题跋，覃溪以铭与信国行迹不合，疑之。

文柱以重金所购"青原寺诗琴"，或即闽人何氏家藏之物。以铭文看，刻信国《青原寺》全诗者反疑伪品。

又传有"文丞相松风琴"，具体样貌不详。信国《青原寺》诗首两字便是"松风"，抑"青原寺诗琴"之别名耶？

宋文文山青原寺遗琴拓本

附考十　文信国遗剑——星斗照乾坤

晚清曾流传一"文信国遗剑"。

钱塘人李本仁（字蔼如。道光进士，历官安徽布政使）所作《见山楼诗钞·文信国宝剑歌》：

> 半壁神州运瓦解，铁骑铮纵走岭海。太阿长剑倚南天，世有文山宋犹在。
> 勤王兵合五坡岭，旌旆萧萧万山影。虹霞出没青天高，是斗阑干白日冷。
> 百折不屈光萧森，剑与丞相同古今。六百年来尚腾跃，山空月黑蛟龙吟。
> 阴寒照胆见者栗，想见烈士千秋心。呜呼！四镇一疏置不议，崖山血洒忠臣泪。
> 莫耶无锋器不利，苍凉柴市悲风噎。孔曰成仁孟取义，惜哉未遂纵横志。
> 臣誓不生剑不死，正气长留天地间。

李氏官江西虔州时之幕宾、海盐人黄燮清（字韵珊。道光举人，曾任湖北宜都、松滋知县。作有传奇《帝女花》等）亦作有《倚晴楼诗集·文信国遗剑》：

> 一剑风尘老，犹留战血痕。山河争气运，星斗照乾坤。
> 耻落他人手，难忘故主恩。沉埋六百载，浩劫殉忠魂。

此剑未详何样，似为"北斗七星剑"之类。

附考十一　文丞相松风炉——古篆题文山

不仅有"文丞相松风琴"，道咸间名画家汤雨生（贻汾）又曾藏一"文丞相松风炉"。汤氏为作长诗纪之云：

> 炉之制，铜三片，似瓦，上广下狭，别一底各有钩，合之而成炉。高可四寸，析之便于行箧。正面古篆"松风"二字，左旁"文山制"三小篆。予以钱六百得之并门市中，沤"雨生宝"三小隶于右旁风口上。考公故物如玉带生、蝉腹砚、景炎琴之类，俱见前人题咏，独此炉无闻，因为作歌。
> 我生金石耽成癖，况此忠贞手遗泽。妙非九层非七宝，三片昆铜制奇特。
> 合如敦簠散觚觥，小承铛杓大釜鬲。双环日月静旋转，三角蓬壶耸男崱。
> 松风古篆题文山，劲笔非同郑苗刻。并州市儿燕马浑，到眼惊看古色碧。
> 嗜古人希问价廉，典琴适得八省陌。归来棐几感徘徊，出示骚人欣拂拭。
> 可怜天水金瓯失，余焰无人延火德。死灰一息赖公存，热血忠肝千载赤。
> 平生故物剩琴砚，五百年来人爱惜。此虽流落尚依然，不共铜驼没荆棘。

　　昔公作此愧有意，此物从来节不易。象取既济志防患，刚德终期鬼方克。

　　岂知妇莱竟丧亡，厥象凶占离日炅。铮铮肯共焦头额，义之所在汤火即。

　　零丁海水酌难堪，板桥樵餐乞不得。剑渐矛炊几生死，啮雪吞毡终铁石。

　　区区此物同公身，不坏流传至今赫。流传万古人人识，莫更摩挲三叹息。

　　生难赤手和海羹，死愈黄冠炼丹液。相逢且用忧烦涤，活火清泉手亲炙。

　　松枝槐叶拾添薪，鹁鸪胡桃不堪忆。飔飔尚作清原风，习习从生玉川液。

　　念尔从公经几年，辛离土室犹燕北。西台如意桥亭砚，各有声名尔胡默。

　　为尔悲歌泪似泉，归来好共江南客。（《琴隐园诗集·文丞相松风炉歌并记》）

　　汤氏此炉，真赝已难考。

　　此外，清人尚藏有"文信国铁如意"、"文信国名印"。一铁一铜，皆篆信国初用名"云孙"二字，见曾宾谷《赏雨茅屋诗集·文信国公名印》、沈石友《鸣坚白斋诗集·文信国印歌》。此类文信国"遗物"恐以赝品为多，不赘。

附考十二　汪元量端砚——佳哉斯人兮水云之仙

　　文信国之琴中最称知音者，应是汪元量莫属了。

　　汪元量（1241～1317年），字大有，号水云，晚号楚狂，钱塘人。宋度宗时以琴艺供奉宫掖。临安陷，随三宫入燕，历经磨难，陷北地十年始获南归。后终老湖山。诗多纪故国旧事，有"诗史"之目。"侍臣已写归降表，臣妾签名谢道清"即汪《醉歌》诗名句。著有《湖山类稿》、《水云词》等，多已佚。

　　文信国被囚大都，汪屡至探监，为奏《胡笳十八拍》，文亦倚歌而和之。应汪所请，文集杜诗成《胡笳曲》书赠之，并为汪诗作序且附赠以诗云：

　　　　南风之薰兮琴无弦，北风其凉兮诗无传。云之汉兮水之渊，佳哉斯人兮水云之仙。（《书汪水云诗后》）

　　在"北风其凉"之"胡都"燕京奏"胡曲"《胡笳十八拍》，两"南人"虽不效对泣之"楚囚"，与当年被掳"胡地"南匈奴作"思汉曲"之蔡文姬，心境应相若。

　　明人野史云汪水云之滞燕，乃欲刺杀忽必烈，因无可乘之机方罢。若事实，则汪氏虽文士却无疑乃一侠之大者也！

　　汪水云长身玉立，修髯广颡，而音若洪钟。晚年来往匡庐、彭蠡之间，仙风道骨，人以为神仙，多画其像以供之。汪氏写真像似已无传，清人赵瓯北倒有幸获一汪氏遗砚。《清稗类钞·赵瓯北藏天锡永宝砚》记：

　　　　赵瓯北尝入市，得一古砚，猪肝色，有鸲鹆眼二，厚寸许，长四寸有奇，广半之，背刻"天锡永宝"四字，其右有"水云"二字，乃小篆文，左侧刻楷书一绝云：“斧柯片石伴幽闲，堪与遗民共号顽。试忆当年承赐事，墨痕如泪尽成斑。”考《改虫斋笔疏》，知为汪水云砚也……此砚盖承直时所赐，故有“天锡永宝”之刻。其绝句，则乱后追感之作也。水云《北征》诗有云：“北师有严程，挽我投燕京。挟此万卷书，明发万里行。”则此砚亦必携入燕，以诗写授瀛国公（宋恭帝之元朝所封爵号）者。

砚盖汪氏供奉内廷时，度宗所赐。赵鸥北作有《汪水云砚歌》，诗有云：“昔文丞相有砚玉带生，至今四十四字传其铭。”

将其遗砚与玉带生并举，以汪水云之民族气节及其与文信国之狱中定交莫逆，实在是极当得的。故余亦附此砚于后，扬古贤名迹之意耳。

谢枋得桥亭卜卦砚

——徒叹砚事留传奇

桥亭卜卦砚，砚照刊《徐世章捐献文物精品选》，拓片刊《广仓砚录》

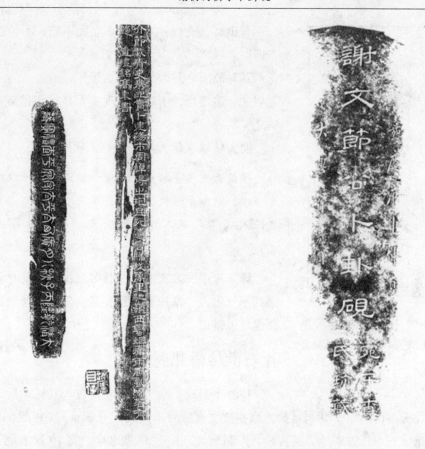

桥亭卜卦砚，拓片刊《广仓砚录》

几生修得到梅花

多年前，余曾见有古闲章云"几生修得到梅花"。颇爱之，尝以之镌作砚题。

后阅《叠山集》，始知乃谢叠山诗句，诗题为《武夷山中》，全诗云：

> 十年无梦得还家，独立青峰野水涯。天地寂寥山雨歇，几生修得到梅花。

诗作于叠山亡命武夷山中时，时金瓯破碎，大宋已然"无可奈何花落去"（又何止宋人，彼时大半个欧亚大陆都在蒙古人之铁蹄蹂躏下战栗）。但诗人对国破家亡之哀痛始终不能忘怀，眼见神州沦陷，反抗之呼声日渐沉寂，深感天地间之落寞孤寂，遂以傲凛冰雪之梅花来激励自己之民族气节。

谢叠山小像,《谢氏祖谱》
所刊。叠山相貌可称骨骼
清奇,气格棱峋亦如傲雪
之梅花。

叠山诗又有云:"杜宇啼血犹不归,不信东风唤
不回"。

其对故国之眷恋是如此执著!

文、谢之死,于残酷之现实无补,其意义在于中
华之文明史。

明人储罐《晞发集引》论宋遗民:

> 硕儒豪杰之士穷处于家者,耻沦异姓,以毁
> 冠裂裳为惧,则相率避匿山谷间,服宋衣冠以终
> 其身(元之汉人较清之汉人幸运者,无"留发不
> 留头"之辱)。

读宋末遗民之文字,对其时之民族浩劫总会令人
感到寒气逼人,常掩卷太息!其胸腑中之悲情,一时
便也难以排遣。

片石世传桥肆砚

桥亭卜卦砚,《广仓砚录》收入其拓。后为徐氏
所得,今在天津博物馆,见刊《徐世章捐献文物精品选》、《广仓砚录》(彩图6)。

砚云为歙石。长方素池,甚古朴。形制颇大,长达33厘米余、宽19厘米余、厚近
3厘米。砚额题篆:"桥亭卜卦砚"。池两边行草铭:

> 此石吾友也。不食而坚,语有之:人心如石,不如石坚。谁似当年,采薇不
> 食?守义贤也!

砚背平整。中镌行楷大字五,右落名款小字四,字极遒劲。曰:

> 宋谢侍郎砚,程文海铭。

背左侧亦镌行楷铭二行,所刻则略为率意。曰:

> 大明永乐丙申七月,洪水去,桥亭易为先生祠。扣地得之,闽后学赵元。

砚一侧篆书:

> 大清乾隆丙子秋八月,广西太平太守宛平查礼宝藏。

另一侧隶书:

> 谢公介节载青史,携此卖卜建阳市。周焯得之抱且死,遗言赠我万里驰。岭西
> 蛮烟嶂雨鹃乱啼,若有人兮魂夜归。查礼铭,高秉书。

砚有匣，上镌隶书题、楷书款云：

> 谢文节公卜卦砚。宛平查氏珍藏。嘉庆庚申仲夏，大兴翁方纲题。

此砚自雍正初被天津诗人周焯偶然发现后，声重骚坛，名动公卿。人将其与文信国玉带生砚并称，遂成三百余年来之名物。

诗痴·砚痴

周焯（？～1705 年），字月东，号七峰，天津人。雍正十三年拔贡生。久举不第，遂废举子业而尽心力于古学。工诗、擅书，尤精小篆、八分，兼长摹印法。

周七峰其人"美髯、修干"，"性磊落不羁"，洒脱风致，有几分晋宋古贤遗风。性之所好，坚确无二志。所居津门城东三里，门临大河，老屋数间。朝暮苦吟，觅字炼句，虽家人以断炊相告，此公亦掉头吟哦不顾。《天津县志》记：

> （焯）少时会文友人，家门临积水，旁洇中渟。焯喜其旷，徐步构思，至意有所得，不觉陷泥渟之中，众惊出之。居东部，外尝夜归，待渡得句，狂叫，同渡者匿笑之……

故时人称周七峰为"苦吟诗人"。构思陷坑，得句狂叫，"诗迷"若此，仿佛贾岛骑驴长安市，"推敲"撞韩公之景悦。

周七峰平生之学，尽萃于诗。并创建诗社，儒者多重之，世人称其为"诗痴"。七峰不但不以为怪，且自刻一印曰"痴绝"。时杭州诗人汪沆誉七峰：

> 领首后进，论天津诗教之振，自君而始。（《七峰诗序》）

津沽之地，肇兴于武夫筑城之明卫所，通商开埠于晚清，文脉本不深，周七峰便算得津门诗史一重要人物了。

卜砚之出世，与周七峰之行事一般，甚有传奇性。七峰文友查礼《宋谢文节公桥亭卜卦砚铭》序言云：

> 雍正初，（七峰）偶游（津门）城西海潮庵，见僧榻下一砚（《清稗类钞》则云"石支案"。或云砚乃得于庵侧水塘边泥沼中，讹说也），积土甚厚。拂拭之，知为谢公物，亟以米易归。

砚本一废弃物，被周七峰偶然发现，使蒙尘已久之明珠重放光明。

周七峰携砚而归，"日摩挲于案，夜即抱以寝。"颜其居曰"卜砚斋"、"卜砚山房"，并题为诗集名，爱砚之情无以复加。又可谓一不折不扣之"砚痴"。只与其他癖砚之人庋砚多多益善不同，七峰所迷者，只一卜砚耳！

周七峰虽家贫，遇心爱古物，却必赴全力以求，授徒所得束修之资皆被用作觅古，藏诸如古帖、异书、名画、金石、彝鼎之类极富，然其藏最有名者自是卜砚。

能遇嗜古、尊古如周七峰者；卜砚，可谓物归有缘之人。

七峰之风山高水长

卜砚之传承，更可见周七峰之真性情。

查礼（1715～1783 年），字恂叔，一字鲁存，号俭堂，顺天宛平人。屡试不第，纳资授官，历官至湖北巡抚。喜读书，善诗词，书学黄山谷，能画梅，嗜玩古，其藏多至千余件。妻李钦，亦能文。

查俭堂少从其兄诗人查莲坡（为仁）读书于天津水西庄。莲坡原好砚，所见其铭之砚数方，砚上常镌以次第数字编号。宛平查氏出自徽州婺源，与砚倒有些渊源。

周七峰与查俭堂乃诗翰文友、玩古之交，查氏常至七峰处研古，有诗记其于周宅观郑簠隶书书册之事。或受其兄玩砚之熏陶，查氏一见卜砚，便爱之不释手。乾隆十二年，七峰染病，查氏数过探视，七峰仍抱砚见。一夕，七峰对查氏云："君观此，抚之不忍去诸手，是珍之也。我死当归君。"事过两年，查氏远宦广西太平（今崇左市）知府任。

乾隆十五年，七峰病危，"抱砚且死"，嘱其子云："是砚许查子恂叔矣，恂叔宦瘴乡，道虽远，言不可食。"卒后，其子将卜砚封题寄往广西太平，并随附一札言七峰遗言事。查氏收得亡友故物，异常感动，"晰然不自知其涕之交颐也"！后查氏作铭记此一段传砚情事，并请画家高秉书隶镌于砚侧。

高秉（生卒年不详），字清畴，号泽公，晚号蒙叟。汉军旗人，其从祖即著名指画家高且园（其佩）。由官学生得恩监。性通脱，逍遥诗酒。擅篆刻，亦会家学指画，著有《指头画说》。

七峰物传所好，而非嘱子以殉，或"传之子孙世世永保"，玩古之达观及爱友之至情感人至深，堪为吾侪好砚之后辈顶礼！

俭堂好事砚名远扬

卜砚本查俭堂钟情已久之"梦中情人"，受砚后，珍同拱璧。后将砚携之入都，遍征名流题咏。都中名士钱载、钱大昕、彭元瑞、王昶、毕沅、程晋芳、洪亮吉等皆有赠诗，砚遂成一时名传天下之名物，时人皆将卜砚与文信国"玉带生砚"相提并论，视作双璧（时"岳飞砚"尚未面世）。征题之事亦为砚史著名公案。

查俭堂又将诸家题砚诗文辑刊《卜砚集》行世，时为乾隆四十九年（1784 年）。集前刊有木刻砚图与查氏《宋谢文节公桥亭卜卦砚铭》并序，言周七峰得砚及赠砚始末甚详。序言中并有考证："《一统志》载：建阳县南门外，有朝天轿……又云谢叠山祠在县南朝天桥，合之赵元所识，则桥亭信有征已"。按《八闽通志·桥梁·建阳县》记朝天桥："国朝永乐十四年（丙申），圮于水。十七年，县丞赵璧重建。"与赵元砚铭云砚为"大明永乐丙申七月，洪水去，桥亭易为先生祠。抇地得之"相合。或铭者赵元即赵璧之讹？

十六年后之嘉庆五年庚申，翁覃溪亦为卜砚匣盖题"谢文节公卜卦砚"，并作有《谢文节桥亭卜卦砚歌》。时查氏已故去。

王述庵（昶）《金石萃编》卷252有《桥亭卜卦砚铭》末云：

> ……今恂叔子湖南观察淳尤护惜之。昶得其拓本，重叠山忠节，故他砚铭皆不录，而独存此并识之。

查俭堂任广西庆远府同知时，奉令参与修浚灵渠事，曾探查湘漓之源。后其子查淳任桂林知府，为了却父亲遗愿，刻"湘漓分派"碑作记念。故卜砚传之查淳，请翁覃溪为题匣，亦尽孝思之美意。

查氏《卜砚集》所刊版刻卜砚砚图

有此不遗余力将烈士遗泽彪炳后世之功，查氏也不枉周七峰千里传砚之高义了。

辰阳太守抱石欲颠

或云，道光初查家衰落，卜砚被质于大兴刘位坦，传其子铨福，遂流出津门。

刘位坦（生卒年不详），字宽夫。道光五年拔贡，以御史出守湖南辰州。收藏极富，典籍、金石、书画，无不收罗。藏书多秘本，有宋版多种。工画花卉、雀鸟，书法精隶、篆书。子铨福，字子重，官刑部主事。能世其学，亦善花鸟。

刘氏父子皆有声于金石考古之学，惜无藏品目录传世，不克细论。其斋中名物，除卜砚外，复有：汉君子馆砖、宋郑樵修史砚、宋秘阁砚、赵南星铁如意等。最有名者，又数甲戌本《红楼梦》，为现存最早之《红楼梦》抄本。宽夫得于京中打鼓担，传子铨福，故又称脂铨本。今被沪博重金购藏。然亦有疑赝本者。

曾涤帅（国藩）尝为刘宽夫作《读叠山卖卜研为刘太守题》（诗见《曾文正公全集》卷一），诗云：

> 青花一片莹寒泉，中有毅魄螯苍天。大宋河山沧桑改，孤臣心事金石坚。
> 当年卖卜建阳市，麻衣血洗流成渊。吞炭不复容三击，下帘何曾索一钱。
> 禰父宋父吊鸰鸧，东川西川泣杜鹃。岂知历劫冰霜后，尚留人世文字缘。
> 辰阳太守亦可怜，老抱石兄喜欲颠。三年膜拜悯忠寺，万里携将书画船。
> 书生癖绝例如此，称先道古口流涎。不如尧桀两忘去，日摩顽石支头眠。

首句"青花一片莹寒泉"乃言端砚，抑刘氏所藏乃一端石仿品？

又传庚子事变后，卜砚归永新段春笋（生平待考）。

民国时，砚复还津门。传为天津古玩商以八百大洋购自"辫帅"张勋部下，复以一千五百大洋售于徐世章氏云云。

20世纪50年代，徐氏家人将此砚及其他古物一并捐出。

依斋卜卦

叠山守信州兵败，变姓名流亡闽北山中。《宋史》本传记叠山当日：

> 寓逆旅中，日麻衣蹑屦，东乡而哭，人不识之，以为被病也。已而去，卖卜建阳市中，有来卜者，惟取米屦而已，委以钱，率谢不取。

为生存计，叠山设卜肆于建阳驿桥，招榜曰"依斋易卦"，此叠山别号"依斋"之由来。依，隐也。依斋，隐斋耳。叠山取此为号，意暂借卖卜藏身，隐于卜也。

叠山卖卜不受钱而惟取米，为三餐果腹计，易解；然取草鞋又何为？

原是叠山兵败后曾誓曰："不见南朝不着履"！故一直身着麻衣，足蹬草鞋，明其心志也。

卜筮之道，通灵玄虚，自然须借灵物，必备物常有：龟甲一片、蓍草（龟策）数茎、竹罐一、青钱九枚；因须记下问卜者之生辰八字，再依卦象推演，故笔、墨、纸、砚亦不可少。

卜砚从铭文看，正为叠山假卜卦以谋食时所用之砚。

《易经》乃儒、道思想之共源，儒家六经之一，故宋儒皆通《易》。易卦，即运用《易经》中八卦原理，占卜未来。叠山本理学大家，学融儒道，又撰有《易传注疏》。既精易学，末路之时，便赖此谋食，叠山诗《和道士陈天隐》三首之一有云：

明知儒道本同流，未了因缘不自由。紫府寥阳随念到，红尘辛苦不自由。
精神常与天往来，躯壳不知谁滞留。穹壤岂无陆修静，知君认得故吾不？

后来，闽人见此卖卜之外乡人道行高深、学识不凡，遂延入家中课徒子弟。

桥亭·考亭

叠山卖卜之桥亭，即建阳朝天桥，今名水南桥。明人《八闽通志·桥梁·建阳县》记：

朝天桥，在县治正南门外，旧名濯锦南桥，以建出美锦，故号"小西川"。宋绍兴间建。酾水一十三道，叠石为址，高五丈，而梁其上。乃构屋七十三间，覆之横跨双溪之上……

《景泰建阳杂志·重修朝天桥记》记此桥："横跨两溪之南，驿递之馆舍在焉。"桥南即"北通诸省"，"往复京师"之驿道，设有驿馆，故又称建阳驿桥。古之朝天桥，为南方习见之廊桥一种，余乡亦有之。桥上盖廊屋，俗称桥亭，可为行人遮风避雨，歇脚乘凉。

《道光建阳县志》所刊建阳《城池之图》。左下廊桥即为朝天桥。谢叠山卖卜之建溪驿在画面外桥之另一头。左上部溪边"南闽阙里"、"道学渊源"两牌坊处即考亭。考亭书院旧构四十年前被拆，再被水库所淹，幸明代石坊尚存。余曾特往访之。

因朝天桥地处南北通衢，官差驿使、贩夫走卒所必过，故叠山择其地卖卜。

只叠山之名气终是让其作不成卖卜课徒之隐逸，元廷"招隐"之使者叩门而至。

为避元廷故作姿态之"求贤"，叠山特意觅得一僻静所在，建阳城西南数里地之考亭桃源洞，隐居起来。考亭为朱子晚年所居，地有著名之考亭书院。明嘉靖《建宁府志·山川》记桃源洞之清幽：

> 四面皆山，由小径入百步许，旧有小庵（应是庆全庵），植桃种竹，前后映带，俗呼今名。洞口有井，泉冽而甘。

其地确实有尘外之象。叠山有《庆全庵桃花》诗言当时心境：

> 寻得桃源好避秦，桃红又是一年春。花飞莫遣随流水，怕有渔郎来问津。

所谓"树欲静而风不止"，前来问津之元廷"渔郎"们不畏山高水长，尤前赴后继而来"问津"，先"敬酒"，后"罚酒"，叠山最终被强行解往大都方算罢了。

原是砚乡有缘人

卜砚为歙石所制。按叠山与砚乡婺源倒甚有缘分。其乡弋阳与婺源不甚远，叠山甚至还亲自到过婺源。

婺源人许月卿（1217～1286年），字太空，号山屋先生。习理学，魏了翁弟子。淳祐进士，性刚毅，曾率三学讼权相，被理宗斥为"狂士"。试馆职，与贾似道言语不合，罢归。诗学东坡，时人誉为"再生子瞻"。又其"疏髯玉貌，秀目丰颐，举止娴雅，望之似神仙中人"，乃一美丈夫。

宋亡，月卿深居一室，三年不语。叠山慕其气节往访，并书其门曰："要知今日枋得，便是当年许月卿。"谢、许之投契，正如月卿所言："枋君直与予皆不苟合于世者矣"！

许月卿生长砚乡，自然与砚亲近，今尚遗有一首《项似道眉子砚》诗：

> 新安砚石旧多奇，砚入黄扉得所归。呵水浮云尤物视，传衣半夜伟人知。
> 坡仙为欠十眉咏，李及何妨一砚持。堪笑泉田老居士，无端浑沌尽新眉。

《宋史翼》载另一婺源志士程楚翁（程亦善诗，刘辰翁尝为其诗作序。时人陈杰有《送程楚翁归歙用其韵》，疑或歙县人），预谋反元起义，事败，逐间关入闽从叠山。二人互动相倚十有余年，叠山有《送程楚翁远游》诗：

> 近日人传庾岭梅，南枝落尽北枝开。长安旧日元无此，尽是江南人送来。

后叠山被执北去，楚翁逐愤死于逆旅之中矣！

程楚翁与谢叠山，不仅是抗元逆境中之同志，更是漂泊天涯之生死知己。

叠山两龙尾歙砚砚乡之知己，又曾亲身过访其地，歙石卜砚，与此有关乎？

名臣·贰臣

可悲者，叠山之死亦缘于一祖籍砚乡者之"抬举"。

程文海（1249～1318 年），字矩夫，避元武宗海山讳，以字行。号雪楼，祖先本籍歙县，徙鄂地郢州京山，再迁赣地建昌（今南城）。元世祖十三年，随官建昌军安抚使之叔父程飞卿献城降元。初以笔札被忽必烈所赏识。给予种种礼遇，诏赐翰林。历官至侍御史，卒追封楚国公，缢文宪。其宏才博学，文章有北宋馆阁余风；诗亦具有气格，遗有《雪楼集》。

至元二十三年，雪楼首次向忽必烈建言"兴建国学，乞遣使江南，搜访遗逸"。于次年奉诏南下求贤，赵子昂及叶李、吴澄等名士二十余人便由雪楼举荐入都，各授官职。后又开创先例，放弃蒙文，改以汉字书写诏书，诸事皆为时人所誉。

雪楼为官亦能任贤除弊。数逆权相桑哥，桑哥怒甚，六次奏请杀程，皆被忽必烈所止。其先后得元世祖及成宗、武宗、仁宗之倚重，是元廷信任、重用之较有实权的少数"南人"之一。

但程氏之"贰臣"身份，却累及卜砚。

卜砚经查俭堂不遗余力之扬誉，名播天下，清中期以来多为人所传颂。但亦有疑其非真者，邓之诚先生《骨董琐记》中即云："或曰，砚实好事者为之"。近年来，亦有识者斥其伪。其伪要因有二。其一即程铭不合其"贰臣"口吻。盖程氏为降元之"贰臣"，题砚却大书"不食守义"云云，岂非自取其辱？

此说乃以今人语境而套古人心事，属想当然。

程雪楼固"贰臣"，然其被叛国之叔父送入大都做政治人质时，方二十余岁，从其后来之行迹看，也绝非热衷卖国求荣之辈。其为"贰臣"，有情非得已处。

程矩夫像，万历刻本《三才图会》所刊。

"皇帝游民谢某"

程雪楼"求贤"江南，所荐宋臣二十二人以叠山为首。虽叠山不领程氏青眼之情，却也未必定以仇雠视之。

叠山《上程雪楼御史书》首句即云："大元制世，民物一新"，又云"大元以仁义道德治天下"。对元廷求贤事,亦云:"此礼不见于天下久矣!岂非清朝一盛事乎?"大约在今人看来,叠山此等寓皮里阳秋之文字,岂非"功摇分子"之"投降书"?

事实上,文信国对劝降之说客亦有云:"国亡,我份一死而已!然倘缘宽假,得以黄冠归故乡,他日以方外备顾问可也"(《宋史·文天祥传》)。

倘以平常心度文、谢之"消极言论",反觉其尤为可敬。

彼时谢叠山等遗民之人格底线,便是从"抗元复宋"转为不仕异族二朝,只求做一"非暴力不合作主义者"之"臣皇帝游民谢某"(谢《与参政魏容斋书》中自称)罢了。文字上与元廷之委曲周旋,丝毫无损叠山光照日月之民族气节!

然在征服者看来:被征服者之"夹尾巴"亦属无声之反抗,必须"摇尾巴"!

《礼记·儒行》:"(士)可杀而不可辱",元廷必欲屈叠山之志,对于理学名家叠山而言,其辱已甚矣。在跪下生和立着死之间选择,叠山岂是苟且之辈!岂是甘作一为元廷粉饰太平之政治"花瓶"!

赞谢有何怪哉

历代鼎革之初,无不有此二举措:

一、褒扬前朝忠烈:如勾践为伍子胥招魂;朱洪武赞殉元之余阙为"名臣之表率";康熙祭明太祖孝陵,挽联赞郑成功为"海外孤忠";黄道周殉难百年后,还被乾隆推崇为"古今完人"。此着无非既为笼络人心,又为臣下树效忠榜样,汉高之赦季布、斩丁公最称典型。

二、诏安前朝名流:如元之"求贤",清之"宏词",其伎俩,政治上之"托"罢了。亦有因统治者之自信而优容前朝者,如李唐。但以秋后算账者居多,如清朝;待天下大定,"走狗"们便被贬"贰臣"。洪承畴且尸骨未寒,孙女便沦落街头,卖唱为生矣。

蒙军灭宋急先锋张弘范《述怀》诗有云:"我军百万战袍红,尽是江南儿女血。"蒙元之残暴杀戮,固是人类之大浩劫。但客观而论,蒙元一朝虽有"十儒九丐"之说,实文网却是很疏漏的。至少,似"康乾盛世"血淋淋之"文字狱"并不多见。

与铁木真子孙对汉文化之轻视不同,努尔哈赤子孙对汉族士人反抗之精神来源——重"华夷大防"之儒家文化认识深刻,于是分而化之,改而造之,故满清之统治便也较蒙元远为长久。至少清廷之开"博学宏词",甚温和,无强掳之事。

程雪楼与谢叠山,两人虽"各为其主",但程对谢之人品、学问必极敬重,否则不致所荐以叠山为首选。

宋漫堂尝有辞赞蕺山先生刘宗周"蕺山一杯,首阳争烈"(《海天旭日砚记》)。谢叠山绝食为宋尽节,刘蕺山绝食为明殉国;程雪楼随叔降元,宋漫堂随父降清。谢之于程,刘之于宋,政治立场、敌我身份如出一辙,只不过前者为同时所题,后者为事后追誉。文祸甚烈时之"贰臣"宋漫堂，可举伯夷兄弟赞戴山为"首阳争烈"；文网疏漏时之"贰臣"陈雪楼，以伯夷兄弟誉叠山"守义贤也"，有何怪哉？

故斥陈雪楼砚铭赞颂谢叠山乃自取其辱之论，过焉。君不见，元主忽必烈尚赞文信国为"真男子"？

谢侍郎

论者指卜砚伪品之另一证据：谢枋得未官侍郎而砚铭却题之。

实此疑，卜砚方名世时，翁覃溪即已有跋文二则辨明。其云：

> 砚背大书"宋谢侍郎砚"，或有以史无侍郎之称为疑。按明景泰中右都御史韩雍《请谥宋臣谢枋得疏》云："窃见宋礼部侍郎谢枋得登科对策，力诋权奸，耻仕二姓，誓死不食，于是谥曰文节。"据此，则侍郎必当时追赠，赖韩疏以存其官。今得此砚背题字，正与相合，尤足以征信也。（《复初斋文集·跋谢文节桥亭卜卦砚》）

> 韩雍是时巡抚江西，其疏"窃见宋礼部侍郎谢枋得"云云，盖其事详于李焘《长编》，而传与碑皆考之未详耳。得是砚也，可以考先生在宋之故官，裨益于史法不少，不特雪楼之字照耀后世，视玉带生多一结契也。（《复初斋文集·跋谢文节桥亭卜卦砚拓本》）

明代宗景泰年间，赣抚韩雍上疏请"诏谥天祥忠烈、枋得文节"（《明史·韩雍传》），诏命并于叠山尽节之悯忠寺建祠祭祀。覃溪据韩疏为据，推测谢之侍郎必当时所追赠。明时人所可见之文献较后世为丰，故韩雍所言必有可靠之出处。

又《四库》本《叠山集》所附《叠山先生行实》：

> 至元甲申，黄华（山名，在建瓯县东北，宋遗民抗元之最后据点）平，大赦，枋得乃出，得还自寓于茶坂，设卜肆于建阳驿桥，榜曰"依斋易卦，小儿贱卒亦知其为谢侍郎也。"

因已被"赦罪"，叠山受命侍郎之事便也无须再讳言，于是"小儿贱卒亦知其为谢侍郎也"。

《叠山先生行实》，又名《叠山公行实》，元人周应极所撰。周应极（生卒年不详），饶州人。元武宗至大间翰林侍制，仁宗时集贤待制。其为叠山饶州同乡后辈，且是文既标明"行实"，行迹纪实也。故其记谢曾为侍郎必是出处笃实，信史无疑。

乱世名器耳

又若置于宋元之交时局中看叠山之官侍郎事，更易理解。

《宋史》叠山本传等，未言叠山曾官侍郎。但宋季国难，官员易职迁降频繁，档案记录多毁于战乱，难以查证。

且时当国家用人之际，不吝名器，洪天王末路时封两千七百余王便可为证。虽然宋廷必不致如洪氏饥不择食般荒唐，但多封官与壮士，赐爵于烈士必有之，况天下士如叠山者？

当叠山兵败信州，亡逸闽北，临安以为其以战死，便追赠其为礼部侍郎，理当有之。此翁覃溪之观点。

余更以为任命叠山侍郎事甚至极可能还在其生前。

谢皋羽有《哭广信谢公》诗纪念叠山，诗云：

> 自尔逃姓名，终丧哭水滨。海僧疑见貌，山鬼旧为邻。
>
> 客死留衣物，囊空出告身。他年越乡值，卖卜有斯人。（诗见《宋遗民录》）

告身，即官告，或作官诰，授官之凭信，即后世之委任状。谢叠山身后，囊空如洗，唯有官诰随身。想彼"告身"正是宋庭任命其为"礼部侍郎"之敕命，故随身携带，一者心怀故国，二者抗元活动时可增号召力。

正因《宋史》等未记叠山曾官侍郎事，似反可证此砚程文海铭之真。若作伪，择叠山此"不为人知"之冷僻官名何为？

身后铭？身前铭？

程雪楼之铭作于何时，亦砚铭符合其口吻与否之关键。此事翁覃溪《跋谢文节桥亭卜卦砚拓本》亦有考证：

> 谨按文节居闽，自乙亥至戊子，凡十有四年，程文宪卒于延祐五年戊午，年七十。则谢文节卒时，程才年四十也。以《雪楼集》考之，程至闽在至元三十年（1293 年）癸巳，则铭此砚于建阳，当在文节卒五年之后也。雪楼以避武宗讳，始改以字行，固宜其时署名文海也。

程官闽时，已在谢死难五年之后。故砚铭云"采薇不食，守义贤也。"指谢绝食殉死事。

常理，砚出土于谢卖卜之地，亦以其生前所埋为合埋。查俭堂《卜卦砚铭》序言记：

> ……特公被魏天祐强逼北行时，砚当不及携，遂致沦没。永乐间复出于土。

《清稗类钞·周七峰藏谢叠山卖卜砚》亦执此说：

> （叠山）变姓名卖卜建阳市，誓将与砚同隐。而宋亡，志不果，趣之北，死志既决，欲令精魄与砚并沉，乃瘗此砚于桥亭下。

但若砚为谢北行前所遗或亲自所瘗，则程数年后所铭者当出土物，何又铭后复瘗原地，直到被明人掘出？

实者，谢、程二人亦有生前晤过面之可能。至元二十三年，谢自闽回赣为母治丧。程同年三月首次奉诏南下求贤，谢作于是年十月之《上程雪楼御史书》有云：

> （弋阳距南城）相望二百余里，当徒跣以谢门墙。惟服色凄惨，不可以谒达官贵人，敢以书白于侍御者……

知程此次南下求贤，只是督促地方官传书请谢，并未与叠山晤面。但谢在乡守孝三年，程完全有可能亲至谢门游说，否者，所谓"三请诸葛亮"，程之高调求贤，连头牌"名贤"之面不与一见即放弃，似不合常理。

如果程铭在谢生前，则其铭之一切问题似乎皆可迎刃而解：会谢之日，程出于对谢坚隐不仕气节之敬意，遂以伯夷兄弟"不食周粟"比之，并题于谢卖卜所用之砚。其题谢官衔"侍郎"且冠以"宋"字，尊重其为宋尽忠、不仕二朝心意。

雪楼捐？

程雪楼铭砚于叠山生前，无可确证。其铭砚于叠山生后，又难圆先埋，出土；复埋，再出土于原地之"怪圈"。倒是乾嘉间金石考据名家王述庵对后者有周全之说。

王氏《金石萃编·桥亭卜卦砚铭》，对卜砚考辨篇幅甚多，惜多辑引查氏序言及《宋史》、《元史》谢、程本传等旧说，考砚之遗闽倒独有蹊径：

> ……（至正）三十年，（雪楼）出为闽海道肃政廉访使。是时叠山之被文海荐在（至正）二十三年，《却聘书》流传不朽，虽乡塾童孺皆能诵而习之。其被强入都，不食而死，在（至正）二十五年。砚铭皆述叠山不食之事，似乎叠山入都时未尝携此砚行。卒后，流传人间，而矩夫官闽海，因以铭之。据陈太常兆仑诗注，称文海曾任闽海廉访使，适其时始获此砚，乃为铭而仍归之亭吏。则此砚沉埋建阳桥下，由亭吏失守所致，越百二十年后，因建桥而掘土得之。

陈兆仑（1700～1771年，孙女即著有《再生缘》之陈端生），字星斋，号勾山，杭州人。幼有才名。雍正进士，官终太仆寺卿。早年以知县分发福建，领《通志》局事。与修志同事、藏砚名家黄莘田、谢古梅友善，故砚学亦有造诣，林在峨《砚史》收入其和莘田《题陶舫砚铭册》诗达18首。王述庵所引陈兆仑诗，即《桥亭卜卦研歌》，今真迹尚传世，乃为查俭堂所作。

陈兆仑《桥亭卜卦研歌》手卷（局部）

　　王、陈之意：叠山北去，砚遗闽地。数年后被官闽之程雪楼访得，程镌铭其上，并将砚归朝天桥桥亭小吏妥善保管，似乎有供人观瞻，以彰名贤之意。后因亭吏渎职，砚便湮没于桥亭地下。

　　此说，似也合理。只砚被埋桥亭，乃"由亭吏失守所致"，理由牵强，毕竟寓贤谢叠山之遗砚，朝廷大员程雪楼捐赠之名品，影响及价值皆非同小可，亭吏监守自盗或有之，"失守"之说不合情理。

叠山夫子自道？

　　即便"此石吾友也"云云，与陈雪楼"贰臣"身份、铭砚时间可疑，但是否亦有一种可能，即"守义贤也"云云之铭作者，原非程雪楼而另有他人？

　　《书史会要》评程书："字体纯正，下笔暗合古法，亦工大字。"砚背行楷极遒劲爽利而又有法度，字虽不大，榜书格局显在，符合雪楼书法之特点。

　　但砚面之铭不仅无款，且字体为草书，其狂肆大异于砚背之程书行楷。而雪楼之款又在砚背，何以肯定砚面之铭必出雪楼之手？

　　或许雪楼只铭题砚背"宋谢侍郎砚"及名款八字而已。

程文海观款，明末《快雪堂帖》所收米芾书《杜工部丹青引赠曹将军》帖后。其字有颜鲁公渊源。

所见古砚之铭，不落撰者名款之例多有之，况铭文位置正、背有别，字体草、楷迥殊者？若砚面行草铭非雪楼所作，铭辞与雪楼"贰臣"身份口吻问题，更不存在。

砚面无款铭，是否有砚主人谢叠山自铭之可能？

"此石吾友也"云云，若为雪楼所作，是赞叠山之节操，如此砚石一般坚贞，所言以石为友，实赞以谢为友。但终觉其言别人之砚为"吾友也"太过突兀。

倘以叠山自撰铭解，则"此石吾友也"：言叠山将砚作逆境中之知己朋友看，此砚主人常用口吻。"不食而坚，语有之：人心如石，不如石坚"：之所以将砚作好友看，乃取石之坚贞特性也。"人心如石，不如石坚"，指人意志虽坚，难免有薄弱之时。"谁似当年，采薇不食？守义贤也"：似当年首阳山中之伯夷兄弟那样"不食周粟"，始终坚守节义者方是贤人也！

岂非比程借砚推誉谢，更符合谢以石自喻，借伯夷兄弟"采薇"故事自励更切题？

如前所述，叠山向以伯夷兄弟为道德楷模，其《初到建宁赋诗一首》句"人间何独伯夷清"即可为证。

或问砚面行草铭若叠山自镌，何以无款？原因易解，避祸计耳。盖铭乃叠山作于隐名埋姓之日，岂能大书"铭砚者谢枋得也"？

倘铭为叠山自作，则清人散曲家赵庆熺所作一首《二郎神·谢文节公遗琴》正仿佛为此铭作一注脚，其云：

痛江山奈何，恋生涯怎么，泪珠儿齐向冰弦堕。可怜他，一声声应是，应是采薇歌。

真品征象

综前所考，似乎卜砚并无明显赝迹，至少在真赝之间。

以下之征象，似可证砚为真品：

一、包浆：砚本身"斑斑土花蚀"，皮壳斑驳，似为出土物。形制甚大，乃实用砚而非纯为殉葬之明器砚。

二、砚式：此砚虽非典型之宋抄手，但其池作法及背无覆手样式，甚古朴，似为元明之物。叠山卖卜本已在元初，此式当时或有之。

三、铭字：砚背雪楼铭，字遒劲浑朴，大有根基，非庸手所能为。亦符合史载程字特点，翁覃溪所云"雪楼之字照耀后世"当非谬语。

四、出处：砚若赝，其伪无非二种可能，一为周七峰得赝，一为周七峰作赝。若前者，赵元铭，如查俭堂所考，其记砚出土时间、地点、事件皆与史载当时修桥事相合。若后者，视与查俭堂之传砚事，周七峰岂是欺世者辈哉！

又者，宋时闽北建州地，本文风鼎盛之邑，以"理学名邦"、"图书之府"名扬一时。近年来，闽北建瓯、建阳、南平等地出土端、歙及各种杂石宋砚远较它处为多。

所以，明人在叠山卖卜故址，出土一方叠山当年卖卜遗砚，事固巧，并非太过离奇。

嘉庆间，伊墨卿即曾在修缮惠州东坡故居时，从坡公"墨沼"遗址中淘出一方坡公"德有邻堂"遗砚，砚也并非典型宋式。

存疑诸点

经上述对卜砚之扒梳，权作一"卜砚履历"：

砚本谢叠山建阳卖卜时所用，为在逆境中磨砺心志，遂在砚上镌"桥亭卜卦砚"五字并"此石吾友也"云云铭，自勉意也。因时处逃亡险境，故铭文未留名款。

后元廷大赦天下，程雪楼推谢为"首贤"荐之，辞不就。但谢回家乡弋阳为母守丧期间，程曾亲临谢家劝说，感于谢之人格，题"宋谢侍郎砚"五字于砚以表敬意。

再后，谢携砚复归闽北。鉴于元廷使者屡屡逼行，知不免，便将砚埋于建阳朝天桥昔日卖卜处。当然，亦可能如王述庵、陈勾山所揣测，砚后为官闽之程雪楼所获，题铭后归于桥亭亭吏，因亭吏失职，遂埋没地下。

至明永乐间，洪水冲毁朝天桥，修桥时改桥亭为叠山祠，砚被掘出，为闽人赵元所得，赵镌砚铭记事。

沉寂二百年后，至清雍正初，砚又被天津诗人周焯偶然得于津门城西海潮庵。

其后传承较明了：查礼、刘宽夫父子、段春笋、徐世章氏先后递藏，直至归于天津博物馆。

当然，此"卜砚履历"，有些一厢情愿，多有假设。尚不能释疑者数点：

一、出土地：砚若叠山生前所埋，后被雪楼所铭，则须二次埋于桥亭方可。若雪楼铭在叠山生前，则两人见面无文献可证。

二、铭文：虽赵元铭看似率意，与雪楼楷书铭之遒劲似不同调，但细审之，其纵横气息又不无相似之处。

三、砚式：虽不能断其元初必无，但尚缺标准器可为佐证。

四、传承：砚明初已出闽北，至清中期再现津沽，间隔两百余年，南北数千里路，何周七峰之前了无此砚之记载？

视此数事，虽皆非可证砚之必伪，然亦不易解惑。

桥上？桥头？

实者，卜砚自周七峰以后，来历清晰，而此前则绝无所闻，故其真伪之关键系于一点：赵元之铭真伪与否。

而赵元铭之致命处：虽与史载修挢时间相合，但"桥亭易为先生祠"则与史载不附。

王述庵《金石萃编·桥亭卜卦砚铭》引《福建通志》：

> 建阳县南朝天桥……桥上有谢叠山祠，祀宋谢枋得。枋得尝卖卜于此桥上，邑人祀之。

康熙《福建通志》卷十《祀典·祠庙·建阳县》：

> 谢叠山祠，在建阳县南朝天桥头，（谢）常卖卜于此，就祠祀之。今废。

查俭堂《卜砚集·卜砚铭》序言中引《大清一统志》：

> ……又云谢叠山祠在县南朝天桥，合之赵元所识，则桥亭信有征已。

《大清一统志·建宁府·祀庙》原文：

> 谢叠山祠，在建阳县南朝天桥，祀宋谢枋得。

《道光建阳县志·舆地志·坛庙》：

> 谢叠山先生祠：在水南桥头。宋江东提刑、江西招谕使、知信州谢枋待卖卜处。国朝乾隆二十六年，知县刘兰德重建。

谢叠山有祠建于朝天桥事实有之，但具体建于何处，上述诸记略有不同。《大清一统志》只云祠"在建阳县南朝天桥"，王述庵引用《福建通志》云祠在桥上，《福建通志》原文实云祠在桥头，《道光建阳县志》亦如是说。

从字面看，"桥亭易为先生祠"之"桥亭"，指桥上廊屋，故叠山祠应建在桥上廊屋中，如王述庵所言。但显然王述庵云祠在桥上，应受赵元铭"桥亭易为先生祠"之误导。

《道光建阳县志》云桥头谢祠乃乾隆时重建，是否桥上原有另一谢祠之可能？

桥亭无先生祠

明人《景泰建阳杂志》卷二，载当时礼部郎中王羽作于永乐十九年之《朝天桥记》有云：

> 桥之南，驿递之馆舍在焉，北即县治也。峰峦联络，树木森郁，闾阎之肆，释老之宫，檐危鳞次，金碧辉映。舳舻之相衔，轮蹄之接踵，趋闽浙而走交广，非但利一方之往来而已。永乐丙申岁之孟秋，襄陵难作（指洪水）。漂毁靡存，而褰裳待渡者咸病焉。僧会旋师大周誓复前规，尽斥其衣钵，仍谋于县丞赵璧，请于行都

司指挥使徐信，慨然捐助俸金若干为首倡，由是义风远播，闻而乐施者如流之赴壑，夫工毕集，先于溪南岸创饭堂若干楹，以馈余食。择诸刹之敦厚恪敏僧长一，灵峰之愈隆，开福之文和，隆教之宗善，居士后山施觉善，宝山吴妙觉司出纳。经始于庚子岁之秋九月乙未，累石为址，架木为梁，酾水十二道，长以丈计者九十一，阔以尺计者二十，高王十有五尺，以通舟楫。屋其上者六十五，以便憩止。中作亭，奉观音大士。结构采饰，宏壮华丽，视昔有加。觉善、妙觉持其创制图式谒余，具道师之志愿，且请曰："幸预记之，俟落成之日，勒诸坚珉，昭示永久，不然无以信乎后"……

朝天桥南原有佛寺、道观，与桥同被洪水所毁。僧会旋倡导修复桥头佛寺及朝天桥。因僧人于募集善资、选料监工有殊劳。故在修桥之时便有"夹带"，在桥上廊屋间"中作亭，奉观音大士"。

谢叠山道、儒皆修，与释迦似并无太多关联，因之也并未能享受"中作亭，奉'谢公叠山'"之待遇。

《朝天桥记》作者王羽尝亲见朝天桥修葺图纸，倘有"桥亭易为先生祠"之事，焉能不知？

事实显然是，赵元铭所谓"大明永乐丙申七月，洪水去"之后，桥亭所易者只有"观音亭"，并无"叠山祠"。

或赵氏所谓"桥亭易为先生祠"之"桥亭"，乃代称朝天桥，可泛指桥本身及周边之地，祠在桥头、桥上，皆可统称以"桥亭"。如此，则赵氏之铭聊可算是不诖。

永乐无先生祠

赵元铭所更难其说者：永乐年间，建阳朝天桥尚无建叠山祠之事。

今可见记建阳朝天桥、叠山祠之史乘，以明景泰元年（1450 年）建阳人黄璿始纂之《建阳县志》四卷及《建阳杂志》三卷为最早，但前志首三卷已佚，今仅存卷四，有天一阁藏本。次者为弘治四年（1491 年）莆田人黄仲昭纂修之《八闽通志》。又次为弘治十七年甲子（1504 年）邑人袁铦所撰之《建阳续志》一卷。

《景泰志》卷四《祠庙》记载当时建阳庙、寺、庵、宫观、堂甚多。"庙"亦包含"祠"，如书中所记之感怀庙，祀"俱以行义称。唐贞元中，父子以逸同时遇害"之唐建阳县录事陈浡与其三子。《杂志》卷三《庙祀》即记此庙为"威怀之祠"。

《续志·桥梁》：

> 朝天桥：永乐十七年，县丞赵璧重建。后天顺间毁于火，同知李铖复建。

通检黄氏残本《县志》、全本《杂志》及袁氏《续志》，所收众多"庙"（祠），并无言朝天桥或建阳有叠山祠之说。只《杂志》收有叠山《题云衢桥》诗一首（云衢桥在建阳县西南三十里，其地所谓建阳书坊，闽版刻书中心）。

《八闽通志》卷五十九《祠庙·建宁府·建阳县》，记建阳有祀邑人大儒游定夫（酢）等四人之"四贤堂"，亦无叠山祠之记载。

以谢叠山之声望，若建有祠，时人必无漏记之理。

可知，至少自明成祖永乐十四年朝天桥毁于水后，历仁宗洪熙、宣宗宣德、英宗正统、代宗景泰、英宗天顺、宪宗成化至孝宗弘治四年，七十余年间，建阳人所祀之诸多邑贤、寓贤中并无谢叠山。

邵令祀谢公

谢叠山得享闽人之香火，还须到正德时方始有。

《嘉靖志》卷五《秩祀志》记：

> 谢叠山祠：在县南建溪驿前。正德间知县邵蕳为宋谢枋得建，每岁春秋致祭。祝文曰：唯公忠孝大节，扶持世纲。不生而存，不死而亡。驿桥隐卜，过化滋深。百世景仰，人人此心。公庙有翼，时祭攸将。遗风远播，永淑一方。

是书卷一刊有《建阳县廓之图》。右边绘有朝天桥、叠山祠、建溪驿。当时之桥为五孔廊桥，廊屋中部独有突出半层，当即奉祀观音大士之"桥亭"。桥头即叠山祠，与祠跨官道正相对者为建溪驿，既叠山当年卖卜之所在。

邵蕳（生卒年不详），同书卷十三《宦迹类》有传。其字宗周，浙地东阳人，正德十一年以进士任建阳令。在任多有惠政，擢陕西道监察御史。既去，建人为筑"去思亭"。

去思亭碑文亦载同书卷六《艺文志》。其记邵令尝有言："吾独念夫隆先贤，则祠院祭田辟也"。如邵令祭叠山之祝文所言，因寓贤谢叠山"驿桥隐卜，过化滋深。百世景仰，人人此心"，所以建祠祀之。

邵蕳官建阳为正德十一年（1532 年）至十六年（1537 年），叠山祠之始建当在此六年间。

《嘉靖志》成书于嘉靖三十二年（1553 年），距叠山祠初建不过十余年，对前任大令之功德绝无讹记之理。

据《明景泰帝实录》，景泰帝准赣抚韩雍所请，诏谥文信国为"忠列"、谢叠山为"文节"，并命于叠山尽节之悯忠寺建祠祭祀，事在景泰七年（1463 年）九月。邵蕳建谢祠于叠山卖卜处，当是效法北京谢祠故事。

要之，建阳叠山祠建在叠山当年卖卜故地朝天桥头、建溪驿前而非"桥亭"本身。

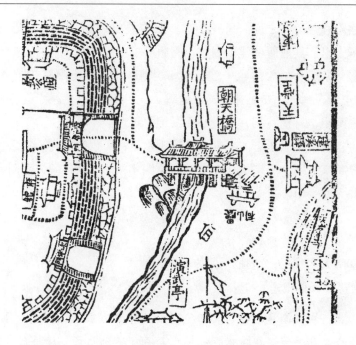

《建阳县廓之图》（局部），嘉靖《建阳县志》所刊。朝天桥
桥头为叠山祠，隔驿道相对即建溪驿。

首建于正德年间，迟于砚铭所记永乐十四年70余年。倘如砚铭所记永乐间祠已有之，则《嘉靖志》必记祠乃邵譿重建或修葺，而非"为宋谢枋得建"。如《大清一统志》记乾隆间叠山祠，既云"知县刘兰德重建。"显然，祠无永乐时已打地基，须七十余年后之正德间方建成之道理，故赵元铭必伪！

赵氏藏璧之事即属子虚，砚二次埋于桥亭等之"困局"自不难理解了。

此砚作伪者，尚属有心人，只还难称细心人。其能紧扣谢叠山"桥亭卜卦"史事，亦知建阳"桥亭"毁建历史，败在知建阳"先生祠"有名而疏于深究"先生祠"之建祠史耳！

片石堪共语

北京谢叠山祠，明景泰以降历七百年风雨之古建、极具明代江南建筑特色之名迹。原存部分尚有正堂、小楼及水榭、戏台等，小楼供谢叠山与文信国像，近日未脱被拆一劫。

建阳谢叠山祠，康熙间废于兵燹，时建阳学博何梅立"宋处士谢叠山先生卖卜处"一石于拆头为记。乾隆间重建。道光间又为修葺，时任建阳知县王棒因"谓先生非处士"，改书碑为"宋招谕使谢叠山先生卖卜处"，此石于民国间改建大桥时遗佚。今祠被改为一小学，倒不辱叠山学者身份，或冥冥中之定数。且旧构残存，为后来人之恢复原迹留一紧要伏笔。

乾隆间，纪晓岚督学福建，过建阳。感其地文人竟无一诗咏叠山卖卜事，遂作《建阳城外谢叠山卖卜处》纪之。诗云：

> 一声白雁江南秋，六桥烟冷芙蓉愁。霹雳夜绕镇南塔，杜鹃飞上冬青头。
> 王孙芳草飘泊尽，江海犹有孤城留。叠山心事比信国，窜身避地来闽瓯。
> 垂帘聊作成都隐，采薇亦是西山俦。饥魂何处觅旧主？残碑终古邻山邮。
> 韩陵片石堪共语，诗人宜向奚囊收。手披邑乘六七过，竟无一语当何由？
> 陶潜大书晋征士，纲目实继麟经修。紫阳家法今尚在，后儒胡不承箕裘？
> 我行过此三叹息，徘徊俯视樟滩头。河声亦似气郁怒，寒涛澎湃风飕飕。

"残碑终古邻山邮"，指立于朝天桥头、建溪驿前之"宋处士谢叠山先生卖卜处"碑石。"韩陵片石堪共语"，典出南陈徐陵赞北魏温子升撰文之"韩陵山碑"语："唯韩陵片石耳"。

卜砚，虽非谢叠山遗物，但有周七峰、查俭堂诸人颂之赞之，且七峰临终遗命千里传砚，固砚史一感人逸话；以此角度论，亦不失一堪共语之"韩陵片石"！

附考一　谢叠山琴——君弦一断臣弦绝

清中期时，谢叠山不仅有卜砚传誉世间，还有一古琴亦极有名。

嘉庆间，侨居杭州之歙人吴景潮（素江）获一谢叠山遗琴，事在雅流间轰动一时。《两般秋雨庵随笔》云琴："新安吴素江于土中掘得"。《清稗类钞·吴氏眷妙析琴理》：

《谢琴诗钞》

> 歙县吴素江，妆阁中人多妙析琴理，其妇与江右琴香榭蒋锦秋女士共结鼓琴之契。

可疑者，即是家眷皆精于琴，则吴素江本人必非门外汉，爱琴之人"于土中掘得"一古名人琴，何乃如此之巧？

抑我这同宗乡先贤乃一好事者？

幸吴氏刊行之《谢琴诗钞》解余之惑，其收吴氏自撰《谢文节遗琴征诗引》云：

> 今年春，有以古琴售者，云得之燕郊土中。琴修三尺四寸分，额广五寸，腰狭三寸四分。髹漆陊剥，形制古朴。心异之，不知为何代物。铲磨三日，龟文毕露，

并见铭刻。词曰"东山之桐，西山之梓。合而为一，垂千万古。"又题曰"号锺"，下署"叠山"。分隶，凡二十字，铁画古劲，乃知为宋末谢文节公所遗也。

琴乃出土于京郊，售者原不知为名人遗物，故被吴氏偶得。

吴氏解琴乃叠山随携北上者，叠山尽节后，琴遂遗落于燕地。

如查氏得卜砚故事，吴氏得琴后，亦遍征乡贤文人及诸名流题咏，集而刊成《谢琴诗钞》三卷行世。闽籍文人林滋秀赠吴《琴歌》有云：

> 君弦一断臣弦绝，文山忠义叠山节，各留一砚还一琴，五百年后在闽浙。

今台湾翦松阁藏一晚清藏家、桐城吴康甫（廷康）所题四琴拓合装轴，刊《翦松阁文房清供》。其一"谢文节公遗琴"，铭文与吴氏所得"号锺"全同，原物真伪莫知。

谢枋得号锺式琴旧拓，与翦松阁所藏吴康甫所题拓为同一琴。

附考二　谢枋得瓦砚——"玉"变"石"

日人所藏，见刊于昭和八年日版之《大百科事典》及昭和十一年井上源太所著《古砚美的鉴赏》。

砚为瓦形，面开小素池，上部铭"石质金声"。池下部隶书铭：

> 松根凝烟，楮英铺云，毫颖如飞，人间四绝。

余处满铭行楷：

> 昔为瓦，藏歌女，贮舞马。今为砚，修图史，承铅椠。呜呼！其为研也，不知其为瓦也。然则千百年后，委掷零落，安知其不复为瓦也？吾于是喟然有感于物也。谢枋得。

铭文"石质金声"，抄自东坡咏砚诗之"玉质金声"，改"玉"为"石"。"松根凝烟"四句，亦抄自东坡集中《书汪少微砚》，只易末两字"五绝"为"四绝"。

此砚铭作伪手段其陋如此，自然与谢叠山了无干系。

民国时鸳鸯蝴蝶派作家王莼农（蕴章）亦藏一铜雀瓦砚，其友徐珂记入《清稗类钞》。云砚背有阳文"建安十五年造"六隶字。明人都元敬铭"玉质金声"四字于上，

并铭云:

> 昔为瓦,藏歌童,贮舞马。今为砚,承铅椠,伴图史。呜呼! 其为瓦也,不知其为砚也。然则千百年后,安知其不复为瓦也! 盖豪雄武人,不得而有之,子墨客卿,固得而有之也,吾是以喟然有感于物也。

谢枋得瓦砚

砚铭类似日人瓦砚,除数字有差异,又多出"盖豪雄武人"数句。都元敬,即陷唐伯虎于"考场舞弊案"之告发者都穆。吴县人。精金石学家、好藏书。

明季署名罗浮散客所撰之言情小说《贪欣误》第四回《择郎反错配,获藏信前缘》,云常熟富家千金彭素芳与人私奔,细软被盗,困于苏州,于是将家传铜雀瓦砚以纹银五十两卖于一徽州盐商。砚背铭与王莼农所藏大略相同,款则为"东坡居士题"。

按常理,似乎日人所藏及王莼农所得有疑,铭应是从明人小说中抄得。小说中"那徽人是识古董的",倘故事实有,则恐我这乡人所获也未必真品。

"昔为瓦"云云,辞义尚有哲理,疑有出处。

附考三 谢枋得桥亭破砚——又见皋羽与老铁

刘大同《砚乘》中"或得卜卦砚,捧之必唏嘘"一节有云:

> 今余见一砚,砚底有三十六眼,乃端材也。上刻铭曰:"厄构阳九("阳九"指厄运。《易》九厄曰:"初入元,百六阳九"),鲸吞百川。紫云一片,流落人间。宁同玉碎,不为瓦全。眼眼有泪,哭问苍天。叠山珍藏并识。"又有皋羽跋语,老铁题"桥亭破研"隶书四字。余咏之曰:"自古人奇石亦奇,先生心事有谁知? 砚中三十六鸲眼,泪洒桥亭卜卦时。"

刘大同(1865~1952年),原名建封,后改名大同,号芝叟等,山东诸城人。清末秀才。为人耿介有骨气。曾任安图县知事,创建"大同共和国"。参加兴中会、同盟会,跟随孙中山在中、日两地进行反清活动。擅书法、好诗词、喜收藏。藏砚颇丰,撰有《砚乘》传世。

此"桥亭破砚"砚铭,倒合叠山桥亭卜卦时心境,"眼眼有泪,哭问苍天"尤称贴切。但砚上不仅又有谢翱题跋，题"桥亭破研"四字之"老铁"也显然当指杨维桢。颇疑好事者参考"玉带生砚"、"绿端蝉腹砚"及"桥亭卜卦砚"故事所作赝。

附考四　谢枋得印——栎园愧对印

印为狮钮角质，印为连珠方形，古篆阳文"枋得"二字，甚古雅。一侧边款刻"叠山先生遗印"，另侧边款"周亮工珍藏"。

印为今人谢天锡先生家传之宝。其本清乾隆年间吏部左侍郎谢墉后人。谢先生著文《南宋谢枋得遗印收藏鉴定记事》发表此印于《南方文物》2001年第3期。

谢天锡先生之考证：印为叠山随携便章，叠山被强解北上，印遗于闽北。清初，被官闽之周亮工所获，周镌藏款其上。清中期，此印及另一枚周氏所藏"耀明"铜印，一并被谢墉所得。遂在谢家传藏至今。

谢墉（？～1795年），字昆城，号东墅，晚号西畬，浙江嘉善人。乾隆进士，官至吏部侍郎。作文以经史小学为本，书学钟、王，著有《安雅堂诗文集》。

周亮工（1612～1672年），字元亮，号栎园，河南祥符人，久居金陵。崇祯末进士，任山东潍县令，后授浙江道监察御史。豫亲王多铎兵下江南，亮工诣军门降，仕清至户部侍郎。一生饱经宦海沉浮，曾两次下狱，被劾论死，后遇赦免。

谢坊得印

降清后，周氏积极参与镇压福建反清势力，尝亲手点燃大炮，击死郑成功部将领三人。此公名列《贰臣传》，不知对叠山名印，惭愧也不？

周氏有才名，博学，好古嗜奇，尤喜藏印。所交多篆刻名手，遍请为刻印章，多达千余纽，兴起亦亲自操刀。著有《印人传》、《赖古堂藏印》、《赖古堂印谱》等。

周亮工先后官闽达十余年，故谢叠山印得自闽地当有可能。

谢家此印，谢墉原藏必无问题。上推至周栎园乃至谢叠山，则无从知晓了。

陆游著书数砚

——可惜不见"砚清虚"

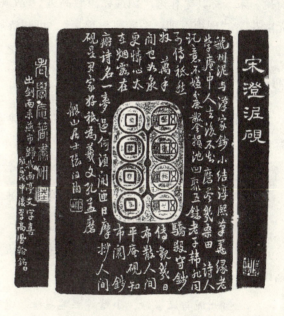

《尊古斋金石集》刊"陆放翁五铢砚"

山阴诗翁不嗜砚

放翁诗《书室明暖》"重帘不卷留香久，古砚微凹聚墨多"，是涉砚名句。却被曹雪芹借林黛玉之口教训爱此两句之丫环香菱："一入了这个格局，再学不出来的。"钱宾四（穆）先生更在《中国文学论丛·谈诗》中痛诋："无意境，无情趣。"

陆诗就意境而论，确与李、杜、王、苏不能比肩。

放翁壮年游宦蜀中，曾获一方东晋著名道家葛洪所遗之"洪雅葛仙砚"。携归越中，晚年诗翁写《洪雅葛仙砚》诗纪之，有"摩拂不去手，有若琴在膝"句云云。或诗翁"微凹聚墨多"之"古砚"便是葛仙翁遗砚欤？

虽然对葛仙砚爱不释手，数十年如一日，但放翁并不嗜砚。遗有《予素不工书故砚墨皆取具而已作诗自嘲》诗为证：

> 我昔生兵间，淮洛靡安宅。统髦入小学，童卯聚十百。
> 先生依灵肘，教以兔园册。仅能记姓名，笔砚固不择。
> 灶煤磨断瓦，荻管随手画。稍长游名场，粗若分菽麦。
> 偶窥文房谱，虽慕无由获。笔惟可把握，墨取黑非白。
> 砚得石即已，殆可供捣帛。从渠膏粱子，窃视笑哑哑。

自谓"素不工书"，此放翁歉语。视其传世书翰，信手拈来，大有根柢，惜被诗名所掩。朱子称其笔札遒严飘逸，意致高远。"故砚墨皆取具而已"，"偶窥文房谱，虽慕无由获"；"砚得石即已，殆可供捣帛"，可知诗翁无藏砚之好当是实情。

放翁虽不留心于砚，却有诗文大名，后世之好事者免不了在砚上打诗翁之主意。

砚中自有黄金屋

民国初年流传一方"老学庵著书砚"，拓载当时厂肆名估黄睿（衡斋）所编《尊古斋金石集》。

砚长方，未刊砚面。砚一侧篆书"老学庵著书研"，印"陆"。行书：

> 出剑南，来燕市，归我西亭文字喜。雍正戊申，后学高凤翰铭。

另侧隶书："宋澄泥砚"，印："项叔子"。

砚背中为正、背两面汉五铢钱各四枚。其周环刻款为"船山居士张问陶"之行书铭诗一首，诗云：

> 虢州泥与汉家钞，小结淳熙笔墨缘。老学庵中人去后，不知磨尽几桑田。
> 诗人托意不嫌窳，凿损池凹聚五铢。老子韩非同可传，只愁骄杀守钞奴。
> 万手传观几日闲，也如泉布散人间。更怜心太平庵砚，知在烟雾在市阛？
> 钞癖诗名一梦过，何须开匣日摩挲。人间砚是君家好，只为羲文孔孟磨。

匣盖镌隶书："宋澄泥陆放翁五铢砚"。行书款："辛未秋九月得于长安，耘叟"。印"培原之印"（下另一印及右边一印，不详）。

砚背之钱乃照汉人五铢钱范所仿刻。

古人云"书中自有颜如玉，书中自有黄金屋"，此雅物砚与"俗物"钱结合一体，可算一种另类"劝学砚"。

项叔子，当指明大藏家项墨林（子京），其字叔子。

张问陶（1764～1814 年），乾嘉时之大名流。字仲治，号船山、蜀山老猿、老船，四川遂宁人。乾隆五十五年进士。授检讨，改御史，再改吏部郎中，出知山东莱州府。以忤上官，称病去职，卒于苏州。其诗沉郁空灵，被后人誉为"有清二百余年蜀中诗人无出其右者"。亦擅书能画。有《船山诗草》。

耘叟，疑是张问陶遂宁同里名画家吕潜（1621～1706年）。其字孔昭，号半隐，晚号石山农、耘叟。崇祯末进士，授太常博士。康熙二十年返蜀乡居，工诗、善书画，有二王遗风。然未查得吕氏有"培原"之字或号，聊备一说。

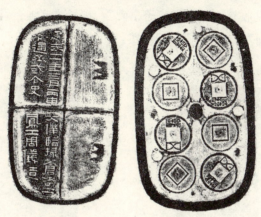

东汉光武五年造五铢范，《艺林月刊》第43期所刊潍县陈簠斋（介祺）藏品。

神仙眷侣缘定端

张船山有一"归砚"逸事为砚史名案。

张船山诗才超妙，人也风度翩翩，袁子才形容为"玉树临风，兼仲容之姣。"竟至有秀水人金孝继、无锡人马灿，俱愿来生作船山之妾。即有子建之才，又有潘安之貌，自然大有才女缘。船山结发妻子周氏，名门出身，知书识礼；继室林颀，字韵征，号佩环。更是美慧多情、工诗善画、有"四川才女"之称。张、林之姻缘还有一段"白头同守端州石，肯让他家玉镜台"之传奇砚事作渲染，船山《砚缘诗四首》序言有云：

> 妇翁林西崖先生初任成都县时，有人持古砚求售，匣上玉符一，符下有铭，其末云："赐自大君，藏之渠厦，子孙宝之，传有德者。"翁知为故家赐物，赎而藏之，后二十年，余赘其家，见之，实先高祖文端公赴千叟宴时，仁庙所赐之绿端砚也，为族人所鬻。道于妇，妇以告翁，翁惊喜，以砚归余。且曰，余始读君诗，爱之，因以女妻君。岂意二十年前，君早以此作纳采之物耶。余固不足副传德之言，然得失有数，婚姻有缘，亦足奇也。作《砚缘诗》四首志之。

"先高祖文端公"，既被康熙评为"天下廉吏无出其右"，雍正誉是"卓然一代完人"之船山高祖、康熙朝文华殿大学士张鹏翮（字运清，号宽宇。卒谥文端）。

船山岳父林俊（西厓）初任成都知县时，购得一方绿端砚。砚乃张鹏翮赴千叟宴时，康熙所赐，张鹏翮作有《赐砚》诗。不意张鹏翮之重孙张船山，后竟成林氏东床，砚又复归张家，此"楚弓楚得"砚事亦甚传奇。

砚"在谱"

高南阜《砚史》确收有一"老学庵著书砚"。砚长方素池，背未刊。砚右侧镌篆书铭"老学庵著书第二研"，印"陆"。行书跋：

> 出剑南，来燕市，归我西亭文字喜。雍正戊申后学高凤翰铭。

《高史》老学庵著书砚

南阜题砚拓一跋述砚来历云：

> 此砚获之京师，为余授业张巡台夫子所赐。一日，张夫子自朝退还寓，出以相赏，云以贱直得之车下儿。泥垢遍地，余携归，涤视得后铭。

雍正六年八月，高南阜进京应贤良方正试，得考列一等，授八品修职郎。此砚即高氏此次北京之行，得其老师张巡台所赠。

放翁遗诗万首，乃吾国史上最高产之诗人（词臣集体创作之"乾隆御制诗"不论），且享高寿，一生各时期所用之砚，当有多方。

有一自然有二，此砚既是"老学庵著书第二研"，必然放翁此前尚有一著书砚。故南阜另一跋云：

> 按老学庵为陆放翁斋名。放翁生平著书几等身，想所用当不上一砚，观此可知

其余，令人遐想不已。

陆放翁晚年，退居乡里，于鉴湖之畔筑茅屋两间，"取师旷'老而学如秉烛夜行'之语"（《剑南诗稿》卷三十三《老学庵诗》自注），名其屋为"老学庵"，时为光宗绍熙初年。《老学庵笔记》即完成于此前后，故书亦以此斋号名之。其时放翁所用之砚，诚名符其实之著书砚。

真老船

从铭字看，五铢砚与《高史》砚比较，虽字形近似而用笔则明显纤弱，无南皋铭字那种浑朴之气。即使五珠砚铭字高明，也必伪品。盖南皋不可能同时用同辞铭于两砚。五铢砚所镌"老学庵著书研"少高氏原题"第二"两字，此更显作伪者之欲盖弥彰。故五铢砚之陆、高两铭必是摹刻自《高史》无疑！

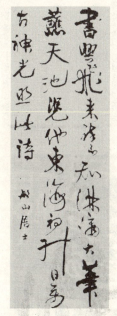

张船山七律诗轴字，有米颠影响，更有明末人行草风韵

《广仓砚录》所收张船山铭砚

托名项氏原藏，不过借项氏玩古大名。

张船山长铭，辞意甚佳，检《船山诗草》，收有此诗，题为《咏沦湄所得五铢砚》。原注："砚池有五铢钱八枚，背有铭文，质为澄泥"。

此砚铭字书法，亦与史评老船书法"放野近米芾"之风格相符，应是真笔。《广仓砚录》收入一张船山铭砚，从书法看，亦近真物。

五铢砚之得主"沧湄",当是歙人朱文翰,其字屏之(一作屏滋),号沧湄、良甫、见庵。乾隆五十五年会元,与张船山为同年。官两淮盐运使。工篆隶。

此伪品"陆游著书砚",作伪者不过只是简单"抄书"末伎而已,倒蒙住了一时名流张船山。

然名人眼拙未必坏事,正因张船山之"走眼",却使一方"赝陆"、"伪高"成就一方"真张",亦足可珍。

并列"第二"?

见武汉博物馆所藏又一"陆游老学庵著书砚",亦伪品无疑。

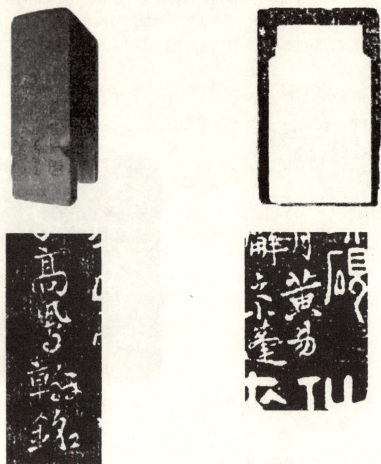

武汉博物馆藏"陆游老学庵着书砚",后二图为高凤翰及黄易铭局部

砚云鳝鱼黄澄泥。长方抄手,四侧稍内敛,门字边砚池。两侧及砚额左右缘镌篆、行、楷数铭。为:"老学庵著书第二研"、印"陆"及"出剑南"云云之跋;"此砚获之京师"及"老学庵,为陆放翁斋名"云云题拓,皆同《高史》。

砚左侧尚有篆隶题、行书款之两铭:

> 仙骨坚,玉之清,何来五羊城。甲戌季夏,杭郡金农铭于僧庐。

> 陆放翁遗砚。嘉庆五年六月,黄易题于济宁官廨之小蓬莱阁,时年五十有七。

对照《高史》,此砚之伪铭一目了然。作伪者不过仿刻自南阜原铭及添加题拓跋文两则。

金冬心本南阜画友,黄小松亦为南阜题过画。南阜铭即伪,二人之铭亦必伪。从刊出之黄小松伪铭字体看,书法与小松风格相似,疑亦仿刻自别处小松真迹。金农伪铭未见刊出,无从判别。

当年《高史》刻本流传罕少,故张船山因未见是谱而致走眼,情有可原。今日此谱印本流传甚广,辨之不难。

高家"二陆"亦非典型

《高史》复收有另一方"放翁砚",名"老学庵陶澄君砚"。

砚长方,素池。背覆手上部镌有隶书"陶澄君"三字。右侧镌铭:"老学庵曾收用",下镌葫芦印"文府"。砚池两边及背右侧各有南阜所镌篆、楷各一铭。

南阜有题拓跋语记砚之材质及得砚缘由:

> 砚有"老学庵"刻字,又有"文府"葫芦印,当是放翁所遗,经入内府者。古落如断碑蛀蚀。皆作鳝鱼黄,苍点黟黑,细碎如喷墨,尤可爱也。

> 此砚为陈烛门同学所贻。雍正癸丑,余自皖上赴金陵,过池阳(池州)阻风雨,留烛门斋中者累日。其藏砚甚伙,出而评骘。余爱此砚古朴,随以相赠。烛门名以刚,时为池郡学博。别后,即有鸿传之命矣。

高南阜所谓"爱此砚古朴",恐是托词,实爱放翁高名也。而砚原藏者陈烛门当甚欣赏南阜手笔,故南阜携砚别,陈氏索墨之书便随之而至。

放翁砚,砚中奇品,南阜一人竟得双璧,其造化何其大哉!

然南阜藏之两"放翁砚",从形制看,皆非典型宋物,更似明人之物,故两砚是否放翁真铭不无疑点。

高家"二陆"若伪,则昔日张船山所铭及今日武博所藏两砚更为赝中之赝。然经高南阜入藏且留铭其上,亦不失上上名物。

《高史》老学庵陶澄君砚

尚方"二陆"真伪难辨

《西清砚谱》卷九载一"陆游素心砚",高台抄手。馆臣记云:

> (砚)高七寸六分,宽五寸,厚二寸二分,长方式。石质坚致,宋坑端石也。受墨处正平,有碧晕大小三。墨池深五分,阔三寸。左侧镌隶书铭五十一字,款署老学庵主人……砚背左傍中缺寸许,大小长短凡八柱,各有碧晕隐现。考宋陆游着有《老学庵笔记》,主人盖其自号也……宋陆游铭:"端溪之穴,毓此美质。既坚而贞,亦润而泽。涩不拒笔,滑不留墨。稀世之珍那可得?故人赠我情何极!素心交,视此石,子孙保之永无失。"

砚侧镌乾隆题铭一首,不赘录。

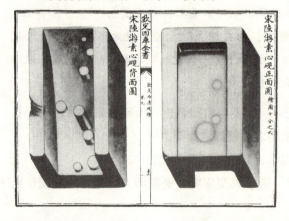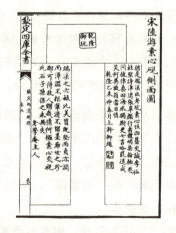

《西清砚谱》所收陆游素心砚

放翁铭"涩不拒笔,滑不留墨",当从东坡句"涩不留笔,滑不拒墨"所化用。东坡原誉歙石坚密细润，宜发墨却并不损笔，放翁此砚铭正与坡公原意相悖。或云此为放翁用"交错为文"法。

即是放翁能细品出"涩不拒笔，滑不留墨"与"涩不拒笔，滑不留墨"之异同，非久用亲察不能领略，故此砚若真，当亦一放翁用于临池之实用"著书砚"。

砚上放翁铭文书法，因为馆臣馆阁体所录，字体风格无从比较。

此砚之抄手式，确为南宋时风。砚铭云"素心交，视此石"，言与石为君子之交也，意颇佳。

清人鲍昌熙摹刻之《金石屑》第四册收有一"老学庵砚"。砚为抄手式。四侧具刻铭文：

　　云蒸露湛（篆书）。老学庵（印）。

　　我爱斯石，百世所珍。用久而益奇，质朴而无文。古人所重者，以德不以形。岁在己未，□□陆生（隶书）。澄碧（行书）。

　　放翁老人，诗盈万首。六十余年，尔惟左右。却历沧桑，蛟螭护守。□出瞿塘，迤为吾有。显晦有时，遇合非偶。湘尊识略，乾隆乙酉（楷书）。

　　万首诗，一片石。入天府，赐东壁。其□记□，□而□墨。

　　乾隆甲辰，□臣□（玉？）瑞（隶书）。

乾隆年款两铭，言砚乃陆放翁著书、写诗所用。"入天府，赐东壁"，指曾入内府。此砚与"素心砚"是否放翁遗物，皆无从辨别。

《金石屑》所收陆游抄手砚

西塞山前"砚鱼"肥　心太平庵书香馥

老学庵，因放翁著有《老学庵笔记》而广为后世所知。放翁另一斋号"心太平庵"，名不甚响，但亦有一署此号之砚，较上述诸"老学庵"砚出世更早，于砚史之影响更大；砚即张船山咏五铢砚所谓："更怜心太平庵砚，知在烟雾在市阛"者。

心太平庵砚，在清初时已极有名。王渔洋《池北偶谈·心太平庵砚》云：

> 有渔于道士洑者，得一砚，八角，制作古雅，背镌"心太平庵"字，盖陆放翁故物也。和州项副使得之，今归淄川毕载积州守。

道士洑，在鄂东黄石长江边之西塞山下。其地本历代屯兵之所，盐仓集中之地。因战乱、水患，遗迹多没于水。明中期以来，掘出金银、钱窖多次。在此昔日长江码头繁华商埠之地，出一方名人砚，近于情理。

陆放翁有《心太平庵》诗：

> 天下本无事，庸人扰之耳。胸中故湛然，忿欲定谁使。
> 本心傥不失。外物真一蚁。困穷何足道，持此端可死。
> 空斋夜方中，窗月淡如水。忽有清磬鸣，老夫从定起。

心太平庵，取《黄庭经》"闲暇无事心太平"意。此诗意旨，则似在范文正"不以物喜，不以己悲"与东坡"此心安处是吾乡"之间。

然心太平庵，除放翁外，尚查得别有三人亦有此斋号。二人皆吾歙乡人，一为陆钟辉，寓扬州，有名园让圃。一为江德量，乾隆间探花。然陆江两人为乾隆时人，心太平庵砚清初已出，故非二人物。

另一"心太平庵"主人则与砚之出世时间不悖。此人即明末清初金陵藏书家丁雄飞。丁氏聚书数十载，得书两万卷，秘本尤多，并藏于心太平庵中。庵凡三楹，两楹为书所踞，中间一楹陈长几胡床，列丹黄，具香茗。雄飞居间读书，湘帘不卷，神思静穆，融融然与书同化。

即是心太平庵之号非陆放翁专有，王渔洋诸人何以指砚必是陆放翁之遗物？想因丁氏名气远逊于放翁；且放翁与砚之出水地西塞山道士洑确也大有渊源。

中秋赏月散花洲　上元遇盗道士洑

宋孝宗乾道六年闰五月，陆放翁由家乡山阴起程，赴夔州（奉节）通判任。十月抵夔州，放翁有《入蜀记》纪行。是书卷四记：

> （乾道六年八月）十六日。……晚过道士矶，石壁数百尺，色正青，了无窍

穴,而竹树逆根,交络其上,苍翠可爱。自过小孤,临江峰嶂,无出其右。矶一名西塞山,即玄真子《渔父辞》所谓"西塞山前白鹭飞"者(玄真子张志和笔下之西塞山在湖州西郊。放翁此处有讹)。……抛江泊散花洲,洲与西塞相直。前一夕,月犹未极圆,盖望正在是夕。空江万顷,月如紫金盘,自水中涌出,平生无此中秋也。

放翁乘船从长江水道入川,途经西塞山江段,恰逢中秋,停靠与西塞山相对之散花洲岸边过夜。放翁并作"溢口放船归,薄暮散花洲宿"之《好事近》词纪事。

八年后,放翁应诏东归,登庐山留诗《宿东林寺》一首,诗句云:"看尽江湖千万峰,不嫌云梦芥吾胸。戏招西塞山前月,来听东林寺里钟。"对鄂东西塞山之江月,尤念想不已。

有意思的是,同为良辰美景,放翁大放诗情处,却正是张船山失魂落魄地。

船山诗《过道士洑》句:"夜水茫茫白,生死莫相猜。"《除夕怀人八首》注:

> 丙午上元前一夕,余乘两桨舟,三鼓经西塞下,猝遇风起,有三盗破浪南追,幸为大波卷去。余与王喜几不免。

原是船山24岁时,携妻女回蜀省亲。舟经西塞山道士洑,夜半遇盗江上,幸只虚惊一场。

西塞山道士洑,心太平庵砚之出水地;又是张船山之失魂处。想张氏题"陆放翁五铢钱澄泥砚"日,书至"更怜心太平庵砚"时,倘由砚之出处道士洑,忆起当年遇盗险境,恐尤不免唏嘘矣!

何年片石堕渺沄

顺理成章之推理:放翁携心太平庵砚入蜀赴任,舟过西塞山道士洑(散花洲),因故将砚遗于当地(抑或赏砚船头,失手坠砚入水?)。

王渔洋除将砚记入《池北偶谈》,还为毕氏作有一《陆放翁心太平庵砚歌》:

> 妩媚散花峡,艰危道士矶,放翁过此留清辞。
> 何年片石堕渺沄,龙堂荒忽蟠蛟螭。先生当年西入蜀,迎风十丈搴黄旗。
> 下牢夔门波浪恶,白盐赤甲天下奇。转入兴元瞰河清,山南射虎黄云垂。
> 大散关头见烽火,赋诗草檄如星驰。此砚尔时伴戎幕,贤于十万雄熊师。
> 莺花海中九年住,春江醉卷千玻璃。锦官城里芳风阁,百觞万首争淋漓。
> 此砚尔时厕高宴,饱霜千兔相追飞。先生老矣竟东下,镜湖支枕看风漪。
> 但馀此砚共幽独,犹能起赋从军诗。绍兴淳熙一片石,流传异代谁使之?
> 曾穷梁益掠吴楚,吾曹想象空嗟咨。毕侯家近嶝堂侧,草生书带纷葳蕤。

剑南一卷不离手，兴来春日吟茅茨。携渠归去坐怀古，定有云霞生墨池！

曾被王渔洋称为"奇人"之诗人孙枝蔚（字豹人，号溉堂，陕西三原人。康熙间举博学鸿词，自陈衰老，不应试；授内阁中书衔），也为毕氏作有《陆放翁心太平庵砚歌》。诗中有："此石相随到西蜀，洗涤坐临江水绿。只今湮沉几百年，却与渔家换斗粟"云云。

孙、王二人皆认为砚乃随放翁随携入蜀，并伴放翁赋诗草檄于大散关宋金前敌。或八年后，放翁离蜀东归时，遗砚于道士洑？惜无一放翁《出蜀记》可考。

当然，亦有可能，砚乃阴阳差错因其他因素遗于道士洑，与放翁本人并无关联。

《入蜀记》为陆文名篇，其中写西塞山散花洲赏月一节尤为精华片段之一。砚亦可能为好事者作赝，并借西塞山道士洑"渔人"作钓鱼之饵。

聊斋先生亲见未？

获砚之毕际有（生卒年月不详），其字载积，淄川人。出身号称"三世一品，四士同朝"之名门。其父自严，崇祯朝户部尚书，人称"白阳尚书"。毕际有于顺治二年拔贡，历官知通州（今南通）。与名流陈其年、龚半千等皆有交往。喜读书，"志欲读尽世间书"，"书如欲买不论金"。著有《存吾草》、《淄乘征》等。

毕际有自身并无出彩之处，一平凡官绅而已。但其一亲一友却是文学史上要角；盖其不仅为王渔洋之从姑父，更是蒲留仙（松龄）之私塾东翁。

王渔洋于毕家得识蒲氏，甚推誉其《聊斋志异》，评语三十六条，有赠诗《戏题蒲生〈聊斋志异〉卷后》："姑妄言之姑听之，豆棚瓜架雨如丝。料应厌作人间语，爱听秋坟鬼唱时"云云。

毕氏得"心太平庵砚"在康熙三年（据今人伊丕聪《王渔洋先生年谱》），蒲氏自康熙十一年起，坐馆毕家达三十年，毕际友去世时亦未撤帐，想必见过此砚，惜其未以此砚为原型效《石清虚》演绎出一篇"砚清虚"。但蒲先生写《石清虚》时，未必不受东家"心太平庵砚"来历之启发；文中之奇石"清虚天石供"，与"心太平庵砚"一样，亦渔人"偶渔于河，有物挂网，沉而取之"。

"文革"中，蒲氏墓被掘开"鞭尸"。墓内除一管旱烟筒、一迭书外，只印四枚。想蒲氏也非好砚者，或许即便爱砚，因家境故，对佳砚恐也心有余而力不足。

范成大紫金石砚

——颠不输米　砚诗公案是由头

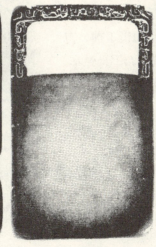

范成大紫金石砚

丹心化紫石

砚为日本人所藏，见刊日版《古名砚》、《古名砚鉴赏》等（彩图7）。

长方形，紫石，云"紫金石"。砚面略凹为砚堂，方形墨池，额饰夔纹边。背铭行书：

> 渊子徐少监贻余紫金石砚，河津吉地产，莫论斧阿山。淳熙七年春庚子，石湖居士。范成大印（印）。

砚一侧行书：

> 奉使传金信，白沟草色青。名臣知大节，紫石化丹心。崇祯三年闰月，伯起拜题。张国□。

另侧镌印二，曰：程昆、遵训阁藏章。

范成大（1126~1193年）字致能，号石湖，吴郡人。绍兴二十四年进士，官至参知政事。晚年退居石湖。卒谥文穆。诗与尤袤、杨万里、陆游并称"中兴四家"。其诗清初影响甚大，有"家剑南而户石湖"之说。著有《石湖集》等多种行世。

范石湖之宦业最为世人称道者，乃其使金全节而归之事。

乾道六年，孝宗欲遣使金廷，期望修改隆兴和约中部分侮辱性条款，大臣均惧不前，范却慨然受命。其在金廷，慷慨抗节，不畏强暴，几被杀，终是不辱使命而归，其气节赢得宋金朝野一致称赞。

砚侧"奉使传金信"四句诗，即言范使金事。诗中白沟，河北拒马河南支。范有《白沟》诗：

范成大小像，《吴郡名贤图传赞》所刊。

> 高陵深谷变迁中，佛劫仙尘事事空。
> 一水涓流独如带，天应留作汉提封。

此砚因有南宋名臣范成大铭款，在东瀛爱砚家中极有名。彼国所藏古名人砚，欧公南唐官砚外，即数此砚影响最大。

大节名臣　砚乡官佐

余知范石湖，是少时读课本中其恬淡之田园诗。后读其《使金组诗》感叹中原父老"忍泪失声询使者，几时真有六军来"诸句，确是使人动容，与放翁"南望王师又一年，遗民泪尽胡尘里"一般，使人感慨。范为官秉承儒家"民本"思想，认为"民惟邦本，本固邦宁"，是一爱国者，更是一贤士仁人，其官声文品，尤有北宋庆历诸贤之遗格。

范石湖应懂砚，至少鉴赏歙石当是行家。其仕途之第一任即官徽州司户参军。

吾徽本山川形胜之地，范诗《晚集南楼》云："宇宙勋名无骨相，江山得句有神功"。四库馆臣评范诗：至徽州后"骨力乃以渐而遒"。诗人得吾徽江山有以为助！

吾徽素称"东南邹鲁"，此美称肇源自范诗《次韵知郡安抚九日南楼宴集》首句"斯民邹鲁更丰年"，范公以孟、孔籍里赞徽邑文教昌盛。范公予徽州人文之扬誉，又具功厥伟！

吾徽更为文房宝地，歙砚、徽墨之所产。石湖自然难免代友选砚订墨之劳，其诗《次韵陈季陵寺丞求歙石眉子砚》曰：

> 金星荧荧眉子绿，婺源琢石如琢玉。宝玩何曾捄枵腹，但爱文君远山黛。
>
> 丈人笔阵森五兵，书品入妙仍诗名。我有陂陀天海样，与公文字俱金声。
>
> 枭卢一掷不须呼，况敢定价论车渠。只烦将到妆台下，试比何如京兆画？

范官徽时，州守曾为"三洪"之一洪景伯（适）。洪氏对范青眼有加，"一见知其远器，勉以吏事，暇则商榷著述"（周必大《洪适神道碑》）。景伯乃砚史名人，《歙砚说》传为其所撰（或云辑刻）。洪、范皆文士本色，公余自必不少相邀诗酒唱和、品砚赏墨之雅事。

清人《砚山斋杂记·砚说》，录有范《婺源砚谱》一则（此说出处俟考）。官砚乡六年之久，又有幸从学鉴砚良师，范石湖于歙砚之识见必不低。

能诗狂士　亨词打油

赠砚之"渊子徐少监"，名似道（生卒年不详）。其字渊子，号竹隐，浙江黄岩人。乾道二年进士。官终朝散大夫提点江西刑狱。其为官，以廉洁干练闻名于时。任提刑时，感于验尸无据可依，易成冤狱，遂著《检验尸格》规范之，此书乃吾国第一部法医专著。

与官声相比，徐渊子更有诗名。因其性情诙谐不羁，文字也极幽默，诗多江湖意趣，大抵晚唐人遗格。词则肆意戏谑，不成"词统"，《临江仙·瑞鹤仙令》从东坡《夜饮东坡醒复醉》化出，有耐人寻味处，其云：

> 西子湖边春正好，输他公子王孙。落花香趁马蹄温。暖烟桃叶渡，晴日柳枝门。
>
> 中有能诗狂处士，闲将一鹤随轩。百钱买只下湖船。就他弦管里，醉过杏花天。

雇一小画舫，以鹤为伴，借邻船公子王孙画舫上之弦管余音，为自家下酒之良媒，醉眼看花，更得春色朦胧之美矣！

读之尤让人绝倒者又有《一剪梅》词：

> 道学从来不则声。行也《东铭》，坐也《西铭》，爷娘死后更伶仃。也不看《经》，也不斋僧。　　却言渊子太狂生。行也轻轻，坐也轻轻，他年青史总无名。你也能亨，我也能亨。

《西铭》、《东铭》皆为大儒横渠先生张载所作，后泛指道学家之箴言。渊子本非理法所能羁绊之人，故对一本正经之道学家上司大不以为然。

"能诗狂处士"徐似道，狂也狂得清雅，狂得飘逸，狂得深契我心。

受知范公　湖山唱和

徐渊子以其诗才人品，甚得时人名流称誉。其早年从江湖派诗人、同里戴复古（石屏）游，讲明句法。陆放翁有《题徐渊子环碧亭，亭有茶山曾先生诗》，以"徐卿赤城古仙子，十年四海推才华"誉之；刘后村（克庄）《后村诗话》录有渊子佳句多则，并赞渊子人才飘逸，学问精博。

周必大有诗《送徐渊子知县朝奉还台》，首句即云"闻子才华自石湖"，盖渊子亦曾大得范石湖之赏识。洪武《苏州府志·徐似道传》：

> （徐）为吴江尉，受知范文穆公。

范石湖有词《念奴娇·和徐尉游石湖》：

> 湖山如画，系孤篷柳岸，莫惊鱼鸟。料峭春寒花未遍，先共疏梅索笑。一梦三年，松风依旧，萝月何曾老。邻家相问，这回真个归到。　　绿鬓新点吴霜，尊前强健，不怕衰翁号。赖有风流车马客，来觅香云花岛。似我粗豪，不通姓字，只要银瓶倒。奔名逐利，乱帆谁在天表。

词作于乾道八年壬辰（1172 年）。题中所云"徐尉"，即徐渊子，时渊子在吴县县尉任上，正青年才俊也。

范石湖本提携后起之贤士长者，徐渊子的诗名为士大夫所识，范有一份抬爱殊功在。

后学徐渊子得一当时名品紫金砚，以之赠有知遇之恩的前辈范石湖，似再合情合理不过之事了。

紫金·紫石

虽徐渊子与范石湖大有渊源，但甫见刊此砚，便大有疑惑，疑者：铭云"此紫金砚，河津吉地产也"。

紫金砚，宋时甚有名。苏、米极推崇，遗有坡公借老米一紫金砚不还而欲殉葬，终被老米执意索归之砚史名案。

宋人所记当时紫金砚产地有二，一为鲁地青州临朐产。南宋李之彦《砚谱》（后文省称《李谱》）引北宋唐询《砚录》（后文省称《唐录》）所谓：

> 紫金出临朐，色紫，润泽发墨如端、歙，姿殊下。

一为淮北寿春府寿春县（今皖北寿县）紫金山产。载于宋人杜绾《云林石谱》（后文省称《杜谱》）：

> 紫金石，寿春府寿春县紫金山，石出土中，色紫。琢为研，甚发墨，扣之有声。余家旧有风字样研，特轻薄，皆远古物也。

余则未见他处有产紫金砚之记载。

日人北畠双耳、北畠五鼎所著《古名砚鉴赏》解此"范成大紫金砚"之石为："江西省所产"。

赣地吉州（今吉安市）古时确有数处产砚，称"吉州石"。李之彦记：

> 吉州永福石砚，色近紫，理粗不润。（《李谱》引自《唐录》）
> 吉州□□（永福？）县紫石亦类西坑。（《李谱·诸州砚》）

北畠氏或附会于此。

虽宋时此种吉州产石，色紫，如端溪西坑，然皆未言其又名紫金砚。更者，吉州从未有府或州别名"河津"。

徐渊子官终江西提刑，作有诙谐诗《游庐山得蟹》，想对"吉州石"或不陌生。

河津·吉地

倒是晋南黄河畔，不仅有一河津，且又有一"吉地"，更有一紫金山。

河津，今为市，宋称县。辖境有黄河龙门，其地峭壁对峙，形如阙门，即传说为大禹王所凿之禹门。北魏时名龙门县，隋唐延用县名。宋徽宗宣和二年，改龙门县为河津县。

"吉地"，今河津北邻有吉县，五代至金名吉乡县，为吉州治。境有黄河壶口瀑布。

此晋南河津与吉县，两地相邻，皆隔黄河而南望陕西。古时又曾同属耿地，所以称"河津吉地"亦无不可。

旧《河津县志》所刊县境图，龙门右侧有紫金山，所谓：

> 紫金北镇，峨岭南横……紫金山又有洞儿山、枣庄山诸名，实皆龙门、吕梁之旁支别峰也。

此河津紫金山，为吕梁山支脉，东起绛县延伸至今侯马之隘口。远眺其山，土石皆呈红色，故又名绛山。此亦其地为晋国都城所名"绛"之由来。

河津、吉地、紫金山，似乎与砚铭中所记皆相符，然遍询土人及查阅地方志，皆无河津、吉地（县）两处产砚之说。距两地不远之古绛州（治今新绛县）却是以产澄泥及角石砚而名传天下。

数年来，我访觅古砚过晋南诸地不下三数十次，故知之甚详。

即便此砚之石确产晋南，因其地当时属金所占，南宋小吏徐渊子欲得一敌国内地之砚，似也不便。

当然，今日无"河津吉地"产砚之讯息，不能排除古已有之今已失传之可能。

连升三级　好风借力徐少监?

苏州盘门外之石湖，先本不名世，自范石湖经营后，始成名胜。杨诚斋记:

> 公之别墅曰石湖，山水之胜、东南绝境也。寿皇（宋孝宗）尝为书两大字以揭之，故号石湖居士。（《石湖诗集序》）

按杨诚斋此说法，范号"石湖居士"，有纪念孝宗御书宠锡之意。则此砚铭于"淳熙七年"，款却已署"石湖居士"，铭自必伪。但诚斋此记有讹。范在完成于乾道九年初之《骖鸾录》中，即已自称"石湖居士"，早于受赐御书九年。故砚此款无错。

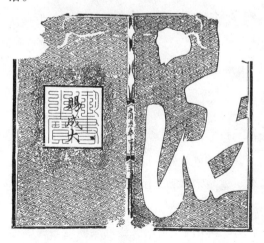

宋孝宗御书"石湖"及石湖小景。明人莫震撰、莫旦增补之《石湖志》所刊。

然铭中"渊子徐少监"，却是此砚铭伪之铁证!

《南宋馆阁续录·官联·少监》记"开禧以后五人"，史弥远、吴猎后即徐似道，徐官此职时为:

二年正月除，三月为起居舍人。

徐渊子于宁宗开禧二年丙寅（1206 年）正月始除（任）秘书少监，到任方一月又改起居舍人。而砚铭作于孝宗"淳熙七年"（1180 年），范石湖何能先知先觉乃至二十六年前就预知渊子后任之官职？

以徐宦途行迹考之，其也必无淳熙七年即官少监之可能。其至少乾道十一年还在吴江尉任上，此石湖词《石湖词·念奴娇》可证。县尉掌一县治安，宋代只秩八、九品。秘书少监管图籍等事，宋代为从四品。试想，徐氏何能在不及八年之内，从秩八、九品之"副芝麻官"县尉，连升四、五级窜至从四品之秘书少监？

据《嘉定赤城志》等旧籍，大致可知徐之宦途轨迹：乾道二年中进士。八年尚为吴江尉，后知太和县。庆元三年，主管官告院。五年，出知郢州。开禧元年，召为礼部员外郎兼翰林权直。二年，为秘书少监，迁起居舍人，旋放罢。嘉定二年，任江西提刑。

显然，徐乃从八、九品之县尉，而迁七品知县，再迁五品知州，复迁（从）四品秘书少监，按部就班，了无"坐火箭"迹象。

《南宋馆阁录·续录》乃南宋人所撰，本朝人汇辑本朝官档，其史料之权威性毋庸置疑。

砚史二颠　米老不及徐神仙

徐渊子虽然作有不少诸如被正统派斥为"滑稽无赖"之"你也能亨，我也能亨"类"野诗"，然其以性情之洒脱而发为诗者，则多语浅情深，耐人寻味。

洪武《苏州府志》云渊子任秘书少监时：

> 朝闻弹疏，以身载菖蒲数盆，书两篚，翩然引去，道间争望，若神仙然。

一派名士风度，其洒脱出尘不让魏晋人独美。因之，周草窗（密）《癸辛杂识》称渊子"笔端轻俊，人品秀爽"。

渊子"人品秀爽"之最好证明，应数其传世名作《买砚诗》了。

宋人罗大经《鹤林玉露》记渊子《买砚诗》为：

> 俸余拟办卖山钱，却买端州古砚砖。依旧被渠驱使在，买山之事定何年？

蔡君谟（襄）誉歙砚"相如闻道还持去，肯要秦人十五城"。米元章是将砚山换得房产（古宅），而渊子则是将买田产（山）之官俸购得佳砚，两人恰又相映成趣。

徐渊子友人刘改之亦一有趣之人，为此"以山换砚"事还作一《贺启》，云：

> 以载鹤之船载书，入觐之清标如此；移买山之钱买砚，平生之雅好可知。

以爱砚之程度论，似乎徐渊子更胜过米颠几分。

或正是"徐颠"这段"以山换砚"之砚史逸事，种下此"范文穆公遗砚"之"谬种"？

白字先生　写字里手

此砚赝铭中所云"莫沦斧阿山"，当为"莫论斧柯山"之误。

烂柯山，又名石室山、石桥山。传晋人王质入其山伐薪，见二童对弈，棋局未终，"斧柯已烂"，后人改称此山为烂柯山。柯，斧柄也，故又称斧柯山。各地有近十处皆有山名烂柯，各以正宗自居。今人之大略共识："王质烂柯"传说之地为衢州烂柯山。

端州烂柯山，又名腐柯山，在城东郊羚羊峡斧柯山端溪水一带，产端溪砚所在。南宋叶樾记：

> 府东三十三里，有山曰斧柯，山在大江之南，盖灵羊峡之对山也。斧柯山峻峙壁立，下除潮水。自江之湄登山，行三四里，即为砚岩也。（《端溪砚谱》，后文省称《叶谱》）

赝铭意此"紫金石"之佳，连产自斧柯山之端溪砚也不须论，比不上。阿、柯古时不能通假，故当为作铭者讹错。

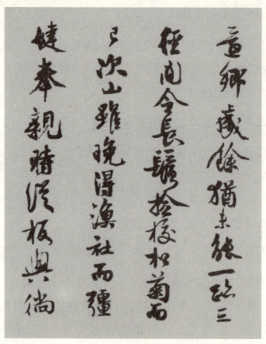

《西塞渔社图卷》范成大跋，画为南宋李结（次山）所作，美国纽约大都会博物馆所藏。

范铭虽必伪，然铭字书法尚含蕴藉之气。

南宋书法名家寥寥，虽人所举不一，范石湖必有与焉。范之书法虽被诗名所掩，可是系出名门，范母蔡夫人，乃大书家蔡君谟孙女。所以范书乃家学渊源，书法正脉。其字以书卷气胜，传世墨迹可证之。

此伪铭书法，用笔刚中有柔，从容不迫。从笔势看，行笔缓钝，似出自碑帖兼学者手，倒有几许刘石庵笔意。但铭中"徐"、"余"与"河"、"阿"数字相同之处笔法无变化，此书家大忌。可知伪铭虽有可观，作伪者书学根底又复有限。

铭字娴熟若斯，只就字论字，若无他者可证其伪，我实不敢疑其有奸。

女嫁"木匠"　伯起是大明国老？

砚背范铭已然伪刻，两侧题跋之成色又如何？

从砚式看，此砚简约朴素中蕴涵文气，不乏明砚风格。故砚侧铭款"张伯起"，初疑冒托明末名书家张凤翼。

张凤翼（1527～1613年），字伯起，号灵墟，苏州人，与弟燕翼、献翼并有才名，时人号"三张"。

明人沈德符《万历野获编》记当时"文人作伪者中，修洁如张伯起，亦不免向此中生活。"可见此公亦擅作赝。然此砚必非张氏所伪，盖崇祯三年时，张氏已去世十多年。

《古名砚》撰者释张铭后所钤印为"张国躬"（其人无考），不类，审之似为"张国纪"。

按明末有张国纪（？～1644年），河南祥符人，字宪台，一作宪章、羽仪，明熹宗张皇后父。天启元年，以女选中贵人，遂为中军都督府同知，后封太康伯。张皇后颇贤良，因屡谏"朱木匠"（明熹宗好木作）要务皇帝正业，被魏阉与客氏所忌，设计谋陷，放归故乡。思宗崇祯立，始得免。崇祯十七年，国纪以输饷晋爵为侯。李闯破北京，被杀。

检《明史》及明编年史《明通鉴》，崇祯二年有闰四月，五年有闰十一月，独三年并无闰月。不说名流张凤翼、国戚张国纪，便是一文盲之贩夫走卒当亦不至有错记本年有无闰月之理，故其铭也必伪！

铭即伪，铭者为"国躬"、"国纪"自属末节，无关紧要。

"和尚"龙孙　有遵训天潢秘阁

砚侧藏印"遵训阁"，更是显赫，乃明代肃藩之秘阁名。

《淳化阁帖》传本中有《肃府本》，又名"兰州本"。明太祖朱洪武第十四子肃宪王朱楧受封兰州时，太祖以《阁帖》宋拓本赐之。万历间，时肃宪王朱绅尧及世子识鋐聘名工双钩上石，历时七年始成，藏肃邸内遵训阁。因帖后镌有"遵训阁章"，故又称《遵训阁本》。

明肃藩共传十一世，间有数位皆娴熟诗翰，且以末代肃王朱识鋐尤为突出。

朱识鋐，别号太华道人，太祖九世孙。万历四十二年受封世子，天启元年袭封肃王。通诗文、擅书画，尤以行草书见长。至今兰州仍有不少其所书翰墨手迹与石刻传世。

朱识鋐所跋《肃府本阁帖》后所钤三印为：昆程、肃世子图书、遵训阁章。疑"昆程"为朱识鋐表字。

《肃府本阁帖》后跋、印

从此砚肃藩两藏印，倒可互证"张伯起"乃托名天启帝国丈张国纪，盖其一为皇裔，一为国戚，正堪门当户对而互有礼尚往来。

崇祯十六年，李闯破兰州，在位 23 年之朱识鋐被执，后不知所终，一说被杀，宗人皆死。部分《阁帖》刻石，后亦被乱兵当作马槽，毁作炮子。倘此"范成大砚"果为肃府故物，能逃过兵火之厄，则诚不易。

"重贵"无奈赝铭何

肃府本《阁帖》，因从宋本初拓所摹刻，有"笔势洞清，妙意尽传"之誉，居明代翻刻《阁帖》之首位。

陈奕禧《皋兰载笔》称肃府本《阁帖》：

初拓用太史纸、程君房墨，人间难得，拓工间有私购出者，值五十千。

肃府本既为名物，有"西安本"、"溧阳本"等数种清人翻刻本传世，近代一些所谓"宋拓"《阁帖》，多以肃府本所伪充，足见肃府本影响之大。故从肃府本或其传刻本上摹刻两印于砚，以冒托肃藩藏砚当甚容易。

范、张二印，篆法相同，应出一人之手。而张与肃王朱识鋐同时人，以此度之，张铭即伪，则肃王藏印恐难独善其身。疑不过肃府本《阁帖》行世后，作伪者摹肃藩藏印以居奇而已。

此砚石材，伪铭称为"紫金石"，但所记产地甚谬，故其说不足为凭。底是何材，一时难辨。

伪铭能契合范石湖功业、行迹，铭字落落大方，砚式也简约文雅，包浆亦有古气，尚属可观。

日人爱砚家小野钟山氏之评：

> 此砚为宋时之紫金石矣。其制古雅、其色深紫而锋芒有力，一见不异宋端溪。古色苍然迫人，范石湖、张伯起之铭为重贵。案此砚者，真为砚研究资料之宝也！

理固如此，惜"重贵"乃伪铭，奈何？

附考 周必大天池云带砚——砚雅字疑

王船山论宋人甚苛，却并誉范成大、周必大、王十朋、扬万里为"铮铮表见"，"文雅雍容，足以缘饰治平"之名臣（《宋论》卷十二）。范石湖挚友周必大亦有一其名款之端砚存世。

砚藏台北故宫博物院（彩图8）。长方，端石。云"石色若马肝紫，砚面斑驳黄斑，砚背蕉白紫晕，侧边铁线、黄龙如带、质光滑。"砚堂略凹，墨池呈叠云状，极有匠心雅意。背平无覆手。上篆题："天池云带"。下楷铭：

> 曾运干惠予汉唐金石佳刻，予无以报之。旧有藏砚，因镌"天池云带"四字于上，复为铭曰：池兴云，五色章。而为文，云成带。回环莹缘与意会。以赠运干，庐陵子充。

砚两侧楷书铭二：

> 题此砚，周益公。用此砚，周草窗。草窗（印）。
>
> 墨林宝藏。墨林（印）。

砚额侧面乾隆题铭一首，题款为乾隆四十七年壬寅，故《西清砚谱》亦未收。铭载《乾隆御制诗》。

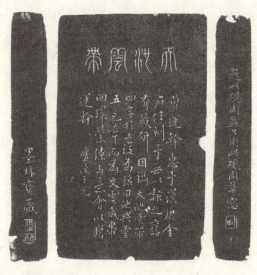

周必大天池云带砚

周必大（1126～1204 年），字子充，一字洪道，号平园老叟，庐陵人。绍兴进士，累官拜右丞相，官"太平宰相"达八年之久。封益国公，卒谥文忠。有诗名，与陆放翁、范石湖、杨诚斋交厚。工书，著有《玉堂杂纪》等。

赠砚之"曾运干"不详何人。运干，转运司干办公事之简称。

周密（1232～1298 年），字公谨，号草窗。祖籍济南，流寓吴兴。淳祐中官义乌令，宋亡不仕。寓钱塘，以鉴赏游诸公。能书善画，词与吴梦窗（文英）并称"二窗"。著有《齐东野语》等。

项元汴（1525～1590 年），字子京，号墨林、退密庵主人、漆园傲吏等，嘉兴人。国子生，能画，精鉴赏。家资富饶，储藏古器之丰，甲于江南，"极一时之盛"。

此砚砚式非宋人特点。尤其墨池卷云之写意刻法，明人始有。更所疑者，何以三铭书法字体、风格甚至大小皆一致？故真品之可能性甚微，疑明末清初人所伪。

刘宗周海天旭日砚

——玉带生"难弟"

《砚台》刊海天旭日砚

海天旭日　烈士遗迹

砚为日本人所藏，见刊《砚台》（彩图9）。

石色绿，有墨斑，著者云为"浏阳石"。长方形。砚堂中圆如日，四面波涛汹涌状，额铭篆书"海天旭日"。背覆手内，刻浪涛中兀立一柱石状山岛。边刻楷书铭：

> 崇祯壬申，宗周珍赏。

砚两侧镌满铭文曰：

> 海天旭日砚者，明刘念台先生所藏。石质端属，刻镌精细。作海波汹涌，初日方升之状。上有籀文"海天旭日"四字，后"崇祯壬申宗周珍赏"，盖先生生平所爱者也。考崇祯壬申，去甲申国变之难仅十三年。是时东祸（后金）己亟，山陕民变复起，天下岌岌不可终日，先生方以直言谏被斥归，则此砚在当时实助先生以起谏草。史言：公在朝，好直言极谏以匡众，于烈庙（崇祯），指陈尤切。疏数上屡被黜，然则先生方含毫吮墨、午夜对砚起草之时；外顾四方，君阴蔽日。而所谓海天清晏、旭日初升之景象，乃仅于一砚遇之先生之心，能无憾乎？其后京师陷，福王监国，起原官。先生以大仇未报不敢受职，自称草芥孤臣，不陈天下大计也。康熙元年冬十月下浣，士伦书。

铭文单刀刊成，字不高明。

蕺山一揸　首阳争烈

宋、明之亡，汉文化圈之秩序即离心离德，东亚诸邦遂以"夷狄"审视中国。所谓"华夷之辨"，文化观念实强于皇权观念。故宋、明士大夫之殉节，更多者，殉文化也；盖殉节兹事原即文明教化、文化熏陶之结果，正如顾亭林之观点：国可亡，天下不可亡；"国"，一姓之神器；"天下"，华夏之道统也。甲申国破，南人理学大儒殉难者亦众，浙东刘念台先生即一代表人物。

黄石斋尝自叹不如者有七人，首即："品行高峻，卓绝伦表，不如刘宗周"（《明史·黄道周传》）。

刘宗周（1578～1645年），字起东，号念台，山阴人。生于明神宗万历六年，卒于清世祖顺治二年，年68岁。万历进士。历官右通政、顺天府尹、工部左侍郎、左都御史。东林党人，天启时曾因劾魏珰，削籍归。崇祯时，复以论救姜采，革职归。南明福王时，劾马士英、高杰、刘泽清，争阮大铖不可用，不听，遂告归。清军陷杭州，先生正进餐，闻此信，推食恸哭，自是绝食二十三日而逝。天下敬仰为"泰山北斗"。门人私谥正义。

刘宗周，宋明理学殿军，治学以"慎独"为宗，倡"诚敬"之说，人称之为"千秋正学"。曾筑证人书院，讲学于蕺山，人称蕺山先生，著述颇富，有《刘蕺山集》十七卷，及《周易古文钞》、《论语学案》、《圣学宗要》等。

视蕺山先生之道德文章，"取义成仁"成其归宿，情理中事。

"清天清晏"，自是蕺山先生之心愿，惜时外有后金寇边，内有"民变"（闯、献农民军）纷起，天下大势不能如先生之愿矣！

刘家宗器　后裔有记

蕺山先生确曾有一方"海天旭日砚"传世。

先生其十一世裔侄孙刘瀚于光绪十六年（1890 年）庚寅孟春，刊刻有《海天旭日砚记》行世。其文首列蕺山先生遗像，并有先生同里陶在宽（1851～1919 年。字七彪，号栗园，清诸生，官道员。有《安南志略》）隶书所录宋漫堂赞蕺山先生辞。辞曰：

> 人各有死，鸿毛泰山。闻先生风，懦立顽廉。有冠不南，有笏可毂。蕺山一杯，首阳争烈。

宋漫堂盖以蕺山先生比之"不食周粟，饿死首阳"之伯夷、叔齐兄弟。

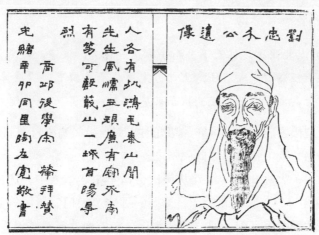

蕺山先生遗像及宋漫堂赞辞，《海天旭日砚记》所刊。

《砚记》并刊有摹刻之"海天旭日砚"正背两图。

《海天旭日砚记》刊砚正、背刻图

《砚记》有刘瀚自记云：

　　（刘蕺山）其生平著述遍天下，而手泽无一存者，仅遗此砚藏诸家庙，子孙世守之。先大父西桓公由孝廉筮仕楚北。道光甲辰奉讳回里，以廉俸所余修葺祠宇，捐置祭器。宗老嘉之，乃贻此砚，携而来楚。

　　知此砚原藏于刘氏家庙，子孙世守。道光时，刘瀚祖父鸿庚自湖北任上回乡，修葺族中祠堂、增制祭器，族中长辈遂以此砚赠之。

　　刘鸿庚，字西桓，大挑知县（清廷从屡次会试不中之举人中，选拔出以知县候补者，称为"大挑知县"），曾官湖北沔阳、蕲州、远安、天门、黄冈等县。咸丰三年移署汉阳，九月洪杨太平军陷汉阳，刘"身受重伤，复厉声骂贼，被逼投江身死。"其诗宗元、白，不尚苦吟，著有《青藜阁诗草》二卷。

烽火传砚　摹图志德

　　刘蕺山此遗砚，在刘家传人之手尚有一段可歌可泣之"烽火传砚记"。

　　刘瀚《砚记》又记：

　　咸丰癸丑，公（刘鸿庚）调任汉阳县事。贼（太平军）由豫章侵江汉，公婴城固守，力竭身殉。当烽烟告急，公誓与城存亡，遣孥出走，持砚告曰："此祖宗遗泽二百余年，宜保护之毋失。"维时，先考星六公（瀚父刘宪）方赴襄阳，闻警驰归，城已失陷。公志切雪仇，以云骑尉橐笔军中，提戈杀贼。贼既下窜，全浙蹂躏，庙藏祭器沦付劫灰。眷属侨寓荆南，亦叠经寇扰，琴书尽失，而此砚幸存。噫！二百余年变故频仍，沧桑兴慨，先畤旧德，负荷为难，珍此卷石，为累叶忠贞之气所默寄。瀚谨书砚名以颜其居室，并摹锓诸木，纪其崖略，以陈宗器，以述祖德云尔。

幸尔刘鸿庚于投水自尽前之军情危急时，即遣家人持砚出走，使"此祖宗遗泽二百余年"之传家宝砚，幸而逃过"太平天国"之战祸。

此烽火传砚之事，诚颇为传奇！

刘鸿庚之子刘宪，字星六，曾官长乐知县等。为官警敏有干才。

作此《砚记》之刘宪子刘瀚，绍兴人，字北溟。生平无考。因家藏蕺山砚而号"海天旭日砚斋"。刊刻《刘蕺山文粹》二卷行世。又曾与人合编《荆南萃古编》，当一好古文士。

刘瀚曾持砚拓求题于钱塘翰林吴庆坻（？～1924年），吴氏记入所著《蕉廊脞录》。吴氏在辛亥革命后，以清遗民自居，访寻为清"殉节"者事迹，辑成《辛亥殉难记》八卷。诗集名《悔余生诗》，以未能"殉节"清廷而悔其余生。

吴氏冥顽不化，逆历史潮流，其以"气节"自许，倒是能从蕺山此砚中找到共鸣。

俗品清工　了无明韵

以日人所藏之砚与刘瀚《砚记》相较，有数点可疑：

其一，工艺：虽《砚记》所刊砚图为"摹锓诸木"之木刻版画，与原砚或略有出入，但原貌必大致不失。《砚记》之砚线条简朴，尤其浪花只是大略勾勒。水中柱石亦只大致轮廓，纯是明代简约洗练之时风。而《砚台》所载之砚，则稍嫌琐碎。

其二，铭文："士伦"之铭不仅不见《砚记》，且云"石质端属"，而石材明显非端（也非《砚台》著者所谓"浏阳石"，倒似"大沱石"之类），此或偶有误识，且不论。铭文中"国变"之"国"字，不仅作简体字"国"，更还少"玉"字之一"、"。又"后题"之"题"字，边旁竟错为"走"，皆大可疑。

以私意度之：此砚工艺平常，铭文低劣，应非刘氏祖传之"海天旭日"砚原物。

后余购得台版《国粹学报》，始知日人所藏赝品出处。

《国粹学报》刊有一"刘蕺山先生海天旭日砚图"。为彼刊编辑邓实先生请吴江画家沈塘所摹。其砚图之波涛画法与日人砚相似，但砚背柱石则差异明显，其造型简练与刘氏《砚记》者相同，而非日人者繁琐。

《国粹学报》刊刘蕺山先生海天旭日砚图

　　邓实先生作有《记刘念台先生海天旭日砚》一文附图后，其文前小半正与日人所藏砚侧"士伦铭"全同。日人之砚只多一"也"字作收尾，铭必录抄自邓氏之文章。

海天旭日硯者即劉念臺先生所藏石質瑞麗刻鏤精細作海波淘湧初日方升之
狀上有籀文海天旭日四字後題崇禎壬申宗周珍賞蓋先生平所寶愛者也考
崇禎壬申去甲申中國變之難僅十三年是時東福已返山陝民變復起天下岌岌不
可終日先生方以直諫被斥罷則此砚在當時實助先生以起諫草史言公在朝好
直言極諫以匡國家於烈廟指陳尤切疏數上屢被黜然則先生方含毫吮墨午夜
對砚起草之時外顧四方蜂蔭蔽日而所謂海天清晏旭日初升之景象乃僅於一
硯遇之先生之心能無感乎其後京師陷福王監國起原官先生以大仇禾報不敢
受聘自稱草莽孤臣屢疏陳天下大計一劾馬士英再劾阮大鋮焚膏起草此硯與
有力焉及南都陷先生絕食二十三日以餓死而是硯遂不復依先生矣然而炎運

邓实先生《记刘念台先生海天旭日砚》

　　《国粹学报》所刊砚图，其摹之原本是否蕺山原物，已不可考；但日人所藏则必摹刻是图，故作伪时间应在清末《国粹学报》行世以后。以"士伦"之铭文有简化"国"字看，砚当数十年内所伪之物。又有"题"字之错，必庸手所为。

　　清季仁和词人谭献为《砚记》所作跋文有云：

　　　　片石清芬，名家长物，周与玉带题名之品、桥亭卜卦之材鼎足千秋矣！

　　谭氏将此砚与文信国玉带生砚、谢叠山桥亭卜卦砚并誉。

　　以民族精神论，文、谢、刘三砚，正为鼎足而三（惜谢砚赝品）。此砚与今传"玉带生砚"作伪方法略同，皆仿自真品，只玉带生是抄文字，此是仿砚图，算是作伪手段之"难兄难弟"。

王士禎小像砚

——背像皆非真身　真身亦只假象

扬州文物商店原藏紫袍玉带砚

何者像？

　　砚为扬州文物商店原藏，见刊《中华古砚》。长方形，井田式。祁阳石，有"紫袍玉带"横缠。"井"字墨池边阳文隶书：

　　　　耕兮凿兮留方寸。旬。

　　背覆手内刻一抚髯戴笠老者半身像，面有悦容。右镌葫芦形印"林□（吉人？）"，左镌方形印"鹿原珍赏"。覆手上部镌隶书铭：

方以厚所植，虚以冥其迹。纳众流而洪纤不遗，冠群言而聚精成液。身着朝衫头戴笠，孟县眉山其标格，三百年来无此容。宛陵梅庚赞，候官林佶书。

"佶"，即余甸（生卒年不详）。其初名祖训，字仲敏，号田生，福清人，寄籍南平。康熙四十五年进士。巡抚张伯行开鳌峰书院，延甸主之。历官四川江津县、顺天府丞。文章、书法称冠一时，曾集古今法书作篆、隶、行、草。有《千卷楼集》。

林佶（1660~1720年），字吉人，号鹿原，福建侯官人。康熙五十一年特赐进士，授内阁中书。工于楷法，又善篆隶。有《朴学斋集》。

余甸、林佶及黄任，皆康乾间闽籍玩砚集团之领袖人物，佶子在峨所撰《砚史》记诸人砚事甚详。

梅庚（生卒年不详），字耦长，号雪坪，江南宣城人。山水名家梅清（瞿山）族侄。屡举不第，兼能诗、书、画。曾任浙江泰顺知县。

此砚所刻人物难说高明，两印比例过大，更显喧宾夺主，初颇疑之。

更疑者，余、林、梅三人何以皆未言所铭之像主为谁？所铭赞辞岂非落得个"空头人情"？

渔洋像

及读翁覃溪《复初斋文集》，始得其解，其有《跋渔洋先生戴笠像》云：

（渔洋）先生非戴笠人也，而其门人尝赞之曰："身着朝衫头戴笠，孟县眉山共标格"。

显然，小像砚上梅庚铭应是梅氏为其师王渔洋所作之赞歌，砚背像正是王渔洋本人。

王士禛（1634~1711年），原名士禛，殁后避雍正（胤禛）讳，改名士正，乾隆又命改书士祯。其字子真，一字贻上，号阮亭，又号渔洋山人，山东新城人。顺治十二年进士，官至刑部尚书，谥文简。康熙时继钱谦益而主盟诗坛。论诗创神韵说。早年诗作清丽澄淡，中年后转为苍劲。有《带经堂集》。

王渔洋时被宇内尊为诗坛圭臬，主文坛风雅数十年，与朱竹垞并称"南朱北王"。然王氏诗未能摆脱明七子摹古余习。诗如其人，王氏之诗不过为"神韵"而"神韵"罢了。"文字狱"笼罩下之清文人多无趣，被袁子才讥为"喜怒哀乐之不真"，"一代正宗而才力自薄"之领袖人物王渔洋亦少意味。

王氏诗作多有饰粉太平，故一生高官得做，高名得享，盖受益其政治"觉悟高"。余昔读《池北偶谈》，卷六有云："顺治己亥，海盗破京口、瓜、仪、宁国等地"云云。初疑何方"海盗"如此猖獗？查之竟是郑成功、张苍水北伐！

甲申国破，王渔洋时已11岁，何鄙故国若此耶？

铭题师尊

梅庚以诗画之才为同邑名士施愚山（闰章）所赏，引为忘年交。其本出朱竹垞门下，复又游王渔洋之门，渔洋亦大加倾倒，延为上客。王渔洋有求梅画之诗《初秋索梅藕长画》云：

> 诗到无声足卧游，雨窗含墨对清秋。不知乡思今多少，只写澄江与北楼。

《渔洋山人自撰年谱》记：

> 时宣城施愚山闰章、梅耦长庚、毗陵邵子湘长蘅、海宁陆冰修嘉淑常过山人邸舍，剧谈至丙夜，始散去。陆有诗云"科跣到门衣不船"是也。

《香祖笔记》卷九亦有类似记述，可知梅氏与渔洋较一般王门弟子过从甚密。

林吉人，文师汪琬、诗师陈廷敬、王士禛。版本学有所谓"林佶四写"，即指林吉人手书汪琬之《尧峰文抄》、陈廷敬之《午亭文编》及王渔洋之《古夫子亭稿》和《渔洋山人精华录》四种。吉人本工于楷法，亦善篆隶。"四写"被书林誉为清刊写刻本中之翘楚。

"四写"中，王渔洋独占其二，可知林、王师生情交尤笃。

以梅、林二人与王渔洋师生之谊，合作铭砚以雅敬师尊倒是合理之事。只两人为何铭文中并无言及是为师尊题砚？

"山羊胡子" 王大司寇

日人《古名砚》亦载一"渔洋山人小像砚"。

砚长方，池边回纹，墨池琢"鱼龙变化"。背叠挖方、圆双覆手，内浮雕王渔洋带笠之半身像，为一"山羊胡子"形象。上镌之隶书铭与前砚全同，题为："渔洋山人戴笠像"，款："耐安焦秉贞。"左下角印："耐安"。砚侧行书两铭：

> 其色苍然，其声璆然。其气足以神全，其质厚重而不迁。磨之湟之藏斋中，挥毫落纸生云烟。乾隆戊戌秋七月。大兴翁方纲。覃溪（印）。

> 霞外染翰，谷细匀陂。是以为用，久而不渝。眉寿老人叔未。

砚有匣，盖题行书：

> 此砚为宋鳝鱼黄澄泥也。东坡曰："砚之发墨者必废笔，不费笔则退墨。"二德难兼，此砚近之，未易得也。癸未夏六月。愙斋吴大澂识。吴大澂印（印）。

砚箱盖楷书铭:

　　渔洋山人小像砚。丁巳秋八月。何维朴题。

《古名砚》所刊渔洋山人小像砚

焦秉贞(生卒年不详),字尔正,济宁人。康熙时任钦天监五官正。善绘事,以画

"御容"称旨，祗候内廷。画融西洋法，少韵味而多习气，清宫廷画师多如此。

眉寿老人叔未，即清嘉道间金石名家张廷济（1678～1835年）。其字叔未，嘉兴人。嘉庆解元，屡踬礼闱，遂结庐高隐，以图书金石自娱，建清仪阁，精鉴赏，诸色金石古物，靡不网罗甚丰。晚年眉长径寸，故自号寿眉老人。与阮元合摹眉寿图泐石，艺林传为盛事。书师米芾，草隶独冠一时。

吴大澂（1835～1902年），字清卿，号愙斋，吴县人。官至湖南巡抚。平生致力于古器物研究，为清季著名金石学家。工书，善大篆，然其篆整齐划一，有算子之讥。

何维朴（1844～1925年），字诗孙，有盘止、盘叟等号，湖南道县人。绍基孙。同治副贡，官内阁中书。工书、画，山水宗娄东。书承家风，亦精篆刻。

门人写真

扬州文物店原藏及日人所藏两"王渔洋小像砚"，砚上两隶书铭，一为梅庚赞，一为焦秉贞（书?），两者至少必有一伪。

前砚梅、林皆渔洋弟子，余田生亦吉人同乡砚友，铭者之渊源似无可疑，但实其伪也显：砚背用印布局之失当且不论，就梅、林铭砚之用意，自然是尊师重道。然者，何以抬爱半天，居然连师尊大号也不曾署？此非梅、林二家之疏漏，必是作伪者不谙文理。

后砚之伪亦明：既然"身着朝衫"云云之句乃梅庚所作，以焦秉贞之名头，何以竟掠梅氏之美而不注明出处？想不过作伪者借焦氏"宫廷画师"之高名罢了。

后阅王渔洋诗文集两种，始知二砚伪作之本源。

康熙三十九年林吉人写刊本《渔洋山人精华录》，前刊一王渔洋半身小像。像作理髯戴笠状，果然原题之前有篆书"渔洋山人戴笠像"，像左下两印："禹之鼎"、"慎斋"。其"方以厚所植"云云题者正为"宛陵梅庚"。

林吉人写刊本《渔洋山人精华录》前刊"渔洋山人戴笠像"及梅庚隶书题赞

康熙五十一年，歙人程哲七略书店精刻本渔洋《带经堂集》，前刊有程哲绘"渔洋先生遗像"，像与渔洋《精华录》者相仿。隶书"梅庚赞"后有林吉人楷书跋，云：

> 襄庚辰刻渔洋师《精华录》，广陵禹之鼎图像，宛陵梅庚为赞而佶书之，距今十二年，师不可作矣！兹歙中同门程哲襄刻《带经堂集》成，重写遗像，适佶入都，道维阳，因录旧赞，瞻企怆怀。辛卯腊望。候官林佶谨识。

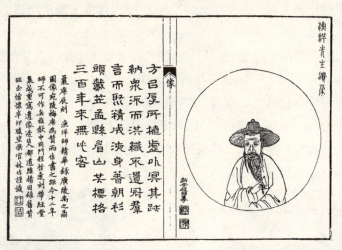

《带经堂集》前刊程哲绘"渔洋先生遗像"及梅庚隶书题赞、林佶跋语

梅庚"方以厚所植"云云之铭，乃为禹之鼎所作渔洋戴笠像所题。

禹之鼎（1647～1716年），亦王渔洋门人。其字尚吉，号慎斋，江都人。康熙二十年以画供奉内廷，写真称当时独步，一时名人小像皆出其手。为王渔洋写真之作还有《放鹇图》卷、《幽篁坐啸图》卷、《柴门倚杖图》卷、《载书图》等。《精华录》像与禹氏其他写真渔洋之像面貌、气质皆相合。

字摹原本

《精华录》之禹氏原作乃王渔洋67岁像。王渔洋卒于康熙五十年辛卯五月，终年78岁。而《带经堂集》小像为程哲所摹于本年腊月，

禹之鼎所作《王渔洋放鹇图卷》（局部）

故程哲题为"遗像"。因禹氏所画乃 12 年前之样貌，故程氏重摹禹氏旧作时，稍加渔洋衰老之样。就线描造诣而言，吾此乡前贤摹本，不逮禹氏原作甚多。

两像之隶书"梅庚赞"先后出自林吉人一手，故笔法一致。

扬州文物店及日人所藏两砚，前砚小像之动态以禹氏画为本而略变之，衣纹皆仿禹画，而身体一向左、一向右正相反。脸部则略作左向，此作伪者欲盖弥彰之法。只作伪者技甚不济，至使比例失调，头小手大，脸形圆滑，直将王渔洋"改造"成一私塾老翁。

后砚，其瘦脸山羊胡子样貌，应与各种渔洋写真像无干系，若非作伪者臆造，则必摹他像以冒渔洋，有"王头"而卖"他肉"之嫌。

两砚隶书铭当皆仿自林吉人原题，唯刻板无神。

陈端友亦制有一"渔洋小像砚"，铭为老缶（吴昌硕）所题。像与日人藏者相类，只是陈氏所作为全身像。是否陈氏摹刻日人所藏焦秉贞款者或两者皆同源一本皆不详。陈氏所作今亦在日本，刊《古名砚》。

 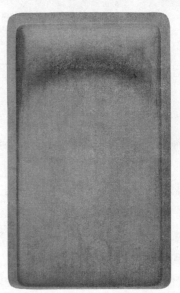

陈端友制王渔洋小像砚

可无疑者：无论陈氏所摹何本，其与日人所藏焦秉贞款者皆必非渔洋真像传本，真像必无如此消瘦模样。

余亦于湘地见一砚。与陈氏所作全同，只无老缶款，而有印"耐安"，与陈氏所作一样皆澄泥质。

聊过"世说"瘾　标格恐难共韩苏

翁覃溪解梅庚题王渔洋像之赞辞，其云：

（渔洋）先生非戴笠人也，而其门人尝赞之曰："身着朝衫头戴笠，孟县眉山共标格。"夫苏有笠图，韩则无之，乃以为"共标格"者，何哉？愚以为此诗家之喻言耳……（《复初斋文集·跋渔洋先生戴笠像》）

此说则有失察之处。梁氏《两般秋雨庵随笔·韩公帕苏公笠》云：

广东潮州妇女出行，则以皂布丈余蒙头，自首以下，双垂至膝。时或两手翕张其布以视人，状甚可怖，名曰"文公帕"，昌黎遗制也。惠州、嘉应妇女多戴笠，笠周围缀以绸帛，以遮风日，名曰"苏公笠"，眉山遗制也。二物甚韵。

此不仅记"苏公笠"，还记有"韩公帕"之由来。所谓韩苏"遗制"，不过土人附会名人而已，帕、笠韩苏前当已有之。

韩公帕，与斗笠功用相同。梅庚以之与苏公笠并举，"孟县眉山共标格"，并非"诗家之喻言"，取用典对偶罢了。

坡公笠屐，原是苏公当日被谪海南生活本真状态，清人士大夫热衷效尤，标榜"身在庙堂，心向江湖"而已。鲁迅云：

有些清朝人却较为聪明，虽然辫发胡服，厚禄高官，他也一声不响，只在倩人写照的时候，在纸上改作斜领方巾，或芒鞋竹笠，聊过"世说"式瘾罢了。（《集外集·选本》）

所讥清朝厚禄高官之"聪明人"，其代表活脱脱正似王大司寇。论王氏执当时文坛牛耳之地位，不输韩、苏，然袁子才所评甚是一语中的：

（渔洋）为王、孟、柳则有余，为李、杜、韩、苏则不足也！

韩、苏是哲人，王氏终一文人而已。其"标格"，与王维、孟浩然、柳宗元相去亦远甚。

真有云根癖　吉人佳璞馐师友

梅雪坪为王门"上客"，林吉人为王门高弟，确皆与王渔洋有砚事交流。

今承德避暑山庄藏一王渔洋为林吉人题铭之"宣德下岩砚"。近代藏家朱文均先生遗命二子家潴、家濂兄弟所捐赠。朱家濂先生撰《黄任和所藏宣德下岩砚》一文解此砚（刊《文物》1985 年第 3 期等）。砚端石，长方，达 25 厘米。夔纹池边。背有行书

铭云:

　　岁壬午长至，宣城梅雪坪、潜江朱悔人、海宁查夏重集麓原寓斋。抚宣德下岩，宝光四射，信为巨观。凤好良集，一段因缘，堪传胜事。济南王士禛识。阮亭、结翰墨缘（印）。

砚侧镌楷书:

　　十砚轩神品。莘田黄氏珍藏（印）。

宣德下岩砚

　　砚为林吉人藏品。题铭之"岁壬午"，为康熙四十一年。据《渔洋先生自撰年谱》，王氏时任刑部尚书，年69岁。此年冬天奉命同"内阁九卿阅顺天举人卷"，砚即题于此时。

　　除王、梅外，同观此砚之朱载震（字悔人，湖北潜江人）亦王氏门人，查慎行则为王氏后辈，亦一时名士。

　　林在峨《砚史》卷七载此砚，录王氏铭款及两印外，有陈兆仑题拓一跋。在峨亦有跋云:

　　阮亭先生为昭代诗人之冠，先君子称入室弟子，共《放鹇》、《禅悦》、《倚秋》各图，皆索先君子题句。研后随意落笔，亦情见乎调，信为风雅之宗。字为陈香泉太守笔，洵称双美。

　　从在峨题记，知王氏此题乃由康熙间名书家陈奕禧（字六谦，号香泉，海宁人。

曾任南安知府）代书。

《林史》未记有黄莘田铭款，此砚归于莘田，应是在峨题拓以后之事。

此砚合诸《林史》所载，又结王渔洋及多位门生故旧一段因缘，更曾入藏黄氏十砚轩，洵一珍品。

归去来兮　禹氏曾绘端砚图

禹之鼎除给王渔洋作“行乐图”性质之《放鹇图》等数帧写真像及《渔洋山人精华录》前刊之“渔洋先生遗像”外，又曾为王氏一祖珍“结绿砚”作图。

李太白《与韩荆州书》云：“庶青萍、结绿，长价于薛、卞之门。”青萍，宝剑名；结绿，美玉名。王氏以“结绿”名砚，显其珍爱之意。朱载震记王氏此砚失而复得之一段佳话：

> 结绿砚，新城王氏旧物也。昔得之大槐根下，制铭为传家之器，已而失去。幔亭（渔洋从弟王士骊，岁贡生，工诗古文，任诸城儒学教谕）以端溪石仿旧式，请于大司寇渔洋先生，铭勒以志其憾。康熙己卯，有客携原研来归，惊喜出示，属禹鸿胪绘图征诗，为作此歌（诗略）。（《京华集》）

结绿砚失而复得，王渔洋为贺爱砚之失而复得，特请门人禹之鼎为砚绘图，并向诸得意门生征诗。

后仁和沈廷芳与济宁孙适斋皆先后得一“结绿砚”，各记入所著《隐拙斋集》与《一松斋随笔》，皆云背王渔洋隶书铭为林吉人代笔。

结绿砚原件应有王渔洋“嗣阿祖原砚铭”，沈椒园及孙适斋所记均未见提及，可见沈、孙二人先后所持之砚，应是王渔洋所撰铭语“此非结绿也”者，即朱悔人诗中所言由王士骊“以端溪石仿旧式”之复制品。

词客像？

王渔洋与姜白石，一清人，一宋人；一朝中显宦、诗坛领袖，一野逸词客、江湖诗人，除皆文学名士外，余者风马牛不相及。但有一砚却使二人殊“图”同归。

砚藏台北故宫博物院，见刊台版《文房聚英》等（彩图 10）。石色紫，云为端。抄手式，背抄手上部有眼柱七，喻“北斗七星”。抄手下部刻“姜夔小像”，头戴斗笠，一手拈须。

砚左、右及前侧三铭：

> 其静也专，其动也直，斐然成章，君子之德（隶书）。嘉定二年春，白石道人铭（行书）。尧章氏（印）。

> 道以文章重，传经有砚田。守身如执玉，掞藻起云烟。长洲文征明。（楷书）

抑亡沉实，扬之高华。枝山（行草）。允明（印）。

文征明（1470～1559 年），初名壁，字征明，后更字征仲，号衡山、停云馆。长洲人。曾官翰林待诏。文与唐伯虎、祝枝山、徐祯卿并称"吴中四子"。画与沈周、唐伯虎、仇英合称"吴门四家"，在当世名气极隆，号称"文笔遍天下"。书法亦称名家。其一门善翰墨者众。

祝允明（1460～1526 年），字希哲，号枝山，长洲人，曾任南京应天府通判，故又有"祝京兆"之称。除诗文与唐、文并称，尤以书法造诣为深，与文征明、王宠齐名。其字主要成就在于狂草和楷书。狂草学怀素、张旭及黄山谷，书风汪洋恣肆，只略失之疏躁。楷书则甚严谨，有晋唐人之古雅气息。

砚背小像上部有乾隆题铭一首：

鸲眼恰存七柱看，墨卿滴露助文澜。宋明珍此多名士，北斗其人谁似韩。

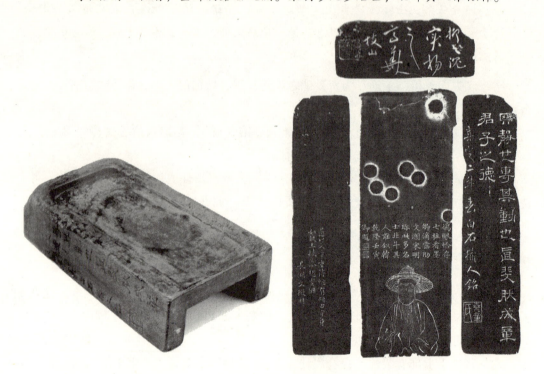

姜夔紫端七星砚

此铭见载《乾隆御制诗》，名《题姜夔紫端七星砚》。第三句后有原注云："是砚覆手七柱，各有鸜鸲眼。宋姜夔为铭，明文征明、祝允明亦俱有题咏云。"题款为"壬寅"，为乾隆四十七年壬寅（1782 年），故成书于乾隆四十三年之《西清砚谱》亦未收入。

于我心有戚戚焉

> 自琢新词韵最娇，小红低唱我吹箫。曲终过尽松陵路，回首烟波十四桥。

扁舟一叶，尺八一曲，美人樱唇轻启，婉转低唱词人自作妙词。曲终，陶醉其中之主人公蓦然回首，小舟已飘然掠过不知几许石拱桥矣。此情此景，恍兮惚兮。此姜白石《过垂虹》词境，为后世画师笔下经典题材，其"小红低唱我吹箫"之韵事为后世人惊羡不已。

姜夔（约1153～1221年），字尧章，号白石道人，饶州鄱阳（今江西省鄱阳县）人。幼随父宦游，父卒，流寓于两湖。后客居湖州，漫游吴越之间，往来于名公巨卿之门，行迹若游士。与杨诚斋、范石湖、辛稼轩皆有交往。屡试不第，布衣终老。诗初学山谷，而自拔于宋人之外，所为《诗说》，多精致之论。尤以词著称，能自度曲，其词格调甚高，清空峭拔，对南宋风雅词派甚有影响，被清初浙西词派奉为圭臬。有词集《白石道人歌曲》。

姜白石与李义山颇多相似：性格孤高，洁身自爱，因之文字中有种寥落怅惘之孤寂感，那种无可奈何之"冷"，使人"只可远观不可亵玩焉"。故王静庵先生即有"白石有格而无情"之斥。实情到深处反似无情。

同为天涯飘零客，同遭火厄毁家之难，此我之读白石文字又"别有一番滋味在心头"！

只是七星砚背之姜白石，其样貌风神与我心目中之江湖逸士，实在是差之何止千万里矣！

鹤客像

此砚姜白石、文征明、祝枝山三铭，其书法、辞意，似皆未有明显可疑者，所疑，正在砚背小像。

白石道人留有一首《自题画像》诗：

> 鹤氅如烟羽扇风，赋情芳草绿阴中。黑头辨了人间事，来看凌霜数点红。

此诗并无具体描写自己样貌何状，胖耶？瘦邪？

略后于姜白石之陈郁（？～1275年）在其所撰《藏一话腴》里记载：

> 白石道人姜尧章，气貌若不胜衣，而笔力足以扛百斛之鼎。家无立锥，而一饭未尝无食客。图书翰墨之藏，汗牛充栋。

"气貌若不胜衣"，遂成后人评白石形象必引用之名句。元人张羽《白石道人传》

状白石亦云：

> 体貌清莹，望之若神仙中人。

显然，白石道人乃一连着衣亦嫌其沉重之清瘦文士！

今尚有一幅清人许乃穀摹自宋人白良玉所作之《白石道人小像》传世。像中白石，跷脚斜坐椅上，一手搭椅背，一手摇羽扇。脸消瘦，长眉，高颧骨，须三缕，表情和悦，作与人清谈状。虽身体羸弱，却风神萧散中透着一股秀骨清神之俊朗逸气，确然"体貌清莹，望之若神仙中人"。

白良玉，钱塘人。工画道释鬼神，宁宗朝（1195~1224 年）画院待诏。

白良玉为姜白石同时之后辈，清人所摹原本，当是白石写真真本，当即白石"标准像"。

清许乃谷摹宋白良玉《白石道人小像》，刊《国粹学报》第三十期

正身也姓王

反观台北故宫砚背之"白石像"，圆面丰颐，两腮鼓出，乃一略胖之人，正与白良玉传本白石像相悖。服饰样式、衣纹画法更皆清代人物像程式化之俗套。尤其耳边竟未见留有头发，宋人那有"留发不留头"之反动政策？白石道人岂"白石和尚"？更者，其气质与白氏像绝有云泥之别，虽戴斗笠作野逸状，其"富家翁"俗态亦难掩盖。

余初观砚背清人小像，已疑其仿刻王渔洋像；检之，果是摹刻自禹之鼎所写《渔洋山人戴笠像》之又一传本。

发行于光绪二年之第六十七期《国粹学报》，刊一清末粤地画家蔡文定所作《渔洋山人戴笠像》。蔡氏此像与砚背之像动态、衣纹皱折无不相类，只不过一衣纹略用钉头鼠尾描，一衣纹参用柳叶描；一脸略瘦，一脸略胖。

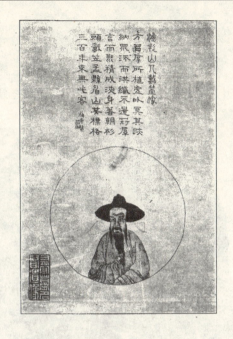

《国粹学报》刊蔡文定摹本

　　蔡氏此像大致照仿《带经堂集》程哲摹本，只拈须之手势却又采用《渔洋山人精华录》禹之鼎原本。

　　因传摹之故，到伪砚小像，较禹氏原作变形很多，与渔洋原貌比已是大"变脸"。原作王氏像之一些书卷气，至此砚背像时以荡然无存，"姜白石"（王渔洋）便成一俗翁了。

姜夔紫端七星砚砚背小像

　　此砚皮壳驳蚀，墨锈斑斑，信是清以前物。而像及铭则必是禹氏所作王渔洋写真像面世以后事，必不早于康熙末年。

附考一 王原祁小像砚——禹氏真笔

砚拓刊《艺林旬刊》第四十三期。砚面未刊。背线刻王麓台半身像。右行楷题："麓台先生小像。海宁查升题"。印"声山"。左隶书款"禹之鼎写"。印"慎斋"。

王原祁小像砚

像主王原祁（1642～1715年），字茂京，号麓台，太仓人。王烟客（时敏）孙。康熙九年进士，后入值南书房。宗家学，擅山水，自称笔下有"金刚杵"，所作层次丰厚。山水称为"娄东派"，清初四王吴恽"六大家"之一。

禹之鼎《王原祁艺菊图》（局部）及禹氏款

查升（1650～1705年），字仲韦，号声山，海宁人。康熙二十七年进士，官少詹事。有书名，精小楷，得董思翁意，入直南书房。得康熙赏识。卒年五十八。著有

《淡远堂集》。

此砚麓台小像，衣纹之柳叶描及落款书法乃禹之鼎风格，似是禹氏手笔。或至少其母本为禹氏作品。

禹之鼎曾为王麓台作一《艺菊像卷》，亦禹氏代表作之一。将图中王氏像与砚背者较，砚背之像当早于画卷者。

附考二　黄易小像砚——舒家双宝压箱底

摹刻纸本、石刻写真像于砚作赝，伪品名人砚中常有之，不妨再举一例。

老舍先生曾藏古砚两方，其子舒乙先生有文记之，较有名。砚皆老舍先生1949年以后所买的。一砚为长方素池。左侧刻篆书七字："笠翁李渔书画砚"。第二方背刻黄易小像。题刻篆书十九字："乾隆丁酉钱塘黄易三十四岁小像嘉定钱坫题"。小印："泉"、"十兰"。

黄易（1744～1802年），字小松，号秋庵。钱塘人。监生，官济宁同知。工书，娴熟隶法。印学丁敬，为"西泠八家"之一。精碑学，尝自写访碑图十六帧，颇有逸致。著《小蓬莱阁诗钞》等。

钱坫（1741～1806年），嘉定人。乾隆进士，官乾州州判。以篆名天下，自负直接李阳冰。兼工刻印，善画梅，寒瘦清古。晚年右礼偏枯。用左腕书、画，款或署泉坫。卒年六十六。著《篆人录》等。

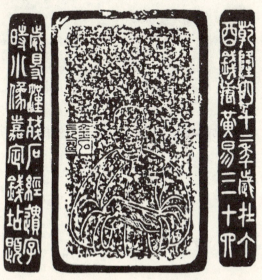

《梦坡室藏砚》刊"黄易小像砚"

周氏《梦坡室藏砚》刊一拓，砚长方，素池。未详何石。背线刻黄小松手捧碑拓册页半身像，两侧钱坫篆书铭与老舍所藏相同。

《神州国光集》所载沈塘摹
本"黄易小像"

　　《神州国光集》载一黄小松小像，为民初画家沈塘所摹。图与周氏砚大似。不同者，沈氏画像小松蓄有短须而周氏砚者无之。

　　以像论，《神州国光集》者，清秀而富书卷气，甚合小松学者气质。周氏砚背像肥硕，气质似商贾中人。

　　私意度之，周梦坡与老舍所藏当从沈氏摹本小像（或母本）所仿刻。刻手手段不高。

　　又，老舍先生之"李渔书画砚"，从题名看当为笠翁作书画所用；然戏曲乃笠翁胜场，未见有此公善书画之说。

下编　阙疑编

苏东坡《墨妙亭诗》断碑砚

—— "文字狱"砚案?

好事孙胡子

有两方别样"东坡砚","一奶同胞"所出。本非东坡所用、所铭或所藏之物,是后人以坡公手书诗碑残石所制,此即两"墨妙亭诗断碑砚"。

两砚之由来,乃因坡公挚友孙觉之"好事"。

孙觉(1028～1090年),字莘老,高邮人。仁宗皇祐进士。神宗初,诏知谏院,同修起居注。王安石初与莘老善,骤然引用,将以为助。而莘老与异议,以条奏青苗法病民,谪去。神宗时,直集贤院,知审官院。哲宗时,累迁御史中丞,以疾请罢,除龙图阁学士,奉祠归。少从宋代理学酝酿时期重要人物安定先生(胡瑗)学,精于《春秋》,有《春秋经解》等。

孙莘老文名、宦业不甚著名,但此位孙大胡子(莘老美髯)与当时文坛几位大名士皆有渊源。其因爱黄山谷之才,以女兰溪妻之,故山谷之诗崇老杜亦受莘老影响;秦少游与莘老既是同乡又属亲戚,其忝列苏门,更缘莘老之援引。而莘老与东坡更是至交好友,东坡《全集》即收坡公赠、和莘老之诗文达百余首。

莘老曾得唐许敬宗端砚,恶敬宗人品低劣而不喜其砚,曾言:"敬宗在,正堪斫以饲狗!"砚遂归于东坡。可见此老乃一正派君子。

莘老本属"元祐党人",熙宁中因斥"新法",被谪知广德等地,又移守湖州。其虽儒学有成,却非腐儒,是一风雅好古之人,湖州本又"号为山水清远"、人杰地灵之名郡,于是,此"好事孙太守",便"取凡境内,自汉以来古文遗刻","其刻画尚存,而僵仆断缺于荒坡野草之间者"皆被囊括,"得前人赋咏数百篇,为吴兴新集,"于熙宁四年二月建墨妙亭蓄之。

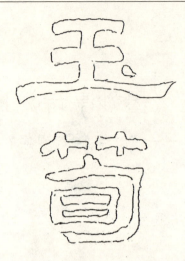

墨妙亭"玉筍"题名。孙莘老所构墨妙亭，下有一湖石，名"玉筍"，时贤题名
几满。元人毁亭，此石亦失。至明万历中，郡守竟陵吴白雪于丛莽中复得之，卸
任携石而归。今石早已不知何在，此两字传为彼石拓本所摹双勾，见刊施蛰存先
生《北山谈艺录》。

据明人《吴兴掌故·墨妙亭碑目》，莘老所搜之古名人碑刻计有：释智永书集
王《圣教序》、颜鲁公书《射堂碑》等四碑、褚遂良摹《兰亭帖》、白乐天撰《白
苹洲五亭记》、顾况撰《湖州刺史石壁记》等秦汉以降至北宋名人书、撰碑刻三十
余方。

墨妙苏髯公

孙莘老修墨妙亭之同年十二月，时任杭州通判之东坡至湖州公干。

待得坡公周览墨妙亭所藏诸名迹后，莘老不失时机向老友"求文为纪"。东坡欣然
为作《墨妙亭记》，述莘老搜古建亭始末，并从"物之有成必有坏"借题发挥，阐述其
"知天命者必尽人事"之观点。

后坡公又应莘老来信求诗，信中并要求坡公亲写，坡公复作《孙莘老求墨妙亭》
诗于杭州。诗云：

> 兰亭茧纸入昭陵，世间遗迹犹龙腾。颜公变法出新意，细筋入骨如秋鹰。
> 徐家父子亦秀绝，字外出力中藏棱。峄山传刻典刑在，千载笔法留阳冰。
> 杜陵评书贵瘦硬，此论未公吾不凭。短长肥瘦各有态，玉环飞燕谁敢憎。
> 吴兴太守真好古，购买断缺挥缣缯。龟趺入座螭隐壁，空斋昼静闻登登。
> 奇踪散出走吴越，胜事传说夸友朋。书来乞诗要自写，为把栗尾书溪藤。
> 后来视今犹视昔，过眼百年如风镫。他年刘郎忆贺监，还道同时须服膺。

"短长肥瘠各有态，玉环飞燕谁敢憎"，为书评名句，"环肥燕瘦"便由此而衍出。

孙莘老收得坡公诗作，便将坡公手迹钩摹上石，此即《墨妙亭》诗碑之由来。

正如坡公《墨妙亭》诗所云："物之有成必有坏"，墨妙亭珍藏之诸古名刻，至元时，蒙古人暴殄天物，竟将诸碑作砌城之用，"残砖断碣卒瓦砾"。

坡公诗碑自亦难逃厄运（一说"惟存东坡诗一石"）。

至明，此诗碑之刻石复出世间。然只遗残石两块，一被王阳明所得，一为黄石斋所获。

谪官独抱苏子砚

> 宇宙便是吾心，吾心既是宇宙！

王阳明如是"大言"。

阳明"心学"，乃思想解放、心灵自由之学。故惧启民智之独裁者莫不视若洪水猛兽，盖其对于愚民大有碍也。

阳明"心学"在吾国乃至东方哲学史上之成就，无须赘言，其以霹雳手段一举而平宁藩之乱，更显其武略非凡（传日本近代名将东乡平八郎随身携挂一印曰："一生伏手拜阳明"）。若干世纪后，一"儒生气"浓厚之阳明同乡，终生笃信阳明，却终浮槎于海。

王守仁（1472～1528 年），字伯安，因曾筑室会稽山阳明洞，自号阳明子。山阴人，生于余姚。弘治进士，历任知至南京兵部尚书。谥文成，有《王文成公全书》行世。

正德元年，因得罪弄权大珰刘瑾，时任兵部主事之王阳明被廷杖四十，并谪贵州龙场驿（今修文）。阳明在黔地三年，潜心领悟孔孟之道，忖度程朱理学。反摆脱世间凡俗，跳出"以经解经"、"为经作注"之窠臼，独心孤诣探索人生解脱之路。故龙场驿，乃阳明"心学"之起点，"王学圣地"。天下王学，无论各派，抑或日本阳明学、朝鲜实学及东南亚、欧美之王学，寻根溯源，皆以贵州为渊薮，以龙场为始发地。

据云坡书《墨妙亭诗》断碑砚即为阳明"龙场悟道"时所用故物。

王阳明所得坡书《墨妙亭》残石，存十二字，凡四行，行三字。曰：镫他年、忆贺监、时须服、孙莘老。阳明以残石背面作砚，左刻楷书"守仁"，右刻篆书"阳明山人"。侧刻隶书"驿丞署尾砚"五字。

王阳明《五经臆说序》云：

> 龙场居南夷万山中，书卷不可携，日坐石穴，默记旧所读书而录之。

王阳明像。民国初浙江兴业银行所发行之"通用银元券",面值
五元常用之,时人之崇王可见一斑。此与韩国将朱子学传人李
退溪头像印于一千面值韩元,作为国家文化之象征意义相似,
只性质有公私之分。

当年王阳明在龙场一小山洞内,沉思"穷天人之际,通古今之变",想砚乃陪哲人
渡过彼日孤寂"悟道"时之一良友。

朝贵遍题之

乾隆间,阳明所得残碑砚归于裴曰修。

裴曰修(1712～1773年),字叔度,江西新建人。乾隆三年进士,历官礼、刑、工
部尚书,四库全书馆总裁。在任多有惠政,有"畏其明而乐其宽"之称。以治水闻名,
为乾隆朝重臣。与子、孙享誉"三代六翰林"之美名。

裴氏当亦一好砚之人,曾藏一南宋著名史家郑樵(夹邾)遗砚。砚为江西农人凿
井所掘出,腹有"夹漈草堂"四字,侧有夹漈题铭。裴氏"以稻三斛易之",后裴氏将

此砚赠予纪晓岚。最终，纪氏又将此方出土名物，复赠与闽籍学者林乔阴（育万）。

裴氏得有东坡、阳明遗泽之断碑砚后，自然珍同拱璧，作文记云：

> 断碑砚……古泽寒光，对之肃然起敬，尚友者宜取焉，不独几席之供而已。既为之赞复铭于其匣曰：块然一石，琢之磨之，东坡取之泐字，阳明用以临池。吾于东坡，不重其经济而爱其文章之达；吾于阳明不宗其学术而叹其功业之奇，于戏！每一援笔，悠悠我思。（《裴文达公文集·断碑砚铭》）

裴氏又绘砚图，"索朝贵遍题之"。纪晓岚为裴氏此砚作诗两首：《断碑砚歌为裴漫士先生作》、《漫士先生绘断碑砚图敬题其后》。对此"（苏、王）两公卓荦天下士"之名物，纪"凛然再拜不敢扪"云云。余如彭元瑞、刘纶、钱载等显宦名流亦各有诗题是砚。

裴氏卒后，其子遇当时与袁子才、赵鸥北并称"江右三大家"之蒋士铨，对蒋言裴曰修"生时以不得君诗为憾"，蒋遂为题长诗《王文成公驿丞署尾砚歌》。

覃溪有疑焉

与众多对裴氏所藏断碑砚皆一片颂宝之声不同，考据名家翁覃溪却有异音：

> 证裴氏所藏王文成"驿丞署尾砚"之谬，盖"忆"字在行尾，不在行首。"老"字与"膺"字平，不与"伏"字平也。假若此不今在，亦应云十二字。此不待见其石而知其谬者也。乾隆戊戌六月廿九日（翁氏《复初斋文集·跋墨妙亭诗断碑》）。

我试各种排法，也不得要领。

对照今传董思翁辑刻之《戏鸿堂法帖》所收坡公《墨妙亭传碑》，覃溪之疑，甚是有理。

覃溪所疑，成立与否或可商榷。但其能不从俗流，不附权贵，直陈其疑，确未泯没学者之良心，此正是考据学价值之所在。

王阳明乃一代理学宗师，其只言片语皆为后世所重，检所遗文字中，似并无道及此砚者。当时文人，也未闻有记此砚文字传世。述此"王阳明断碑砚"之文字，皆始自裴氏始。

或果如翁覃溪所考，裴曰修所藏竟赝本？

裴曰修《断碑砚铭》所记又有云：

> 驿丞署尾砚，则明正德元年文成谪贵州龙场驿时也。端溪片石，附两公遗蹟以传，迄今且七百年矣！

抑裘氏所得乃端石所制？若是，则必赝品无疑，坡公诗刻原碑自无刻于端石之理。

纪晓岚咏此残碑砚诗，有所谓"斑斑墨绣阅几姓，瓻棱刘缺尘埃香"句，砚当是遗世有年之物。

《戏鸿堂法帖》所收《墨妙亭诗碑》裘曰修所得残碑十二字部分

是否东坡手书原石所制且暂不论，惜者，自裘氏之后，其断碑砚再无下文，竟杳如黄鹤。真貌如何，后人便也无从得知。

另一坡公手书《墨妙亭诗》遗石所制断碑砚：黄石斋断碑砚，则尚有传为真品之实物存今世。

石　斋

所谓"周公被谤日，王莽未篡时"；所谓"疾风知劲草，板荡识诚臣"。

黄石斋因屡逆龙鳞犯颜直谏，未曾想竟被崇祯目为"大奸若忠"，斥其"尔一生学问，止成佞耳！"后石斋以身死社稷，终以碧血明其丹心。

然石斋亦尝自云不及钱牧斋之"文章意气，坎坷磊落"，何曾料牧斋日后竟为"贰臣"领军？

石斋与倪元璐（鸿宝）、张瑞图（二水）、傅山（青主）、王铎（觉斯），同为明季连绵行草之巨擎。四家之字皆遒爽不坠佻靡，风骨峻朗。然石斋殉国、鸿宝死难、青主守节；而二水有附阉之污、觉斯降清之耻，是"书如其人"而又未必尽如其人也。

黄道周小像，《国粹学报》刊

石斋家乡漳浦山间，有孤岛曰铜山，山有石室，乃石斋少时居乡读书所在，因号"石斋"。《明史·本传》评曰：

> 道周以文章风节高天下，严冷方刚，不谐流俗，公卿多畏之。

其方峻之个性，确堪当坚贞之"石"。

石斋之妻蔡夫人亦精书画，诗书逼似石斋。巧者夫人名"润石"，真可谓天作之合。

黄道周（1585～1646年），字玄度，号石斋，福建漳浦人。天启间进士，授翰林院编修，以道德文章名满天下。弘光朝武英殿大学士。南都陷，与郑芝龙在闽拥立隆武。兵败被俘，从容就义前，尚作书画多幅以偿笔债。

石斋率"锄头扁担兵"北伐，兵败被俘之地竟为徽州婺源。

恨吾砚乡竟成石斋罹祸之地，一叹！

黄公得之琢其背

黄石斋所得断碑砚，存东坡遗字十七，亦四行，曰：

> 吴越胜事、书来乞诗要、尾书溪藤、视昔过眼。

石斋得石后，将之琢以为砚。背面中略凹为池，镌隶书"断碑"二字于右上角，下角镌"道周"篆书二字印。右侧刻楷书铭十二字：

> 身可污，心不辱。藏三年，化碧玉。

汉人《大戴礼记》所载"太公金匮砚铭"曰:"石墨相著而墨,邪心谗言,得无污白(或曰"元得污白")。"此铭"身可污,心不辱"当袭用其意,言坚守清白之信念。

如王阳明断碑砚一般,今人可见之黄石斋本人及同时人所遗文字亦未言及此砚。须至乾隆间,此砚始为世人所知。

俗语所谓"旱的旱死,涝的涝死。"清人所传两东坡断碑砚面世后之境遇,恰如此言。

较之王阳明断碑砚,裴氏之后便归于沉寂不同,黄石斋此断碑砚,则从此热闹非凡,不仅"流传有绪",更是"分身"、"替身"屡屡见之记载,不曾少歇。自乾隆年间以降至今,众说纷纭,除文字记载外,所知见刊之砚拓或砚照,就出现有至少九种以上版本。

一"花"竟开九"叶"!

诚使人真赝难辨,难择"真坡"。

一 "花" 有图

最早刊黄石斋断碑砚砚图者,为张燕昌所著之《金石契》。云乃摹刻自原砚原拓。

《金石契》砚

张燕昌(1738~1814年),字芑堂,号文鱼,浙江海盐人。工画、擅诸体书,尤好作飞白,精篆印、勒石。为"西泠八家"领袖丁敬高徒,乾嘉间著名印人。所著《金石契》一书,收录鼎彝碑石资料达数百种。

断碑砚图后还附刊有张芑堂及厉鹗(樊榭)、丁敬(敬身)、朱辰应关于砚之诗文题跋。张芑堂记砚之流传:

> 右苏文忠公《墨妙亭诗》残刻,石斋黄公得之,琢为砚。旧藏吴兴姚玉裁世钰家,后归桐乡汪氏求是斋。俞通贤朝泰以搨本见赠。因忆庚辰冬,雪夜同陈无轩

焯、沈芥舟宗骞遊妙墨亭，登六客堂时，李有莘太守有志复古，惜未得见此砚也。

砚原藏者姚世钰，字玉裁，号慧田，浙江归安人。生于康熙四十二年，卒于乾隆二十二年，年五十五。诸生。少嗜学。负俊才，与弟汝金有"二陆双丁"之目。性好山水，善交游，与金农、厉鹗等称莫逆交。穷厄以终。世钰诗古文清隽高洁，全祖望尝称为今世有用之才。生平学问，以何焯为宗，贯穿经史，所有考订，必详核精当。著有《孱守斋遗稿》四卷。

姚世钰居扬州，与金冬心、厉樊榭等人境遇相同，皆依以徽商为主之盐商讨生话。姚氏故后，赖扬州"二马"周恤其家，出资开雕付印其遗文。故姚氏之后，砚归于另一盐商收藏家、徽州人汪学山之求是斋。

《扬州画舫录》卷十五载：

> 汪允口，字学山，载南之弟。子廷挻，字度昭，立瓜州普济堂，活几千人。载《两淮盐法志》。孙灏，字右梁，号竹衣，性古雅，工诗画。家蓄古人名画极富。西园曲水，即其别墅也。

此位汪学山，不仅乃一大盐商，更是一有作伪"前科"之收藏名家。

汪家曾有"调包"案？

《扬州画舫录》又记汪学山二兄：

> 汪廷璋，字令闻，号敬亭，歙县稠墅人。自其先世大千迁扬州，以盐荚起家，甲第冠江南。人谓其族为铁门限，父交如，术士谓其命天狗。守财帛，富至千万，寿八十。子二，令闻其长子也。好蓄古玩，晚筑六浅村自居。汪允倓，字载南。交如之弟。乐善好施，谙药性，施紫再造丸，一粒千金弗屑也。子廷珍，字君赞，好谦。孙二，義字暨和，义字质夫，质夫江鹤亭（春）之婿也。

民国陈去病《五石脂》一文有云："扬州之盛，实徽商开之，扬盖徽商殖民地也。"汪学山家族乃由歙县迁居扬州，学山侄汪廷璋乃大名鼎鼎之清代八大盐商之一，还是乾隆八大盐商纲总、歙县江村人江春姻亲。今日扬州名胜西园曲水，即原为学山别墅。

《扬州画舫录》仅一句"家蓄古人名画极富"来概言汪氏收藏，只此轻描淡写之一笔，竟包括有《五牛图》此等重器。

北京故宫博物院所藏，韩滉《五牛图》——牛前蹄下，有朱文印曰"学山玩"，盖曾为汪学山求是斋故物。图上有两题，一云："乾隆己未（1739年）中秋，钱塘金农、归安姚世钰同观于桐乡汪氏求是斋。世钰记。"一云"丙寅（1746年）嘉平月，与西湖僧明中再观于求是斋。愈见愈妙，真神品也。稽留山民金农又记。"

　　乾隆十六年（1751年），乾隆首次南巡，驻跸扬州，扬州盐商纷纷献宝，汪学山以《五牛图》进呈，乾隆得画后珍爱异常，亲题一绝句于图。

　　据云汪学山所藏还有一《五牛图》，后亦被收进故宫。显然汪氏两图，必有一真一仿。

　　常理，当是汪氏自匿真本而进献仿本以糊弄乾隆。清代此种"欺君"之事并不鲜见，此前之高江村（士奇）即常将古名迹真品秘藏，而将仿本充真进献"恩公"康熙邀宠。

　　乾嘉间金石名家偃师武虚谷（亿），购得晋碑《刘韬墓志》，日夕抚玩，珍秘特甚。亟仿刻一石，以应付求观及索打拓本者，真品秘藏于柜。虚谷死，其侄疑柜中所藏乃重宝，夜盗之出，启之，见是一石，怒而弃碑于河，《刘韬墓志》原碑竟致湮没！

　　黄石斋断碑砚，从丁敬之记载看，极为可疑，或汪氏得断碑砚真品后，亦弄出另一"替身"示人？

古砖断碑？

　　《金石契》所收丁敬《断碑砚诗并序》云：

　　　　碑为苏文忠公《墨妙亭诗》手迹。缺泐之余，仅存一十七字。明漳海黄公石斋得以为砚，上隶刻"断碑"二字。下勒"道周"小印。微凹其中，以受墨汁。土花周遭，入手轻腻，盖古砖也。今归吾友汪子学山求是斋中。学山手搨墨本装册，请三数交好斐章以纪清胜，时则庚申岁之余月。

　　　　黄公遗砚何堪崿，曾是苏诗断碑作。纵几三寸广美黍，略就砻磨谢雕凿。
　　　　搨本谁传墨妙亭，砚材今压香姜阁。藏归石斋记小印，搜出蒿垣烦大镬。
　　　　模糊苔髓尚渍面，斑驳土痕犹透膜。裂余遗字如疏星，色正芒寒炯联络。
　　　　篇章缺折句虽颇，策掠横飞骤仍渴。爱之欲与三日卧，宝以须闲一宵撄。
　　　　元祐党人碑足重，□下完人砚堪恪。垂云骑尾各千载，俯仰摩挲增叹嚱。
　　　　袭来直可并琼瑶，用处宁徒写糟粕。君不见同时蔡魏碑，磊落牧竖耻将牛砺角！

　　张芑堂是得友人俞朝泰以断碑砚搨本见赠，遂将搨本摹刻入《金石契》。其本人似并未见过实物，故其跋文无砚样貌之记录。

　　丁敬是汪学山好友，从砚诗看，应是见过原石。其说砚"土花周遭"、"模糊苔髓尚渍面，斑驳土痕犹透膜。裂余遗字如疏星，色正芒寒炯联络。"皆状砚之包浆、颜色；"入手轻腻"、"俯仰摩挲增叹嚱"，更证明其曾亲自上手搢抚，方有此种体会。

　　丁诗所透露之信息极严重：汪氏砚乃"盖古砖也"！

　　以砖刻碑，孙莘老岂能如此轻漫东坡手迹？

　　故丁敬所见之汪氏砚必伪，盖坡书残碑必是石刻而非砖铭。

行笈断碑长周旋

汪氏之砚应不真，但砚图后一时人朱辰应之题跋甚重要，其可证黄石斋断碑砚真有之：

先太傅文恪公，旧藏米海岳砚山。阅三传至公曾孙竹垞太史，携至京师，王尚书阮亭见之叹为奇物，赋长歌焉。先时，公少子尚宝公（原注：讳大定）曾出以赠公门下士石斋黄公，公以先师所宝，不敢受，只题四章而去。太傅文孙上舍讳茂旸《阐德录》疏其事，且云：行笈中止断碑一砚。则是物盖早与石斋周旋矣！

其后石斋谴戍下狱，备历艰苦，庄烈帝终以儒者优容之。则所云："亲从霹雳推车过，又得滂沱自在春。"是砚盖亦患难中一友也。读其铭词，犹可想见。明命既倾，石斋致命唐藩。先尚宝间关东浙，石斋寄尚宝手简，以"隆中有子，昼锦有孙"为勖，不知仍用是砚否邪？又闻石斋兵败婺源，其夫人致书石斋，言："忠臣有国无家，勿以内顾为念。"所用者，更有他砚邪？是不可得而考已……

朱辰应（生卒年不详），字载坤，号清谷，秀水人。朱竹垞族孙。诸生。与其妻徐氏俱善文辞，家虽赤贫，夫妇唱酬甚乐。有《清谷文钞》传于世。

"先太傅文恪公"，即朱竹垞从曾祖朱国祚。明万历十一年状元，历官至户部尚书、武英殿大学士，卒谥文恪。

"尚宝公"，即国祚少子朱大定，曾官尚宝司卿。清兵下江南，朱大定起义兵抵抗，兵败被俘后就义。

石斋为朱国祚天启二年任主考时所取士，与朱氏有师生之谊，故与国祚子大定交好，大定甚至欲以家传名物米芾南唐砚山举赠。两人又为抗清同志，石斋寄信以诸葛亮子诸葛瞻（率蜀军与入蜀之邓艾战，败死）、韩琦孙韩浩（南宋初守潍州，战死）为国尽忠之事（"隆中有子，昼锦有孙"）勉励大定。

"太傅文孙上舍讳茂旸"，朱国祚之孙茂旸，即朱大定之子或从子。以朱家与石斋之交情，朱茂旸所记"行笈中止断碑一砚"当必无误，茂旸极可能亲眼见过其砚。

故黄石斋原有一断碑砚必可无疑。

一"花"有记

与张芑堂同时之曾宾谷所撰《赏雨茅屋诗集》，不仅收有其《题裘文达公断碑砚图》，还收有其作《黄石斋先生断碑砚歌》，后者序文所记：

坡公题墨妙亭诗断碑一，分存十六字，凡四行，一行曰"吴越盛事"、一行曰"书来乞诗要"、一行曰"尾书溪藤"、一行曰"视昔过眼"。以背面作砚，右偏之上刻"断碑"二字，隶书。下刻"道周"二字，印篆。左偏刻竹垞铭曰："身可污，心不辱。藏三年，化碧玉。"为八分书。予得于广陵市上。

此坡书断碑四行只十六字，少"书来乞诗要"之"要"字。隶书"断碑"及"道周"篆印同，"身可污"十二字铭亦同，而字体却为"八分书"，更云乃"竹垞铭"。此为曾氏所记自藏者，必无错讹。

曾宾谷在嘉庆时官两淮盐运使，治所正为扬州（广陵）。砚当其任上所得。

梁绍壬《两般秋雨庵随笔·黄石斋断碑砚》亦记曾氏得此砚事。清人姚元之《竹叶亭杂记》、近人邓氏《骨董琐记》、黄宾虹老人之《虹庐笔乘》等也引此说。

清季刘建封《砚乘》记其尝得一黄石斋断碑砚，与曾宾谷所获铭文相同，十二字铭亦竹垞所铭。惜刘氏砚亦无图可考，无从说起。

另有五"叶"

一、《谢氏砚考》图

又一张芑堂同时人谢慎修所著《谢氏砚考》（下文略称《谢考》）亦载一此砚绘本。

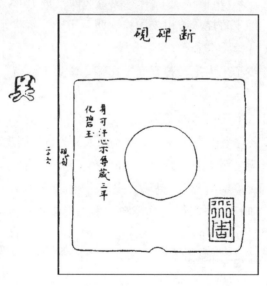

《谢氏砚考》砚图

不知何故，残石背之苏字惟摹一"吴"字。砚面作圆池，有"道周"印及"身可污"十二字铭，无"断碑"二隶字。

图后录有《金石契》张芑堂及丁敬身两跋，似本自《金石契》。"断碑"二字或其漏绘？

二、《砚铭》拓

清人韩应阶《砚铭》收一拓，背遗十六字（"要"字残大半）。砚凹池范围较大，"道周"印略长。或拓不甚清晰，或砚面斑驳之故，隶书"断碑"及"身可污"十二字铭文不明。

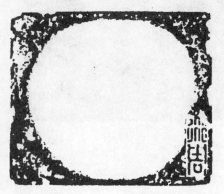

《砚铭》砚拓

砚拓有跋云：

道光戊申四月十日（后两印不可辨）。此为杨子云物，得之纪半樵大复。与《金石契》本不同，然色甚古，究不知谁为真也。即日又记。□□（印）、修竹山房（印）。

知此拓之砚原为嘉道时上海书画篆刻家纪大复所有。

纪大复（1763～1831年），字子初，号半樵，又号迷航外史，上海人。善山水，不多作。工隶书，尤长铁笔。在文、何之间。卒年七十。著《灵萍诗》。

纪氏之后，砚归杨子云（其人俟考）。

三、《砚影》拓

近人王继香《砚影》所刊拓，其略异者"身可污"十二字铭偏左下角，款为"竹坨铭"。

《砚影》拓

此砚,坡字、朱铭皆纤弱,非大家手笔。

四、《国粹学报》拓

拓载光绪三十四年刊行之《国粹学报》第四十期。

只刊砚背,砚面未刊。砚拓有晚清画家沈塘(字莲舫,号雪庐,吴江人)一记:

> 苏文忠《墨妙亭诗》残石,石斋黄公凿以为砚。断碑砚上刻"断碑"二隶字,
> 下刻"道周"朱文印。左旁刻铭十二字,曰:"身可纤,心不辱。藏三年,化碧
> 玉。"辗转流传,名人题咏甚多。后归桐庐袁太常昶安般簃收藏。庚子京师之变,
> 太常慷慨殉义,家毁于匪,此砚不知流落何所。敬将搨本入铜,以志伤感。

《国粹学报》拓

此拓原砚藏者袁昶（1846～1900年），字重黎，一字爽秋，桐庐人。光绪二年进士，历官户部主事、总理衙门章京，办理外交事务，后任江宁布政使，迁光禄寺卿，官至太常寺卿。光绪二十六年，义和团进京。慈禧及端王载漪嗾使攻打各国使馆，袁昶竭力反对，力言"杀公使，悖公法"，被载漪矫旨逮杀。宣统元年，追赠昶为"忠节"。

袁昶少负俊才，曾从刘熙载求学，宏通淹博，睥睨一代。一生著述甚多，传世有《安般簃诗续抄》、《手湖小集》等。袁昶《手湖小集》卷六有《所藏漳浦黄公断碑，既为诗以志其事矣。再颂研德运想慨然》，诗云：

片石痕犹攫虎螭，分行翦铁入沙治。英云一缕漫藏碧，妙墨千年此裂碑。

萧瑟泓峥坡老节，芊绵滂礴石公诗。藏之大上涤山深窈，笑电噫风长护持。

同书卷四《三长物》诗云：

一螺点漆程君房，几弓藏经贝多叶。并与黄公断砚碑，此即吾求三长物。

断碑砚乃袁氏珍爱之长物，另两斋中珍品当是一程君房墨及几叶贝叶佛经。袁被杀，家被义和团所毁，砚便不知所终。

五、《广仓研录》拓

从拓片看，正、背与《金石契》者仿佛。

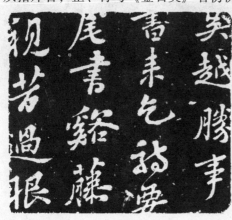 

《广仓研录》拓

邹安题拓片之跋甚有意思：

仿刻甚多，此原石，与《金石契》同。

六、《艺林月刊》

民国文博杂志《艺林月刊》第十三期刊拓，与《金石契》者大相近。拓有傅严隶书题：

东坡墨妙亭诗残石十七字，黄忠端得之琢为砚。旧为吴兴姚氏所藏，继归桐乡汪氏，见张芑堂《金石契》。不知何时流入闽中，辛巳大冬，以二千泉得之骨董肆中。

傅严，生平不详。

《艺林月刊》拓

杂志编者云："玩铭词之意，似是（黄石斋）兵败被执后所镌，满腔忠愤，碧血千年不化矣！"

此砚，从其拓"石花"看，似仿品。

苏家二品

砚拓刊《中国文房四宝》1996年第1期张树基先生所撰《墨妙亭诗碑与断碑砚》一文。

其石缺右上角，故脱一原碑"视"字。原有无"断碑"二字已无可考。余同《金石契》。张文中云："左刻朱竹垞八分书铭（十二字）。"实此拓似不见竹垞款，字亦非隶书。

《中国文房四宝》拓

　　张文叙传砚源流，姚、汪后，"或云南城曾宾谷侍郎尝得之扬州市上。同光间在吴县潘伯寅之郑盦，后入桐庐袁爽秋之沤簃。宣统中，在贵筑王仲猷处，民国后在杭州杨见心之丰华堂"。至"建国后，辗转入苏仲翔先生之钵水斋"。

　　潘氏郑盦，即潘祖荫（1830~1890年）。其字伯寅，号郑盦，祖籍歙南大阜，先世迁居苏州。光绪时官军机大臣。其祖为道光间大学士潘世恩。吾邑称为"祖孙宰相"。

　　王仲猷，民初有河北通县人王丕谟，其字仲猷。曾与鲁迅同事，任北洋政府教育部社会教育司主事等职。

　　杨见心，名文莹（1838~1908年），字雪渔，杭州人。光绪三年进士，官贵州学政。工书法，笔力瘦劲。

　　苏仲翔，名渊雷（1908~1995年），号钵翁，浙江苍南人。擅文史。

　　已故沪上文坛耆旧施蛰存先生藏断碑砚旧拓二纸，刊其著《北山谈艺录》。此砚"身可污"十二字铭后之款，则与前者诸砚又不同，为"晚村手勒"。

《北山谈艺录》拓

施先生认为此砚即《金石契》所著录者。且认为《金石契》砚图有隐情，其云："厉樊榭、蒋心余、丁敬身均有诗题咏，并不及晚村刻铭事，盖当时有所讳言也。"

施先生所言砚之传承：姚、汪、潘至"辛亥鼎革后，为杭郡邵伯絅所得，今在吾友瑞安苏仲翔钵水斋中"。

邵伯絅，即邵章（1872～1953年）。其字伯絅，号倬庵，杭州人。光绪进士。北洋时曾任平政院代院长。有书名，当年北京城门之榜书出其手笔。

施先生此拓与《四宝》所刊者，皆云出自钵水斋，但明显是两物。抑或钵水斋中竟有二断碑？或一真一仿？

从施拓看，其背之斑驳石花极刻板，仿刻痕迹明显。《四宝》之拓，则似古气甚多。

今传苏氏所藏者，竟别有两种，可见坡公此断碑砚真品之谜破解之难度了。

铭者何？

综合诸家之说，砚从黄石斋后，自姚世钰以降，汪学山、曾燠、纪大复、杨子云、傅严、潘祖荫、袁昶、杨文莹、王仲猷、邵章，至入今人苏氏之钵水斋，加之铭者朱彝尊、吕留良，此砚二百余年来之可知过手者竟达十余人之多。

不需细较，诸砚不同之处便一目了然。显然坡公一断碑，制不成如此众多之遗砚。

然则，其中何石乃为"真坡"？

更匪夷所思者，再细较上述各砚，竟无两方全同者！

其十二字铭，首句即有"身可纡"与"身可污"两种。

纡，曲也。屈身相就。汙，浊也，同污。纡郁，苦闷盘结于胸。两字之意相近。

而诸砚之最大差异，在于"身可污"十二字铭者版本之不同。略可归为三种：

一、无款者，《金石契》、《国粹学报》、《广仓研录》、《四宝》。

二、朱竹垞铭，曾宾谷所藏、《砚影》及《砚乘》。

三、吕晚村铭，《北山谈艺录》。

它如《谢氏砚考》砚，因摹本过简；《砚铭》砚拓，刊图不清；且暂不论。

巨手怯若此？

"身可污"十二字无款者，有云即石斋本人所作。

朱辰应跋云："其后石斋之谴戍下狱……是砚盖公患难中一友也，读其铭词犹可想见。"考石斋于崇祯十三年五月，因江西巡抚解学龙案被株连，杖十八下狱。十五年八月，获赦复官。为时三年零三个月，朱氏或即指此事？

《艺林月刊》编者所云："玩铭词之意，似是兵败被执后所镌，满腔忠愤，碧血千年不化矣！"则言石斋被执后所作。

蒋士铨亦作题砚诗，有句："十二字铭心不辱，已拼三年身化玉。"亦指其铭被俘后所作？盖石斋被俘牺牲时已是顺治三年。

虽朱与蒋皆认定十二字铭为石斋所镌，但问题是两人皆未见原物。朱乃"阅吾友张苣堂所摹本"；蒋则更只是在京见到《金石契》之摹刻砚图。

历樊榭所题未言及砚铭，丁敬只言有"断碑"二字及"道周"印，亦未言有十二字铭。

或见过实物之丁敬及见过原拓之张苣堂皆有所讳语？

以铭字书法看，朴拙奇倔，与石斋书风似有相近；但从砚面两侧铭文布局看，十二字铭应有名款方为完整。少名款，便左轻右重，格局漏气，大书家黄石斋必不致露怯若此。

黄石斋楷书自作《后死吟》，诗正作于兵败徽州（新安）后被俘于清军营中之时。

实事上，若十二字铭为石斋所作，苣堂诸人自不必有何忌讳，甚至还可为石斋作添花之誉。

《金石契》刊行于乾隆四十三年，在此两年前，石斋方被乾隆钦定为"一代完人"（乾隆给四库馆臣上谕中语），丁敬师生诸人自无为石斋讳言之理。

故十二字铭必非石斋所镌。

供御老翰林

　　早年之朱竹垞，也曾秘通海上郑氏，图谋恢复。但终是入京应试博学鸿词，为了"待诏金马"，而不顾"断送老头皮"去"供御"了！被授日讲起居注官，随侍康熙左右，记录其言行。后入值南书房，以学识渊博深得康熙宠爱，多次被赐参与宫内御宴，且特许在紫禁城内骑马。康熙南巡时，尤不忘召见乡居之朱竹垞，赐赏有加。

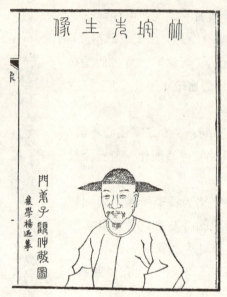

朱彝尊小像《竹垞文类》所刊

　　竹垞虽也曾被劾而贬官，但其罪不过私带学生入内廷抄书。其撰《明诗综》被禁，只因书中选入反清遗民屈翁山等人言论。竹垞《曝书亭集》等四种甚至入刻《四库全书》。《西清砚谱》也收入其铭"井田砚"。

　　所以，若"身可污"十二字铭为竹垞款，应无怕获罪而忌讳之道理，张芑堂、丁敬身诸人何必讳莫如深？

　　事实上曾宾谷书中即明记为"竹垞铭"。

　　更者，竹垞有何"身可污，心不辱"？若解其入清后内心之不甘，则其自作诗多首，皆可证其"供御"后对康熙"皇恩浩荡"感恩戴德之心情。

　　故以铭辞论，当与竹垞中年后之行迹不谐。

　　以铭字论，竹垞乃清初隶书大家。行书似学董思翁，楷书甚少见，应属流美一路，其风格与《北山谈艺录》刊砚及无款者几例之奇倔不类。

　　另者，此砚与岳飞砚一样，何以不见竹垞遗有只言片语道及？

实此一条即可证竹垞铭者之必伪：朱辰应乃竹垞族孙，其题《金石契》汪氏砚，何以未道及此砚曾归竹垞所藏？且辰应对其一门与石斋之交情记之甚详，若其铭为竹垞所作，何必隐匿其家门之荣光？

所以，十二字铭之竹垞款者应伪品。

大儒之绝响

华夷之辨，实质乃孔子以来基于文明角度之民族主义，从此意义而言，吕晚邨便是一位坚定之文化民族主义志士。

吕留良（1629～1683 年），其字用晦、号晚村、耻翁，浙东石门人。明亡，散万金家财结客，兴义兵抗清，备尝艰苦。事败，家居授徒。清廷举博学鸿词，誓死拒荐。后剪发为僧，名耐可，著述甚丰。

晚村宣扬"华夷之辨"大于"君臣之伦"，力主反抗民族压迫，其民族气节对当时士人学子影响极大。

吕留良小像，吕氏《惭书》所刊

雍正时，晚村已故去。因受曾静案牵连，遭剖棺戮尸。著述全被焚毁，达 48 种。其交游者著作中涉及晚村之处，亦被挖改或删毁。雍正甚至还"此地无银"地亲撰一本批吕之"皇帝语录"《大义觉迷录》，诚是用心良苦。

全祖望、纪晓岚乃至袁枚亦皆做过批吕"积极分子"。

晚村抗清时，曾箭伤左股。与晚村同举义兵之亲侄被捕，临刑，晚村送之。两人谈笑如常，"而无一语及家事"。国恨家仇，深埋心底。

砚铭"身可污，心不辱。藏三年，化碧玉。"与晚村抗清事败以后之心志甚相契。

故种种迹象表明，十二字铭当是吕晚村手镌。

讳言晚村也

十二字铭，是否亦有一种可能，如《金石契》、《广仓研录》、《四宝》杂志所刊三例，其铭原就无款？

若铭本无款，张芑堂等人何必故意视而不见？且无款，当即石斋自作，后人何必添加竹垞、晚邨伪款？，此亦可反证铭必有款。

之所以芑堂诸人讳言十二字铭，盖铭乃吕晚村所作，非讳其铭，讳言其人也。《金石契》撰写、刊行之日，石斋、竹垞皆与世无妨，吕晚村则正为时人所忌言。

丁敬题砚之"庚申岁之余月（闰月）"，为乾隆五年庚申（1704 年），距吕晚邨被"剖棺戮尸"之雍正十一年（1733 年）才过七年，自然不能提及。《金石契》成书于乾隆四十三年，其时批吕运动亦尚有余波。且终乾隆一朝，"文字狱"竟达百余起，文人心有余悸，对"历史反革命"吕晚村之文字讳莫如深乃情理中事。

吕晚村好砚，与黄梨洲（宗羲）昆仲相善，梨洲弟晦木（宗炎）即以善琢砚名世。晚村《文集》收有砚铭多首，所铭传世砚亦有多方。

晚村书法亦有勃郁之气，传世数方晚村遗砚，铭文楷字风格与《北山谈艺录》刊拓及无款者几例相近。

故而，汪学山求是斋原藏之黄石斋断碑砚，其"身可纡"云云十二字铭真相当如施蛰存先生所考，丁敬身诸人虽均有诗题咏，却刻意避谈晚村刻铭事，盖当时对晚村有所讳言也。

吕晚村手扎。民国初年商务印书馆影印本《吕晚村墨迹》所刊

九九谁归一？

史上有一方黄石斋所藏坡公《墨妙亭诗》断碑砚当可无疑，有朱辰应所记为证。汪学山所得之物乃经吕晚村所藏，砚上十二字铭为吕晚村所作，亦基本可确定。

如此，前列曾宾谷、《砚影》及《砚乘》三例十二字铭为朱竹垞者当伪。而十二字铭无款诸例，当皆仿刻《金石契》砚图，亦伪。只汪氏原藏与施氏拓有真品之可能。

按常理，最原始者最近真相。

但丁敬所见汪氏砚乃一古砖所制物，故亦赝。但不能排除汪氏效《五牛图》故伎，隐真示伪。施先生所刊之拓，"石花"甚不自然，不似原物。另一《四宝》所刊亦云苏氏所藏之拓，古气甚浓，但十二字铭又无款，亦当不真。此无款之砚若原物，有一可能，即后人为避祸将砚上晚村款磨去。但即有施拓之仿作传世，其真本当未磨去铭款。

余之推测：石斋得断碑后，将之制成砚，镌"道周"藏印其上。砚归吕晚村后，镌上十二字铭，并署"晚村手勒"款。晚村之后，砚归姚氏，继归汪氏。张芑堂摹砚拓刻入《金石契》时，为避"文字狱"之祸，隐去晚村名款，"晚村手勒"四字遂从人间蒸发。其后以讹传讹，"仿刻甚多"，无晚村四字款者，当皆《金石契》行世后所摹刻。

之所以又有竹垞款者出现，疑摹自晚村原物，因讳晚村之名，又因竹垞名高，便移花接木，吕冠朱戴了。其若仿刻自《金石契》，人皆以《金石契》之图为参照标准，何必画蛇添足，落人口实？

当然，尚有一种可能：吕晚村原藏之断碑砚，原即古砖所制而非汪学山隐真示伪之仿品，吕晚村所藏自必一赝品。

事实上，连"母本"石斋原砚亦有可疑，盖有明末人摹刻自《戏鸿堂法帖》之嫌。

依然是迷障

今日坡公《墨妙亭诗》碑刻唯有《戏鸿堂法帖》本，然为翻刻之物。清人钱泳有考证云：

> （诗碑残石）其一片嘉靖中王阳明守仁谪龙场驿丞时得之，曾琢为砚，存十二字，见裘文达公日修记。一时朝贵俱有诗，蒋心余七古一首尤为绝妙。其一片天启初黄石斋道周得之，亦琢为砚，存十七字，为吴兴姚玉裁所藏，后归桐乡汪氏，当时如厉樊榭、丁龙泓、蒋心余诸公亦各有诗纪之，载吾友张芑堂征君《金石契》中。余幼时犹见拓本，今《戏鸿堂帖》所刻全篇，是思翁取旧刻重摹，非真迹入石也（《履园丛话·碑帖·墨妙亭诗刻》）

《戏鸿堂帖》，16卷。原为木版摹刻，后版损，以石重刻。此刻帖虽为明代曾风行一时之名刻，选辑者董思翁又为一代名师，但刻工极劣，被王虚舟斥为"字字失真，为古今刻帖中第一恶札！"（《阁帖考正》）虽此丛帖摹刻不精，但由于董思翁收藏即富，眼界又高，故该帖于取材上有优胜处，使许多今日无传之名人法书得以存世，坡公《墨妙亭诗》即一例。

从《墨妙亭诗》帖之书法看，虽刻工生硬，但明显纯为"苏体"，从原石拓本所摹当可无疑。

《戏鸿堂帖》刻成于万历三十一年（1603 年），倘石斋之砚果如钱梅溪所云为天启（1621～1627 年）初年所得，其帖已行世 20 年左右，其间有好事者摹帖制赝乃极自然之事。

而裴曰修所得"王阳明断碑砚"，却必非摹自《戏鸿堂帖》，盖其断字排序与帖完全不合；但也因之可定，其伪品之可能性极大，况若确为"端溪片石"所制，则更绝伪无疑！

汪学山所得"黄石斋断碑砚"，抛开"盖古砖也"之荒谬不论，视其砚四侧之方整规矩，则已足以令人生疑，盖坡公手泽，即便残字损笔，亦如吉光片羽，后人得之皆珍同球璧，"残碑砚"残其外形又有何妨？何以舍得如此痛下狠手"割爱"！况高明如黄石斋者？

所以，或许史上真有王阳明、黄石斋所藏两断碑砚，但其真貌如何，仍是迷障，难以有解。

至少，裴、汪两家所得恐皆非东坡残碑原石！

《戏鸿堂法帖》所收《墨妙亭诗碑》。汪学山所得残碑十七字部分

笠谷缀语：

一方古砚，见刊者竟有十种版本，且基本各不相同。此或赖《金石契》行世之"功"，亦坡公大名所致，算得砚史一奇观。

附考一　王阳明先生赠弟竹扇——阳明先生太"见外"

《艺林月刊》第 79 期刊一"明王阳明先生赠弟竹扇"。扇骨双面镌云：

湖上群山落照晴，湖边万木起秋声。何年归去阳明洞，独掉扁舟鉴里行？正德九年甲戌四月，蒙擢南京鸿胪寺卿。忆归越无期，适守文弟归省前嘱写韩文公《进学解》一篇。端楷书就，未知当意否？素叨雅爱，敬述鄙句以志之。六月四日兄守仁拜草。

双面各镌三印："伯"、"安"、"良知"。

编者解云：

此竹扇手泽莹润，知如血珀，行书秀劲，确为阳明之笔。阳明未尝工刻竹，不知谁为刻者？观其风骨棱然、神彩轩朗，定出名手也。

观此扇铭，铭字写、刻固不劣，然赝迹亦明显。铭文书诗一首，跋语却言为韩愈《进学解》（名句"业精于勤，荒于嬉；行成于思，毁于随"即出此篇）；铭文纯是行楷，跋语又言"端楷书就"；即是书赠其弟守文（阳明三弟），却何出"素叨雅爱"见外语？

检得伪铭四句诗出处，乃《王阳明集·外集二》所载"正德甲戌年四月升南京鸿胪寺卿作"之"南都诗四十七首"，但题为"书扇面寄馆宾"。馆宾：私塾先生也。

阳明此诗前一首为《守文弟归省携其手歌以别之》。作伪者乃是借用此题与《正德甲戌年四月升南京鸿胪寺卿作》及《书扇面寄馆宾》两诗"合成"而已！

竹扇，怀袖雅物也。只阳明倒吃过竹子之苦头，其早年效宋儒格物穷理之道，"格"（观）竹七日，无所得且罹疾（事见阳明《传世录》），即哲学史之"守仁格竹"。

明王阳明先生赠弟竹扇

附考二　黄道周洛神赋端砚——出生三月能铭砚

原天津艺术博物馆藏一砚。长方形，门字池礲、纹边，背覆手内刻洛神形象，手举灵芝临波而行，所谓"飘忽若神，凌波微步"。隶书铭"折芳馨兮遗所思"，款隶书"陈介夫"，印"珍"、"玩"。砚周镌小楷节录《洛神赋》，跋云：

> 万历乙酉五月下流，偶坐小窗。摘录《洛神赋》聊书于砚旁以消长夏。黄道周。黄、生（印）。

陈介夫，字伯儒，闽县人。约明神宗万历三十五年前后在世。性旷达，精书画，好吟诗，与弟俱以诗名。著有《招隐楼稿》、《画史汇传》行于世。

"折芳馨兮遗所思"，引用自屈子《九歌·山鬼》："被石兰兮带杜衡，折芳馨兮遗所思"。

砚铭之"万历乙酉"，为万历十三年乙酉（1585 年）。考诸种黄石斋年谱、传记，皆云石斋出生即在是年。明人洪思所作《黄子年谱》首云：

　　　明神宗万历十三年乙酉二月九日丑时，黄子生于铜山之深井。

　　洪思之父京榜为石斋弟子，长期追随石斋。隆武元年，石斋兵败被俘时，京榜得脱，潜归家乡，着道士服隐居深山，与子洪思共同搜集石斋遗文。洪思年方舞勺，即随其父遊石斋之门，为石斋所器赏。曾于崇祯十七年，随父出席石斋主持之邺山（山在漳州东郊）讲学大会，时洪思方十一岁。以此渊源，洪思之《黄子年谱》所记自为信史。

　　显然，黄石斋纵是天赋异秉，也绝无出生方三月即能铭砚之神通。

　　与此砚款式相若者尚见刊一砚。砚边之夔纹、背刻洛神及周镌之《洛神赋》，两砚如出一辙，惟款印则又归黄莘田。

苏东坡笠屐图砚稽探

——"苏粉"图腾

无 题

癸未秋，余复游蜀中，往眉山谒坡公故居三苏祠是为重中之重。

览祠一过，正回味祠中所藏何道州巨屏书法之汪洋恣肆，忽省何以祠中古今贤达题刻众多，竟未见已故遇古必题之骚坛某钜公手笔？抑或足迹未到？但某公家乡与眉山乃是比邻。

询之祠中工作人员，答曰：某公曾游祠，至于何以袖手无题，则不得而知。

抑在"千古风流人物"苏东坡面前，这位题遍天下之"今朝风流人物"亦有班门不敢弄斧之怯？

东坡好泛交天下之士，尝自谓"上可以陪玉皇大帝，下可以陪卑田院乞儿"；又云"吾眼前见天下无一不好人"。或有评者曰"此乃一病"。

坡公此"一病"，病根无非"仁者爱人"；虽然自家却是"一肚皮不合时宜"。

坡公之天才文艺，汪洋渺弥、横无涯际，人称"苏海"；坡公之生性通达，人称"苏仙、坡仙"；坡公之为政，有浓厚的民本思想，此更令人可敬。其悲天悯人之人文情怀，或雅称曰"南无苏长公佛"似乎也是当得的。

郑板桥心仪徐青藤（谓）笔墨，自称甘作青藤门下一"走狗"；余则颇羡高侪，非羡此公以鞠艺受宠道君之际遇，羡其曾为小史，奉侍坡公，为之抻纸研墨也！

余乃"疑古派"，更是"疑今派"，倘非要选一偶像，那便非坡公莫属了。

"嫡传"有"双包"

三苏祠博物馆藏有一"苏东坡笠屐图"，见刊《三苏祠》等书（彩图11）。

砚为高台抄手。云"左侧篆书东坡在海南访农家遇雨借笠屐回家的故事，右侧刻东坡笠屐图。二级文物。"两侧镌"公"、"瑜"印。惜只见刊刻人物图之侧面，未窥全貌。

三苏祠博物馆藏苏东坡笠屐图

余谒三苏祠时，砚末见陈列，亦未知其藏有此砚。

此砚砚侧线刻东坡笠屐像，不甚高明，且古味不足，似一仿品劣者，故只被定为清代物。其被定为二级文物，纯粹是沾了东坡先生之荣光。

1985 年出版之《海外奇踪》一书，收《琼岛珍物西蜀藏》一文，作者朱玉书先生记其 1980 年在三苏祠，见一"苏东坡谪居海南时赠给他的学生姜唐佐的一个端溪砚，砚的背面还有姜唐佐本人的题记。"题记云：

> 元符三年，东坡移廉州，过琼，端溪砚赠余为别。余得之，不胜宝爱之至。而岁月迁流，追维先生言论，邈不可即，因志之以示不忘云。崇宁元年十月十九日，琼州姜君弼谨识。

《海外奇踪》所刊。亦云即三苏博物馆所藏。

令人不解者，朱先生书中刊出之三苏祠"东坡砚"则为一圆角近长方之云池砚（此砚明显明清人风格伪品必矣），与三苏祠今藏之高台抄手全然不同。

三苏祠或有二方不同之"东坡砚"？

抑或有"狸猫换太子"故事？

"庶出"更种种

除三苏祠所藏之"嫡传"外，其"庶出"又有数方：

一、《静妙轩藏砚》藏

砚云宋坑石，长方门字砚式，墨池落潮处刻鱼纹。背覆手内刻"东坡笠屐图"。像旁及砚侧两行楷铭：

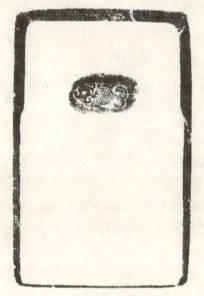

《静妙轩藏砚》所刊

端州石砚，东坡先生携至海南。元符三年自儋耳移廉州，过琼，持以曾余为别。岁月迁流，追维先生言论，邈不可即。倩工镌先生遗像，为辟香之奉云。时崇宁元年十二月十九日，琼州姜君弼谨志。唐佐（印）。

鹤田处士之贻，东坡宝之。绍圣元年。思无邪斋（印）。

此砚明清人砚式，藏者题作"刻东坡像端砚"，似并未作"真坡"看。

二、历史博物馆藏

收入《中国古代文房用具》，长方端砚，硕大。1964 年购于琉璃厂庆云堂。背覆手刻东坡像与静妙轩者略同，铭文则全同。桦木砚匣。内附草书一纸云：

> 东坡在儋耳，一日访黎子云，途中遇雨，从农家借笠屐着归，妇人小儿相随争笑，群犬争吠，东坡曰："笑所怪也，吠所怪也"，觉东坡潇洒出尘之致，数百年后犹可想见。怀希。

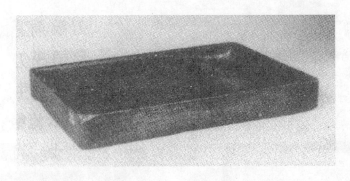

国家博物馆所藏

《中国古代文房用具》撰者认为此砚："从纹饰上，雕刻技法上，砚的形状上看，是明代制品。"诚是。

三、某报所刊

近年发现于江西吉安。介绍此砚之文章云为长方紫端。亦硕大，长达 37 厘米，重达 8 公斤余。云端砚右侧，行楷铭"鹤田处士之赠，东坡宝之"字样，落款为"绍圣元年"，并镌有一方笔画简洁洗练，但却难以辨识的四字篆文长条印章。又云砚背原镌有"孔子依杖图"及数十文字。"文革"中藏家为免不测，将铭文凿毁，但图貌及文末"赠"字尚依稀可辨。

显然，"孔子依杖图"应为"东坡笠屐图"之讹，其难辩四字印应为"思无邪斋"，背被毁之数十字即"琼州姜君弼谨志"之铭。

吉安所发现

此砚据其砚式看，也似明后之物。

四、《广仓砚录》所收拓

未刊砚面，覆手内浮雕"东坡笠屐像"，造型较精。拓模糊不清，边上有数十字铭，隐约可辨有"元符三年自"、"廉州"及可识其半之印"唐佐"，疑其铭亦"琼州姜君弼谨志"云云数十字。砚拓有跋，云："砚今藏合肥龚氏，光绪壬寅六月景张太史自沪上寄赠拓本，瞻仰之余，道貌俨然如见公海南吟啸时也。七月庚午，钱塘后学丁立诚记于竹书堂"。

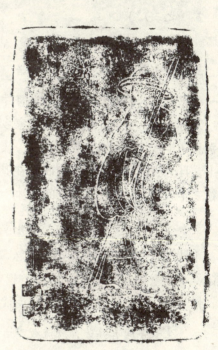

《广仓砚录》拓

合肥龚氏，或指清初诗坛"江左三大家"之龚芝麓（鼎孳）后人或族人。

丁立诚，光绪举人，官内阁中书。

此数砚应为旧物，静妙轩、历博者及此《广仓砚录》砚背之小像甚古朴，堪宜玩味。

砚寄瓣香情

史实中，东坡确有一方赠姜唐佐之端砚。

《东坡志林·别姜君》云：

> 元符己卯（二年）闰九月，琼士姜君来詹耳，日与予相从，庚辰（三年）三月乃归。

东坡文中之"琼士姜君",即姜唐佐。其字君弼。海南琼山人。哲宗元符二年九月至次年三月从学于东坡。东坡"甚重其才",赞其"文气雄伟磊落,倏忽变化";言行"气和而言遒,有中州人士之风。"两人遂成忘年挚友。从东坡寄与姜唐佐之信笺中,可见两人之交厚,且可窥得东坡惜才之高风:

> 今日霁色,尤可喜。食已,当取天庆观乳泉泼建茶之精者,念非君莫与共之。然早来市无肉,当共啖菜饭耳。不嫌,可只今相过。某启上。(《与姜唐佐秀才六首〈之三〉》)

> 适写此简,得来示,知巡检有会,更不敢邀请。会若散早,可来啜茗否? 酒、面等承佳惠,感愧! 来旦必如诺。(《与姜唐佐秀才六首〈之四〉》)

可以想见,姜生曾给予寂寞之海外谪客东坡带来过很多宽慰。

元符三年,姜唐佐辞别坡公回家乡琼山,东坡为书柳子厚《饮酒》、《读书》二诗赠别。同年六月,东坡遇赦将北归,亲至琼山姜家,归还借唐佐之《烟萝子》、《吴志》等书,且为唐佐留墨志别。赠砚当在其时。今人孔凡礼先生所编《苏轼年谱》记东坡元符三年六月十八至十九日之间事:

> 过姜唐佐家,书张巡、颜真卿事。赠唐佐端砚,并为铭。

东坡又曾书赠"沧海何曾断地脉,白袍端合破天荒"联,勉励唐佐用心学业,并允诺"异日登科,当为子成此篇。"崇宁二年,唐佐果然中举,成为海南史上第一位举人,惜其时坡公已仙去二年。后子由代兄给唐佐补足赠诗曰:

> 生长茅间有异芳,风流稷下古诸姜。适从琼管鱼龙窟,秀出羊城翰墨场。
> 沧海何曾断地脉,白袍端合破天荒。锦衣今日千人看,始信东坡眼力长。

《琼台纪事录》载:

> 宋苏文忠公之谪儋耳,讲学明道,教化日兴,琼州人文之盛,实自公启之。

姜唐佐之学业有成,正是东坡敷扬文教于海隅蛮荒之地的功德一例。

黎音笑语说坡翁

"东坡笠屐"故实中所访之黎子云,亦东坡在海南之挚友。其名民表,字子云,儋州黎族土人,能文。家居州东二里许。

东坡父子抵儋之初,无室可居,露宿于旷野。黎众甚是同情,遂用桄榔叶为建一"桄榔庵",以籍暂时栖身。后黎子云及弟威与东坡相识,过从甚密,欣然将旧居让予东坡父子居住。东坡居黎氏宅三年(但据翁方纲考证,让宅之事不实),取名曰载酒堂，意出西汉扬雄"载酒问字"典故。明时载酒堂改称东坡书院，即今儋州东坡书院。

坡公因与黎氏兄弟交往甚勤，故应黎氏兄弟所请，为题墨迹甚多。坡公北归，赋《别海南黎民表》诗词黎子云，其云：

　　我本海南民，寄生西蜀州。忽然跨海去，譬如事远游。
　　平生生死梦，三者无劣优。知君不再见，欲去且少留。

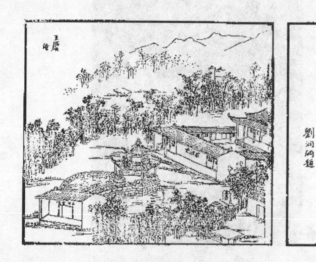

清人所作《载酒堂图》

今儋州东坡书院后进，有东坡、苏过及黎子云三人塑像，上题"鸿泥因缘"，乃化用坡公诗句"雪泥鸿爪"。又有联云：

　　宾主联欢，追思笠屐风流，雪爪尚存鸿北去；冠裳承祀，若问送迎诗句，笛腔犹按雁南飞。

联中之"笠屐风流"逸事，宋人笔记中有载：

　　东坡在儋耳，无书可读。黎子云家有柳文数册，尽日玩诵。一日，遇雨借笠屐而归。人画作图，东坡自赞："人所笑也，犬所吠也，笑亦怪也。"用子厚语。（张端义《贵耳集》）

　　（东坡）从农家借箬笠戴之，着屐而归，妇人小儿相随争笑，邑犬群吠。（费衮《梁溪漫志·东坡戴笠》）

坡公诗《访黎子云》亦记其事：

　　野径行行遇小童，黎音笑语说坡翁。东行策杖寻黎老，打狗惊鸡似病风。

此便是《东坡笠屐圕》之出处，大约天下之犬皆同一"狗眼看人低"之势利眼。

当时即有人将东坡此趣事画之成图，东坡并引柳子厚语亲笔作题，其画便是《东坡笠屐图》之最早版本。各地东坡遗迹如黄州赤壁、惠州东坡祠、儋县载酒堂等等，多有此故事不同版本之碑刻图。

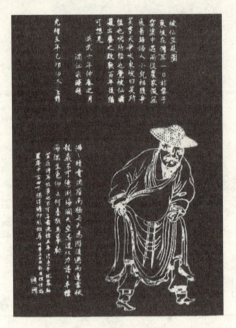

清人摹刻明初宋濂题《坡仙笠屐图》

旷达如坡公，其"狼狈不堪"之事亦是如此为后世所向慕！

亦关乎觜?

今人《苏轼年谱》又引《海外奇踪·琼岛珍物西蜀藏》文，云三苏祠砚：

> 铭见《文集》卷十九卷十九（五五二页）。光绪《临高县志》卷二十三谓此铭"寓临邑作"，非是。

查光绪《临高县志》，其卷十一《流寓》云：

> 东坡……未至儋耳时，寓临高，尝自铭《端砚》及赋《飓风》。

同书卷二十三《艺文》谓：

> 《端砚铭》，苏轼寓临邑作。铭云："与墨为入，玉灵之食。与水为出，阴鉴之液。懿矣兹石，君子之侧。匪以玩物，维以观德"。

此《端砚铭》是否作于临高已难考证。关键在于：若砚上确有东坡此铭，则前刊诸砚乃至诸砚之"母本"，皆非出自东坡赠姜唐佐原物。

鹤因处士、怀希，皆难考。

东坡《思无邪斋铭》，确作于绍圣元年，并以其为斋号。

前文《梅王阁东坡三砚》已叙，"苏大胡子"乃明清以来坡公之"艺术形象"，大概坡公性格豁达，给人"心宽体胖"之错觉。

故刻东坡连鬓大胡像者，当皆非宋砚。

眉山标格

姜唐佐得坡公赠砚，将坡公在海南之"东坡笠屐"逸事刻于砚上以作纪念，甚合情理。

但疑上述诸例姜唐佐铭东坡笠屐图砚，恐是好事者将坡公遇雨与坡公赠砚二事合为一体说事，盖后世文人本将"东坡笠屐图"作图腾看。

坡公之文采风流，时人已视其为偶象，黄山谷即请人绘坡公像张于壁以慰其对老师之念想。后人，尤其清代文人更是热衷于在每年十二月十九日，举行纪念坡公之"寿苏会"、"贺苏会"。此风气之发起似始自超级"坡迷"宋荦（今传有宋氏款"东坡笠屐图砚"）。与会日，除展示与坡公相关之文物及与会诸人吟诗唱和外，必不可少之仪式，乃挂东坡画像而焚香礼拜之，此宋漫堂、翁覃溪等人集中多有咏记。

日韩文人之崇苏亦不遑多让中华，朝鲜历史名著《三国遗事》之作者、高丽名士金富轼及其弟富辙，即因其父向慕东坡兄弟而为二子取名效之。李朝文人更常在东坡生日时，于汉江上景类赤壁之处泛舟唱和以纪念坡公。东瀛文人亦热衷在坡公生日举行"赤壁会"、"寿苏会"之类雅集，江户时代之文人更好摹仿坡公作"赤壁游"。

日人池泽滋子所著《日本的赤壁会和寿苏会》一书，记大正九年所举行之"寿苏会"上，所陈涉苏文物文献中，不仅有海上名家白龙山人王震所画《东坡抱砚图》；更有两方"东坡砚"，一为寓华十余年之印人长尾雨山氏所藏"黄石斋遗爱东坡书墨妙亭诗断碑砚"，另一为印人丁辅之所特寄"苏文忠笠屐象砚"拓片。

历博、静妙轩砚皆款为"十二月十九日"，正为坡公生日，砚疑即仿自某次"寿苏会"上某帧《东坡笠屐图》。

此种赝品砚殊不恶，盖其题材别有意思在焉！

东坡砚伴东坡肉

以"东坡笠屐图"为砚题者，传世物不乏见。

《广仓砚录》收一"清东坡笠屐图砚"。像左下有丁敬身款、印，乃张叔未甥徐同柏"从古堂"所藏，有钱大昕所题观款、计楠藏印。原物今日似在沪上朱氏，砚素池。砚另侧更有"铎音主人制"款、"王氏"、"觉斯"（王铎）印及翁覃溪、张叔未观款。砚背之东坡像衣纹用笔甚是劲健。

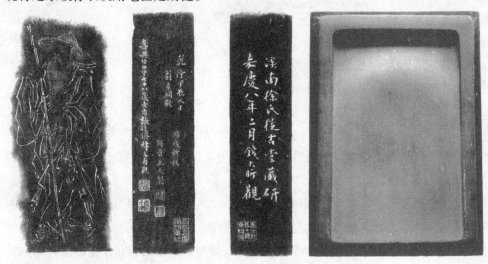

《云间朱孔阳纪念集》所收"王铎砚"，实"东坡笠屐图砚"一种。

但此种纯将东坡目为偶像而镌东坡像于砚上者，与前述数方落"姜唐佐铭"款之砚性质全然不同，一以"东坡遗物"之面目示人；一只造像纪念坡公而已。

翁覃溪《复初斋集》记一"东坡笠屐图砚"。其砚背刻南宋末名画家赵子固（孟坚）所作"东坡笠屐图"，又有元末书画家俞和（紫芝生）、明武宗时阁臣王鏊（济之）、书画篆刻家文彭（三桥）款印。入清，砚被王虚舟偶得于距其乡武进不远之奔牛镇"市屠中"。王虚舟有砚匣题铭，记东坡儋耳笠屐事及得砚始末。此砚诚是蒙尘之明珠。

不过坡公蜀人，嗜口腹之欲，有"东坡肉"为证，其小像砚沦落市井沽屠之中，坡公未必不乐也。

笠谷缀语：

日人南画大师富冈铁斋爱画坡公（此公巧与坡公同一生日。吴昌硕曾为治"东坡同日生"印一枚），曾以坡公为题作百帧以上。余亦好画坡公，酒兴之余常不计楮毫优劣，拿坡公"戏笔"。砚刻坡公题材亦多，日后当效铁斋翁雅意，刻"百坡砚"以供奉坡翁。

余写意于复印纸上之小品《东坡行吟》

苏东坡涵星砚

——保价四百年之名砚?

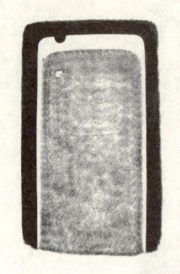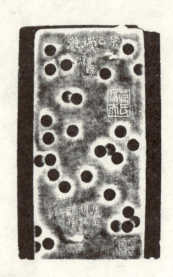

东坡居士涵星砚

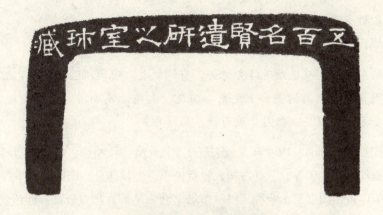

东坡居士涵星砚

楚弓还楚得　梦坡真获坡

　　近人周梦坡藏一"东坡居士涵星砚"，拓片见刊《梦坡室藏砚》。

　　砚为长方抄手，墨池靠上额略左有一眼柱。背抄手内有眼柱甚多，近三十数。上、下两端各镌一铭："癸巳端岩。子瞻记"、"庐山胡泳观。拜记"。靠右镌两印："范氏淳夫"、"九烟藏研"。砚两侧行楷二铭：

　　　　涵星砚，元祐八年三月十日。

　　　　崇祯己卯访九烟于金陵，时方以百五十缗得此砚。相赏之下，知为坡仙遗物，属余题记，因即拈坡仙诗中"与居士，同出入"六字报之，时十月既望。吴应箕。次尾（印）。

抄手手握处有隶书款：五百名贤遗砚之室珍藏。

砚匣有周氏跋铭：

> 东坡居士涵星砚，赠范淳夫侍讲，有诗纪之。明崇祯已卯，为黄九烟所得，乞吴次尾题识。九烟名周星，上元籍。国变，高隐流寓南浔。今得是砚不啻楚弓楚得，爱护愈他砚。癸亥四月梦坡自识。周（印）。

砚藏者周梦坡（1864～1934 年），名庆云，字景星，号湘舲、梦坡，湖州南浔人。秀才出身，经营丝、盐、矿等业。好古物，收藏极丰。春秋佳日，辄约文友举行雅集，制图吟咏。生平编印古器图书三十余种，以《梦坡室获古丛编》质量较高。能诗词、书画。

周梦坡亦以嗜砚著名，刊有《梦坡室藏砚》行世。

"五百名贤遗砚之室"，无考。或亦周梦坡斋号？

虽作半世文　却是百世人

想当初，已成"落水狗"之阮胡子（大铖），百般献媚复社诸公子，而终难摘"阉党余孽"帽子。于是，恼羞成怒，一朝当轴，便"无毒不丈夫"了。

积极向"进步组织"靠拢而竟不得机会，想那阮胡子这可恨之人却也真有些"可怜"之处。

但阮氏终归卖身投清，复社诸人防患于未然似又有其正确性。

清流批阮之"动员今"，逼阮氏狗急跳墙之《留都防乱公揭》执笔者，正是与阮胡子隔长江而居、"一衣带水"之皖藉乡党吴应箕。

吴应箕（1594～1645 年），字次尾，号楼山，池州兴孝乡人。复社中坚人物，"复社五秀才"之首。因草《留都防乱公揭》而名声大躁。

吴次尾虽只秀才，却：

> 罗"九经"（《周礼》等九部儒家经典之合称）、"二十一史"于胸中，洞悉古今兴亡顺逆之路。名虽不登朝籍，而人材之邪正，国事之得失，了如指掌。（朱竹垞《静志居诗话》）

次尾为人：

> 卓荦淹通，豪俊负大志，一贫诸生，挥金帛娱声色，好面折人过，与公卿大夫办论是非得失，赴人患难，缓急如不及。（清人汪有典《前明忠义列传》）

清兵过江，吾徽休宁人金声于乡举义兵抗清，次尾于家乡池州起兵相应。因众寡悬殊，被俘，不屈殉难。

侯朝宗《祭吴次尾》哭故人之慷慨就义云："面冷而苍，髯怒以张，言如风发，气夺电光"。

吴次尾诗歌质朴激昂，其绝命辞只遗一句，云"半世文章百世人"，读之岂不痛哉！

九烟本洁士　九歌及精神

黄九烟（1611～1680年），号而庵，江苏上元人。少育于湘潭周氏，故原姓周，名星。崇祯十三年进士，官户部主事。明亡，九烟遁迹湖州南浔，变名黄人，字略似。与吕晚村等多有交往，晚村有《真进士歌颂黄九烟》诗。

周梦坡题匣所谓"楚弓楚得"，典源本出汉刘向《说苑·至公》，盖"肥水不流外人田"之意。正指黄九烟原名周星，与梦坡同姓，且其流寓于南浔，与周梦坡又属"半个老乡"。

黄九烟为人性刚骨傲，康熙时人钮玉樵所撰《觚剩·樵隐》云黄："性极简傲，或以诗文就见者，非面加姗侮，则哂而置之。"但某次偶读隐士崔金友之隐逸诗后，"黄不觉惊赏曰：'此真铿金霏玉之音也！我向所厌薄者，大率皆蛙鸣狗吠耳'！"黄高士，虽孤傲过人，却并非妄自尊大之辈。

或太过"世人皆浊我独清"，九烟竟在70岁时，自撰墓志，于端午节日，饮酒数斗致酩酊大醉后，竟自沉于水，令时人唏嘘慨叹不已。

或许，幼时长于楚地之黄九烟，于屈骚之精神多有感染。

近代南社奇士黄人（1866～1913年），原名振元。喜谈晚明史乘，思想倾向反清。因慕明末反清志士"四黄"：黄陶庵（淳耀）、黄梨洲（宗羲）、黄石斋（道周）及黄九烟之为人，名其斋曰"揖陶梦梨拜石耕烟之室"（石陶梨烟室），更名黄人。可见黄九烟气节为后人之所景仰。

黄九烟工诗，著有《刍狗斋集》、《九烟诗抄》等传于世。

屏馈范百禄　砚赠范十三

东坡有二诗言及涵星砚，其一《以涵星砚赠范纯夫侍讲》云：

轼近以月石砚屏献子功中书公，复以涵星砚献纯父侍讲。子功有诗，纯父未也。复以月石风林屏赠之，谨和子功诗并求纯父数句。

紫潭出玄云，翳我潭中星。独有潭上月，倒挂紫翠屏。我老不看书，默坐养此昏花睛。时时一开眼，见此云月眼自明。久知世界如泡影，大小真伪何足评。笑彼三子欧、苏、梅，无事自作雪羽争。故将屏砚送两范，要使珠璧栖窗棂。大范忽长谣，语出月胁令人惊。小范当继之，说破星心如鸡鸣。床头复一月，下有风林横。急送小范家，护此涵星泓。愿从少陵博一句，山木尽与洪涛倾。

其二《次范纯父涵星砚月石风林屏》云：

> 月次于房历三星，斗牛不神箕独灵。簸摇桑榆尽西靡，影落苏子砚与屏。
> 天工与我两厌事，孰居无事为此形。与君持橐侍帷幄，同到温室观尧蓂。
> 自怜太史牛马走，伎等卜祝均倡伶。欲留衣冠挂神武，便击云水归南溟。
> 陶泓不称管城沐，醉石可助平泉醒，故持二物与夫子，欲使妙质留天庭。
> 但令滋液到枯槁，勿遣光景生晦冥。上书挂名岂待我，独立自可当雷霆。
> 我时醉眠风林下，夜与渔火同青荧。抚物怀人应独叹，作诗寄子谁当听。

诗中"大范"，即名臣范镇侄范百禄（1030～1094 年），其字子功。官至中书侍郎。"小范"，子功侄，即史学名家范祖禹（1041～1098 年）。其字纯夫（也作纯甫、淳甫、淳父）。官中书舍人，知陕州等。二范出自成都华阳名门，与东坡同乡同僚，交谊深厚。纯夫为人严肃，不苟言笑。晁说之《晁氏客话》记：

> 东坡好戏谑，语言稍过，纯夫必戒之。东坡每与人戏，必祝曰："勿令范十三知"。纯夫旧行十三也。

范纯夫受砚后，亦有《子瞻尚书惠涵星砚、月石风林屏，作歌以送之，赋十二韵以谢》诗谢之。周必大有《月石屏蛾月砚诗》咏坡公此赠砚与石屏事，云："苏公与范子，酬唱涵星泓。"

范纯夫诗有言"端溪千仞涵明星"，知当是一方有眼（星）端砚。

题记苏子容　遗墨苏子瞻

坡公"涵星砚"之摸样，宋人已有记载。

张世南《游宦纪闻》记有两东坡砚。一为时人汪书购得之刻东坡《卵砚铭》者。另一即"东坡涵星砚"，其记云：

> 胡展长伯量，记度常卿涵星砚云：宝庆丙戌秋八月，渝州度史君正奉诏入京师。过金陵，出其所藏坡仙涵星砚，而庐山胡泳记之曰：砚，端石，以石眼在池得名。形方。以今尺度之，可广四寸，其长倍蓰。高寸有半，上广下杀。其阴容掌，不啻面出。玉斗为池，斗之半，微为洼坎，如半月，用以限墨。星在池者十有三，下皆乘以云气。大者四；其二近半月，其二倚南壁。而一复差大而高，外微绿、中黄，瞳如针眼，而绀碧，众星此为独胜。小者九；二倚东壁，二倚西壁，如参、商然；五者中，立，一高、二次，而三低，如聚东井然。汲泉满地，粲粲相辉。半月止墨，玄云黮黮而下，古人制作之精如此。星在阴者二。上列四字曰"癸巳端岩"；下三字曰"子容记"。子容，苏丞相颂。意其初得也。东壁之外，有墨书"子瞻"二字。下有三字，

惟"泓"字仿佛，二不可辨。西壁外，"子功"二字。史君云：砚阴七字，本亦未尝刊。以借观者众，惧把玩之多，遂成泯没，故李氏刊之。

按坡诗有《以涵星砚赠范纯夫侍讲》、《风月石屏赠子功中书》共二首。诗中模状与此砚实合。以年谱考之，当在元祐八年癸酉。砚后归李才元家，其孙家于成都之成都县。史君以百五十缗购得之，外周以二椠匣。盖阴各有朱字纪岁月及土人姓名；外者，"乙亥洋州造，大方志"。内者"辛未杭州，后洋沈上牢"。坡仙元祐己巳以龙图阁直学士、左朝奉郎知杭州。至辛未二月九日，除翰林承旨。则内匣为坡仙在杭作无疑，距作诗为先三年耳。

范、李后为姻家，故砚归李云。

从张氏所记看，砚上有石眼十三个，面九背二。砚原为苏颂物，后归于东坡，东坡手题五字其上。从东坡诗句"护此涵星泓"推测，"子瞻"款下已难辨之二字应为"涵星"。东坡官杭州时，又为砚配漆匣，后复以赠范纯父。或纯父又将砚转赠其叔范子功，所以砚上又有"子功"二字款。南宋时，度正以一百五十缗购自范氏姻亲李才元后人。

涵星砚本端溪云腴上品，更可贵者；过手诸人，坡公与大、小范叔侄外，苏子容与李才元亦贤良士大夫。

先归范舍人　复传李舍人

苏颂（1020～1101年），字子容。原籍泉州，徒居丹阳。幼承家教，通博百家，举凡图纬、阴阳、五行、星历、山经、本草无不钻研。庆历初进士，元祐间官至右宰相。致仕，赠太子少师，享年82岁而卒。谥正简，封赠魏国公。

苏魏公为政主持重，虽与王荆公有同年之谊，但极不赞同王之新法。神宗熙宁间，苏魏公主礼部贡举，王荆公欲破格提拨门人李定（此公后为构陷坡公"乌台诗案"之元凶之一）为御史。苏以不合制，与宋敏求、李大临共拒草诏。诏谕数四，三人故争。神宗怒不可遏，均罢三人知制诰之职。此即史上有名之"熙宁三舍人"。

"三舍人"中之李大临，即涵星砚范纯夫之后之藏家李才元。才元，大临之字也。其为成都华阳人。出身贫寒，登进士。历官绛州推官、秘阁校理、知制诰、知梓州等，以天章阁待制致仕。卒年七十七。史评大临：清整有守，论议识大体，因争李定后名益重。

苏魏公题涵星砚之"癸巳端岩"，为宋仁宗皇祐五年癸巳（1025年）。时在知颍州任上。

涵星砚，由苏丞相（子容）而归苏学士（东坡），再归范舍人（纯夫），复归范之姻亲李舍人（才元）。诸人皆坦荡君子，一朝名士。此砚之大有际遇也。

砚自坡公后，百余年间皆在蜀人手中传藏。从李才元后人处购得涵星砚之理学名家度正亦川人。

度正（1167 年～?），字周卿，合州（今属重庆）人。早岁从朱子学。光宗进士，历知华阳县、知重庆府、太常少卿（故《游宦纪闻》称度"度史（使）君"、"度常卿"），官至礼部侍郎。有《性善堂文集》，已佚。

李才元为成都华阳人，度周卿早年曾官华阳知县，砚必其华阳县任上所得。购砚所费百五十缗（贯），即十五万钱。约合今日人民币七八万元左右。价甚有人情。

为涵星砚作记之胡泳，为高宋名臣胡淡庵（铨）长子。与度周卿同门，亦朱子弟子，曾任白鹿洞书院堂长。

张世南约宋理宗时人，距坡公不过百年左右，与时藏涵星砚之度常卿，记涵星砚之胡泳同时。砚之石品亦与苏、范二公砚诗相符。故度氏所藏，来历清楚，信是坡公真品。

宋钞等明钞？梦坡无真坡！

湖州园林，荟萃于南浔。黄九烟明亡后流寓南浔，无力构园，尝撰《将就园记》一篇，借想象为己筑一汇天下名胜之"黄九烟园林"。故九烟乃南浔之著名寓贤。南浔人周梦坡虽占获黄九烟遗砚之地利，但周氏所得此砚恐是伪品。

《游宦纪闻》所记东坡涵星砚原物，"星在池者十有三，下皆乘以云气"，言砚面砚池有大小石眼（星）13 个，眼周围皆刻饰云纹衬托。周梦坡砚从拓片看，墨池边有一眼柱，眼旁无纹饰。有无其它未起眼柱之"星"则不得而知。原物"星在阴者二"，砚背只两石眼，不似周氏砚之眼柱累累。原砚"癸巳端岩"四字乃苏颂所题，有"子容记"款，而非周氏砚之"子瞻记"。从字体看，显然更非坡书风格，且周氏砚又误"癸巳"为"癸己"；而原物东坡"子瞻"、"□□泳"及"子功"数字，周氏砚皆无有，却多出一"庐山胡泳观拜记"款及"范氏淳夫"印。

如此种种不合，周梦坡所藏显然与《游宦纪闻》所记东坡涵星砚并非一物。

巧者，南宋与明末两砚皆见之于金陵。更荒唐者，四百年后周九烟"以百五十缗得此砚"，竟与《宦游纪闻》所记度周卿所购涵星砚完全一样！

合理之解释：吴次尾铭亦是假冒！当是好事者乃依《宦游纪闻》所记涵星砚而作伪。

周梦坡虽多金且小有才情，但其藏名人砚多赝品，如此"东坡涵星砚"及我别文将证其为赝品之蔡襄"宋第一端石砚"。其它如《梦坡室藏砚》所刊之"米芾卧牛砚"、"朱熹观象砚"等，只从拓片看，其铭亦靠不住。而谱中"高凤翰铭东坡玩砚图砚"、"沈石友藏米芾题石图砚"等，则其伪更明显。

有意思者，周梦坡之字与名相联，正是一常见之以石眼巧做端砚名题：景星庆云，倒与东坡涵星砚石品仿佛。

周氏其号梦坡，当取崇敬东坡之意。然真坡砚，恐梦坡先生只有在梦里寻觅了。

笠谷缀语

此伪品为抄死书者戒。

附考一　苏东坡雪浪石——或有一真璧

石因人成名

东坡雪浪石，被后人称为"宋代第一名石"，旧时"定州八景"之一，所谓"雪浪寒斋"。实彼种石材原是定州曲阳寻常可见之物，"燥而无声"（《云林石谱》）。因着坡公之品题，定州雪浪石便忝列名石之林，此坡公如掾大笔"点石成金"之魅力所在。

石乃东坡绍圣初年知定州所得。坡公《雪浪斋铭并引》云：

予于中山后圃得黑石，白脉，有如蜀孙位、孙知微所画石间奔流，尽水之变。又得白石曲阳，为大盆盛之，激水其上。名其室曰"雪浪斋"云。

尽水之变蜀两孙，与不传者归九原。异哉驳石雪浪翻，石中乃有此理存。玉井芙蓉丈八盆，伏流飞空漱其根。东坡作铭岂多言，四月辛酉绍圣元。

孙位，唐末会稽人。善画龙水、人物等。唐末随僖宗入蜀，蜀人画皆以位为师。

孙知微，字太吉。宋初眉州人。信道，号华阳真人。善画道释人物及山水。

坡公将雪浪石纹理比之"二孙"妙笔，因石纹极具画意也。

坡公复有《次韵滕大夫雪浪石》二首咏赞此石。有状石句："画师争摹雪浪势，天工不见雷斧痕。离堆四面才江水，坐无蜀士谁与论"；"俄顷三章迄越州，欲寻万壑看交流。且凭造物开山首，已见天矣出浪头。"

东坡后被贬知英州，雪浪石乃留定州。建中靖国元年，诗人张芸叟（舜民）知定州，因仰慕苏东坡，为修葺雪浪斋，以待东坡来归。同年九月，东坡自岭南遇赦北归，不幸病逝常州。张芸叟睹石思人，唏嘘不已，撰《苏子瞻哀辞》，痛悼故人。

张芸叟以后，"盆石逐渐湮没"。

今存五品

东坡雪浪石，因名气大，鱼目混珠者亦不少。今存世五品：

定州二石：前雪浪石：高 70 余厘米。明万历年间，原盆、原石先后被真定县令郭衡阶与定州知州唐祥兴发现。康熙间州牧韩逢麻将盆、石移置原康熙行宫众春园（今在一医院内。我曾专往访之，石无恙，亭将倾）。后雪浪石：乾隆时赵州刺史李文耀，又在所辖临城掘得一两米余白色太湖石，上刻"雪浪"二字。乾隆命移置于定州众春园，并撰《御制雪浪石记》，题为"后雪浪石"；而题前之黑石为"前雪浪石"。

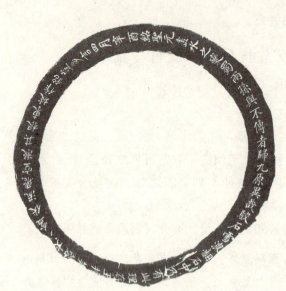

定州前雪浪石盆铭旧拓，刊《北京图书馆藏中国历代石刻拓本汇编·北宋》。清吴式芬考曰："原刻久为妄人铲去，今所存者乃后人重为"。或云东坡原铭遭党禁之后已被毁，明真定县令郭衡阶所获非原题，乾隆间，郭氏所获盆之铭复被人磨去，今者应为再摹刻本。尝见刊翁方纲所题盆铭拓本，当为乾隆未磨时铭。

定州前雪浪石

定州后雪浪石

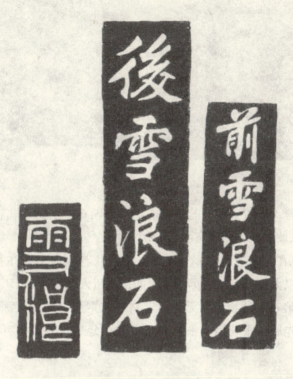

定州前、后"雪浪石"题名 篆书为后雪浪石上原铭，行楷二题为乾隆所题。

镇江二石：俱藏金山寺。传原在定州，先后归端方、厦门林氏、镇江于氏，民国时归金山寺（余2003年尝得一观，2007再游，秘藏不复见矣）。其小雪浪石：高60厘米余。略呈三角形，嵌入树根座内。色灰黑。背及两侧略平，题刻累累，计有："东坡居士书"款《雪浪石诗》及清人李彦章、郭尚先等题跋。大雪浪石：宽近一米。形若屏风，其表沟壑纵横，似乱石铺街。背有民国镇江甲骨学者叶玉森（字荭渔，号中冷）篆书铭"苏髯米颠，或揖或拜"云云32字。

镇江小雪浪石

镇江大雪浪石正、背

　　南京瞻园藏一石，来历不明。若到置心形，似湖石。上镌"雪浪石"、"东坡居士书"。色、纹不类东坡文字，铭字甚劣，必伪。

　　镇江二石，"原在定州"之说似无确证，色、纹与东坡文字亦有差距，亦当伪铭。定州后雪浪石，竟以太湖石冒名，据云乃康熙初苏州人、临城令宋广业所为。

　　最近东坡"雪浪石"原物者，无疑乃定州之前雪浪石。此石深得乾隆推崇，作咏石诗三十余首，并先后命张若霭、张若澄兄弟（张廷玉子）及董邦达、钱维城绘制四幅《雪浪石图》。

避暑山庄所藏张若霭绘《雪浪石图》。乾隆评价极高，题之又题。

略有疑者，前雪浪石之色、纹与坡公诗文所记虽近似；但定州此种材质之石多有之，明人定州唐知州当年据何而定必是坡公遗石？

附考二　苏东坡铭醉道士石——楚山"大圣"今尤在

明图伪"道士"

> 楚山固多猿，青者黠而寿。化为狂道士，山谷恣腾踩。
> 误入华阳洞，窃饮茅君酒。君命囚岩间，岩石为械杻。
> 松根络其足，藤蔓缚其肘。苍苔眯其目，丛棘哽其口。
> 三年化为石，坚瘦敌琼玖。无复号云声，空余舞杯手。
> 樵夫见之笑，抱卖易升斗。杨公海中仙，世俗那得友。
> 海边逢姑射，一笑微俛首。胡不载之归，用此顽且丑。
> 求诗记其异，本末得细剖。吾言岂妄云，得之亡是叟。

此坡公《杨康功有石状如醉道士为赋此诗》。诗中此石，实在有趣：楚州（今江苏淮阴）山中一狡黠而长寿之青猴，幻化为狂道士，在山间肆意跳跃玩耍。结果误入茅山华阳仙洞，偷饮仙酒大醉而被囚，三年后化为举杯醉舞一岩石。樵夫见石可笑，取之售于市，遂被坡公友人杨康功（名景略，官扬州知州等职）所得。

坡公此诗，诙谐幽默，足见其天真烂漫之襟怀。尤其偷仙酒醉被囚之渲染，宛如孙猴子盗御酒、闹天宫，终被囚于五指山一般。无怪乎有今人"考证"出孙猴子之原型便是坡公笔下此"楚猴子"！

此石当时甚有名，僧参寥及秦少游亦各有诗咏赞。

明人林有麟《素园石谱》卷三刊有一"醉道士石"，似一醉客侧卧状，云即坡公、少游笔下之"醉道士石"。然林氏谱中众多唐宋"名石"原多臆构，此石"醉道士"之状或有之，"醉猿"、"恣腾踩"之态全无，不可信。

青州真"寿猿"

今青州博物馆，藏一"醉道士石"。高 134 厘米。其状，远观确似一狡黠可爱之顽猴，近看宛若一摇晃不稳之醉道士。尤右手半举，恰如"空余舞杯手"。

与诗意如此相契，信此石当为"醉道士石"真身。此石自坡公题后，历千年而不毁，诚"寿石"之谓。

杨康功曾先后两次出使高丽，皆从登州入海。故乾隆时青州人、金石家段松苓（字劲伯，撰有《益都金石记》）推测：杨康功使高丽还而久稽登州，与东坡官密、登时相会，坡公亲为题石。青与登、密二州密迩，故石流落于青州。民国时，周贵德

《青州纪游》则记：传该石原在登州，明衡府（成化帝第七子朱佑楎封衡王，就藩青州。衡藩好风雅，其制"衡王琴"极有名）搜运来青。

石上刻有坡公《醉道士》诗，惜字已漫漶不清。光绪《益都县志·金石志》云：石刻"字径三分，正书，笔法颇类公。首无款识，末书'眉山苏轼'云"。

今人有疑石上苏诗非坡公亲笔，乃后人好事者托名坡公所为，属石真铭伪。

坡公有《与杨康公》札：

> 两日大凤，孤舟掀舞雪浪中，但阖户拥衾，瞑目块坐耳。杨次公惠法酝一器，小酌径醉。醉中与公作得《醉道士石诗》，托楚守寄去，一笑。

显然，坡公为杨氏石题诗不谬，但非直接题于石上，而是书就寄交杨氏。杨氏收到坡公手迹，倩高手摹刻上石，当更合理。

《青州博物馆》所刊醉道士石

附考三　苏东坡三印——聊借寄托意

"东坡居上"牙印，边款"元祐二年。轼。"见刊日人池泽滋子《日本的赤壁会和寿苏》所引《寿苏集》，云印为坡公诞辰九百年之丙子年（1936年）坡公生日（12月19日），彼邦崇苏人士"寿苏会"时所展出。解印文字云："宋苏文忠公手刻牙印。公时年52岁，为翰林学士侍读"。"苏氏子瞻"瓷印、"雪堂"玉印：皆沪上朱氏藏，刊《云间朱孔阳纪念集》。集中复刊有题为汉初审食其、晋石崇、五代王彦章、宋林逋、宋欧阳修、宋陈慥（字季常，坡公好友。"河东狮吼"之主人公）、明于谦等名人遗印。

相对同时人，东坡传世墨迹今日算得较多。但所见钤之印，却并不多，《中国书画家印鉴款识》只收得"眉阳苏轼"、"耆德忠正"二印而已。

日人牙印，边款确为苏体，但无坡公善篆之说，遑论铁笔。因之至少坡公"手刻"之说当不成立。

宋蘇文忠公手刻牙印公時
年五十二爲翰林學士侍讀

"东坡居士"牙印

"苏氏子瞻"瓷印

"雪堂"玉印

　　朱氏瓷印，所篆未见高明。而"雪堂"印，据朱氏考证，其明代乡人陈眉公亦在东佘山有雪堂之筑，则定印为眉公遗物之可能性应较"宋苏轼玉印"更大。

米芾四砚

——名里乾坤大

不认"大伯"

米元章（芾）是一极有意思之人，其关涉名字之逸事亦大是有趣。

米元章有"洁癖"，其东床快婿段拂（字去尘）便是其望名而择。若遇"垢道人"（程邃）、"粪翁"（邓散木）之类"雅号"者，想元章必落荒而逃。

宋高宗《思陵翰墨志》记一《米帖》：

> 承借剩员，其人不名，自称曰"张大伯"。是何老物，辄欲为人父之兄？若为大叔，犹之可也。

阅此趣文，令人忍俊不禁，倘彼"老物"乃名张大博、张大柏，岂不冤哉！

米元章临摹手段高明，故于他人古字画名迹，常借真还假，是一好巧取豪夺（时人评米语），爱占便宜之人。无怪在名字称呼上也如此不肯吃亏。

不吃小民"张大伯"之亏或可，但米元章自家之名却也被皇帝占过"便宜"。其尝以书画进御，徽宋赐白金十八笏。十八，米也；笏，音近芾，道君盖以其姓名为戏谑。

米元章尝自解其名：

> 黻，芾名，连姓合之。楚姓米，黻是古字，屈下笔乃芾字。（《宝晋英光集卷八·杂著》）

俨然以楚国王族后裔自许，所以元章所用有"楚国米芾"、"楚国米姓"印。

或云米元章乃宋初大将米信之五世孙，米信乃奚人，故元章之遥攀华胄，附会耳。

名也"狡狯"

独立特行之米元章，不仅其姓"来路不明"，其名也透着几分"狡狯"，连鉴定专家也不易"读懂"。

元代晋陵一承氏富家子，家有一米芾款奇石。承氏子谓芾与费同音，不详，竟击碎之。此承公子或不学无术，但今日文博闻人某先生，在某著名媒体评点米元章书法，一口一个"米芾（音费）"。同是此公，在撰文解画时，竟不知"河东夫人"既秦淮名妓柳如是。

芾，古同黻。字源于《诗经·国风》中《召南·甘棠》首句"蔽芾甘棠"。蔽芾，形容枝叶小，芾字在此读作 fei（音费）；芾字又读作 fú，指草木茂盛。米芾之名字乃读作 fú（音福），盖芾字读 fú 时又同黻，故米元章之名后易黻为芾。

《尚书》云虞舜之服有五彩纹十二种，称十二章，黼、黻其二。黼，为半黑半白之纹；黻，为半青半黑之纹，此老米名黻又字元章之出处。

黻，为华服纹样，芾，为草木茂盛。一在朝，代表功名；一在野，代表野逸。米元章改名，或其人生观转易之体现。

"宋四大家"、"米家云山"之盛名，使米元章传世墨迹伪品甚多（轰动一时之回流"国宝"《砚山铭》便大有可疑）。"米颠拜石"、"巧得御砚"之佳话；《砚史》之名世，皆是历来米元章砚多赝品之原由。

自然，米元章大名即能"难倒"专家，造"赝米"者因之露怯便更属寻常之事。

故利用米氏名字之个性特点辨砚，亦一着辨别"米砚"真伪之法门。

芾·黻

米芾抄手澄泥砚。藏黄山市博物馆。见刊《中华古砚》（彩图12）。

砚为高台抄手式。质地细腻，色暗红，据云为"澄泥"。墨池内原有高浮雕饰物，已残。砚左侧有阳文篆书铭曰：

人以田，我以研。遗尔箕，意可见。

元丰二年春，米芾。

此砚看似无可疑伪，但砚铭之年号当有不合。

按米元章生于皇祐三年（1051年）。元丰二年（1079年）己未，方29（虚）岁，时官长沙椽。明人名藏家张米庵（丑）《真迹目录》跋米帖有云："（米）公传世真墨，早年作'黻'，至立岁（30）外始改'芾'。"然米庵并无举证此说，是后人多不采用。

翁覃溪撰《米海岳年谱》之考证：凡有元祐六年辛未以前款作"芾"字者皆膺迹。盖米跋《王子敬帖》自云："崇宁元年五月十五日，易跋手装。时以'芾'字行，适一纪。"崇宁元年（1102年）前推一纪（12年）为元祐六年（1091年）。翁氏之主要依据即由此帖推断而来。米元章改"黻"为"芾"时虚岁已42。翁氏此考，乃为清中期以来之定说。

今人又有考证，云"始书为芾"最早应在元丰八年（1085年）米元章官杭州之时。其时其已偶尔在诗文中用"芾"，官名仍用"黻"。时元章35岁。

米芾澄泥抄手砚

此砚款之元丰二年，较翁氏考米元章"始以芾行"之元祐六年早12年，较今人考"始书为芾"之元丰八年亦早6年；此年元章只29岁，连较少人采信之张米庵"立岁外始改'芾'"尚少一年，知其恐不可信。

又，其铭云"遗尔箕"，应为说箕形砚方恰当。

此砚土锈斑斑，传云出土物，疑宋、元人托名米元章者。

若干年前，余邻邑纸乡曾出一"米芾"抄手砚，被当地一要员某公（为我旧识，能文墨，好藏砚，已故去多年）所得。某公以之献皖省一钜公，钜公颇宝之。或因疑砚非真，或云畏于清议，砚复转归，后不知何往。有传云砚归公，在余乡市博。抑即此物哉？

前砚昆仲

米芾眉纹抄手砚。眉子歙石。豫省郭清晨先生藏。刊其《竹啸斋古砚珍藏》。

砚为长方抄手式。砚岗浮雕螭虎纹，池边磕痕累累，信为旧物。通体满布眉纹，观之使人有秋水春波之思。

砚左侧阳文篆书铭：

生为食默尽，去之研意存。元丰元年春。米芾。

此砚与前砚砚式大略相似，皆为抄手而砚岗饰兽纹。铭字亦阳文篆书，且篆法也相似，又只相差前后一年，几似出自一手。

郭先生认为砚应真品，解曰：

元丰元年即一零七八年，砚铭为米芾二十七岁所书。清代著名书法家、文学家、金石学家翁方纲在《米海岳年谱》中谓："自元祐辛未，始书用'芾'，以前皆作'黻'。"元祐辛未即一零九一年，米芾四十岁。此砚铭至少将翁方纲论断推前了十三年，即元丰元年始书用"芾"。自清代乾隆年间至今，不少学者、书家研究米芾皆延用翁方纲论断，四十一岁前米芾为"米黻"。以讹传讹，史实失真。

凭此砚之铭为翁覃溪之"成说"翻案，似非易事。

只以砚论，此砚诚上品。

米芾歙石眉纹抄手砚

黻纹未必黻款

亞字砚。高南阜《砚史》第三砚。只拓砚背，覆手内为一黻形图案砚。

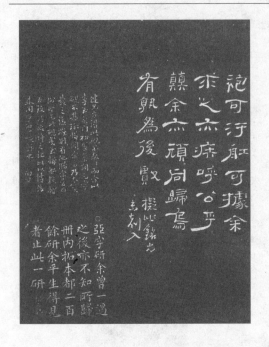

米芾黻字砚

南阜题拓有三则，其云：

> 按黻即古黻字，与芾字通，故米元章有黻字印。此砚为余姻家李吴县健斋所赠，云是得之阊门小市上。余以凿背作黻，断其元章物或不谬也。

> 黻字砚，石质中品，而制作特妙，恐非海岳公不能有此布置。

> 健兄方得此砚，不数日而余以事至吴门。初置案间充常砚，不甚珍惜，闻余言，乃大宝贵之。后濒别，有他赠，余皆固谢，坚乞此砚，几至据舡狡狯，力致乃始许之。记此以博后来同好者一喷饭也。南村。

砚本南阜姻亲李健斋偶得于苏州阊门古玩小肆者。李氏本不重看，为南阜识为米芾砚后，"乃大宝之"。南阜特喜此砚，必欲求得，遂"坚乞此砚，几至据舡狡狯力致，乃始许之。"其"据舡狡狯"典出叶梦得《独石林燕语》：

> （芾）在真州，尝谒蔡攸于舟中，攸出所藏右军《王略帖》示之，芾惊叹，求以他画相易，攸意以为难。芾曰："公若不见从，某不复生，即投此江死矣。"因大呼，据船舷欲坠，攸遂与之。

南阜为得此"米砚"，几欲学米元章以死相"胁"而求得晋帖之"狡狯"手段，方得如愿，故对于此夺砚事甚自得，复题一辞于拓，曰：

袍可污，舡可据。余求之，亦疾呼。公也颠，余亦颛。同归乌有，孰为后贤。

黻，图案为亞，元章以亞为印或有之。今米氏遗迹所钤"米芾"印，"芾"作亞者有三数方。然者，此亦不可概指凡亞皆为米氏之名款。

芾（黻），古人亦借喻华美之文（纹）采（彩）。《荀子·非相》："观人以言，美于黼黻文章"；陆放翁《次韵和杨伯子主簿见赠》："文章最忌百家衣，火龙黼黻世不知"。所以，砚上刻亞纹应为寓意文运昌达。各种亞纹饰于砚者多矣，以之附会皆为米元章名款，太过牵强。

唐褚遂良摹《兰亭帖》上米元章藏印"米芾"之"芾"字作亞

早在米颠之前即已有此种黻纹砚。东坡《黻砚铭（并叙）》所铭便是一宋真宗曾经用过之"龙尾黻砚"。早于南皋之康熙时歙人汪扶晨所撰《龙尾石辨》云：

> 予尝于丰溪吴太史家，得一黻字砚，乃歙石之佳者，相传为米元章所宝……。

以黻字砚附会米氏遗物原又不止高南皋一人。

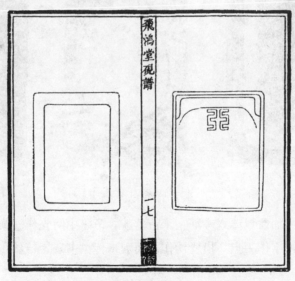

《飞鸿堂砚谱》所收一"黻"字砚

芾·芾

米芾青鸾献寿砚。日本人所藏，刊《古名砚》。

　　石材不详,《古名砚》解作:"宋坑,鹧鸪斑"。似云端石,从石品看,恐非端材。长方形,厚重古朴。砚面刻一鸟一寿桃,所谓"青鸾献寿"题材。寿桃凹刻以为砚池,四周满饰桃树枝叶,桃花巧用黄铜色之"鹧鸪斑"为之。背覆手内刻行书"玉□紫端",款"米芾",印"元章"。侧篆书"丹丘生藏"。

米芾青鸾献寿砚

　　此砚之问题,亦如翁覃溪之考证:米芾落款,芾字中间先作一横,然后自上以直画而下,草字头下之市字作一点一横皆伪作。通观米传世书迹,信然。此砚款之芾字正为草字头下之市字作一点一横,当赝作。

　　丹丘生,应即托名元名士柯九思。

　　柯九思(1290~1343年),字敬仲,号丹丘生,台州人。早年为仕途奔波,任奎章阁鉴书博士,后流寓吴中。晚年出家为道,以诗文书画终老。余喜其行楷,逸气横生。

　　柯氏一生好文物,负鉴藏盛名,不致不识此砚之伪,故其藏印亦必伪。

砚有宋画之遗韵，其拙昧绝为明以前物。

附考一　乾隆内府四"米砚"——何曾入米老法眼

　　四砚皆乾隆内府藏，刊《西清砚谱》。

　　米芾兰亭砚。原藏热河避暑山庄，康熙曾用。今藏台北故宫博物院。云"老坑端石"。卷云纹池边，砚侧线刻"兰亭修禊图"及小行楷《兰亭序》，后镌"宣和"、"绍兴"（连珠玺）、"米芾"印。背挖深覆手。下部镌乾隆一铭。

　　米芾兰亭砚。《西清砚谱古砚特展》所刊，缺一侧拓，补以《西清砚谱》所绘图。比较而言，内廷画工所摹，古气更少。

馆臣评："周刻布景行笔俱极古穆，所镌缩本《稧序》亦圆劲有骨，疑即芾所自制。且经宣和、绍兴两朝鉴赏，真文房瑰宝也"。

米元章家即藏有《兰亭序》一种，但此铭文，用笔全无米体出峰之劲逸，米书岂能如此拙劣？

将此图归为米老手笔恐更大谬。米元章创"落茄点"皴法，人称"米氏云山"。其作非以技艺精堪论，偶尔染笔，以胸次高逸出之游戏笔墨耳，格高称胜，其法至其子小米（友仁）方成熟。此图用笔拙硬，树石造形取方，是南宋马、夏及明人浙派一类画史上所称为北派之画风，无一点"米家山"之逸趣！

又"双龙"、"宣和"、"绍兴"三印与徽宗父子传世真迹者篆法、规格亦有异。内府匠工不能违制走形如此。

此种习见之所谓"兰亭砚"，传世旧物甚多，款多伪托名人。以工论，此"伪米"尚属俗式中之上品。

米芾蟊丝瓜瓞砚。今藏台北故宫，亦当今"米砚"名物。

砚作深浮雕随形瓜叶，枝叶藤蔓穿插萦绕及背。砚池为一大叶之表，池上一叶以黄皮石璞巧色为之，叶下掩一蟊虫，虫眼亦巧用两小碧石眼。背上部数叶围抱一瓜，上一大眼，似有瞳。眼下镌隶书"宝晋斋珍玩"五字。

砚上"宝晋斋珍玩"隶书铭字，刻板呆滞；"珍玩"二字结体较宽，而"宝晋斋"三字结体较长，岂是米老大手笔所为？

且此类工艺细琐之作，似明末清初方盛，宋人应无此匠气。砚皮壳之高古味亦不厚。砚虽匠气却还算规矩，不失为同类物之上乘，只是入元章法眼恐还不够资格矣！

米芾螽斯瓜瓞砚。《西清砚谱古砚特展》所
刊。"宝晋斋珍玩"隶字甚不高明。

　　米芾中岳处史砚。长方插手。背有三眼柱，插手内镌"中岳外史"四字行书。米
元章曾监中岳庙，故号"中岳外史"。馆臣遂定为米氏砚。

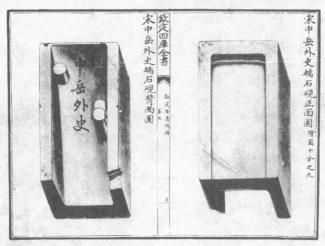

《西清砚谱》米芾中岳处史砚

　　谱中偶有少数几砚，摹写原铭字体亦非全为馆阁楷体。如"宋宣和澄泥砚"之篆
书、"旧端石石田砚"之余甸行书、"宋宣和海珠砚"之隶书等。测此铭"中岳外史"
字体近于原字。若此推测成立，似此甜熟之馆阁俗体与米字风格风马牛不相及。

　　澄泥"海岳"砚。刊《西清砚谱》卷四。砚长方。墨池中琢一眠犀。砚背剥蚀，
右下角镌楷书"海岳"二字。馆臣们对此砚倒较慎重，未作附会解读。

　　乾隆则题铭于砚周云："亦自七百年上下"，"海岳庵中老颠把"。定砚为米颠把玩
之遗物。老米距乾隆时正"七百年上下"。

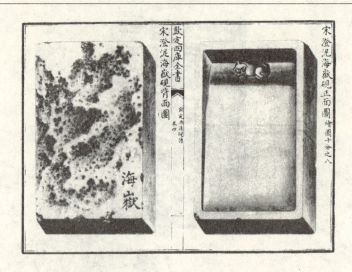

《西清砚谱》澄泥"海岳"砚

米颠以南唐李后主砚山易得北固晋唐人旧山宅建"海岳庵",题"天开海岳"于其上,并以"海岳外史"自号。只是凭"海岳"二字即以为米颠砚已属附会,以砚式论更只明清物。

附考二　米芾竹根洗——虽赝亦雅

见刊《艺林旬刊》第四十八期,题"宋米元章宝晋斋竹根洗"。

解洗文字云:

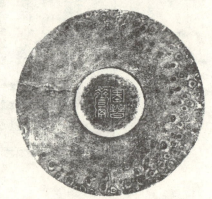

宝晋斋竹根洗

> 洗竹根制。中径六寸余,内涂精漆,纹断如蛇皮、如绞丝。外仍本质,色苍黑,莹润若□,嗅之微似沈水香。中微凹,凿"宝晋斋"三字。篆刻精好,填以黄金。疑出老米手制,真奇物也。

宝晋斋极有名,有宝晋斋砚山、《宝晋斋法帖》等。原是崇宁年间,米元章得王右军《王略帖》、谢安《八月五日帖》、王大令《十二日帖》墨迹后所自取斋号。

此竹根洗,"宝晋斋"款确甚精到。疑者,竹器易朽,北宋之物,出土也好,传世也罢,恐难如此完好遗存至民国时。

真伪勿论,此洗亦一难得雅物。

宋徽宗赐米芾御砚

——兼辨赐砚材质之争

东乡文化馆所藏"米芾赐砚"

称是云根所凿

米元章"巧得御砚"之逸事，乃砚史名案，不意当今却有"御砚"重现世间之说。

1985 年首期《南方文物》刊一文《东乡县发现赐给米芾的端砚》（以下简称《赐砚》），云砚为赣省东乡县文博单位于 20 世纪 80 年代所征得，传承始末已失考。

砚高 9 厘米，长 23 厘米，宽 14.5 厘米。颜色呈青中透紫。砚池额镌"御赐之宝"篆字四。四则各浮雕一龙，张鳞奋爪，似欲飞去，砚底行书跋，惜略有漫漶，云：

> □□□□□□举朝大□入贺上寿毕聚缉□□
> □□□□□□希世之宝非人间所有适命臣□□
> □□□□□□其石润而□其制奇而朴望之若有五色□
> □飘举墨池之间昔人所谓凿云根以为研非即此□？
> □芾挥洒之余不觉喜跃无巳乃帝先知芾意
> □书竟即赐之芾即捧出墨渍朝服并失拜□
> □之礼孰意帝亦跃称芾为米颠此诚君臣
> □相遇千古旷□之事不□□者也芾谨志之
> □元章（印）

按断句应为：

> □□□□□□举朝大□入贺。上寿毕，聚缉□□□□□□□□□□□希世之宝非人间所有。适命臣□□□□□□□□其石润而□，其制奇而朴。望之若有五色□□飘举墨池之间，昔人所谓凿云根以为研，非即此□？□芾挥洒之余，不觉喜跃无巳。乃帝先知芾意，□书竟，即赐之。芾即捧出，墨渍朝服，并失拜□□之礼。孰意帝亦跃称芾为"米颠"，此诚君臣□相遇千古旷□之事，不□□者也！芾谨志之□。元章（印）。

《赐砚》一文作者记"经鉴定，确系宋徽宗赵佶赐给大书法家米芾的御用端砚，是一件传世将历千年的珍贵文物"、"信为皇帝用品"云云。

靠　谱

何薳所著《春渚纪闻·米元章遭遇》：

> 米元章为书学博士……。又一日，上与蔡京论书艮岳，复召芾至，令书一大屏。顾左右宣取笔砚，而上指御案间端砚，使就用之。芾书成，即捧砚跪请曰：

"此砚经赐臣芾濡染，不堪复以进御。取进止。"上大笑，因以赐之。芾蹈舞以谢，即抱负趋出，余墨沾渍袍袖而喜见颜色。上顾蔡京曰："颠名不虚得也。"京奏曰："芾人品诚高，所谓'不可无一，不可有二'者也。"

何薳（1077～1145 年），生于宋神宗熙宁十年，卒于宋高宗绍兴十五年，年六十九。字子楚，一字子远，晚号韩青老农，福建浦城人。曾任富阳令，因不满蔡京当政，遂退隐。其博学多闻，长于诗，亦精琴艺。著有《春渚纪闻》。

《春渚纪闻》卷八、卷九为《杂书琴事》（《墨说》附）、《记砚》。所记文房遗事不少，其记李商隐蟾蜍砚等多则砚事皆砚史名典。

《赐砚》一文作者据何薳所记，云："何薳所说的宋徽宗赐给米芾的端砚，正是东乡发现的这方砚台。米芾跋文虽简，且有残泐，幸重要字句犹存，与何文对勘，其当日颠状可掬之情态，跃然在目。曩读何文，但知艺林存此佳话而已，不料历尽沧桑九百余年，此砚复出人间，原物俱在，诚令人惊叹不止。"

即是记之史籍，又有铭文言之凿凿，此砚自然甚是迷人。

离　谱

米元章得赐砚事，宋人言之凿凿，当实有其事；但东乡所藏者，真耶？伪耶？

《南方文物》刊出《赐砚》一文不久，即有疑之者。陈江先生《宋砚雌黄录》（文刊《南方文物》1986 年第 2 期）尝辨之。

陈先生辨其为伪铭之要点：

一、砚铭之伪：池额篆文"御赐之宝"之"宝"字乃简体。背跋言"芾"、"臣芾"及"米颠"，不类米芾自撰语气，且米氏文字未尝以颠入文。米氏一生颇不得志，当不妄作"君臣相遇"谀辞。残铭"聚缉□□"之"缉熙殿"，乃南宋宫殿名，北宋时尚无。皇帝临朝，不知称"御"称"幸"，不合古制。独押"元章"孤印不合米氏用印惯例。

二、野史之讹：何薳《春渚纪闻》不可信。何文"上与蔡京论书良岳，复召芾"赐砚。米芾卒于大观元年（1107 年），而"艮岳，政和七年始作"，其时芾已殁

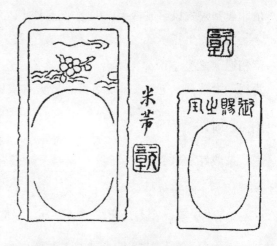

《砚小史》所刊"襄阳遗物"，左为东乡馆"米芾赐砚"线描图

三十余年。宋钱愐《钱氏私志》云所赐为御筵玛瑙砚，而非端。

三、形制之赝：砚与《米史》所记宋真宗御砚、宋仁宗所赐尚方御制凤池砚形制不符，又异于宋人佚名《端溪砚谱》所记御府降样造徽宗书府用平底凤字砚。

四、传世之疑：米氏文字中，亦未闻有此御赐端砚。

陈先生揭此砚之庐山真面云：其器仿自《砚小史》之"襄阳遗物"。必琢于此书嘉庆间刊行及简化"宝"字流行以后，约在清季民初，属"黄冈传统手工业砚作坊托古伪造颓风式微之际的末路产品"。

固难释疑

综合而言，此砚铭文附会何氏笔记之痕迹明显，词句亦不通达雅致，应如陈先生所定，此砚当是"赝米"。

然者，陈氏"四疑"，某些或过于严苛，有可商榷处，如简体宝字，古人早已用之，尤于篆体，至少晚明印人金一甫、清初印人林皋、清中期《飞鸿堂印谱》皆以之入印；"芾"、"臣芾"及"米颠"自称，不知称"御"称"幸"及"元章"孤印之类，也不宜绝对视为不合例；"聚缉□□"，虽余亦疑后三字为"缉熙殿"，但毕竟后二字已残损，难作确论。此砚虽非典型宋式风字或抄手，但也难证宋时必无。

而陈先生指米氏"未尝以颠入文"及"君

金一甫、林皋及《飞鸿堂印谱》所刊印文"宝"字

臣相遇"之类"谀辞"不合"米氏落拓仕途"口吻等，关涉米氏为人秉性；赐砚究竟为玛瑙为端溪，更事关砚史名案，皆大有辨析之必要。

屁 颠？

东坡好友赵令畴（德麟）《侯鲭录》云：

> 坡公在维阳，设客十余人，皆一时名士。米元章亦在焉。酒半，元章忽起立，云："少事白吾丈，世人皆以芾为颠，愿质之"坡云："吾从众"。坐客皆笑。

米元章"颠"声在外，被友人戏谑倒也无妨，但与仕途却是大大有碍，当轴者谁敢重用一"颠"人？因被人劾以癫狂，元章乃上书自辩，谓之《辨颠帖》。

大约徽宗与米颠皆天才之艺术家，前者冶天下乃"入错行"，后者若用事，恐也未必天下人之福。

米元章因先后以自作书法及所藏法书名画进御，道君赐以白金十八笏以米氏姓名为戏谑。"米颠"美名想必也能传达天听，道君以"米颠"戏称元章未必没有。所以，米元章虽不乐享民间之"颠"名，但若御称其"颠"，则乃庙堂之"颠"，钦点之"颠"，是非同凡"颠"了。故米"以颠入文"特示"皇帝宠锡"似无可怪。

至于疑米氏必不作"君臣相遇"之类谀辞，则元章又确实作有"谀诗"。时人方勺所撰《泊宅编》有云：

> 世以米颠名之。仕宦久，不偶晚节。大臣（当即蔡京）荐对，尝有诗曰："笏引上天梯，鞘鸣奋地雷。谁云天尺五？亲见玉皇来"。或问其意，答曰："初叩轩陛，阁门臣僚以笏引之升殿，此上天梯也。"

诗亦见《春渚纪闻》，两诗之意大似，只有数字之异。一为"急就"；一后润色。不论诗为一为二，只其辞如此，谀乎？以"亡国昏君"论道君，米氏将其比作"玉皇"，无疑马屁诗。以"文艺皇帝"论道君，则米元章"屁颠、屁颠"唱几句赞歌给"内行官家"（两宋皇帝亦称"官家"）听，不外乎人之常情。

视米氏"巧求御砚"情事，好砚入迷有之，恐在"玉皇"前借机"卖颠"亦有之。

米老之真性品：半是"狡狯"半真"颠"！

所赐究何材？

米元章乃书画史大名人，更是砚史要角，"天下一人"之徽宗更不必论，其赐老米之砚自是一等名物。于是，今日端人云为端，歙人言为歙，各自张目，皆云彼宝出自自家，亦别一种"端歙之争"。

《春渚纪闻》外，其他宋人笔下关涉此"赐砚"文字三则：

> 米芾，字符章，天性好洁。御赐一砚，名曰瑶池。每出观，必再拜而淡玩，不敢擅用也。东坡一日请观瑶池砚，元章命之再拜，而后出示之。东坡曰："此砚虽好，未知发墨何如？"因见案上有墨，坡遂以唾磨之。元章骂曰："胡子坏吾砚矣。"遂以砚与东坡。东坡曰："御赐岂可与人。"元章曰："污砚岂可复用。"坡笑持砚而回。诗曰：玉砚莹然出尚方，九重亲赐米元章。不因咳唾珠玑力，安得瑶池到玉堂。（佚名《东坡诗话》）
>
> 徽皇闻米芾有字学，一日于瑶林殿张绢图方广二丈许，设玛瑙砚、李廷珪墨、牙管笔、金砚匣、玉镇纸、水滴，召米书之。上映帘观赏，令梁守道（师成）相伴，赐酒果。米反系袍袖，跳跃便捷，落笔如云，龙蛇飞动，闻上在帘下，回顾抗声曰："奇绝陛下！"上大喜，即以御筵笔砚之属赐之。寻除书学博士。（钱愐《钱氏私志》）

徽宗尝命米芾以两韵诗草书御屏，次韵乃押"中"字，行笔自上至下，其直如线。上称赏曰："名下无虚士。"芾即取所用砚入怀，墨汁淋漓，奏曰："砚经臣下用不敢复进御。臣敢拜赐。"（周辉《清波杂志》）

宋人四家所记各异，除何薳记为端，其他三家一言玉、一言玛瑙、一未言材质，颇让后人费思量。

坡公未曾见

东坡乃米颠好友，又是记其自家事，当甚权威，惜《东坡诗话》乃伪书。

《东坡诗话》原书二卷，今本一卷。旧题东坡撰。但据南宋晁公武所撰《郡斋读书志》称："轼杂书有及诗者，好事者因集成二卷"，可知实托名东坡者。但成书较早，至迟在南宋集成。

此书所记多是小说家言，如东坡使辽对句折服辽人、苏小妹亦为才女之类，皆大悖史实。此东坡"唾砚"获宝事，更是全从周仁熟事以讹传讹而来。

南宋周辉《清波杂志·唾砚》：

> 曾祖殿撰，与元章交契无间，凡有书画，随其好即与之。一日，元章言："得一砚，非世间物，殆元章秘藏，待我而识之。"答曰："公虽名博识，所得之物真赝居半，特善夸耳。得见乎？"元章起，取于笥。曾祖亦随起，索巾涤手者再，若欲敬观状，元章顾而喜。砚出，曾祖称赏不已，且云："诚为尤物，未知发墨如何？"命取水。水未至，亟以唾点磨研。元章变色而言曰："公何先恭而后倨？砚污矣，不可用，为公赠。"初，但以其好洁，欲资戏笑，继归之，竟不纳。……曾祖字仁熟，时守京口。唾砚事，吴虎臣《漫录》误书为东坡。

很显然，当事人周仁熟之孙周辉之记，可证《东坡诗话》乃讹自南宋初人吴曾（虎臣）之《能改斋漫录》。

此周氏"唾砚"趣事后世流传甚广，乃论老米洁癖之名典之一。

东坡"唾砚"之事即是讹传，道君所赠者为玉砚一说，自不必取信。

宋人传奇《李师师外传》云道君尝赐师师："端溪砚、凤咮砚、李廷珪墨、玉管宣毫笔、剡溪绫纹纸。"东京花魁陇西氏乃道君御赏"禁脔"，赐其诸色名贵文房事必有之。

据抗金名臣胡澹庵（铨）《经筵玉音问答》记，隆兴元年（1163 年），孝宗曾命澹庵在内殿秘阁，用御用玉管笔并龙脑墨、凤咮砚在金凤笺上书翰。

赐砚用端溪，自不需说；徽宗用凤咮赐心上人，乃证凤咮亦甚有名于当时，此或与东坡极力推誉凤咮砚有关。宋孝宗之亲用凤咮，想与此帝是一"坡迷"有关。

"记闻"未必尽讹

陈江先生因何薳《米元章遭遇》所记建"艮岳"时间等事之误，定其不可信。但何氏所记已有米元章两次入宫，更者，如前文所考，元章任书学博士一年，其应召入宫作书之事又更何止两次！其误当是与元章另一次"君臣相遇"细节相混淆。

所以，恐不宜因《春渚纪闻》有讹错之处，便全盘否定其所记元章所得赐砚事。

又陈江先生取《清波杂志》、《钱氏私志》为信史，遂定"赐砚"云："最重要者：所赐为御筵玛瑙砚，而非端砚。"

《钱氏私志》作者钱愐，字子平，会稽郡王钱景臻第三子。生于汴京赐第，初授承宣使。奉使金国，回迁德庆军节度使、开府仪同三司、检校太尉封秦国公。赠太师，咸宁郡王。靖康元年，奉母大长公主，随侍高宗，扈从车驾南渡。高宗赐公主第于临海，名一行宅。

《钱氏私志》之记录整理者，钱愐侄世昭所作序言有云：

> 叔父太尉，昭陵之甥。亲见宣政太平文物之懿，逮事太上，备膺养遇，在帝左右，衔金出疆，凡耳目之所接，事出一时，语流千载者，皆广记而备言之。世昭敬请其说，得数万言，叙而集之，名曰《钱氏私志》。

钱愐本吴越钱王后裔，父景臻为仁宗驸马，其自然常入禁掖，对内廷文房陈设悉了于心，故其记徽宗御筵文房诸什品目甚细，或有所本，故其记禁苑情事自有一定之可信度。

然钱愐所记亦未必全为不二信史。

"私志"亦多耳食

钱愐生卒不可考。其行三，长兄钱忱生于神宗元丰六年（1083 年），愐至少当生于元丰七年（1084 年）以后。

论辈分，钱愐是道君表叔。故钱世昭言其在徽宗朝"逮事太上，备膺养遇，在帝左右"，得"亲见宣政太平文物之懿"。宣政，指道君后半期年号"政和"（1111～1118年）、"宣和"（1119～1125 年），其时钱愐已成年，故能亲见其时徽宗御翰文物。

但元章与道君"君臣际遇"，官书学博士，乃在崇宁五年（1106 年）至大观元年（1107 年）初，二年后米氏即去世。如前文所考，赐砚应即其时。时钱氏恐方弱冠，故道君即位初之崇宁年间御苑文房，其未必悉见。反是何薳生于神宗熙宁十年（1077年），米元章受赐当年，何薳已年过三十。

事实上，果若钱愐熟悉道君崇宁间事，钱世昭自也不必刻意指明钱愐所亲见者乃宣和、政和间之"太平文物之懿"。

钱世昭又谓《私志》是书，乃钱愐："凡耳目之所接，事出一时，语流千载者，皆广记而备言之。"此书本多是钱愐记其所闻见者。

故可定其所记道君赐砚情事，亦必钱愐后来之耳闻。

实钱氏《私志》不仅多耳食之事，且不乏造谣，所谓欧公与外甥女乱伦之"盗甥案"即钱氏《私志》所炮制，盖钱氏挟欧公修《五代史·十国世家》中痛诋吴越之怨。此事史家多鄙之。

可见"钱氏私志"，其"私"意甚重，只记米元章赐砚事想当无挟私之念。

御苑或有玛瑙砚

玛瑙砚，古人所道及者不多，传世物甚少。其观赏性与实用性与玉砚略用，不妨以玉砚为类比。

《西京杂记》云："（天子）以玉为砚，亦取其不冰"，故自传说中之黄帝以降，古之天子备有玉砚皆为风气。《高笺·玉砚》云："周世宗征淮南，先锋刘重进得吴杨溥玉砚以献"；又引《玉堂录》云："雍熙中，以玉砚赐钱俶。"钱俶，即钱愐之五世祖。

玛瑙蚌式小砚。天津博物馆藏，刊《中国古砚谱》。

道君亦有玉砚。《高笺》更引范石湖《揽辔录》：

> 乾道中，范成大使金，伴使田皋好论器玩，云："宣和玉砚在张浩家，已葬。"

张浩为金代五朝重臣，任宰相十余年。道君之"宣和玉砚"，应是靖康国破后被金人掠而北去，后由金帝赏赐张浩者。

事实上，《钱氏私志》还记有一则宋仁宗用水晶御砚故事。其云北宋名臣王禹玉（珪）任翰林学士时，某年中秋当直翰苑，仁宗命诏对小殿，赐酒，又"令左右宫嫔，各取领巾、裙带，或团扇、手帕向翰林求诗。内侍举牙床，以金相水晶砚、珊瑚笔格、玉管笔，皆上所用者。"

钱氏所记此则王珪题诗事，更在仁宗朝，时钱氏尚未出生，故此事亦必耳闻。但玉砚既是宋内廷常设文房一宝，水晶、玛瑙类宝石砚想必亦有之。

不敷"刷字"

余所疑者，王珪用水晶御砚题诗或适当，但米元章讨赐之砚恐非玛瑙，盖彼次元章宫中书屏，玛瑙之类宝石砚不合其用。

古人以"珍珠、玛瑙"比喻宝物（今日二物寻常见），如水晶砚、玉砚一样，玛瑙砚之贵，贵在"玛瑙"，非贵为"砚"，更非贵在取其功用。

《米史·用品》开宗明义："器以用为功，玉不为鼎，陶不为柱"。玛瑙、水晶类宝石砚，与玉砚一样，终属砚中别品，且大件不多，欣赏多于功用。果用者，亦不过用以"写经"、"点易"或用之书写小篇幅诗文，如王珪故事。

米元章书学名言：

> 蔡京不得笔，蔡卞得笔，而乏逸气，蔡襄勒字，杜衍摆字，黄庭坚描字，苏轼画字，臣刷字。（《海岳名言》）

所谓"刷字"，指用笔迅疾而劲健，尽兴、尽势、尽力，追求"刷"之韵味、逸趣。米氏书作，大至长卷，小至尺牍、题跋都极痛快淋漓、欹纵变幻，正如黄山谷所评："如快剑斫阵，强弩射千里，所当穿彻"。

据《钱氏私志》所记，米元章所受道君敕命所书者，为"绢图方广二丈许"之宏制。因是巨构，故而：

> 米反系袍袖，跳跃便捷，落笔如云，龙蛇飞动。

如此之大篇幅，"刷字"大师如此之大动静，岂玛瑙小砚所研区区"应景"之墨可以济事？

今遗米元章文字，了无记道君赐砚者。然《米史》所收砚品二十四，有"玉砚"、"水晶砚"，却并无"玛瑙砚"，若所得赐砚为玛瑙，似当备一品载之入谱。

《米史》"蔡州水晶砚"条云："于他砚磨墨汁倾入用"。水晶、玛瑙，质地相若，砚之功用亦同，水晶砚只堪盛墨之用，玛瑙当也略同。

故知钱氏所谓"玛瑙赐砚"之说，亦不可作信史看。

道君亲用紫青石

元人汤垕《画鉴》云：

> 米芾元章……初见徽宗，进所画《楚山清晓图》，大称旨。复命书《周官》篇于御屏。书毕，掷笔于地，大言曰："一洗二王恶札，照耀皇宋万古。"徽宗潜立于屏风后，闻之，不觉步出，纵观称赏。元章再拜，求索所用端砚，因就赐之，元章喜拜，置诸怀中，墨汁淋漓朝服，帝大笑而罢。其为豪放若此。

汤垕此说，与何薳相类，亦言赐砚为端，其更详指米氏所书者为《周官》篇（《尚书·周书》中篇名）。汤氏当非袭用何氏，疑引用自宋人别本。

但汤垕终为元人，其可信度自不若宋人，其言米元章初见道君，进《楚山清晓图》

即有误，盖据蔡肇等所记，其初次应诏进宫乃与蔡京同观内府所藏名迹。其进《楚山清晓图》不仅乃小米所画，且更是后来之事。

虽汤氏《画鉴》之"赐端说"难作信证，而南宋洪景岩（遵）所记一则宣和砚事或可为"赐端说"作一旁证：

> 宣和七年八月二十一日，一夕凡草四制。翌日，遣中使至玉堂，赐以上所常御笔砚等十三事。紫青石砚一方、琴光漆螺甸匣一、宣和殿墨二、斑竹笔一、金华笔格一、涂金镇纸天禄二、涂金研滴虾蟆一、贮黏曲涂金方查一、镇纸象尺二、荐研紫柏床一。王方启封时，砚间渍墨未干，查中余曲犹存。承平文物之盛，可想见也。（《翰苑丛书·翰苑遗事》引北宋王寓《玉堂赐笔砚记》）

翰林学士王寓，因一晚而作四篇制文，得道君赏赐极丰，共计十三件御用文房珍品。所得道君赐砚，收砚开启时，砚池尚余墨渍未干，乃道君方用过之物。砚云"紫青石"（或为"紫金石"之讹？），虽是端是歙未详，但可以肯定此方道君御用必是石制砚。此亦可证道君宣和时"承平文物之盛"，御砚取材之富。

端

以概率论，米元章宫中书屏之砚似也以端为可能性大。

宋时端砚已大显，北宋初即为贡品。《米史》所记英宗朝贡砚与仁宗朝以前赐史院官砚多是端砚下岩，宋无名氏《端溪砚志》云"宣和初，御府降样造（砚）"，此或可理解为道君赐端州贡品砚式。所以，道君亲用御砚极可能以端为主。

《西清砚谱》收有"宋宣和风字暖砚"等"徽宗御砚"数方。皆为端石所制，只恐全非真道君内府之物。故不足为证。然主流应必是端砚。《万历野获编·端州砚材》云：

> 端州为今肇庆府，古砚材所出，然惟下岩子石为第一品。自宋徽宗，穷全盛物力，采贡以进，除内府所藏，自亲王大珰，及两府侍从以下，俱得沾赐。嗣后沙壅水深，不复可施工，此砚遂为绝世奇宝。靖康南渡，士大夫各携以过江，及德佑随驾，又携至闽中。至莆田舟覆，人砚俱没，尽为彼中土人所得。正嘉中，士绅始知贵重，流入吴中争购之。闽人因伪造以欺肉眼，今宋端砚满天下，皆莆中赝物也。

又，《清波杂志》卷五记：

> 大观东库物，有入而无出，只端研有三千余枚。张滋墨，世谓胜李廷珪，亦无虑十万觔。

道君大观年间，内府只端砚即藏有三千方，可见道君对端砚多有偏爱。故其内府中虽水晶、玛瑙、美玉所制之砚必应有尽有，但作大幅书画，必取端歙之类实用石质砚。

　　故"赐玛瑙"说，既与米元章当时书屏情景不合，且《春渚纪闻》与《钱氏私志》亦皆私人笔记，何氏所记虽细节有讹，然其基本事实非虚；钱氏也终是"私志"，未必尽真，恐凭钱氏"一面之词"也难定何氏必非。

　　以理度之，道君赐米元章之御砚应为端。

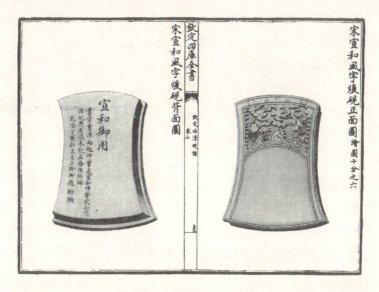

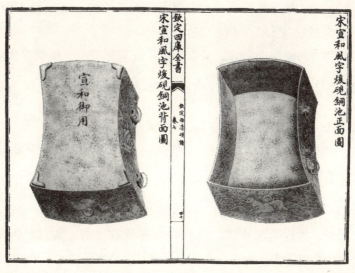

　　宋宣和风字暖砚云"宋老坑端石"。背有"宣和御用"款。砚形风字，倒合宋人形制，其工艺亦合宋人《端溪砚谱》所记，然实物似已不存于世，真伪莫知，疑后人照《端溪砚谱》所仿可能性为大。

"夺御" 法周种?

"唾砚"得宝之周仁熟（生卒年不详），名种，泰州人。曾官集贤殿修撰，故其曾孙周辉《清波杂志·唾砚》文中称其为"曾祖殿撰"。

周种在元祐元年，得东坡举荐，授郑州教授，故曾赠东坡一颜色较深之石制茶壶"石铫"，坡公有《谢周仁熟惠石铫》诗记之（清人之宜壶"石瓢"乃由其衍化而来。坡公"石铫"传为清画家尤荫所得，乾隆间，进内府。然是物恐不可信）。但后来周氏投靠蔡卞门下，曾上奏请以王荆公配享孔庙，被坡公上《论周种擅议配享自劾札子》斥之。

米元章有词《满庭芳·绍圣甲戌暮春与周仁熟试赐茶》，记与周种品赐茶事。绍圣甲戌，为哲宗绍圣元年。时道君尚未即位，米元章时官雍邱任上，故米元章当是在周种处品尝赐茶。

"唾砚"事乃在周种"时守京口"时，"品赐茶"事亦当在其时前后，皆在米元章未遇道君之前事。

周种因是米元章老友，原只因米元章有"洁癖"，要笑其一番而已。不料弄巧反拙，致米氏翻脸，反使自己陷于尴尬境地，但也意外得一"仙物"（"非世间物"）：佳砚。

时人有评："卞客周种贪鄙"（《宋史·陈次升传》），想此蔡卞门下投机政客之"玩笑"，或蓄意"调戏"米氏乘机掠宝亦未可知。

后来米元章以"污砚"为借口，见夺御砚，或是受周氏"唾砚"之启发？

附考一 宋徽宗赐杨时金星歙砚——合诸史实

砚藏台北故宫。清内府原藏，收入《西清砚谱》。

石色黑黝，质细润，通体布满金星，云为歙石。长方抄手式。背篆书：

> 宣和五年五月五日，帝召迩英殿说书，赐此砚。其后子孙世守之。杨时识。

杨时（1053～1135年），字中立，闽地将乐人。师二程（颢、颐），有"程门立雪"故事。宣和时，为徽猷阁待制，以荐召为迩英殿说书。高宗时为龙图阁直学士。以著书讲学为事，东南学者推为程氏正宗。朱夫子、张南轩之学，皆出其源。学者称为龟山先生。有《礼记解义》、《二程粹言》、《龟山集》等著作。东林书院即肇源自杨龟山，故亦称龟山书院。

此砚当是杨龟山官徽猷阁待制，为道君讲儒家经典时，道君所赐，故铭石以志其事，并嘱"后世子孙世守之"云云。

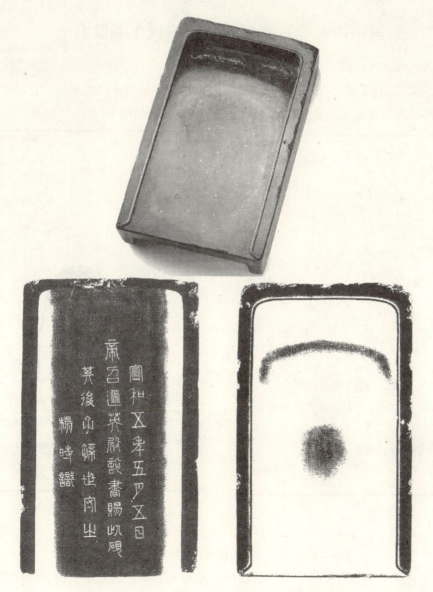

道君赐杨时金星砚，刊《西清砚谱古砚特展》

砚之形制、铭文篆书风格及"说书"事皆与史不悖，或为真品。

赐砚之宣和五年（1123 年），杨龟山已是 70 岁皓发老翁，道君则正当 42 岁盛年，正值北宋"回光返照"之时。是年宋与金联合灭辽，宋廷用巨额金帛赎回"陷于虏"二百年之燕、涿等地。只 10 年后，被掳北国之道君即死于五国城，且被熬尸炼灯油。同年，杨龟山亦卒于闽北故里。

此砚可说见证了一代艺术大师与一代哲学大师，在历史转折点时相唔之一幕。

附考二　宋徽宗内府"进御琴砚"——砚工罪欺君

日本人《和汉砚谱》刊图，云"进御琴砚"。

砚"紫石"，习见之古琴"仲尼"式。背以古琴护轸与雁足为砚足。在双雁足与轸池间刻饰双龙戏珠纹。凤沼内刻二字："进御"；龙池内刻楷书四字："元符三年"。

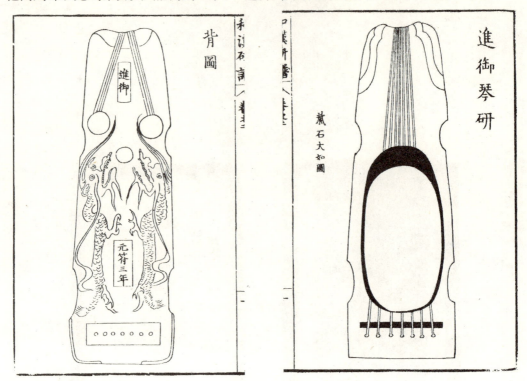

《和汉砚谱》进御琴砚

此种古琴砚式，虽宋时或已有，但此砚铭必伪。

古琴初为五弦：宫、商、角、征、羽，象征君、臣、民、事、物。嵇中散（康）所谓"目送归鸿，手挥五弦"者也。后增二弦：文、武，蔡中郎（邕）《琴操》所谓："大弦为君，小弦为臣，文王、武王加二弦，以合君臣之恩。"刘长卿所谓"泠泠七弦上，静听松风寒"。

此琴砚之荒谬：面为七弦，而背则左右各四，竟为八弦！

道君皇帝嗜琴更过爱砚，致力搜罗南北名琴绝品，专设"万琴堂"珍藏，其中最名贵者为唐斫琴名匠雷威所作"春雷"琴。今尚遗道君御笔（或云代笔）名作《听琴图》，正状道君焚香鼓琴形象。

在琴道高手道君面前，倘砚工以此"怪琴"砚进御，恐不免遭雷霆之威。

宋徽宗宣和御府二砚

——有辱"文艺皇帝"法眼矣

台北故宫博物院所藏睿思东阁砚。台版《西清砚谱古砚特展》所刊砚照正面及砚背拓片

台北故宫博物院所藏睿思东阁砚。台版《西清砚谱古砚特展》所刊砚侧拓片。书中漏
刊一拓。

千年一叹

古代国人，最适于生活者莫过于注重人本主义之宋朝。

作为知识分子阶层，宋人"不得杀士大夫及上书言事者"；

作为下层贩夫走卒，宋人曾达"走卒类士服，农夫蹑丝履"之盛世；

作为寒门学子，徽宗时官学生甚至可享受"免本户役"之特权；

因而，两宋并无真正意义上因民不聊生而揭竿而起之"农民起义"；多数时间朝廷居然并不禁民间持有兵器（而元律是汉人数户合用一菜刀）。

陈寅恪先生如是说：

> 华夏民族之文化，历数千载之演进，造极于赵宋之世。后渐衰微，终必复振。
> （《宋史职官志考证序》）

陈先生之"终必复振"固美意，奈何经蒙古人之"演退"，虽经朱明一朝竭力"拨乱反正"，亦难再达宋人之文明高度；况后又"清兵入关"、"日寇侵华"……

宋代不仅是华夏文化之高峰，砚学亦大成。苏、黄、米、蔡、欧诸公及苏易简、唐彦猷、唐绩、杜季扬、高似孙诸专门家，或咏之诗篇，或辑而成谱，一时品砚成风，堪称砚史盛世，后世望尘莫及。

宋徽宗乃一争议人物，文冶不乏可圈可点（禁"元祐党人"文字乃其恶行），"联金灭辽"之"武功"却酿成"靖康之耻"、北辕之辱。

可怜见有理之大宋"秀才"，先后遭遇不讲理之金、蒙"兵"，一幅繁花似锦之盛世华章《清明上河图》在马蹄下被踩得粉碎！

阁是宋禁苑

《西清砚谱》卷八收一宋徽宗睿思东阁砚，实物今在台北故宫博物院（彩图13）。

砚为端石，素池。砚四侧线刻水村小景，款"马远"。背挖深覆手，内刻行楷"睿思东阁"四字。乾隆题一铭镌于覆手四边：

当年东阁此临池，背识瘦金今见之。既曰睿思思底事，足知洪范未曾思。

洪范，即《尚书·洪范》。传为天赐大禹王之经文，治世名典。乾隆以之嘲讽道君因不思治国之道而致失政亡国也。

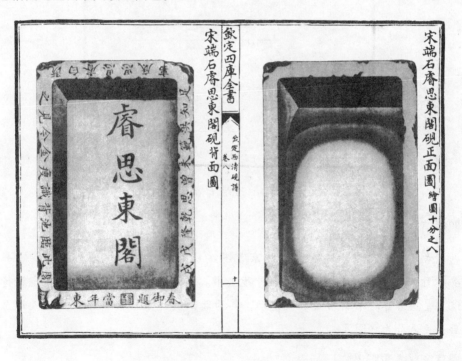

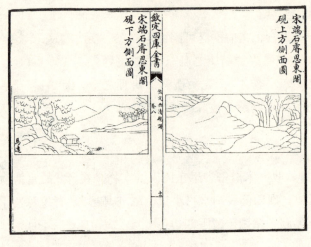

《西清砚谱》宋端石睿思东阁砚

四库馆臣考定:

　　考元王士点《禁扁》引《汴京宫图》载有睿思殿名,又元陶宗仪《书史会要》称宋徽宗书:笔势劲逸,自号瘦金书。马远:工画山水人物,光宁朝待诏画院。是砚署睿思东阁四字,极瘦劲,其为北宋制作徽宗御书无疑。想流传至南渡后,远复补为之图耳。

周草窗《齐东野语》:

　　宣和时,尝造香于睿思东阁。南渡后如其法造之,时号东阁云头香。

睿思东阁,当为睿思殿之东偏阁(殿)。

《水浒传》第七十二回《柴进簪花入禁院 李逵元夜闹东京》有柴进随宋江入东京

看花灯，曾误入大内睿思殿，并刮去屏风上"山东宋江"四字御书一段故事。

柴进"簪花入禁苑"，明末刊本《忠义水浒全传图》一节画面。睿思殿中，图书满架，牙轴迭陈，琴炉遥对，确是一神仙翰雅洞府。尤其殿中御榻上，如意压住一翻开之书，堪称点睛之笔，似乎道君读兴正浓，因故方离去之情形，极合道君好学之秉性。

睿思东阁，道君禁中实有之，但馆臣所定背铭四字为"徽宗御书无疑"，且山水为马远所作则未必然。

字为"肥金书"

道君御书字，秀俏俊美，风骨嶙峋，谓之瘦金体，天下有名。

道君楷书瘦劲出锋，行草亦爽利飘逸、体态窈窕（惜后人多忽视道君行草，实其气格之正，颠张醉素或有不及）。学其瘦硬易而得其"天下一人"之雍容气度难，瘦金书实为形瘦而质腴也。故自来学瘦金书者，易有作态之弊，所谓"婢学夫人"。金章宗完颜璟虽亦有"天下一人"之尊贵，甚至还有道君之遗传基因（章宗之母是道君某公主之女，自幼教其汉文诗书），但才情、识见或有不逮，故其所学"瘦金书"亦显刻板少韵。

余尝一度临写瘦金书。于其用笔，自许略有心得。

瘦金书之特点，瘦直挺拔，横画收笔带钩，竖划收笔带点，撇如匕首，捺如切刀，竖钩细长，有些联笔字大似游丝行空，已近行书。用笔源于褚、薛而更瘦劲；结体取黄山谷大字楷书，舒展劲挺，风格极独特。此书体以形象论，本应为"瘦筋体"，以"金"易"筋"，是对御书之尊重（也有"鹤体"之雅称）。

审此砚铭字，唯一"东"字略具"瘦筋"笔意；但其最后一捺为收笔下行，又殊不类。另三字，尤其"思"、"阁"，更显纤臃，行笔结体皆有作态，绝无瘦金书运笔飘忽快捷，笔迹瘦遒之特点，必非道君手笔。

迷舞留化
香蝶幼獨

台北故宫博物院所藏道君所书《秾芳诗》（局部）

山非"马一角"

马远，字遥父，号钦山，祖籍河中（今山西永济），寓钱塘。一门五代皆供职画院，山水与夏圭并称"马夏"。其画布局简妙，变五代、北宋之"全景式"为小中见大之边角小景，故称"马一角"，所谓"残山剩水"。

马遥父生于高宗绍兴十年（1140 年），卒于理宗宝庆元年（1225 年），北宋亡时（1127 年）其尚未出生。四库馆臣对此时间上之不合解为"想流传至南渡后，远复补为之图耳。"认为道君御题之砚，南渡数十年后，再由马氏奉旨补画而成。此固可备一说，但难免有悖情理。若画作遥父曾祖马贲之款倒合时代，盖贲曾为徽宗朝画院待诏。

今传世唐宋名迹上有道君所钤"叡思东阁"印，亦有宋高宗钤"叡思殿印"、"叡思东阁"印，抑或南宋初，高宗为纪念其父皇亦建有殿名叡思？

《韩滉五牛图》宋 　　　　《褚遂良摹王羲之长风帖》宋
徽宗"叡思东阁"印　　　　　高宗"叡思东阁"印

元陶宗仪《辍耕录》卷十八《记宋宫殿》引陈随应（即陈随隐。曾任理宗时东宫讲堂掌书）《南渡行宫记》言临安皇宫："又东过阁子库、睿思殿、仪鸾、修内、八作、翰林诸司，是谓东华门。"可知南宋临安大内确实亦建有"睿思殿"、"睿思东阁"。

如此则"叡思东阁"之铭虽必非道君御笔，但高宗御笔题砚背并命供奉内廷之马远作图于砚侧，则时间上全然合契。

惜即便砚上"叡思东阁"乃指南宋之殿名，砚也必为赝品，盖马遥父之画必伪。

　　马遥父以善用水墨苍劲、线条硬劲之大斧劈皴名画史。而此砚侧勾线山水，山石全无一丝马家斧劈痕踪，纯是荷叶皴而略杂少许披麻皴；树法亦不见马家树干瘦硬如屈铁之风格，故必非马遥父手笔。

马远《春景山水》团扇

　　实者，不难想见，以道君皇帝之鉴赏品味，岂能看上字劣如此之砚？故此砚非"当年东阁"御物必矣。

砚云宋宣和

　　《西清砚谱》又收一"宋宣和洗象砚"。解砚文字云：

> 砚高五寸六分，厚一寸二分。宋坑端石，色如猪肝。砚面正方，中刻象形，首左顾。以象身为受墨处。右上方有眼一，如日，下刻庆云护之。左右皆刻流云。下方水纹激滟，右有象奴蹲水中作力洗象。水中泛莲花二。覆手作两层，中镌"宣和至宝"四字，左有"自尔造"三字款，俱篆书……

　　馆臣们之结论：

> 是砚石质既旧，而制作朴雅，其为宋时物无疑。

　　乾隆更认定砚必为徽宗真品。其题镌于砚侧一诗云：

> 宣和博古通儒释，选材制砚凿端石。命工制作洗象图，不述圣经述圣迹。
> 应知洗象万色空，而何通金启金隙？汴梁富丽一朝尽，可怜龙宾埋瓦砺。
> 是谁得之谁用之，依旧无言演梵筴。

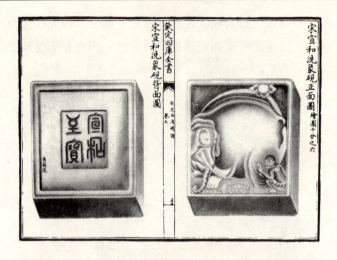

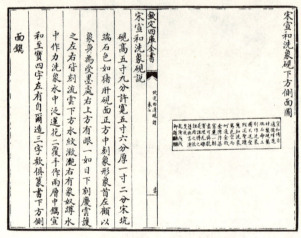

《西清砚谱》所载"宋宣和洗象砚"

　　如睿思东阁砚一样，乾隆又假砚"说事"，借机揶揄道君一番。但其将北宋倾覆之责任归为道君联金灭辽，却或算有一定道理。只"汴梁富丽一朝尽，可怜龙宾埋瓦砾"，东京城破，多少宋内府古书画名迹，皆成传为满人先民之女真兵生火取暖之"干柴"？

　　弘历以占据道德制高点者自居，非厚道人语。

宣和"不洗象"

　　有意思者，乾隆题砚诗中讥讽道君"不述圣经述圣迹"，却又曾自命为"洗象图"中之主人翁。

　　今故宫博物院藏一内廷画师丁观鹏所画《弘历洗象图》。图中乾隆扮作普贤菩萨，高坐莲台。侍者扮金童、玉女及天王，侍立两旁。数僧侣及仆人正洗刷一白象，欲搭毛毡锦垫，以供"菩萨"骑用。乾隆俨然不仅是人间帝王，更是普度众生之慈悲教主。

《顾氏画谱》所刊"李公麟"画
《洗象图》

象，释家瑞兽，普贤菩萨之坐骑。洗象，亦称扫象，取"象"与"相"谐音，即意"扫相"。大乘佛教宣扬破除对万物之执著，所谓"破执"，所谓"无人相，无我相，无众生相，无寿者相"（《金刚经》），亦即乾隆所谓"应知洗象万色空"。明中晚期以来，禅宗极盛，为阐释破除对一切名相执着之概念，画家好将此禅意绘成梵人象奴持帚清扫白象之类图式。丁云鹏、崔子忠、吴彬等皆有《洗象图》传世。

虽然刊行于万历年间之《顾氏画谱》，收有一帧标为北宋"李公麟"所作之《洗象图》，但是书所刊刻之名迹不乏伪本。

然"洗象图"宋以前早已有之，《宣和画谱》即记御府藏有六朝张僧繇、晚唐孙位、宋初孙知微所画《扫象图》。不过遍检《宣和画谱》，并无一帧时人《扫象图》画作。此是何故？

真相是：即便宋时"洗象图"流行，宋徽宗也必不取用刻此题材之砚，原因简单，其乃"道君"而非"释君"！

道君摒"胡教"

自汉武纳董氏"罢黜百家，独尊儒术"以降至"五四运动"，儒家之主流地位基本未尝动摇。道释两家，则互相消长，此起彼落。

佛法于汉末东传中土，历魏晋南北朝三百余年间，为吾国学术思想，注入新鲜血液。但其纷争亦未曾少歇；既有梁武帝、唐宪宗之佞佛，亦有北魏太武帝、北周武帝、唐武宗、后周世宗"灭佛"之法难，所谓佛教史上"三武一宗之厄"。宋徽宗、明世宗虽无"三武一宗"禁佛之极端，却也不遗余力，亦为释家"恶人榜"上之"先进"。

徽宗自号"教主道君皇帝"、"道君太上皇帝"，其扬道抑佛，因信仰不同排斥释迦当要因之一。其于宣和元年诏称，佛教因属"胡教"，"虽不可废，而犹为中国礼义之害，故不可不革"。遂改"佛号为大觉金仙，余为仙人、大士之号；僧称道士，寺为宫、院为观；即住持之人为知宫观事"（《宋大诏令集·佛号大觉金仙余为仙人大士之号等事御笔手诏》）。又令僧尼留发、顶冠、执简，其装束几活脱脱变为道士。至少从形象上，道君将沙门徒众"收编"成自家同门。

私意以为，道君以"夷夏之辩"为禁佛理由，或亦出于意识形态之需要，盖当时北朝辽国耶律氏崇佛。道君既禁佛，断无"命工制作洗象图"之事。更遑论奉刻有"胡教"题材之砚为"至宝"，故砚绝伪。乾隆所题"宣和博古通儒释"，凸显其文史之陋识。此公虽知道君命王黼等编绘之《宣和博古图》有名，却不知道君通悉"道理"，但不屑了解"佛性"。

在宣和年间禁佛之肃杀现实中，何人又敢刻此"背时"题材之砚，进呈厌佛之"教主道君皇帝"？

笨伯"洗象"

乾隆内府"宋宣和洗象砚"已是伪品，今日却尚传世一仿冒彼砚之赝品。

《古名砚》刊一日人所藏"洗象砚"。端石，"色如猪肝"。砚面浮雕"洗象图"。背迭挖双覆手，中镌"宣和至宝"四篆字，款楷书"自尔造"。砚侧镌乾隆题铭一首，词与《西清砚谱》同。诸般看似皆与《西清砚谱》砚图相符。

《古名砚》所刊洗象砚

此砚之诡异在于，形制、刻工虽与谱中砚图相符，铭款却大有问题。

谱中砚虽摹图，原砚之各体铭字多为馆臣以馆阁体录之。《古名砚》此砚"自尔造"三字款为楷书，但馆臣记砚背"宣和至宝"四字与"自尔造"三字两者"俱篆书"。除非"俱篆书"乃馆臣之笔误。否则此砚必伪。

疑作伪者是被《西清砚谱》所误。宫廷画工将"宣和至宝"四字照描为篆书，而"自尔照"三字则只以楷书抄录。作伪者胶柱鼓瑟，只知照谱"看图"，却未读馆臣之解文"说话"。

《西清砚谱》之摹绘，固是失真，未曾想却"套住"此一抄死书之笨伯。

从砚包浆看，此砚当为旧仿。《古名砚》注文并未将其定为《西清砚谱》原物，想编者亦疑其不真。

宋高宗赐王安道端砚

——雾里看花之"流水账"

御刻座右铭

宋高宗所撰《思陵翰墨志》有云：

> 石之有眼，余亦不取，大抵瑕翳于石有嫌，况病眼、假眼，韵度尤不足观，故所藏皆一段紫玉，略无点缀。

此为评端"有眼为病"之始作俑者。

拥眼派、贬眼派，本各取所好，若连佳眼亦不取，则似太过偏颇。

以论石之求"纯粹"观之，或高宗其政治理念上亦有"洁癖"，故终是难容锋芒毕露之岳武穆。

朱竹垞《日下旧闻·宋高宗端石砚》：

> 高宗常用之砚。上刻御书铭曰：操瓢（意作文）濡墨兮，中有杀生。造次必思兮，令世可行。

高宗此铭或可作其理政之"座右铭"看。

为君者，在作御批之际，未可造次，须三思而后行。如此，方可令行天下，四海归心。然者，高宗当年"操瓢濡墨"拟"杀生"岳武穆御旨时，"必思"其"造次"否？

宋高宗墓称"思陵"（永思陵），明思宗崇祯帝墓亦称"思陵"。高宗杀岳元帅飞，思宗杀袁督师崇焕，皆被后世唾沫所掩，可谓"难兄难弟"。

陆放翁《老学庵笔记》记：

> 秘阁有端砚，上有绍兴御书一"顽"字。

高宗书"顽"字于砚，想其嫌砚石质之硬顽。以人喻石，高宗恐亦嫌岳武穆不通圆融之"顽"也。

南宋亡，元廷江南释教总统、吐蕃僧人杨琏真迦大掘宋室陵寝，高宗墓内只有锡器数件、端砚一方，与其生前性尚节俭、好文翰之秉性相符。

赐王安道

《故宫周刊》第三百四十五期刊一"宋高宗赐王安道端砚"砚拓。

编者注："砚高五寸五分，宽三寸四分，厚二寸八分，宋紫端。石质坚细而润，砚面宽平，墨池深狭，覆手刻柱七"。

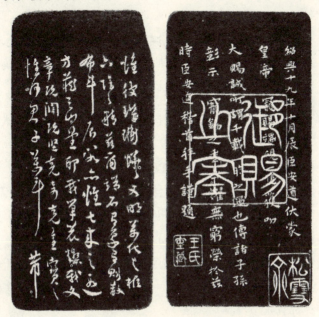

《故宫周刊》拓

砚面、砚背皆未见刊，唯见砚侧二拓。一侧铭小楷：

> 绍兴十九年十月辰，臣安道伏蒙皇帝宠赐端砚一只。获叨大赐，诚所谓千载一时之遇也。传诸子孙，彰示宠锡之重，□（垂？）耀无穷，荣于兹时。臣安道稽首拜手谨题。王氏宝藏（印）。

铭字上覆刻篆书大印"御赐之宝"。右印"松雪斋"。

另一侧行书铭，《故宫周刊》编者解为"右侧镌米芾题"。铭文大略似为：

> 惟彼玑衡，烨烨文明。万代之柜（炬？），下□□精。兹尔端石，有象有则。散布斗辰，客亦惟七。来之□方，藏之山堂。耶（助？）我笔花，灿我文章。既润既坚，克奇克金。宝之惟何，君子万斗。芾。

以铭文字面解，砚原为米颠物，后归入高宗内府。高宗以之赐王安道，王氏铭而宝之。后砚又归赵子昂松雪斋。

清高宗之调侃

《乾隆御制诗》收有《题宋紫端石九龙砚》,诗云:

　　旧坑紫端刻龙九,制古朴抚不留手。出没洪波无或有,墨花入骨深而黝。
　　宠赐安道识世守,今其子孙仍守否?

诗有注:

　　是砚宋坑紫端石,周刻九龙,黑花深锈,覆手刻"绍兴十九年十月臣安道伏
蒙宠赐,传诸子孙"云云。按宋王安道画宗李迪花鸟,迪在绍兴间为画院副使,
赐金带。安道为迪弟子或亦得供奉蒙赐耳。

弘历所云王安道,《图绘宝鉴》云:"其为河阳(今河南孟津)人"。与其师李迪
为河阳同乡。

弘历所题者,今未详何处,若存世,则以台北故宫博物院为可能。

哲人云"君子之泽,五世而斩;小人之泽,亦五世而斩"(《孟子·离娄章句
下》);俗语云"富不过三代"。可笑者,是弘历针对王氏铭中"传诸子孙"所故作深
沉之调侃语:"今其子孙仍守否"?原本刻于心爱物上之"子孙永宝"、"子子孙孙其永
守"之类,不过藏家之祈愿,嘱咐后人善待之意罢了。南宋绍兴年间至乾隆时,已过
六百年,王氏砚早已不知经历凡几家几氏,一介臣民之子孙固未能世守传家之宝,贵为
帝王家必能"子子孙孙其永宝"乎?

君不见乾隆死后不过百年,其后人狼狈如溥仪,所携往伪满新京(长春)之多少
"乾隆御览之宝"今又安在?

弘历对大儒杨龟山所铭道君赐砚"后世子孙世守之"之铭,却口下留情,无非缘
于为标榜其统治之合法性,亦须利用"孔家店"之金字招牌。

宋高宗被唐突

《故宫周刊》此砚若以"安道"铭看,文辞似无可疑者。

但另侧"米芾"之铭则大有问题。其铭字虽也流畅,但行笔内敛而多钝笔,不若
米颠"八面出锋"之恣肆遒劲。又其重复之字变化不多,此书家大忌,必非大手笔如
米元章者所为。

宋高宗之御笔宸翰,成就虽与其父徽宗不能同日而语,但其少时即醉心书道,功底
深厚,颇得晋人神韵,诸体皆擅。南宋王应麟《玉海》记:"高宗飞龙之初,颇喜黄庭
坚体格,后又采米芾,已而皆置不用,专意羲、献父子。"高宗《翰墨志》评云:

米芾得能书之名，似无负于海内。芾于真楷、篆、隶不甚工，惟于行草诚人能品。以芾收六朝翰墨，副在笔端，故沉着痛快，如乘骏马，进退裕如，不烦鞭勒，无不当人意。然千古效其法者，不过得其外貌，高视阔步，气韵轩昂，殊不究其中本六朝妙处酝酿，风骨自然超逸也。支遁道人爱马特爱其神骏，余于芾字亦然。

高宗早年曾学过米体，故对米字大有研究，言其为"米体专家"亦不为过。对此砚上遑论"风骨自然超逸"，连"不过得其外貌"也称不上之"米字"，焉能不识其奸而收入内府且赐予臣下？

米颠之铭为伪，则又可反证"安道"之铭之赝，盖"安道"所得乃御赐名物，何必借托"米芾"之伪铭增色？以之类推，高宗"皇帝宠赐端砚一只"亦必臆造！

将"御赐之宝"、"王氏宝藏"、"松雪斋"三印相较，可见篆法一样，亦疑出自一人之手。

又，伪铭云"端砚一只"，亦坊间俚称，更非文人口吻。

所以，只以砚铭拓片而言，此砚也必伪铭。

《故宫周刊》所刊之文物多取清内府所遗，故乾隆所题之砚理应即《故宫周刊》所刊者。

疑者，弘历云王安道铭在砚背覆手内，而从此砚拓看，应在砚侧。弘历所题者"周刻九龙"，此砚则当无之。弘历亦未提及"米芾"砚铭，或弘历错记？

或《故宫周刊》刊者与弘历题者并非一砚？

赐鲁安道？

尝见刊一高台抄手砚，云实物今在台湾（疑藏台北故宫博物院）。

砚石色淡赭，云为"端石"，砚面右上有粉绿斑二处，甚别致。砚面宽平，一字墨池。背抄手内有石柱七，皆无眼。

砚左侧所镌"王安道铭"和三印：御赐之宝、王氏宝藏、松雪斋及右镌"米芾铭"，皆与上述《故宫周刊》者同。

其砚纵 17.5 厘米、横 11.1 厘米、高 8.8 厘米。亦与《故宫周刊》砚所记尺寸正同，当原是一物。

此砚有解文云"赐鲁安道端砚"，显然乃"王安道"之讹。

又、重庆博物馆李初梨氏所捐之藏砚中，有一"绍兴十九年御赐安道龙紫端（原文如此，见《中国文房四宝》1994 年第 4 期刘海粟先生文章。当为"九龙紫端"？），惜不详何状。

高台抄手定非弘历所铭原物，李氏所捐者是否即是？尚待日后再证。

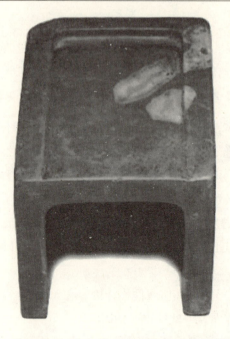

宋高宗赐王安道高台抄手砚

赐张安道？

明人大名士李竹懒（日华）《味水轩日记》卷二记其所见：

> 方丈携示绍兴间张安道赐砚，作覆斗形。长四寸，阔二寸有奇。周遭镌浪鱼出
> 没，色紫燥，非佳物。

竹懒所见之"周遭镌浪鱼出没"，与弘历所云"周刻九龙"略有不同，或弘历所谓
之"龙"与竹懒所谓之"鱼"同为"鱼化龙"（龙头鱼身，又名"鱼龙变化"）之异
称？

竹懒所见者为"覆斗形"。斗本量具，面方形，多上丰而下狭。覆斗，谓形上狭下
丰，形与"米芾"铭末句"宝之惟何，君子万斗"恰相合。老米《砚史·样品》记当
时歙砚形制，云"土人尤重端样，以平直斗样为贵。"其"平直斗样"，当为四侧内敛
之抄手式。《春渚纪闻·记砚》记有"古斗样铁护砚"及比邱了能所藏李端叔铭古斗样
砚，当皆略似。

但乾隆内府砚"覆手刻柱七"与砚铭"客亦惟七"又相合。覆手所刻七眼柱，当
喻北斗七星，将北斗七星用线条联结，正像一有柄之斗。因其居于北方，故称北斗。抑
"君子万斗"之"斗"是指"星斗"而非指砚形"覆斗"？只两砚尺寸亦略异，一"高
（长）五寸五分，宽三寸四分，厚二寸八分"，一"长四寸，阔二寸有奇"，明、清尺虽

不全同，却也走动不多，是疑不是一物。

　　抑竹懒所见为真品，乾隆内府者是以其为原本所作伪？

　　但竹懒又云砚乃"张安道赐砚"，考宋人字"安道"者多人，北宋名臣张方平（1007～1091 年）亦字安道，但张氏故去时北宋尚未亡。此当"博物君子"李竹懒之疏忽处。

　　李竹懒所见、弘历所题、《故宫周刊》所刊（台湾今藏）、李梨初所捐，此"高宗赐安道砚"竟传有四。而各砚或缺全图，或拓不全，或文字过略，皆属"神龙见首不见尾"，实难辨何者为真。

　　或此砚本无真品亦未可知。

真安道？

　　此文前撰文字，本是旧稿，未曾想后来又见一资料，始知前云高台抄手之"赐王安道砚"确藏台北故宫博物院。更有趣者，台北故宫竟复藏一"宋高宗赐王安道砚"（彩图 14），而彼馆解砚文字亦讹作"赐鲁安道"。此砚正乃原乾隆内府所藏者，砚右侧镌弘历所撰《乾隆御制诗·题宋紫端石九龙砚》"旧坑紫端刻龙九"云云之"口水诗"。

　　其砚长 20 厘米、厚 4 厘米。端石，色淡紫。长方抄手式，周身满饰龙纹及波涛纹，砚池为不规则形水波所围。砚背未见刊，云背刻一碑形，饰以云纹，中间楷书刻"绍兴十九年十月臣安道伏蒙宠赐，传诸子孙"云云，铭同于前述两砚。铭后"下接'安道'二字印"，而非"王氏宝藏"。砚首处刻篆书四字"御赐之宝"。

台北故宫博物院藏乾隆内府原藏宋高宗赐王安道九龙端砚

　　得阅此砚，此前对《故宫周刊》所刊拓本（亦即高台抄手）与乾隆题诗不合之疑惑，已可明了，原是两物。

　　《故宫周刊》砚"米芾铭"与"赵子昂印"即有疑，此乾隆铭砚无"米芾铭"与

"赵子昂印"，真赝又如何？

此砚铭文辞义似无显疵，砚型也无可疑，题材亦近徽宗书府所用"海水鱼龙三神山、日月星斗昆仑山"之类砚。砚本身似乎无可疑者。

然即是明时李竹懒已记有一"赐王安道砚"，而竹懒所见"长四寸"，尚不够十四公分，而此砚长达 20 厘米，显是两物。

所谓"先入为主"，此砚之可信度便须大打折扣。

笠谷缀语：

先考《故宫周刊》之砚拓，继析高台抄手砚，再评九龙抄手砚，一续再续，竟分三次合成，此文遂作成了一"流水账"。

只"流水账"亦有"流水账"之趣味，其记录原始思路，回味之，反觉大有峰回路转、柳暗花明之乐，此亦考辨之意趣所在。

尚期来日渝博所藏"宋高宗赐王安道砚"刊出，可于"宋高宗赐王安道砚"之真相更进一层，或又可再缀后文。

附考一　宋高宗赐王十朋端砚——金殿赐文曲

砚藏温州博物馆。刊《文物天地》1989 年第 1 期。端石，质细嫩。抄手式。砚背星柱三十六，柱顶"石眼"如繁星。砚前侧刻宋高宗篆字御铭"体端厚兮，天化成！罗星宿兮，焕文明！赞机要兮，□□□！……"印"绍兴宸翰"、"永□"。两侧刻王十朋楷书："绍兴丁丑三月二十一日集英殿赐第，特赐御铭宝砚，恭作砚颂并诗一章，有序"（颂与诗皆未见刊出）。

宋高宗赐王十朋端砚。今人所撰《王十朋传》刊图

王十朋（1112～1171年），字龟龄，号梅溪，浙江乐清人。绍兴二十七年中进士第一。一生敢谏，主张抗金恢复国土，为一代良臣。朱子、张南轩皆雅敬之。官至太子詹事，诏以龙图阁学士致仕，命下而卒，赐谥忠文。著有《梅溪集》32卷。王状元亦是说部中之大名人，一出虚构之《荆钗记》，使王梅溪成"状元戏"明星之一。

砚侧宋高宗御铭"体端厚兮，天化成！罗星宿兮，焕文明"，与此砚之厚重，石品之多眼相符。"绍兴丁丑"，为宋高宗绍兴二十七年丁丑。此年三月二十一日，廷试后，高宗阅王梅溪《廷试策》，赞叹"经学淹通，议论醇正"，亲擢为状元。王状元现场赋写《丁丑三月二十一日集英殿赐第》谢恩诗一首：

> 太平天子宗儒术，寒贱书生荷作成。槐市育才叨啗选，枫宸唱第冠时英。
> 圣恩宽大容愚直，御墨褒嘉佩宠荣。却笑刘蕡不遭际，徒令纸上有虚名。

按砚铭所言，砚既王氏夺魁之日高宗所赐。

见刊之砚照甚模糊。砚当旧物，似近真。惜因所见资料甚少，对原铭无可多言。

近代西泠印人丁立诚《小槐簃文存》曾记此砚流传始末：

> 旧为吾杭赵氏小山堂所藏，今归楚南李幼梅观察者也。……杭城历庚辛之劫，此砚失去已久，光绪己卯开浚南湖，兵士锄地得此砚，碎而为二，故颂与诗均有阙字。

砚原为晚清杭州著名藏书家赵氏兄弟（兄昱、弟信）小山堂中珍品。在咸丰十年庚申及次年辛酉太平军两度攻占杭州（"庚辛之劫"）时，砚在兵祸中失去。光绪时，开浚余杭南湖，士兵锄地出之，但已碎为二段，砚上王状元原铭有阙损。残壁复归晚清名督李星沅之嫡孙李辅耀。辅耀宦游杭州三十余年。西湖孤山小盘谷，乃李氏捐赠予西泠印社。

丁立诚，精版本学，西泠印社创始人之一丁辅之父。尝佐助其叔父、藏书家丁丙行善业，"开浚南湖"等。渊源如此，故对此砚之传承始末知之甚详。

上世纪后半叶，砚从李氏后裔处征得归公。

附考二　宋高宗御押歙砚——受赐者谁？

砚拓载韩氏《砚铭》。砚自然形，略凹以为池，别无雕饰。背平无工，上镌高宗御押，似楷书"伍"字。下镌印"御赐之宝"。题拓四则，云：

> 宋高宗御押砚。泥金歙石。
> 左二字"满月"，右二字"可泥"。
> "御赐之宝"印上即高宗御押也。
> 庚申端午节。泖东壶史手拓。

　　此砚形取自然，极少雕琢。高宗御押字却甚板刻，与今存高宗墨迹《付岳飞手敕批劄卷》下署御押及周草窗《癸辛杂识》载宋高宗御押皆似略有异外，且无受赐者只语，亦似不合常理，真伪莫可知。

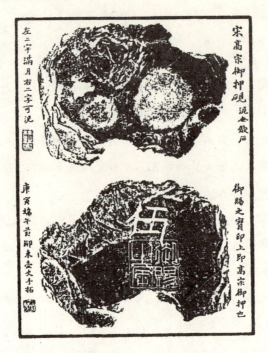

宋高宗御押歙砚

高宗墨迹《付岳飞手敕批劄卷》下　　周密《癸辛杂识》载宋高宗御押
署御押

附考三　宋孝宗御押砚——种瓜得砚？

近人徐氏《清稗类钞·陆济苍藏宋孝宗砚》：

> 平湖松麈山房道士陆济苍，名微。尝于邻圃得古砚，额镌远岫奇峰，背镌宋孝宗御押。有"希世奇珍"及"米芾"字，隐隐可辨。或曰：宋殉葬物也。济苍宝藏之，陈清柯太守为作长歌记其事。

周密《癸辛杂识》载宋孝宗御押

宋孝宗赵昚（1127～1194年），太祖七世孙，高宗嗣子。即位之初，任用主战派张浚，北伐中原。隆兴元年败于符离，即与金重订和约。淳熙十六年传位与赵惇（光宗）。乃南宗诸帝中进取心较强者。

得砚者陆济苍，乾嘉间人。善古琴，阮芸台云其"工诗画"，亦一风雅之人。

若陆氏之砚确乃邻圃所得，当有"宋殉葬物"之可能。

《西清砚谱》亦收有一"宋米芾远岫奇峰砚"，未知与陆氏砚有无因果关系。

附考四　宋端宗御押屐砚——幼帝涂鸦砚？

梁绍壬《两般秋雨庵随笔》记一"宋端宗屐砚"。云：

> 石径尺许，里四外刓，底有四足，如屐形，一足刻端宗押。相传毗陵唐荆川太史旧藏……

宋端宗赵昰（1268～1278年），度宗子。初封益王。景炎元年，被陆秀夫等在福州拥立为帝，由杨太后听政，避元兵于南海。因飓风坏舟受惊而卒于砚州（今属广州雷洲湾东砥州岛）。在位仅两年。

终命之地竟名"砚州"，幼帝昰其或于砚有妨？十龄即夭折，遗有御押砚恐甚不易。砚"里阃外刉，四足如屐"，合宋时砚式。

感人者，此屐砚之流传故事。

嘉靖时，砚归抗倭名臣唐荆川（顺之）。传至其孙唐孝廉时，家道破落，无奈稻粱难谋，待米下炊，遂答应以同等重量黄金售砚。然唐孝廉心实不舍，摩挲宝砚三昼夜，方离手交付。

售砚者唐孝廉，爱砚不去手，视砚如命；购砚者某，不惜黄白物，志在必得，皆属"砚痴"之列。近人徐世章氏亦以等重黄金购得一"金大定红陶砚"，同是真爱砚者。

康熙间，砚归徽人寓桐乡之藏书名家汪季青（文柏）。汪氏遂颜其室曰"屐砚斋"，有"屐砚斋图书印"。又请画师顾文渊（雪坡）作《屐砚斋图》（原图今尚传世），名士汪苕文（琬）有记，周青士（筤）等有诗。

嘉、道时，砚归陶馨之。陶氏有感于传砚情事，撰《屐砚履历》记之。

晚清时，砚又为胡半痴得之，藏砚家、绍兴人王继香（子献）《醉庵砚铭》收入其为胡氏此砚所题一铭并跋云：

> 石径尺许，内凹外刉，底如屐形，一足刻端宗押。见陶馨之《屐砚履历》。友人胡半痴得之，属为铭：有扁斯石，形下成器。天水之朝赐汝屐，六百年来折几齿。

胡半痴之后，砚无下落。

从梁绍壬与王继香两家所记看，砚"里阃外刉"，"内凹外刉"，阃：小门，刉：刻削，言砚四侧内敛也；"四足如屐"、"底如屐形"，底如四足木屐样；"一足刻有宋端宗花押"，"一足刻端宗押"，端宗御押刻于足上。应是一四足宋砚。

笠谷又缀

果然如上文"缀语"所料，宋高宗赐王安道砚还有下文。

渝博所藏还未见刊，新见《聚珍荟宝》一书，却收入浙博所藏一"宋高宗赐王安道抄手式端砚"。砚侧铭文略同于《故宫周刊》砚，唯有"稽首拜手"、"拜手稽首"和"也"、"矣"之别。

单从此一砚看，似真。结合上文多方看，难言必真。

砚之量词习称"方"，偶有称"块"、"个"、"台"的。铭文中却称砚为"一只"，无论"安道"为谁，必是一有相当地位之人，何出此等粗鄙之外行语？

此诸方"宋高宗赐王安道砚"皆大有可疑也！

宋高宗刘妃奉华堂澄泥砚

——汉宫片瓦忆鸳鸯

《广仓砚铭》奉华堂砚拓片及邹安题跋

宫禁流传砚一方

《广仓砚录》载一长方澄泥砚拓，传为宋高宗刘妃用物。

砚长方形，浅抄手，瓶形池。背有楷书"奉华堂"，一侧隶书铭：

> 奉华堂，为南宋高宗刘夫人所居。夫人字希，建炎间举内翰文字，或代高宗作
> 宸翰，此当是刘夫人之砚。琅嬛仙馆审藏。

另侧镌：阮云之印。

"琅嬛仙馆"，阮芸台斋号。为阮氏道光间任云贵总督时，改衙署内前人"昆华仙
馆"而成。馆前有昙花一株，"高覆玲石"。芸台有诗《云南督署宜园十咏·仙馆昙云》
咏之。

《广仓砚铭》编者邹安有跋题砚拓：

> 南宋奉华堂澄泥研。详见《定香亭笔谈》：甘泉林季修述曾《奉华堂砚诗》云："大刘妃子奉华堂，宫禁流传砚一方。清泪流珠咽鸲鹆，高台残瓦忆鸳鸯。代书玉诏颁诸将，闲写兰亭侍上皇。南渡江山空半壁，墨池天水自沧桑。"刘夫人即贵嫔，宋内府法书名画皆为其所掌。

砚拓正、背皆钤方印"贝氏金石"。印主俟考。疑为清人贝墉。其字既勤，号简香，吴县人。藏书名家袁廷梼婿。好藏书、金石、字画。不问家事，不治生产，家益贫，而藏书益多。藏书印有"平江贝氏"等印。撰有《千墨斋钞七家书目》。

林述曾，扬州甘泉人。阮芸台表弟，芸台任浙江巡抚时，曾邀述曾为襄助。嘉庆间知湖州武康县。后念做官束缚自我，辞官还乡。临行作诗留别，诗有云："归家高卧梦魂安，只仗清风两袖还。"其清白志趣可见一斑。

侧有三字为铭词？

阮芸台《定香亭笔谈》卷四除记林述曾《奉华堂砚诗》外，还收载朱文藻（字映漘，号朗斋。杭州诸生。善博古）所作《琅嬛仙馆观所藏南宋奉华堂砚歌》。诗云：

> 澄泥宋砚制作奇，其纵六寸广半之。面宽中凹受墨处，细刻云气蟠夔螭。
> 分明左右提两耳，圆口恰作受水池。是尊是罍置弗论，侧有三字为铭词。
> 曰奉华堂楷格整，其秀在骨腴在肌。考昔临安宋驻跸，夫人刘氏颜堂楣。
> 工书善画笔娟秀，往往印记堂名垂……邗上世族衍先泽，宝此佳砚同尊彝。
> 使君报国擅文采，笔花染墨敷芳蕤。六百余年砚得所，物以人重传自兹……

"邗上世族"云云，知砚乃阮芸台得自扬州（邗上）某旧家。

时人陈文杰亦有和朱文藻诗，有"大刘妃子尤明艳，德寿宫中第一仙"；"半壁江山留片石，至今尤说奉华堂"句。

朱氏诗开宗明义，言材为"澄泥宋砚"。而陈氏诗句中却又有："紫云一片紫元液"；"此砚当年雕石髓，深宫长伴乌皮几。阅尽繁华七百年。一双鸲眼清如水。"似说砚乃有两"鸲鹆活眼"之端石，是颇不解。

以《广仓砚铭》此砚与朱文藻诗对比，样貌甚相符。且皮壳斑驳，铭字不俗，似有阮氏琅嬛仙馆遗物之可能。但朱氏诗中有句"侧有三字为铭词"，定是指原砚"奉华堂"三楷字乃刻于砚侧，《广仓砚铭》砚三字则刻于砚背正中。

显然，此砚是否阮氏琅嬛仙馆原物又大有可疑。

但《广仓砚铭》此砚伪，并不意味阮氏原砚必伪。

艳才清绝数大刘

论诗赞画侍宸游，艳才清绝数大刘。想见芝泥红沁纸，奉华小印最风流。

此清人赵棻《南宋宫闱杂咏》赞高宗"大刘妃"刘希句。《宋史·列传第二·后妃下》记：

> 刘贤妃，临安人。入宫为红霞帔，迁才人，累迁婕妤、婉容，绍兴二十四年进贤妃。颇恃宠骄侈，尝因盛夏以水晶饰脚踏，帝见之，命取为枕，妃惧，撤去之。淳熙十四年薨。

大刘妃才貌双绝，野传连北朝金国海陵王完颜亮闻之亦垂涎三尺，完颜亮所作《鹊桥仙·待月》句："唯恨剑锋不快。一挥截断紫云腰，仔细看，嫦娥体态。"或云词中"嫦娥"即指大刘妃也。故完颜亮南侵宋前竟预备好衾褥，俟灭宋掳得刘美人归。

大刘妃"红颜祸水"野说，自然和"奉旨填词"之柳三变（永）因一曲夸赞杭州"有三秋桂子，十里荷花"之《望海潮》小调，惹得完颜亮起心"立马吴山第一峰"侵宋一样无稽。但也可见，野说大刘妃即能招"倾国"之祸，想也必确有"倾国"之色。

但大刘妃自杖天子待其优渥，色艺名震后宫，颇恃宠骄侈，竟用水晶装饰脚踏（古人放置椅、榻前承足所用）。宋高宗性节俭，好食素。不喜用奢侈品，睡仅铺一层蒲荐黄罗褥之木床。某次在扬州，人献宣和间螺钿桌椅，高宗令"于市中焚毁"，此举让老百姓"莫不悦服"。

大刘妃以水晶饰脚踏，如此奢侈，暴殄天物，高宗龙颜大怒，命刘氏将"水晶脚踏"当枕头以作惩戒。

奉华小印最风流

《书史会要》记大刘妃：

> 刘夫人字希，号夫人（尚衣夫人），建炎间掌内翰文字及写宸翰字。高宗甚眷之，亦善画，上用"奉华堂"印。

大刘妃之高宗代笔人角色，与其稍后为宁宗代笔人杨妹子之角色类似。或云杨妹子名娃，《书史会要》记为："宁宗皇后妹，时称杨妹子。书法类宁宗，马远画多其所题。"故陈文杰《奉华堂砚歌》有所谓：

> 笔压松风马远图，色分红沫杨娃印。小妹风流更轶常，羽衣新学道家样。

盖曾有杨妹子题有《诉衷情》一词之马远《松院鸣琴图》传世。

事实上两宋文明昌盛，后宫中人亦多才雌。杨妹子之姐、宁宗皇后杨氏书法类宁宗。高宗吴皇后亦善仿高宗笔法，人莫能辨。

以皇后之尊，自然不便常作皇帝之"秘书"代笔人，大刘妃、杨妹子们之翰雅之才便有了用武之地。

《绘事备考》载，大刘妃传世画作有《宫衣填线》、《枚卜》、《补衮》、《宫绣》等（惜诸图今已不传），诸图皆用"奉华堂"印。故清人史梦兰所撰《全史宫词》赞云：

奉华堂印。现藏沪博之传世王献之行书《鸭头丸帖》上所钤，抑大刘妃所用耶？

> 妙选深宫掌御书，奉华堂里碧纱厨。
> 闲关颂酒源堪溯，宝篆亲填《补衮图》。

因奉华堂为大刘妃所居，故其所作皆钤"奉华堂"印。赵菜诗"奉华小印最风流"；朱文藻诗"往往印记堂名垂"皆言此。

父子"太上"四刘妃

有意思的是，高宗又有小刘妃。《宋史·后妃下》亦记入。

小刘妃其名不详，初入宫，封宜春郡夫人，与大刘妃俱被宠，进婉仪。大刘妃以翰墨得高宗眷顾，小刘妃之以音乐深得高宗欢心。一次孝宗谒太上皇，高宗留宴，召小刘妃独吹白玉笙《霓裳中序》。

小刘妃亦恃恩招权，不安本分，不仅私许商人官爵，且妄言军国大政，终被打入冷宫。

元诗人潘純有《题宋高宗二刘妃图》：

> 秋风落尽故宫槐，江上芙蓉並蒂开。留得君王不归去，凤凰山下起楼台。

此诗清婉，却含讥讽意。实较史上大多数帝王，高宗于女色方面并不甚贪。

更有意思者，《宋史·后妃下》记徽宗亦有大小刘妃，只徽宗二妃际遇远好过高宗二妃。

道君大刘妃，出身寒微，入宫即得道君宠幸，越七级而为贵妃。惜红颜薄命，旋即去世。道君大悲恻。编妃生平诗文，令乐府谱曲奏唱。并追册为明达皇后。此道君"大刘"也。

道君"小刘"，颇传奇，出身一如野史《游龙戏凤》中之"李凤姐"，其本酒家女，美人有幸，得近龙颜，乃缘以"大刘"之"替身"而得沾天恩。此小刘，大有服装设计天才，每戴一冠，制一服，无不出人意表，精致绝伦。宫禁内外，竞相仿效。

道君父子皆与刘氏女有殊缘，抑两宋之交，"彭城氏"（刘氏郡望彭城）大行"贵妃运"欤？

两宋宫禁二"奉华"？

虽道君父子皆各有二刘妃，倘砚为南宋"奉华堂"用品，自然极有可能曾是高宗大刘妃当年作词翰时所用砚。徽宗有大小刘妃，与奉华堂砚无妨，但传徽宗又有"奉华堂"，则与奉华堂砚为高宗大刘妃遗物之定性则大大有碍。

今日台北故宫博物院藏有数件据传是宋代之汝窑青瓷，上刻"奉华"铭款，云即大刘妃所居"奉华堂"用物；爱屋及乌，自然也是高宗心爱之御用品，因之身价百倍，人皆视同拱璧。但民间颇有非议，认为"奉华"款实皆后刻，指是乾隆好事之作。至少其中一件纸槌瓶，底款"奉华"二字太偏左边，当年宋高宗

汝窑粉青纸槌瓶。台北故宫博物院所藏、清宫旧物

（或大刘妃）自无谦逊到预留中心大片空白予六百年后之乾隆去卖弄的道理。

视《西清砚谱》所收唐宋名人砚多赝品看，乾隆及近臣对"宋汝"、"宋定"等名瓷之鉴识恐不足凭信。

见刊一荒诞不经、来路不明之奇说："奉华"原为宋徽宗一宫女之名，后彼女"奉华"大得徽宗宠爱，受封为贵妃，赐宫一座，取名"奉华宫"。汝窑奉华尊即是奉华宫之专用物。

又见说北宋钧瓷亦有二件底款"奉华"之器物传世，一传世品，一出土残片，言之凿凿，似毋庸置疑。尤其残片，云是豫地禹县北宋钧台窑址所出。

倘北宋已有奉华堂，则此砚是北宋奉华耶？南宋奉华耶？

若北宋汴梁禁苑奉华堂所用，则干南宋人大刘妃何事？

但经有心人探究，所谓二件北宋"官钧"物证，一疑不存在或伪品，一为仿古残件被人误识为真。故"官钧"始自明代之论渐盛。

即无可靠标准器证明北宋已有"奉华堂"，而史乘文献又无北宋"奉华堂"之记载，"奉华堂"只是南宋禁中一宫殿名之结论不应轻易推翻。

清人铭砚怎出宋人墓?

阮芸台所藏"奉华堂砚"是否必是大刘妃遗珍,似难知晓。"考昔临安宋驻骅,夫人刘氏颜堂楣。工书善画笔娟秀,往往印记堂名垂。"朱文藻此题砚诗中描绘之情景已足让人浮想联翩。似此类"玉楼中砚",即便有些附会,取"宁可信其有,不可信其无",亦一乐事。阮芸台诸人将砚定为"奉华小印(字)最风流"之大刘妃遗物,大是不恶。

阮芸台当年所得"奉华堂砚"有南宋宫廷用砚真品之可能。如上文所考,《广仓砚铭》所刊砚与朱文藻咏阮氏砚有不合,恐为仿品。而另又见刊两"奉华堂砚",则为阮氏原藏之可能性似更不乐观。

一砚为某期《神州国光集》所刊。砚面亦瓶形池。与《广仓砚铭》异者,外形为瓶形而非长方,背铭楷书"奉华堂"。余所见彼图已过多年,似未见刊出砚侧及"阮元"铭文。

以古旧气较,《神州国光集》砚不及《广仓砚录》砚,且与《广仓砚录》砚一样,楷书"奉华堂"三字亦镌于砚背,故亦不合朱文藻砚诗。

另一砚见今人某砚书记载,云为粤地海康县博物馆所藏,九零年海康县"宋墓出土"云云。材为宋坑紫端。长方抄手式,瓶形池。砚侧"阮元"铭与《广仓砚谱》相类。亦有"贝氏文物"印,著者解此印为清代长洲画家贝点(此说未知出处。贝氏字孝存,号六泉。翟大坤弟子)藏印。此砚亦见刊《紫石凝英》,瓶形砚池,工颇不俗,砚之抄手形,亦近宋人风格。惜背未刊,亦未录砚铭何样。

虽然未见刊出海康县博物馆所藏"奉华堂砚"之全豹,但此砚"宋墓出土"说法极荒唐:宋人之墓却能"穿越时空",出土清人阮元、贝点之藏砚?

附考一　宋文绣院洮河石砚——墨池韶光映锦绣

砚拓见刊《清仪阁所藏古器物文》,清中期博雅大家张叔未(廷济)清仪阁中藏品。据张氏题拓长跋,知砚原为藏有"宋端宗屐砚"之藏书家汪季青(文柏)古香楼旧物,后归桐乡金德舆(字鹤年,号云庄。监生,官刑部主事。善书翰,精鉴藏),再归嘉善鲍拙安,张叔未以黄金二饼(二斤)从鲍家买得。

砚长方形,刻成习见之蓬莱式:墨池处饰一楼阁,有隶书"蓬莱"二字。砚四侧刻鱼、龟等鳞介,嬉戏云水波涛之间。砚背覆手中间作树叶一片,上刻隶书九字:"洮河之珍。文绣院藏宝"。图案、铭文皆浅刻。

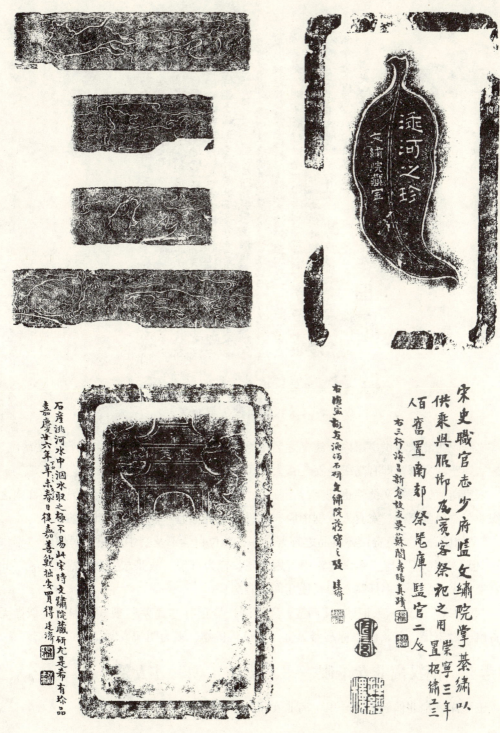

宋文绣院洮河石砚。刊民国影印之《清仪阁所藏古器物文》

古宋少府監文繡院洮河石研縱五寸四分橫三寸二分厚一寸三分面緣闊
三分刻細華文唯磨墨處無華迆池處細刻橫闊有蓬萊二八分小
字四側波浪中刻龍魚水族形匡窪深八分上半作樹葉一片八分
字二行一行略大曰漣河之珍一行略小曰文繡院藏寶刻畫奇淺
幾不可拓桐鄉汪柯庭司城文柏安舊物汪歸金雲莊比部德
興此部故後其子歸嘉善鮑君拙吳嘉慶廿二年丁丑十一月十二日余以
銀二餅從鮑買得筭金雷淵泚石研詩云纍纍橐深腹有滄洲文石春融翠
欲流退筆成邱竟何益乘時直欲礪吳鈎蓋石在臨洮大河深水之底
洞水探取艱於合浦求珠趙采洞天清録至謂為無價之寶宋史
職官志文繡院學蒸繡供乘輿服御剔此蓋官家宣采之品符書征
賦不知費幾許膏脂矣去年海鹽黃蒨州都事錫蕚鶡宗製端溪
石硯而之左角亦有文繡院藏寶五字極古椎以值太貴不能得今獲
此品令人不復思下嚴寶璞矣

道光四年甲申二月四日

叔未張廷濟 [印] [印]

宋文绣院洮河石砚拓本后张叔未题跋。刊
民国影印之《清仪阁所藏古器物文》

文绣院为北宋专供皇家内廷绣品之官署名，属少府监。《宋会要·职官·文绣院》记徽宗崇宁间文绣院即有高级绣女三百人，可见北宋汴京绣业之辉煌。

宋室南渡，皇家文绣院也迁至行在临安，促进苏杭纺织技艺得以大发展，使江南之纺织业引领风骚至今。女真人入据中原，亦设文绣署。但"汴绣"从此沉寂。

"文绣院"只是负责供御绣品之官署之一，地位自然不及禁中嫔妃所居偏殿"奉华堂"，但"文绣院"与"奉华堂"中所用之砚，皆为官砚。故张叔未跋拓感慨道："此盖官家宣采之品，符书征赋不知费钱几许膏脂矣！"

"蓬莱砚"见之宋人记载，《高笺》《叶谱》皆记有"蓬莱"砚式。但至今似尚无考古出土之宋代"蓬莱砚"标准器显世。所见传世物，多为明清人制品。

附考二　南汉离非女子砚——"太监王朝"才女篆

王渔洋《池北偶谈·谈异二·离非女子》：

故友南粤陆汉东卿孝廉，有小砚，是南汉刘银宫中物，有银宫人离非女子篆铭。卿死子幼，此砚不知流落何所？石埭令姚六康子庄为予言之，姚亦粤人。

　　五季南汉小朝廷，自开国之刘岩以降诸王，皆荒淫残暴之君，刘家之治国理念是重用"赤条条来去无牵挂"之"阉官"（将官员阉割），此法至刘鋹称登峰造极：凡朝廷任官，无论进士、状元出身，一律阉之。

　　于是，刘鋹之南汉国，便成吾国史上蔚为壮观之"太监王朝"。鋹，本意锐利，倒也与彼家传国策合拍。

　　南汉刘家，既好"阉官"、大监之类"阴柔"之人，自然嫔妃宫人更大受宠信，故其时卢琼仙、黄琼芝等宫人与宦官龚澄枢弄权柄政。

　　"离非女子"能作篆书，当刘鋹后宫一才女。

　　砚藏者陆卿（生卒年不详），字青芷，一字汉东，号钓叟，潮州饶平人。崇祯末举人，明亡不仕。为人风流跌宕，顺治间游珠江及吴、越，寄吟山水，有声气于时。卒于广州。著有《回风草堂集》等。

　　陆氏粤人，得一刘鋹宫人所铭遗砚有便利。

沈汝谨藏三像砚

——三刻拍案惊巧

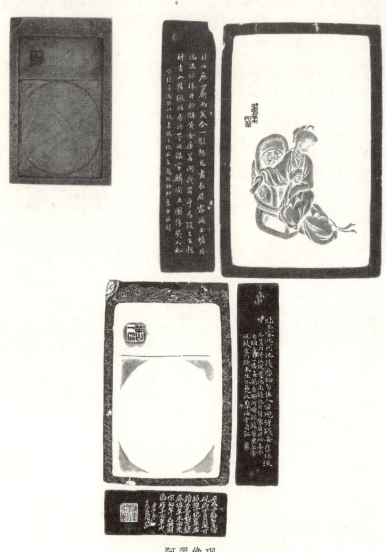

阿翠像砚

疑妾旧秋波

阿翠像砚，颇为喜红粉知己，诗酒风流者所垂涎，盖砚有宋明两名妓之"遗泽"，自可让人浮想联翩。

砚沈氏原藏，收入《沈氏砚林》（彩图 15）。实物今在日本，见刊《古名砚》。

砚长方形，色墨绿，云"洮河"石。砚堂池如圆月，砚边线刻水纹。墨池内镌阳文印"半山一侣"。背覆手内浮雕一仕女倚坐椅上，作低头沉思状，右手握一手卷。刻琢工艺尚细。阳文款隶书：

> 咸淳辛未，阿翠。

砚一侧镌行楷：

> 绿玉宋洮河，池残历劫多。佳人留砚背，疑妾旧秋波。
>
> 己丑三月得此砚，墨池鱼损去之。背像眉目似妾，且右颊亦有一痣，妾前身邪？阿翠疑苏翠，果尔，当祝发空门，愿来生不再入此孽海。守贞记。马（印）。

另一侧镌行书：

> 片石历四朝，两美合一影。想见画长眉，露滴玉蟾冷。
>
> 刻画入精微，脂香泛墨池。汉家鳞阁上，图画几人知。
>
> 宣统辛亥，得此砚，喜赋三绝。石友题，经草书，古泥刻。

前侧行书：

> 石友示苏翠像砚，马守贞题，可称双绝。翠，乐籍，工墨竹分隶。咸淳辛未，宋度宗七年。己丑，明万历十七年也。壬子冬，吴昌硕跋。
>
> 海虞沈石友藏（印）。

藏砚者沈汝瑾（1857～1917 年），砚史名流。其字公周，号石友，别署钝居士，常熟诸生，辛亥革命后以遗民自居。在吴中小有诗名。藏砚颇多，家有笛在月明楼为庋砚之所，有拓谱《沈氏砚林》行世。能书画，蒲华、吴昌硕时与合作。著《鸣坚白斋诗集》。

沈石友卒后数年，《砚林》所收砚被日本南画名家桥本关雪悉数以重金购载东去。传多数砚后来皆毁于美军炸弹；一叹！此苏翠小像砚与下文考辨之玉溪生小像砚，皆劫后余物。

不是爱风尘

> 不是爱风尘，似被前缘误。花落花开自有时，总赖东君主。

　　　　去也终须去，住也如何住！若得山花插满头，莫问奴归处。

　　南宋台州色艺兼善之营妓严蕊，以此一曲《卜算子》得以脱籍从良。故事中当事人岳霖（号商卿。岳武穆三子）博得"怜花惜玉"之美名，而另一当事人朱子（熹）则背上"辣手摧花"之恶名，被钉上以"假道学杀人"之耻辱柱。事固党争中泼污朱子之构陷，词亦非"严小姐"所作，但其词可视作自先秦管子设"女闾"以降官妓们渴望自由之自白书。

　　苏翠既一与严蕊同时、同命运之官妓。

　　苏翠，《绘事备考》、《书史会要》云其为福建建宁人。淳祐（一作咸淳）间供奉乐部，善写墨竹、梅兰（此类题材为才女与名妓所多习，缘宜于女性性情）。画品应较高，"扶疏朗润，曲尽共致"。苏翠对自作"颇自矜贵"，题画必以隶书，固一风尘中"出污泥而不染"之清高才人。

　　古妓与今"鸡"不同者；古妓尤其名妓，色之外更有才艺，所谓"伎"，因此古代名妓常是当时最杰出之女性文艺天才。"女子无才便是德"，古时名媛才女不过谢、李、管等寥寥数人。才艺双绝之名妓如"秦淮八艳"者流，自然成文人士大夫追求灵肉契合而趋之若鹜之红粉知己了。

　　故沈石友一得此砚，喜不自禁，不仅赋诗三首纪之，又请吴昌硕为题，吴亦大赞"双绝"云云。沈氏藏砚虽富，此砚却属珍中之珍。沈氏戏铭"若问我前身，为疑王百谷"，自比马湘兰情人王百谷之后身，自属书呆子发酸常情。

固一世之雌也

　　"八艳"得名，马、薛以画艺取胜，二人未遭亡国之变，其人生亦少了戏剧性遭际。

　　马湘兰更"姿首如常人"，乃"实力派"名妓。其他"六艳"之夫或情人：复社领袖、辽东名将、江左三大家、明末四公子；乃至"汉奸"头牌、"贰臣"领袖……其才艺固称绝，其名传青史除乱世之跌宕人生外，亦有国士名姝"夫荣妻贵"之因素，较湘兰恐皆属"偶像派"。王百谷（稚登）之名传后世，似乎还沾得些许马湘兰之光彩。

　　后人评湘兰之最别致语：此固一世之雌也！

　　湘兰题画诗："欲寄同心去，悠悠江路长"。恋百谷阅三十载，情不可谓不笃。奈王郎许是风月场中"万花丛中过，一叶不沾身"之"情圣"，终归落花有意，流水无心。清初鲁雁门叹云："知音卓女情虽切，薄幸王郎信未终"（《马湘兰墓》）。卓文君虽后遭司马相如冷落，但湘兰甚至从王郎处竟至死也不得一为妾正果。

　　所谓"好女爱'浪子'"，"马王恋"是乎？

　　清季闽人谢章铤《赌棋山庄词话·项鸿祚忆云词》记钱塘项莲生（鸿祚）所撰《高阳台咏马湘兰研》，序言记百谷赠马氏一砚：

研背有双眼，并王百谷小篆"星星"二字，马自铭曰：百谷之品，天生妙质。伊以惠我，长居兰室。

马湘兰小像，载番禺叶衍兰辑刊于光绪十八年之《秦淮八艳图咏》，其像出处不详，与马氏真容有几许相近，亦不得而知。

王百谷终是马湘兰之解人。

马守真（1548～1604 年），小字玄儿，又字月娇。金陵名妓，以诗画名噪一时。本湘地官宦之女，后流落烟花，又善画兰，遂号湘兰。情属王百谷无果，自金陵往吴门贺百谷七十寿，归后卒。

转世"灵妓"？

唐僧圆泽圆寂前，与好友李源约定十三年后相见于杭州天竺寺外三生石。李如约而至，已转世为小牧童之圆泽，与李相见后飘然离去，此"三生石"本事。

"三生"，本释家语，指前生、今生、来生，释家以喻生命之转化轮回，"三生石"情事疑由此语所演绎而来。

此砚煽情处在于，马湘兰不仅与阿翠相貌相似，竟连右颊一痣亦同。俨然又一出"三生石"因果奇缘。

"不是爱风尘，似被前缘误"，真是剪不断之孽缘，解不开之宿命。马湘兰得砚之恐惧（我读之亦毛骨悚然）：己乃苏翠转世？何生生世世皆坠烟花？若冥冥中之定数如此，且入空门修得来生户口"乐转良"！真是哀婉无助之极，其疑虑颓唐之态宛见。

此砚马湘兰"缘定三生"故事，美则美焉；疑者，何以转世连相貌、美人痣甚至"乐籍户口"也一并轮回？其真应着所谓"永世不得翻身"了。

我也制砚，颊上之痣何样刻出，是凸？是凹？从砚照看，未得其解。

马湘兰撰有《三生传》（《三生传玉簪记》）传奇（已散佚）。叙妓女敫桂英资助书生王魁读书赴考，王中状元后弃桂英另娶，桂英自杀后鬼魂活捉王魁，所谓"王魁负桂英"。

即作"再生缘"故事，作伪者以此砚衍出一折"三生砚"、"隔世情"倒不违马姬心绪。

阿翠后身却又薛娘样貌

此砚最可疑处，为背刻人物，竟与清人《百美新咏图传》中"薛涛"一图相同。

《百美图》收历代名媛、名妓乃至仙女共百帧，故名"百美"。人物小传撰文者为乾隆间文人颜希源（鉴塘），绘图则出于曾供奉内廷之画师王翙（钵池）手笔。此书虽于版画史有一定影响，但颜氏题诗流于一般，王氏画技亦只算规矩而难称出色，故是谱艺术成就并不甚高。

砚背"阿翠"像，从造型、姿态甚至衣饰、发型、坐椅，与谱中之"薛涛"皆别无二致，只衣纹略作变异。薛有项圈、绫带而苏略去；苏手持手卷而薛原为诗笺，盖薛所制"薛涛笺"，天下闻名。

马湘兰前身即为苏翠，而苏翠前身则又为薛涛？

宋人之作与清人暗合，岂非咄咄怪事？

《百美图》中"薛涛"一图与集中其他"九十九美"，无论人物造型、衣纹佩饰无不风格如一，自无摹自别本之特殊化事理。从发型、服饰看，阿翠（薛涛）像乃明人风格，尤其内衣领口，为典型之明末清初女装式样。清人画前朝以上人物，多取明人风格，少有汉唐宋明之别；然宋人则绝无作明人服饰之可能，是知必为砚仿画！

《百美图》刊行于乾隆二十年，砚背小像必成书后所仿。砚本身或可能为明代物，因铭有"池残历劫多"、"墨池鱼损去之"句，疑为旧砚改制而作伪铭者。

苏翠小像仿自薛涛，倒也称绝，盖薛乃苏、马同道"名贤"。

薛濤

《百美新咏图传》第七十六图"薛涛"

莺莺"难姐"

若以才华及文学史上之地位论，薛涛远在马湘兰之上，苏翠更遑论。

明季黄九烟以为：古代绝胜于今者，乃为官妓与女道士。此或正是唐时实情，彼时之代表人物为薛涛、鱼玄机、李冶。

薛涛（770～832年），字洪度，原籍长安，幼随父居成都，十六入乐籍，脱乐籍后终身未嫁。传其方八岁，赋梧桐诗有"枝迎南北鸟，叶送往来风"句，竟成谶语。

薛涛以其才艺，为镇蜀帅府常客，"迎送"、"往来"历任节帅韦皋、武元衡、李德裕等凡十余，诸人莫不被其色艺倾倒。韦皋曾拟请朝廷授薛秘书省校书郎衔，未果，此即后世称歌伎为"校书"之由来。其居浣花溪上，自造桃红色小彩笺，用以写诗，称"薛涛笺"。晚年好做女道士装束，建吟诗楼于碧鸡坊。王建有诗赞薛氏："扫眉才子知多少，管领春风总不如。"

公干成都之名诗人元稹亦被迟暮美人所迷，成其裙底娇客，演绎出一段"姐弟恋"。只薛校书终亦只与崔莺莺作一"难姐"。"薄情郎"元九诗云"曾经沧海难为水，除却巫山不是云"，不知崔女与薛娘在其情史中是何种"水"，哪样"云"？

我昔曾低徊于成都"薛涛井"（明代蜀藩造诗笺于此）前；更在普救寺"张生跳墙处"做过一回"跳墙窃香客"。

守 贞?

名妓之色艺风情使人向慕，拥彼辈香泽可自榜风流，此好古者常态也。

马湘兰画名甚高：

> 其画不惟为风雅者所珍，且名闻海外，暹罗国使者亦知，购其画扇藏之。（明姜绍书《无声诗史》）

清季光宣间某显宦购藏古画账本：

> 董文敏山水，六十四两；马湘兰兰竹，四十五两；陈眉公荷花，六两。

马湘兰"守真玄玄子"印

马湘兰所画之兰竹，与董其昌山水相埒而远高与董齐名之陈继儒。

自然，马湘兰赝作便也居诸妓书画之榜首。清宫旧藏《花蝶图》、故宫博物院今藏《兰花图轴》皆为公认马氏赝品。

马湘兰传世遗墨中，有款作"马守贞"者，恐皆伪。

明潘之恒《亘史·马姬传》确记其名"守真"，而非"守贞"。其文通篇皆作"王稚登"第一人称叙论，是传作于1612年之前，时王百谷（卒于1612年）尚在世，马湘兰又为百谷恋人，疑潘文乃辑录百谷亲言者。潘氏亦风月常客，曾侨寓金陵，与秦淮名妓朱泰玉来往甚密，所记马氏名字当无讹。余如《无声诗史》、《明画录》、《秦淮广记》及《列朝诗集》等亦皆作"马守真"。

马湘兰于释、道皆笃信，有朱文印"守真玄玄子"，意乃守道家之"真"。

古人贞操观浓厚，妓家自题"守贞"岂不尴尬？

所以，"守贞"当是后来所讹称者。果是，则砚铭更必伪作。

当然，此论聊备一说而已。

春光满眼

史载苏翠"题画必以隶书"，故近人词家况蕙风（周颐）认此砚为纠史之物证：

> 此砚像题款，正作分书，则阿翠即苏翠无疑。《画史》云淳祐间，则咸淳之误也（《眉庐丛话》）。

依常理，苏翠隶书当是闺阁书法秀美一路。

此砚铭隶书，其结体、用笔皆无宋人隶书匀称之特点，倒似清人兴碑学后隶意楷字。

百谷挽马湘兰诗有云："红笺新擘似轻霞，小字蝇头密又斜"，盖湘兰"其书亦甚工，特为画名所掩。"此砚马氏铭，字虽不算拙劣，却也似难称上佳。

此砚虽必赝，然作手当非等闲之辈，"马守贞"之铭甚有创意，只末句"愿来生不再入此孽海"，太显突兀。

砚云"宋洮河"，自沈氏以来，人皆以为确然。视石虽色绿，上亦有水波样纹理，但其纹似更像歙溪龙尾绿石。尤其覆手右边两不规则状"金星"（矿物结晶），更为歙溪绿石常见，而洮河则难有，故疑非洮而是歙。

马湘兰，一青楼女子，赝作谬种流传甲于她辈名媛名妓，本属称奇，此砚亦其传奇之一例证。

砚虽不真，却颇有意趣，竟涉及唐、宋、明三代薛、苏、马三位名妓，倒也五色斑斓，满眼风情，满砚春色了。

阿翠"分身"

邓之诚《骨董琐记·阿翠砚》记："癸亥秋，予客沪渎，有以阿翠砚求售者"，"背镌小像不甚精"。砚侧铭"与传世湘兰题画字体不类，盖好事者摹制。""或谓真砚拓本，背像侧坐倚几甚精。"

邓氏所谓"真本"，当指沈氏所藏。癸亥（1923年）为《沈氏研林》刊行之壬戌（1922年）后一年，无疑为照《研林》画瓢者，又赝中之赝。

《清稗类钞·宗啸吾藏阿翠像砚》记："咸、同间，汉军宗啸吾司马山（铁岭人。善诗词，其尚藏陈维崧填词砚）藏弄古砚最多，有阿翠像砚"。其刻人物及苏、马、沈、吴诸铭皆与沈氏所藏全同。

沈氏砚在沈卒后砚皆飘海东去，宗氏藏当赝。

又见刊一"阿翠砚"拓，背阿翠像上更有隶书题"洮渊碧"，款似"贮清轩"。原石友铭款则为"辛亥春日得此砚，喜赋二绝。张井题。"盖其只录原铭三分之二，故"三绝"变为"二绝"，显是仿自沈氏。

此拓有罗振玉跋："其制上广下敛，与予□所得唐石研同。传世唐瓦研均如此，宋以后则上下宽□相同矣"云云。罗氏学问自是一代宗师，视此跋，知鉴砚或非其所长。

清人有一张井，字芥航，肤施（今延安）人。嘉庆进士，官至河东河道总督。侧铭或冒托此人。

郑逸梅《艺林散叶》记："王莼农（无锡人，南社社员，善骈文、词曲）藏有洮河绿石砚"，其砚与沈氏者像、铭皆相似，云"砚为湘兰妆阁中故物"。

王氏此砚，当亦仿石友所藏。

陆包山妙笔？

玉溪生小像砚，亦沈氏原藏，收入《沈氏砚林》，实物今在日本（彩图16）。此砚与阿翠砚有异曲同工之"病"：名高、工细而皆不真。

砚为端石。长方。素池夔纹边，雕琢甚精。背长方覆手内又套挖一园覆手，内刻一背手回首之李商隐小像，刻艺甚佳。上端刻行楷：

> 予得宋人写《无题》诗卷子，首列玉溪像。脱失过半，落墨潇洒，非龙眠一辈子不能到。因属包山子摹此砚背，及刻成，而陆已谢世矣！万历丙子冬，仲石记。

右下镌印"秬香心赏"。覆手左边镌印"宪成"。砚侧三铭：

> 秬香兄以玉溪生像研拓本求题，视其神采飞腾如好，制作之精，可想见矣。愚有上官周《唐宋诗人像》一册，至玉溪微病其多态，今始知上官氏之学有渊博，非妄为者。仲石不可考。嘉庆二年岁次丁巳秋八月二日，北平翁方纲（楷书）。苏斋（印）。

> 包山妙笔摹玉溪，端石砚刻神仙姿。沈郎得之日临池，雪窗更和无题诗。壬子嘉平月，石友属，安吉吴昌硕题。（行书）

> 我读韩碑诗，顶礼玉溪像。千古翰墨缘，神交结遐想。石友。（行书）

包山子，既陆治（1496～1576年），其字叔平，号包山，吴县人。工诗文，善行、楷。画师文征明，精于花鸟、山水。用笔劲峭，自具风格，乃吴门派中较有一定新意者。

龙眠，乃北宋人物画大家李公麟之号。其字伯时，晚号龙眠居士，舒城人。官至朝奉郎。其鞍马、人物"白描"画风，对后世影响极大。

仲石、宪成皆无考。"宪成"抑指东林党魁泾阳先生顾宪成？

李商隐像砚

江秬香（一作秬江），名凤彝（生卒年不详），钱塘人。嘉庆三年举人。工隶书，与黄易皆能以汉法自命者。

上官家粉本

此砚所刻李义山像，确当得翁覃溪之赞："神采飞腾如好，制作之精可想见矣"。尤能得"玉溪微病其多态"。然此传神妙笔之版权非陆包山更非李龙眠，实是清人上官周。

　　上官周（1665 年～?），号竹庄，福建长汀人。善人物画，亦偶作山水。名作有《晚笑堂画传》、《明太祖功臣图》。客观而论，上官氏人物画，未臻高格。其出蓝高弟黄瘿瓢亦如是，黄名声更大，但古雅之味甚薄，俗态在骨，名家而已。此职业画师通病，文心有囿耳。

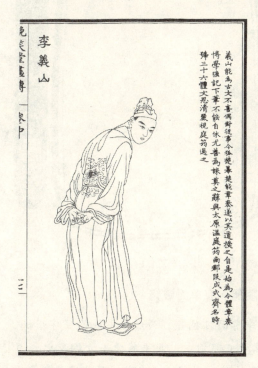

李義山

《晚笑堂画传》中"李义山"像。此帧义山小像，神态、气质皆合义山本色，可算《画传》中众多古名人小像中之上乘佳作。余如李长吉、王子安数像，亦颇见妙处。

　　此砚背义山像与上官氏《晚笑堂画传》中之义山像全然无二，只半身、全身之别罢了。
　　此砚"仲石"之铭，言像摹自"古本"，翁覃溪铭又认为《画传》之玉溪生像亦可能由彼"古本"所来。然《画传》人物诸图，其动态造型、服饰花纹、衣皱结构及用笔运线，皆独有上官氏个人特点，此图亦然。与阿翠砚小像同一理。
　　合理之推测：砚背像乃好事者摹自《画传》!
　　翁氏之题跋若为真品，则所谓物赝而题真。翁氏所著《复初斋诗文集》等所收题跋极多，然乌有此则，故翁氏之跋亦疑之。
　　砚虽疑赝，工却不俗，尤其义山像，风神翩翩然而意态落寞，观之甚感可亲。
　　《清稗类钞·俞筱甫藏玉溪生像砚》记："玉溪生像砚，高七寸五分（宋三司布帛尺。原注），宽五寸二分，厚一寸三分。"砚刻人物及诸铭皆与沈氏砚同。其云"光绪初，此砚曾在俞筱甫家"。
　　俞筱甫，名廷瑛，吴县人。官浙江通判。有《琼华集》。

　　吴昌硕为沈石友铭此砚乃在 1912 年，则何以俞氏所藏已有沈、吴之题?
　　故俞氏所藏当是沈氏砚之仿品。

老杜也"推敲"

　　杜甫象砚。沈氏藏，实物尚存世否已不得而知。此砚与阿翠像砚、玉溪生像砚做伪手法相若。

杜甫像砚

砚素池，石质不详。背中略凹，内刻杜少陵像。有单刀跋铭：

予藏工部像三，两坐，一行吟。而行吟者面目独异，为成化中杜堇（字惧南，号古狂。丹徒人。绘人物称白描能手）摹于工部祠中。北平翁学士方纲见之谓真像。记其目经各家所藏百数十言，复手摹一本去。乾隆六十年秋八月为江君秬香重书《晋任城太守夫人孙氏碑》，后因赠宋人所书《杜少陵年谱》一册。首页画像得推搞（应为敲）意。与予藏行吟者，虽大小悬殊而豪颊无少别。思勒之研背，而奚君铁生适至，欣然任樆镌，为之狂喜。他日翁学士见此研像当不知复作何语也。偃师武亿记。

一侧镌一印："沈石友藏"。一侧镌吴昌硕行书铭：

少陵像镌鹤渚手，虚斗作记低徊久。望诗较碑无量寿。如见干嘉金石友。钝居士属，丁巳端午，吴昌硕。时年七十有四。

砚背武亿题像记之意：其为江秬香书《晋孙夫人碑》一通，江氏奉赠以宋刻本《杜少陵年谱》一册为报。《年谱》首页刊有一杜甫画像，作推敲行吟状。武氏思欲将像摹刻于砚背，堪巧篆刻名手奚铁生来访，乐为奏刀，于是，武氏得佳砚，纪之志喜。

吾右杜

李杜文章在，光焰万丈长。

此古文宗师韩愈《调张籍》诗中语。一为"诗仙"，一为"诗圣"，孰高孰低？
以后人之论短长看，诗家多重"圣"，而民间则"仙"占上峰。

"仙"常是喜剧的，故太白即便谢幕亦有"捉月"之浪漫；"圣"多是悲剧的，因
尔少陵之结局却有"撑死"之悲怆。常人皆羡浪漫而不耐悲怆，是多喜潇洒之太白，
独善其身之"仙"，其厚重实又何及兼济天下之"圣"？

余"饱"慕太白，"饥"感老杜；"醉"喜太白，"醒"重老杜！

试想，若当"朱门酒肉臭，路有冻死骨"之世，谁能不为"安得广厦千万间，大
庇天下寒士俱欢颜"之悯世情怀而动容？

李、杜各有一砚诗传世。太白为《殷十一赠栗冈砚诗》；老杜为《石砚》，诗有云：
"奉使三峡中，长啸得石砚"。老杜得佳砚而长啸抒怀，其兴致与同作于蜀中之"白日
放歌须纵酒，青春作伴好还乡"（《闻官军收河南河北》）似有仿佛处。老杜所得者，为
《米史》所记之"夔州黟石砚"，当是老杜寓居诗城奉节时所获。

2003 年秋，余复游蜀中，登金顶、过峡江，最不能忘怀者乃夜半游白帝。于静谧
之诗城，朦胧之夔门，品味老杜融铸在夔州萧瑟秋声中忧国伤时之《秋兴八首》。情因
景而显，景因情而深，被一种穿越时空之悲怆所感动，摄人心魄，莫可言状。

"看客"武虚谷

武亿（1745～1799 年），河南偃师人，字虚谷，自号半石山人。乾隆进士，授博山
知县。以捕治和珅所遣不法番役而被罢。留博山授徒，主讲清源书院。博学通经史，长
于考证，尤好金石。著有《金石三跋》等十余种。

武虚谷之嗜金石，不输黄小松，名碑《刘韬墓志》之得与失即缘于此公之金石癖。
碑本农家掘井所得，虚谷闻讯，急往买之，自负石以归。石重达数十斤，行十余里，至
家，惫顿几绝。为得佳石，不顾老命，可见此公癖金石之深。

武虚谷之体貌、行事皆极奇特，身长九尺，腰腹伟甚。黄小松曾因武梁祠一汉刻无
名氏像神似虚谷，特摹以赠，为一段金石佳话。

武氏貌奇，性格亦怪，少即"好掎摭史，诋诃古人"。更匪夷所思者，居京日，为
练所谓"不动心法"，常风雨无阻至菜市口围观死囚行刑。他人"亦有蹙额陨涕者"，
而"亿独色不变"。无法揣测此公彼时心思，恐非可以鲁迅笔下国人"看客"之劣根性
可解。从"不动心法"字面理解，似有"不心软法"之意。

武虚谷与翁覃溪亦大有渊源。虚谷殿试，收卷者乃为翁氏，翁氏好心提前私告以报

喜，竟遭虚谷大骂且欲饱以老拳，其不近人情如此。

但某年除夕，虚谷酒后因忆想友人而不禁大恸，想此公又非薄情之人。

"铁生" 奚高士

砚背小像之刻者奚铁生亦一奇士。

奚铁生（1746～1803年），名冈，字铁生，号萝龛，别署奚道士等，歙县人，随父寄寓杭州。刻印宗秦、汉，开浙派阳刚一路，"西泠四家"之一。画山水宗华亭董其昌、歙县李流芳。时杭人以书学梁同书，画法奚铁生为一时好尚。铁生画与先世由徽迁桐乡之方薰驰誉乾隆间，世称"奚方"。著有《冬花庵烬余稿》。

吾徽奚氏，始自唐末避乱自河北易州南迁之奚超、奚廷圭父子。故奚冈必制墨世家后人。

南宋遗民郑所兰所画墨兰，饮誉江南，求者不绝，但所兰绝不轻许。有元官以劳役相胁迫，求画。所兰对曰："手可断，兰不可得也！"奚冈性旷达耿介，虽要津投刺乞画非其人不可得，类似所兰翁，亦有一拒画故事。

浙督为接驾乾隆南游，建一行宫于西湖。因慕奚冈画名，差员请为行宫作画，遭回绝。浙督怒极，拘奚至行宫，逼画之。奚强项以对："焉有画而系之者？头可斩，画不可得！"浙督终无可如何，放归。有浙督幕士钦奚气节，赞道："尔非童生，乃铁生也。"奚便以"铁生"为号，高逸狷介如此。

藏砚大家计石隐（楠），为好友奚铁生一梅竹砚题铭云："梅之香也古，竹之劲也贞。尔以刻其砚，名之曰双清"。铁生此"双清砚"正可谓为清介之砚主人作一写照！

唐首宋身理必无

若将玉溪生像砚与此砚比较，相似之处殊多。

前者为明陆包山摹自宋人残卷，此亦与陆同时之杜堇摹自杜祠；前者为江秬香所藏，此砚之像摹自江秬香所赠年谱；前者有翁覃溪之考跋，此砚之像亦与经翁覃溪鉴定之像相同。

尤紧要者：前者之义山像与上官氏《画传》丝毫不差，而此砚之老杜像亦几与《画传》全同！

即令上述诸般尚属"无巧不成书"，而老杜像之"构成"则绝非"巧合"可解释得了。

比对《画传》，砚背老杜像不过用身首大挪移之"嫁接"法，将上官氏《画传》中两图合而为一罢了！头尚是唐诗家老杜之头，而身则别是南宋大儒张南轩（栻）之身了。

而此像衣纹比玉溪生像更具上官家"招牌"模样，改张南轩身姿之左右互易，显是作伪者欲盖弥彰之小动作。

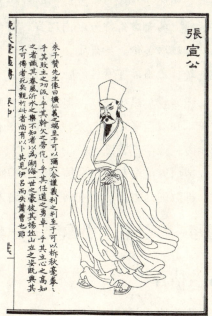

《晚笑堂画传》中"杜甫"、"张栻"两图

更有，奚氏之边跋，刀法虽娴熟，但竟将"推敲"错成"推搞"，虽大家亦难免有误，终属一疑点。

此砚与玉溪生像砚、阿翠像砚伪作手法略同，像摹图谱而借铭"说故事"。伪铭编得几近天衣无缝，杜董善人物，翁覃溪博识，江秬香亦同道中人。即细节之武虚谷书碑时间亦相符（江氏得碑两年后）。

此伪铭能借武氏碑事而编圆如此，颇能惑人，可见作伪者未尝少费心思。

沈家造？

若只观砚铭，沈氏此阿翠像、玉溪生像、杜少陵像三砚，铭辞皆杜撰合理（阿翠砚尤具猎奇性），极易让人入作伪者彀中。编此等砚铭"故事"，古时有一定诗文书法修养之艺人却应并非难事。

《沈氏砚林》诸砚铭大多出自赵古泥（1874～1933年）之手。古泥出身寒素，好书法刻石，与石友为常熟同乡。吴昌硕识其才，荐居石友家三年，赖沈、吴指授，遂成名家。刻拓《砚林》即在其时。据郑逸梅先生云，石友"又为琢砚能手"，陈端友砚艺"也是经过石友启迪的"。

而古泥早年乃以仿同里翁相国（同龢）之字为时人重。翁见其仿作颇欣赏，"缘是代笔特为翁所许"，可见其模仿之高明。

吴昌硕亦有作赝之事，张伯驹先生《素月楼联语·故事》云：

> 吴大澂清卿为湖南巡抚，好古董。安吉吴俊卿善篆刻，伪造"渡辽将军"印以骗取善价。吴得之，大喜，以为立功关外之徵，请缨杀敌，乃所统士卒素无训练，甫临阵即溃逃……

惑者：吴昌硕、赵古泥本金石书画好手，沈石友亦能诗善书，皆属博识通古之人，似无不知《百美图咏》及《晚笑堂画传》之理。何以对明显摹自两谱之阿翠、玉溪生、杜少陵三像毫不置疑？

或唐突前贤却也符合情理之大胆臆测：

抑数砚乃古泥、石友乃至老缶诸人，法老米所作伪以显弄才争胜之手段？

附考一　马湘兰小像砚——马像砚非马遗砚

湘兰拈香兰

砚为原天津艺术博物馆所藏。椭圆形，素池。背平无覆手，线刻马湘兰半身小像。

原天津艺术博物馆藏马湘兰小像砚，见刊《天津市艺术博物馆藏砚》等

右手持一兰花，微额首，作嗅花状。人物动态，婀娜有致；衣纹发髻，勾勒精细，妙笔良工也。隶书题："马湘兰小像"，印："李是庵"。砚侧楷书："此笔此文，谁其奉砚？宜湘君。吴荣光为春海先生云"。

像为明季才媛李因所作，砚为吾歙清人程恩泽所藏，侧铭乃南海吴荣光为程氏所题。

李因（1616～1685年）。其字今是，又字今生，号是庵，钱塘人。海宁画家葛徵奇
妾。画得陈白阳法，多用水墨，苍老无闺阁气。亦工芦雁。其夫每加以题跋，夫妻曲房
静几，互以绘事为娱。葛殁后，以笔墨自给。能诗，有《竹笔轩吟草》。

《沈氏砚林》收一"李是庵小像砚"，象乃葛徵奇以锥划刻于砚背。李氏有跋，辞
甚哀婉，忆徵奇生前二人情意之真切也。

吴荣光铭青芙蓉石，《广东文
物》刊

吴荣光（1773～1843年），字伯荣，号可庵，
南海人。嘉庆进士，官至湖广总督。从学阮元，
精研碑帖拓本、吉金乐石。书画、篆刻亦卓有成
就。康有为评其字为清时广东第一人。著有《辛
丑销夏记》等。

程恩泽（1785～1837年），字云芬，号春海，
歙南绍濂人。嘉庆进士。官至户部侍郎。学问广
博，汉学师同乡凌廷堪，天文地理、金石书画、
医算等，无不涉及。又善诗，合学人之诗、诗人
之诗为一。何绍基、莫友芝皆其门人。著《程侍
郎遗集》十卷。

春海应曾藏

据清末陈康祺所撰《郎潜纪闻·程春海之博
洽》记："程侍郎为阮文达公再传弟子，例称门
人。"程与吴荣光皆出阮芸台一门，甚有交情。

吴荣光《石云山人集》载其在京师及贵州时，与陈春海交往唱和之诗作达十数首
之多。其《送程春海恩泽学士视学楚南叙》诗有云："今学士之学，贯乎天人"，此与
铭文赞春海诗翰之佳，宜马湘兰之类才人为"红袖添香"之红粉知己正相合。

程春海《程侍郎遗集》未载此砚，倒有一题"秦淮八艳"另一"艳"陈沅之《圆
圆小像》诗，赞陈姬"楚畹柔香戚，婉娇香天然"云云。

况蕙风《餐樱庑随笔》记："歙县程春海侍郎恩泽家藏马湘兰小砚一方，背镌湘兰
像，一时名流题咏甚夥。"又引祥符周之琦咏此砚一《三姝媚词》（词亦见周氏《金梁
梦月词》）。词有"仿佛冰姿妍雅，恰手拈兰枝，练裙歌罢"句，与津博砚小像相符。

周之琦，字雅圭，号退庵。嘉庆十三年进士，官至广西巡抚。周氏与吴荣光、程春
海同僚，可知程春海藏有一"马湘兰小像砚"当可无疑。

只此砚不过后人刻马湘兰小像于砚（画像者李是庵出生时，马湘兰已故去十余

年），寄托意耳，而非李氏为马氏本人写真之遗砚。况蕙风所谓"马湘兰小砚"大谬，邓之诚先生《骨董琐记》亦袭其说。

附考二 马湘兰"浮生半日闲"印——好事者半日所忙

印砚成耦

清人彭邦鼎《闲处光阴》卷下云：

> 旧有胜国名妓马湘兰印章一枚，寿山石，方径寸四五分，厚约三分余，瓦纽。中镌："浮生半日闲"五字，白文大篆；四周镌："壬子谷日（正月初八），偕蓝田叔、崔羽长、董玄宰、梁千秋，社集西湖舟中，女史马湘兰索刊"。款"雪渔"。其石莹润完好，文字亦复整全。从兄春农属意久，余之楚，即用之志□。迨春农闻簋西先生贵庆藏有马湘兰砚。彼此传玩，各欲取以成耦，乃强为立说，作五鼓一章。韵至数叠，相持不下。先是互炫其物时，鲍觉生先生桂星在座，固知两家皆健斗，因以一诗解之，而此印竟为簋西先生有矣！

此印跋文云，印为董其昌（玄宰）、蓝瑛（田叔）、金石家梁褒（千秋）等名流雅集时，印学"徽派"开山人物何雪渔（震）为马氏即兴镌得，堪称艺林一段佳画。

印藏者彭邦畴（生卒不详），字锡九，号春农，南昌人，彭元瑞子。嘉庆进士，官至顺天府学政。

此印故事也颇有趣，时满洲显宦贵庆亦藏一"马湘兰砚"，与彭氏彼此传玩，皆欲取归成双，但各不相让，于是比诗才，一时亦难分高下。赖鲍桂星（字觉生，歙人。嘉庆进士，累官工部右侍郎）为做一和事佬，作一诗为解，印终归入贵庆囊中。

贵庆（生卒不详），字月山，号簋西，富察氏。隶满洲镶白旗。嘉庆进士，散馆授检讨，累官礼部尚书。

西湖无会

此印乾嘉间极有名，时人赵希璜、赵良澍、杨芳灿文集皆有记，云印"出自宝应湖中"。名画家罗两峰绘为横卷，有诸名流赋诗八首跋之。

虽然印事甚热闹，惜印为一伪品！

何雪渔之生卒年，原有歧说，已故邑人文史学者汪世清先生在其《艺苑疑年丛谈》中，据明人冯梦祯《题何主臣符章册》文中所云"主臣（何震字主臣）去岁满七十，客死承恩寺"及文末署款"万历乙巳夏日游黄山雨中题"，推定雪渔生于嘉靖十四年（1535 年），卒于万历三十二年（1604 年），此说当为定论。

而马湘兰生于嘉靖二十七年（1548年），卒于万历三十二年（1604年）则少有争议。

如此，以何、马二人年龄计，印款之"壬子"，若为嘉靖三十一年壬子（1552年），何十七而马只五岁；若后一"壬子"则为万历四十年（1613年），两人同年"共死"已几十年了，故印必为好事者所为！

所谓马氏与雪渔及董思翁诸人之西湖雅集亦必虚构。

今人有以此印年款证何雪渔万历三十二年仍在世，其疏漏在于未审马湘兰之卒年耳。

此印伪托刻者休宁人（一云婺源人）何雪渔，绘图者歙人罗两峰，解"争宝案"者歙人鲍桂星，终因歙人汪世清先生考定何氏生卒年而辨明印之必伪，此印与程春海所藏马湘兰小像砚一样，倒与吾邑大有人缘。

附考三　马湘兰"听鹂深处"印——雪渔或真篆

《骨董琐记·马湘兰小印》云：

> 又《碧湘词》有《咏兰小印》云：湘兰小印，花郭石，约高二寸许，四方，文曰："听鹂深处"四字，白文，边款"百谷兄索篆，赠湘兰仙史，何震"……

马湘兰"听鹂深处"印

此印今尚藏杭州西泠印社，似为真品。顶有王福厂（禔）一跋，云印原为"当湖葛氏传朴堂珍藏精品"。平湖（当湖）传朴堂葛氏，指清季民初葛金烺家族。

葛金烺（1837~1890年）字景亮，号景父。官户部郎中。长子嗣浤以拔贡任小京官。父子皆酷好古籍及书画。"传朴堂"为葛氏藏书楼名。葛金烺孙昌楹一生以集藏金石，辑梓印谱为事业。朴堂藏印曾被誉为一时之最。1962年，葛昌楹将藏印中精品文三桥之"琴罢倚松玩鹤"及此何雪渔"听鹂深处"等捐予西泠印社。

附考四　马湘兰遗砚——何公眼力短

李放纂录之《皇清书史》卷十二引《杭郡诗续辑》：

> 何琪，字东甫，号春渚，别号小山居士，一称南湾渔叟。以藏有明妓马湘兰遗

砚，亦号湘砚生。或署湘砚主人。又慕宋贤唐子方、石守道之为人，称"二芥居士"。钱塘人方薰题何东甫《小山居图诗》自注云"君书宗董思翁"，书法绝似董文敏，尤工八分，以世鲜知者不轻作。

《清稗类钞·隐逸类·何春巢隐居爱梅》：

　　钱塘何春巢名琪，嘉庆时人。隐居不仕，雅好花竹。尤爱梅，其庭院中，凡梅之种种色色几备。尝倩人写一小影，箬笠短衣，席地坐，旁置梅花一担，自题云："卖花叟，担花走。卖得铜钱复沽酒，花化卖罢担儿丢，卖赋还如真花否？卖花叟，担花走。"

此位何先生虽是一风雅人物，但似不博识，曾藏一伪品"顾二娘砚"，砚刻上黄莘田赠顾氏"一寸干将切紫泥"诗，落款却为刘慈，故伪。袁枚《随园诗话》未识其伪，误录集中。

不知何氏所藏此"马湘兰遗砚"模样如何，但愿此公此番所得乃一真物。

附考五　马湘兰"玄玄居士"砚——玄

砚刊郭若愚先生所撰《智盦品砚录》。云老坑端石，有蕉叶白、青花、火捺诸品。抄手式，素池。砚侧隶书小字铭：

　　施而不德，吐惠无疆。渐渍甘液，吸受流芳。玄玄居士。

铭文下角镌方印：香坨珍赏。

马湘兰"玄玄居士"砚

郭先生有考证：

> ……马湘兰在三十岁时用号"玄子"，五十六岁时用号"玄玄子"。《享金簿》作"元元子"，是避康熙帝讳。可见马湘兰用"玄玄居士"为号是有来历的。再从此小隶书砚铭的书法风格看，和某些马湘兰在她书幅上所作小隶书题字十分相似，可证此砚是马湘兰用砚无疑。只是马湘兰用此砚时已是晚年，使用时间不长。

郭先生之意，马湘兰用此号有一"玄子"、"玄玄子"、"玄玄居士"之演变过程。但古人文字及传世马氏遗墨，马氏用"玄子"、"玄玄子"有之，似未见其用"玄玄居士"。

号"玄子"、"玄玄子"，可能亦用"玄玄居士"；但未必一定同于"玄玄居士"，故此号是否必是指马氏恐尚须别证。

砚铭正文，乃抄录魏繁钦（？～218年。字休伯，颍川人。曾官丞相曹操主簿）所作《砚赞》末四句。原文为：

> 顾辱斯砚，乃尘翰墨。自昔颉皇，传之罔极。或厚或薄，乃圆乃方。斑采散色，沤染毫芒。点黛文字，曜明典章。施而不德，吐惠无疆。渐渍甘液，吸受流芳。

想一代才妓不致抄前人成句却署己名。

查有近代湖北蕲春人田桐（1879～1930年），字梓琴，别署恨海、玄玄居士。晚清秀才。同盟会元老之一，孙中山称其"大田先生"。著有《玄玄遗著》刊行。

清末天津有梅之桢（生卒年不详），其字香垞。工诗，善书。子振瀛（字韵生），亦善画，工书善铁笔。

附考六　马湘兰"侬图"砚——妙惟题名

同为"抄图"冒托马湘兰，阿翠像砚作伪者撰"三生石"故事煽情，算得"高仿"。见刊一"马湘兰自画像砚"拓本，则手法拙劣，品斯下。

砚面开池似一羽觞古杯，背线刻一圆形似窗状，内一仕女倚案而坐，一手支颐以视窗外。图上行楷题：

> 侬图。万历二年，金陵马月娇自作。

马湘兰"侬图"砚

吴地人自称曰我侬，称人曰渠侬、个侬、他侬，所谓"吴侬软语"。管夫人劝阻夫君赵学士纳妾之《我侬词》，即有名句"你侬我侬 忒煞情多"；《红楼梦》中林妹妹《葬花辞》有云"侬今葬花人笑痴，他年葬侬知是谁"？侬图，我图，自画像也；故款曰"自作"。月娇，湘兰小字，早年所用。

此砚"侬图"，摹刻自《古今名人画谱》中晚清人物画家王小某（素）所作一仕女图。彼谱不过学画者之蒙童读物，刊行于光绪年前，此后翻印颇多。此帧亦收载于《三希堂画宝》、《飞影阁丛画》等，皆常见之画学课徒教材，可知受众面之广。

作伪者如此肆无忌惮，直视天下人如无物。

砚藏者王伯陶（1904 年~?），字石舟，号砚丁，斋室名印堀、砚巢等。北京人，后移居香港。好藏书画扇、文玩。藏砚甚丰，有《砚巢所藏古砚拓本集录》行世。

此砚拓扇上有王先生两题：

砚巢珍藏马湘兰侬图砚 老丁题记。

《古今名人画谱》所收王小某所作《仕女图》（局部）。王氏题诗云："道玉人眉样好，粉楼多傍绿杨枝"。所画仍一"春轩画眉图"也，故案陈香奁、妆镜、眉笔、粉盒诸什物。

湘兰，明之才伎。工书，能画。此自作"浓图"留于小砚，顾影自怜，未尝无薄命红颜之叹！

又见刊王氏所藏冒辟疆、董小宛自用砚拓片拍品二扇，未见神奇。

附考七　马湘兰熏炉——"湘君香奁"罕有真

《骨董琐记·马湘兰熏炉》：

> 马湘兰熏炉。边熏透鸳衾香恖，龙饼一点春犀管。领马湘兰制。二十二字。篆书。底刻"凤江"二字。见《藕香簃别钞》。

炉款为晚明嘉兴名匠王凤江。其善制铜炉，名亚于张鸣岐，而技殊不逊。所制喜遍身镂花卉，其制微型炉更称绝技。

一代名工为一代名妓所制，且为佳人冬日玉手常润之"长物"，是炉自是让人想入非非之"香奁"至珍，只不知尚存世否？

况蕙风《餐樱庑随笔》："古美人香奁中物，流传至今，以马湘兰为独多。"散见前人文字中之"香奁中物"马氏遗物，确较其他名妓、名媛为多，只柳如是或略可相埒。但马湘兰传世字画不乏真迹，"香奁中物"真品实可称罕有。

郭若愚先生云："马湘兰砚传世多见赝品，需详考之才可信也。"此说亦笃是，至少今日似尚无一无可争议之"马湘兰砚"真品。

杨慎著书二砚

——学际天人之"人怕出名"?

东坡后身　东山别调

　　滚滚长江东逝水，浪花淘尽英雄。

　　杨升庵于学术界外少为人知，但一曲《三国演义》之开篇词《临江仙》，却也让今日"引车卖浆者流"耳熟能详。

　　"眉山学士百代豪，夜郎滴仙两争高。"此杨升庵南谪过眉山所作《苏祠怀古》中句。升庵颇似东坡，若其文艺全才，若其宦途遭际，且乡籍比邻，蜀中两文豪可谓双璧争辉。倘排一座次，有明一代第一才人非"学通天人，才雄艺苑"之杨状元莫属，徐青藤其亚。

　　少年得志，蟾宫折桂之杨升庵，仍常与一干世家子弟同道在长安街上通宵达旦畅饮高歌，升庵且每奏阮琴以和之，翩翩状元郎之风雅不羁宛如阮步兵再生。

　　被谪滇地之杨升庵，佯狂骇俗以避祸韬晦。尝醉，胡粉傅面，作双丫髻，插花，诸伎拥之游行城市，愤然礼法之外。虽与东晋谢安石携妓冶游之"东山

杨升庵簪花图，《艺林旬刊》第 37 期所刊。编者原题"古歌舞图"，且云"相传顾恺之画"。谬极。内容亦状升庵簪花行吟事。笔法大似陈老莲，颇疑亦损款之老莲手迹。与北京故宫博物院所藏名作《杨升庵簪花图》可同称双璧。

伎乐"诣趣迥异。然在后人眼中，同皆让人称羡之名士风流。

陈老莲之才情、秉性与失意与升庵有相似处，故老莲是懂的杨升庵的，因而笔下塑造之升庵堪是深刻：升庵虽身处"花丛"中，却看花不是花。使人从其醉后不羁之神态，感知彼时一代才人之落寞心境。

杨慎（1488～1559 年），字用修，号升庵，四川新都人。正德间华盖殿大学士杨廷和子。正德六年殿试第一。因"议大礼"，触犯世宗嘉靖而受廷杖，遍体创伤，被谪戍云南永昌（今保山）。直至去世，终 37 年未被赦免。

道君所制　升庵有题

锛屑澄泥砚，日本人藏，刊《砚台》。

杨慎锛屑澄泥著书砚

色青灰，云灵岩山澄泥砚（蠖村石），所谓蟹壳青。砚素池，背覆手内镌行楷铭：

> 余谪居远戍，苦无事事，日以著述自娱。客有以宋徽宗所制锊屑澄泥研见遗者，伸□发墨，如益我十朋之宝矣！升庵杨慎识并手镌之。

铭云升庵谪滇日，寂寞无聊，以撰述遣日。有友人赠以宋徽宗所制澄泥砚，用之颇佳，升庵遂亲手刻此识语于砚背。铭云"十朋之宝"，典出"十朋之龟"。指十类占卜所用之龟。古人视为大宝。

铭文与杨升庵谪滇之遭遇及著述大家之身份相合。

升庵诗文书画诸般无所不能，著述极丰。《明史·杨慎传》称："明世记诵之博、著作之富，推杨慎为第一。"实何止明世，论历来著作之富，出升庵其右者寥寥。升庵居滇三十四年间，因仕进无望，反得以倾心学术，于是"自蒙难以来，呕心匠意，摹文读经，近搜百氏，穷探古迹，白首蓬霍，日月纂索，所不能尽……平生著述四百余种"（明人简绍芳《升庵年谱》）。升庵著作，今有传本者尚有百数十种之多。升庵于哲学、美学、历史学诸领域，固吾国早期启蒙思想之先驱者也。而其著述多撰于滇地。今滇省呈贡县城北门有升庵洗墨池，安宁北门内有升庵洗砚池，可证滇人对升庵教化启蒙之功念想不已。

云、贵僻壤对于吾国文化史之重要意义，明人王阳明之"龙场悟道"与杨升庵之"永昌著书"分量颇重。

字非杨体　砚不过明

此砚之铭虽似升庵谪滇时语，然书法则大不类。

升庵状元出身，书法自是本事。谪地诸土司为获状元公墨宝：

> 乃以精白绫作裓，遗诸伎服之，使酒间乞书。杨欣然命笔，醉墨淋漓裙袖，首重赏伎女购归，装潢成卷。杨后亦知之，便以为快。（王世贞《艺苑卮言》）

土司们曲线求画之法，与稍后之人求董思翁书画多假手董之姬妾，有异曲同工之妙。

王世贞评："慎以博学名世，书亦自负吴兴堂庑。"从传世升庵墨迹看，确实书宗二王而得吴兴（赵孟頫）精髓。但升庵字骨气清健，姿媚不如赵氏而气格似高之。

此砚之行楷铭字，笔画耸肩伸脚，左低右高；笔锋取方，棱角分明，似从碑板中来，何来赵体之帖学流韵？且铭乃升庵亲自"手镌之"，断无走形之可能。疑清代碑学兴起后之人所伪。纯以铭字书法论，其字遒劲中寓含蓄，当非三家村中陋儒所能为。

锊，古代附于腰带扣版上之装饰物。用玉、金、银、铁、犀角等制成，以玉锊最贵。铇屑澄泥，则闻所未闻，或指砚之颜色如（碧）玉之屑？

又砚上并无徽宗乃至宋人只字，升庵谪滇时已后道君四百年，赠砚之"客"何以据之言砚乃"宋徽宗所制"？

从砚之形制看，不仅绝非道君所制，恐宋制也不到，应为明以降之物。

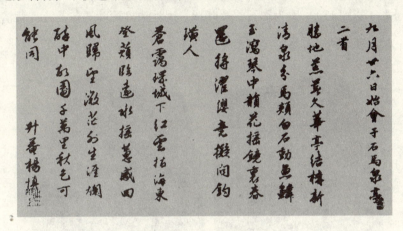

杨慎《石马泉诗帖》

曾获香姜　遗说铜雀

升庵通博善鉴，亦自识砚。尝得一"香姜阁瓦砚"，其云：

> 宋洪迈《铜雀瓦砚》铭曰"元魏之东，狗脚于邺。吁其瓦存，亦禅千劫。"铜雀砚，曹操台瓦已不可得，宋人所收乃高欢避暑宫冰井台香姜阁瓦也。洪容斋铭可证。余得一瓦，上有"香姜"字。又见京师人家藏一瓦，有"元象"字。元象，北魏孝静帝年号也。（《太史升庵文集·狗脚猪肠》）

升庵所得之瓦，乃北朝高齐时名台名阁遗物，亦可媲美铜雀台瓦。

曹魏三台，经东魏、北齐之大肆修葺，故曹魏时之原瓦恐杨隋时已难觅得。因之，升庵云宋人已不可得铜雀台瓦，的是。洪氏《容斋随笔》记黄山谷曾得一方王文叔所赠长几三尺之曹魏铜雀台瓦大砚，瓦是王氏官邺时所获。此瓦虽真铜雀台瓦，但也并非曹魏原瓦，而应是北朝之物。

所谓"宋徽宗所制铇屑澄泥"当赝无疑。今日新都杨家却存一澄泥宋砚，藏新都杨氏宗祠，乃名画家沈石田（周）赠予升庵祖父杨春（成化十七年进士，官至湖广提学金事）之物。砚呈古琴式样，底部有"沈周藏，成化四年，琴式"字样。砚侧复刻砚铭一首，曰："坚匪石，端友知……琴和砚，雅相宜"云云。

此砚据云由升庵后人传藏至今。倘果如是，自是真物。

名合里贤　款假乡党

诚然，著作等身、勤耕砚田之杨升庵想必所用不止一砚。

安徽省博物馆亦藏一"杨慎著书砚"。《四宝全集·砚》、《文房珍品》、《安徽博物馆》等皆刊之（彩图 17）。砚为端石，蕉叶形。砚池边刻蕉叶透包及背。背镌行书：

　　升庵著书之砚。崇祯甲戌成都费密□于巴东。

安徽省博物馆藏杨慎端石著书砚

款"费密"后一字虽不明，但结合全句看，应为"购"、"得"、"获"之类。

砚之工艺其雅致。但砚上并无升庵亲遗只字。"崇祯甲戌"，为崇祯七年（1634 年），时距升庵辞世（1559 年）已三十余年。或铭者知砚之出处极可靠？

清初有一学者费密（1623～1699 年）。其字此度，号燕峰，新都新繁人。出身书香世家，幼既好学穷理。二十岁时，张献忠大西军陷成都。燕峰尝协同官军拒敌，躬自擐甲，左手为刃所伤。后携家南下吴、越，流寓泰州。曾问学于名儒孔奇逢、吕留良。一生学而不厌，死葬泰州。工诗、古文，俯仰取给于授徒、卖文，人咸重其品，悲其遇。杜门三十年，著书甚多。在清代学术史上地位颇重。

　　费燕峰不仅与杨升庵同里，更常被后世论蜀地学术时将之与升庵并论。乾隆时蜀中学者张邦伸评云："蜀中著述之富，自杨升庵后，未有如密者"（《锦里新编》）。费氏撰《弘道书》，自署"学人成都费密谨述"，与砚款"成都费密"正合。故砚款当指费燕峰（《四宝全集·砚》即云此砚为费燕峰遗砚）。

　　然崇祯七年甲戌（1634 年）时，费燕峰方虚龄十二。得砚之巴东，却离新都数百里之外。

　　费燕峰或少年天才，但此得砚事太过勉强，故砚铭不可信。

费密像，《费氏遗书三种》所刊

赵南星东方未明砚

——细认"星星"，难觅"太白"

东林党

　　风声、雨声、读书声，声声入耳。

　　家事、国事、天下事，事事关心。

　　此东林党魁顾泾阳（宪成）所撰联句，亦东林"读书不忘救国"之宗旨。

　　明朝中后期，文人之"结社自由"非后来清人所能梦见。硬脖子死谏之读书人迭出，尤以在朝反阉珰、在野授学问之文人集团东林党最烈。惜东林亦难免偏激之意气之争，东林领袖之一、清誉满天下如赵南星，亦难免因"党争"而摒斥"持不同政见者"。事实上，所谓"阉党"恐不过皇帝与文官集团争权之一枚"棋子"罢了。

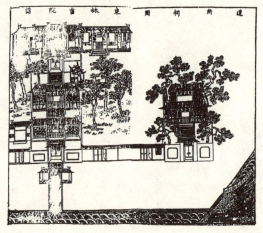

　　有失公允之说法："明亡于东林党"，但明之亡，"党争"所致"内耗"之弊亦显见。若东林后进复社之党同伐异，尤弘光朝时与马阮之"一地鸡毛"，其"党格"则又逊东林。然东林、复社主流诸君子之气节固使人景仰不已。

　　我曾谒无锡东林书院，书院遭"文革"之劫，时正值修整，一无所获而归。

　　赵南星（1550～1627年），字梦白，号侪鹤，河北高邑人。万历进士，官至吏部尚

东林书院与道南祠图。左图为书院，右图为祠。刊雍正刻本《东林书院志》。书院创建于北宋末，为杨龟山讲学之地。名取自龟山诗《东林道上闲步》三首。万历间，东林诸贤又于书院左侧建道南祠，祀杨龟山。祠名取龟山师明道先生（程颢）送门生龟山及游定夫（酢）学成南归时语："吾道南矣"！

书。为官慨然以整齐天下为己任，锐意澄清。时人比其与邹元标、顾宪成为汉末"三君"（窦武、刘淑、陈蕃）。阉珰终以"朋谋结党"罪陷之，谪戍代州，病卒。崇祯初平反，谥忠毅。

砚岂有二耶

纪晓岚为最早记录东方未明砚者：

> 沈椒园先生为鳌峰书院（在福州）山长时，见示高邑赵忠毅公旧砚。额有"东方未明之砚"六字，背有铭曰："残月荧荧，太白睒睒。鸡三号，更五点。此时拜疏击大奄（阉），事成策汝功，不成同汝贬。"盖劾魏忠贤时，用此砚草疏也。末有小字一行，题"门人王铎书"。此行遗未镌，而墨痕深入石骨。干则不见，取水濯之，则五字炳然。相传初令铎书此铭，未及镌而难作。后在戍所，乃镌之，语工勾镌此一行。然阅一百余年，深之不去，其事颇奇。（《滦阳消夏录》）

藏砚者沈廷芳（1702～1772年），字畹叔，号椒园，浙江仁和人。乾隆元年召视博学鸿词，入翰林，职编修，累迁河南按察使。风流儒雅，诗笔亦同。好砚。著《隐拙斋集》。

邓之诚《骨董琐记·东方未明砚》云：

> 赵忠毅公东方未明砚，予昔见拓本，铭镌于砚侧。及读朱吉人所为作歌，所记甚详，铭在背，词亦微异，岂是砚有二耶？朱序云：砚出端溪水坑，长三寸、广二寸，石有眼数点，如星池作半月状，额镌"东方未明砚"六字。背有铭曰："残月的的，明星睒睒。鸡三号，更五点。此时拜疏击大奄，成则策汝功，否则同汝贬。"旁署"梦白居士题"五字。下刻"南星"二字小印，为沈椒园所藏。

为砚作歌之朱吉人，应即乾隆间竹垞族孙，桐乡人朱方蔼（1721～1786年）。其号春桥，字吉人。贡生，沈德潜高弟。擅书画。

邓之诚先生文中有"岂是砚有二耶"之疑，实不仅有二，合纪、邓所记至少既有八例。

砚竟有八矣

其余六例：

一、梁绍壬《两般秋雨庵随笔·赵南星砚》云：

　　余幼时曾见有人持一砚来，上镌赵忠毅公款识，有铭云："东方未明，太白晱晱。鸡三号，更五点。此时拜疏击大奄（阉），事成铭汝功，不成同汝贬。"当时草劾珰疏，盖用此砚也。

赵忠毅公名南星字梦白高邑人万历癸未进士官文选员外即方忿疾急上疏陈四大害酾时忌乞师弃起考功即中主京察要路私人胶所沾盖被甚旨落职与起元棒颌宪成海内拟之三君光宗立累拜左都御史愒然以夺天下为已任进吏部尚书愒意澄清起用废锢中外方欣欣

忠贤媾　戊代州　初谥忠　韻学居

望治魏　与制魏　辛崇祯　毅著史　正说

韩氏《砚铭》拓　　　　　　　　　　《国粹学报》拓

　　二、韩氏《砚铭》载一拓。砚为长方，墨池为弦月形。额隶书铭"东方未明砚"，背楷书铭与纪晓岚所记略同。惟首句为"残月晖晖"，末句为"否则同汝贬"。款"梦白居士铭"，镌椭圆印"南星"。

　　三、《谢氏砚考》记：

　　明赵忠毅南星东方未明砚铭："残月辉辉，太白晱晱。鸡三号，五更点。明日上章击大阉，事成封汝功，不成携汝贬。"按砚系熟铁镌铭者。

　　四、《国粹学报》所刊。只刊砚侧一拓，行楷铭云：

　　良月辉辉，太白晱晱。鸡三号，更五点。明日入朝击大阉，事成惟汝功，不成同汝贬。赵南星铭识。

五、民国《河北第一博物院半月刊》第 39 期所刊。砚为椭圆形，一侧刻隶书"东方未明之砚"，另一侧刻楷书"梦白居士题"。背覆手内刻楷书铭，文与《砚铭》所载者全同。镌方印"南星"。覆手右侧有一眼柱，下饰以朵云托之，应即所谓"太白睒睒"之"太白星"。砚面未刊，不详何状。砚拓云为"苍虬阁赠刊"。

苍虬阁，为近人陈曾寿斋号。

《河北第一博物院半月刊》拓

陈曾寿（1877～1949 年），字仁先，湖北蕲水人。其曾祖为嘉庆二十四年状元陈沆。光绪二十九年进士，历官至广东监察御史。辛亥革命后，闲居杭州西湖。后应溥仪聘赴天津，师教婉容。曾任伪满"内廷局长"。1949 年病逝。遗著有《苍虬阁诗集》等。诗与陈立三、陈衍并称"海内三陈"。

六、我曾过目苏州博物馆藏一例。亦为长方抄手式，砚池额镌篆书"东方未明砚"。左侧二印，一曰"赵南星印"，一失记。右侧所刻似为"残月"铭云云，未能确记。因陈列于玻璃展柜中，未详砚背。

"太白"难明白

此赵梦白东方未明砚与黄石斋所藏东坡《墨妙亭诗》断碑砚一样，传本众多，扑朔迷离。

除邓氏所见与苏州博物馆所藏两者不详外，诸砚异处甚多。

铭辞之异：砚铭正文，只"鸡三号"三字六砚全同。一字不误皆相符者唯《砚铭》与陈氏所藏两者，即便纪、朱二人亲见之沈椒园所藏者亦有五字之异。又，五砚皆作"更五点"，《谢考》则为"五更点"。从对偶用字看，《谢考》所记疑讹。

铭字位置之异："东方未明之砚"，纪、朱、韩三者镌在砚额，陈拓在砚侧，梁记则又为铭文首句。铭辞正文各砚皆在背，惟邓氏所见者在侧。

材质之异：朱氏记为端；陈砚有眼，应亦为端。《谢考》则云为铁质，余者皆未详何材。铁砚，首两句铭文或可解作言拂晓气象；石质，则应指石眼与月池。

常理，纪晓岚所见为"原始"资料，最近真。朱吉人与纪为同时人，所见云亦沈氏藏者之同一砚，但其记"残月的的"似不若纪之"残月睒睒"有意境，或朱氏讹记？梁绍壬所见云首句即"东方未明"，因其乃回忆幼时所见，或有错讹之处。

其余数砚皆近现代人所藏，疑难免有据纪、朱、梁所记而作伪之嫌。《国粹学报》所刊砚，铭字倒与赵氏手迹有几分形似。

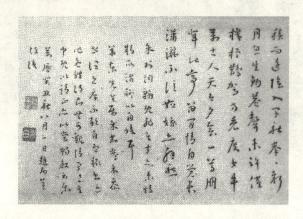

北京故宫博物院所藏赵南星行草《自书诗》卷

冤煞"王神笔"

纪晓岚对东方未明砚尚有评论：

> 或曰：忠毅嫉恶严。《渔洋山人笔记》称：铎人品日下，书品亦日下，然则忠毅先有所见矣！削其名，摈之边，涤之不去，欲着其尝为忠毅所摈也。天地鬼神，恒于一事偶露其巧，使人知警，是或然欤？

按纪氏所断：砚铭乃赵梦白门生王觉斯所书，未及镌刻而梦白便遭贬官。后在戍所请人镌此铭时，便弃觉斯之款而不镌，因时已恶王氏人品，对王氏后来之失节已有预见。

王铎（1592～1652年），字觉斯，号嵩樵。河南孟津人。天启二年进士，授翰林编修、经筵讲官等职。崇祯末授礼部尚书，未就职，而清军陷北京。南明弘光朝任礼部尚书、东阁大学士。顺治三年降清，官至礼部尚书。卒谥文安。工行草书，得力于颜、米二家为多，笔力雄健。提倡取法高古，于当时书风中别树一帜。亦能画山水、兰竹。有《拟山园帖》等传世。

虽日人有所谓"后王（铎）胜前王（右军）"之过誉之辞，实若不以人废艺，王觉斯之书法纵横恣肆，其成就更在同时之黄石斋、傅青主诸家之上，故时誉"神笔王铎"。惜其竟以弘光文臣之首以迎清兵，所谓大节有亏。

今存刻于顺治二年之王觉斯《拟山园选集》（后遭禁毁），作序者有殉国名臣孙承宗、吕维祺、何吾驺等多人，亦收黄石斋作于崇祯元年之题叙。石斋且自云当年与王氏及倪元璐"最孔合盟肝胆"。赵梦白卒于天启七年（1627 年），距王觉斯降清之顺治二年（1645 年），几近二十年，其"先所见"竟有如此之远？

余揣测：砚若确为王觉斯书铭，或因故（未及镌而难作之类）至赵去世皆未刊刻。入清后，砚得主将铭镌成，因鄙王觉斯，遂将其款"消其名，摈之也。"所谓"涤之不去"，盖日久墨迹渐渗于石，虽浮墨能去，字痕难尽，遂"干则不见，取水濯之，则五字炳然"，何来"欲著其尝为忠毅所摈也"之神奇？

王渔洋、纪晓岚两位大名士，将自然之物理扯上"春秋大义"，也真有趣的紧。

"未明"出"半明"

东方未明砚铭辞甚佳，然乃化用自韩退之。

《韩昌黎全集·东方半明》诗云：

> 东方半明大星没，独有太白配残月。嗟尔残月勿相疑，同光共影须臾期。残月晖晖，太白睒睒；鸡三号，更五点。

集中南宋韩醇注解退之此诗写作背景：

> 此诗与《煌煌东方星》（亦韩诗），兴寄颇同，盖指顺宗即位不能亲政，而宪宗在东宫之时也。时贾耽、郑珣瑜二相，皆天下众望。王叔文用事，相继引去。此诗所以喻"东方半明大星没"也。执谊、叔文初相汲引，此诗所以喻"独有太白配残月"也。顺宗已厌机政，执谊、叔文尚以私意更相猜忌，此诗所以有"嗟尔残月勿相疑，同光共影须臾期"也。及宪宗立，而叔文、执谊窜，犹东方明而残月太白灭，此诗所以喻"残月晖晖，太白睒睒，鸡三号，更五点"也。意微而显，诚得诗人之旨。

退之之意，乃忧当时唐德宗晏驾，顺宗即位，不能亲政。时宪宗尚在东宫，政事正"青黄不接"之际。而赵梦白此砚铭，化韩诗宫廷争权，而为清流与阉党斗争耳。

太白星·"太白"砚·梦太白

此砚铭文,甚契赵氏心迹,几可视为其斗阉党之"决心书"。

仿佛想见:天启朝某日,远天欲曙,残月如钩,启明闪烁。鸡鸣三过,更打五点后,书斋案头,赵氏正用此砚研墨濡毫,挥笔拟就弹劾阉党之早朝奏疏,心中默与砚语:原被阉党把持之朝政,如黎明前之黑暗,曙光将现。此疏果若一击奏凯,须记汝砚兄殊功一份;倘若事败,亦只好委屈砚兄与我一同领罪遭贬了。

此情此景,是砚俨然赵氏反阉之忠诚助手矣。

砚名"东方未明"及韩诗"东方半明",当皆出自《诗经·齐风·东方未明》首句,乃云天将破晓。铭文首云"残月荧荧,太白睒睒"之"太白",指太白星。又此八字与"东方未明",皆既是描述带眼月池之砚状,又是描绘天将拂晓之景况,更妙在复可寓意劾魏珰之将奏凯之"黎明前的黑暗"。

正因"东方未明"可作多解,使上述诸东方未明砚更难辨何为赵氏原物矣!

赵忠毅之名"南星",亦指南极星(俗称寿星,即太白金星),故其字"梦白",所梦太白星耳,也与此砚寓意巧合,可谓人砚合一。

忠愍冒忠毅

某杂志刊有砚闻一则,云苏北某地发现一古砚,砚背楷书铭曰:"三更五点,奋笔击大阉,事成汝之功,不成同汝贬",落款为"杨继盛"。

显然此砚乃仿自赵南星东方未明砚!

杨继盛(1516~1555年),字仲芳,号椒山,河北容城(今属保定)人。嘉靖进士,历南京兵部右侍郎。俺答入寇,大将军仇鸾颇畏之,请开马市,继盛极言不可,贬狄道典史。后俺答爽约,鸾伏诛,嘉靖忆其言,累擢刑部员外郎。时严嵩用事,而继盛恶嵩甚于鸾,劾嵩十大罪恶。为所陷,遂被杖下狱,坐系三载,竟弃市。临刑赋诗,为天下传诵。后追赠太常寺卿,谥忠愍。继盛以经济气节自负,屑屑于文字,后人重其品行,掇拾为《杨忠愍集》三卷。

此砚铭之赝不难辨:杨弹劾之严嵩,乃权相而非宦官"大阉",何来"奋笔击大奄"之说?又,铭云"事成汝之功"与《国粹学报》所刊砚之"事成惟汝功"同一悖理。

今人费解者,今人柏杨先生亦以为铭乃杨椒山所作:

> 杨继盛先生进谏朱由校先生时,在砚台上写曰:"鸡三鸣,更五点,此时拜疏击大阉,事成策汝功,事败同汝贬。"这又是何等的沉痛……(《丑陋的中国人·只我例外》)

柏杨先生以论国史名世，似不应不悉晚明党争有劾严相与斗魏阉之区别。

附考一　赵南星铁砚——文貌铁心不姓赵

韩氏两"宝铁"

赵梦白名世遗物，除东方未明砚外，为世盛传者尚有"铁砚"与"铁如意"。

铁砚现藏上海博物馆，亦见载于《广仓砚录》，云为"宋砚"。砚风字，背阳文铭字有数字剥蚀，细辨似为：

《广仓砚录》畏庵铁砚

匪邺之觉，匪端之石；烈士之心，君子之德。磨而不磷，惟圣是则。畏庵（后一印不可辨）。

砚匣有"韩崇"款印一隶书铭：

旧藏赵忠毅公铁如意，以"宝铁"名斋。丁酉秋仲，复获是研，平生与铁为缘，因号"铁砚生"，为之铭曰：瓦不能全，石有时裂。长无绝分，惟此寸铁。指挥如意，摩挲研田。生乎生乎，聊以永年。

砚拓有邹安题跋：

铁研之作，当在宋以后明以前。或援汪容父遗集（乾嘉间扬州学者汪中之《容甫（父）先生遗诗》）有赵忠毅东方未明砚，以为砚亦铁如意之亚。抑知东方未明之砚石研，非铁研也。考是研者，必能知畏庵为何人，乃不至作影响□，铭第二字是"邺"字。

铁研之作当在宋以后明以前武援汪啻文遗集有赵忠毅东方未明之研当研宗钱以意之亚抑知东丁书明之研名称非铁研也致垄研若此然知胃卷为伍人乃不至作彰甓洪铭第三字乃郭字遹庵

《广仓砚录》邹安题畏庵铁砚拓本跋语

晋王嘉《拾遗记》已载晋武帝曾赐张华于阗贡品"青铁砚",五代桑维翰"磨穿铁砚"更是名典。邹氏虽民国一博识名流,《广仓砚录》之编辑,跋中铁砚始于"宋以后明以前"之说则大谬。

查古人号"畏庵"者有多人。明中期永嘉人,正统元年状元周旋,字中规,号畏庵。著有《畏庵集》十卷。惜砚"畏庵"款后之印不清,否则到可为考辨"畏庵"增一线索。

韩崇(生卒年不详),字履卿,号南阳学子,苏州人。曾任职山东雒口批验所大使。后以协办团练抵抗太平军之功,被甄叙加盐运使,加花翎。其嗜金石,收藏甚富。编著有《宝铁斋金石跋尾》等。韩氏两外孙汪鸣銮与吴大澂,幼皆受其熏陶。

哈砚必托名

民国时,韩家铁砚归沪上骨董名估哈麐。不知何故,铁砚在哈氏手竟变成赵南星遗砚。

哈麐(1876年~?),字少甫(夫),别署观津,江宁人。少贫寒,弃学经商,业骨董。多与名流交,与吴昌硕等创海上题襟馆,后又集资建馆于西湖孤山之巅,亦当时可于沪上艺文、古玩界呼风唤雨之闻人。

哈氏曾于1929年上海中国美术文艺展览会上,将其所藏"赵忠毅铁砚"及"苏文忠铁如意"展出;日本首相犬养毅曾专程求观铁砚,并书赠哈氏"铁庐"匾额一块,东洋人士遂以古玩有无"观津"鉴定印鉴判真伪。哈氏又将铁砚制成拓本,邀集吴昌硕、郑文焯诸名流同观并题。经哈氏种种扬誉动作,铁砚俨然成轰动一时之名珍。

赵南星斋号甚多,计有侪鹤、正心堂、思觉亭等十余个,然遍捡不得"畏庵"。故韩崇及邹安皆未确指"畏庵"为何人,更未言"畏庵"即赵南星。

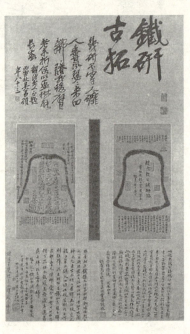

吴昌硕等名家题哈氏所藏"赵忠毅公铁砚"拓本

想哈氏或是误读韩崇砚匣题跋，以致将砚附会成赵南星遗物，而吴昌硕、犬养氏诸人也因之"偏听偏信"了。

实当时也不乏明眼人，西北马家头面人物马福祥（字云亭，临夏人。千龄子、鸿逵父）观哈氏铁砚后，作有《观津老人藏东坡铁如意畏庵铁砚跋》，誉哈氏"誉传华夏，声满东瀛"云云，然亦有质疑："畏庵之字尚须征诸博雅，庶名归其实。"

马氏一西北武夫，不人云亦云之识见，实堪一赞。

附考二　赵南星铁如意——鱼耶龙耶难辨真

"铁匠赵"

与铁砚之托名不同，赵梦白铁如意应是确有之物。但与东方未明砚真品只有一方不同，铁如意应有多柄真物。

张芑堂《金石契》刊一时人吾箦一所藏"忠毅赵公铁如意"。此如意"长尺有半，重二斤四两。上涂八卦、河洛、云雷、星斗、五岳诸图象。"正面铭篆文："其钩无钒，廉而不列。以歌以舞，以弗若是折；唯君子之器也。赵星南。"背面篆文："天启壬戌，张鳌春制。"

图后有芑堂题记及历鄂、沈德潜、曾燠、王文治等名士所作《铁如意歌》。沈德潜诗中云歌"为蒋半关赋"，"蒋侯购得铁如意"；王文治诗中则云："曾公示我铁如意"，当是铁如意曾先后归蒋半关及曾燠。

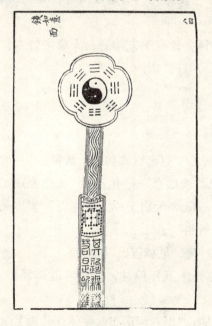 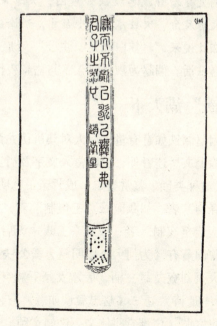

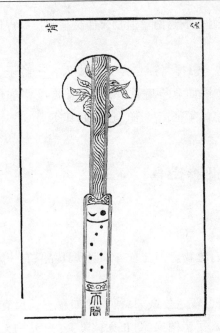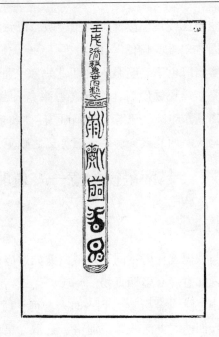

《金石契》赵南星铁如意图

平步青《霞外捃屑》卷五"赵忠毅公砚铁如意"云：

> 忠毅铁如意，传世甚多，盖当时东林君子各有一柄，铭辞镌制略同，而年款各异……据《南村草堂诗钞》（清中期湖南新化学者邓显鹤诗集）卷二十四"邵警庵刺史芬绘所藏忠毅铁如意图，次老栗韵后"载绍记，则忠毅幼时，喜制铁如意，大者尺余，次数寸，极小盈寸，银涂镂饰……

如此说来，赵梦白如其"主公"天启帝一样，皆有手艺癖好：天启帝好木作，赵梦白喜铁活。倘赵为魏晋时人，与嵇叔夜倒为一对好搭档。

"宝铁"满天下

因赵制铁如意有量，后人对其辨伪尤为不易。

除上文所述者外，见诸古人文字及尚遗人间之"赵忠毅铁如意"数种：

《清稗类钞·鉴赏类二·成哲亲王咏明赵忠毅铁如意》记有五柄：施念曾藏"神宗戊申春制"者；初颐园藏"壬申制"者；吾篝一藏"天启壬戌张鳌春制"者；陆丹叔藏"天启癸亥制"者；成哲亲王藏"天启甲子所制"者。

曾国藩有《为何大令题明赵忠毅公铁如意》诗，见载曾氏《全集》。

大兴刘宽夫藏一柄，后赠女婿乔松年（道光十五年翰林，官至河道总督），乔氏《萝藦亭遗诗》卷二《赵忠毅铁如意》有记。

张之洞《广雅堂骈体文·铁如意颂》记一柄，"旧存河南布政使任丘县边君（边浴礼，字夔友）家"。

刘世珩亦藏一柄，南社诗人潘飞声为作长歌。刘氏所藏有仿品传世，北京故宫即藏其一。背面错："光绪三十三年丁未，贵州刘世珩以家藏赵忠毅铁如意原器仿造于京师。"炳首正面错一有翼异兽，似为传说中的"飞廉"。尝有一拍品"赵南星制铁嵌银丝如意"，价甚昂。款式与故宫者相类，只背款为"天启壬戌冬制"，或刘氏故物？

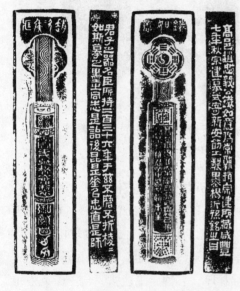

赵宗建"铁如意"墨，周氏《蓄墨小言》下册所刊

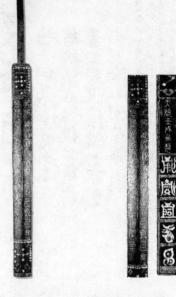

拍品赵南星制铁嵌银丝如意

清末藏书家赵宗建（字次侯，一字次公。常熟人）藏一柄，得之吾簏一原藏。赵氏摹式寄徽，饬工制墨，并由时任徽州知府之金石家杨沂孙题铭。周氏同书又收一"屈铁成'铁如意'墨"，似仿赵氏之伪作。可知乾嘉以降"赵忠毅铁如意"在士大夫间之高名。

如此种种"赵忠毅铁如意"，虽不排除其中有真品，恐多数难免赝作。

附考三　王铎铜雀瓦砚——"国朝"无"虏"

王觉斯因与钱牧斋领衔降清，政治操守、民族大节被人不耻，累及"东方未明砚"所书铭文名款遭人摈弃不刊。实者王氏自家也有一则自铲铭字之砚事。

清代雅流张叔未曾于松江肆中以大钱五百购得一王觉斯原藏之"铜雀瓦砚"，拓本收入张氏所撰《清仪阁所藏古器物文》。砚椭圆池，池两旁镌王觉斯小楷跋二：

> 胡以瓦也而跻之栋，沉之渊；胡以吾也而授之几，升之筵；水之汇而胡以浴云飞烟。又何知此后之千百年，谁为主也为谁妍？物之遇合也且然。□□（似为异体"孟津"二字）王铎铭。

> 崇祯十一年，绣衣使者二东张肯仲赆予，予再拜而受，识于北都之大明门。时庀警予晨于是门，三十日矣。十月二十一日午时。

王铎铜雀瓦砚。晋南学者宋葆淳（字帅初，号芝山，解州安邑人。乾隆举人）题云"此真铜雀瓦也"。砚今不知何在，真伪与否无从比较。

崇祯十一年戊寅（1638年），王觉斯48岁。是年五月任礼部右侍郎。九月，清兵入塞，连下畿辅近城。王氏《拟山园选集》卷十六《正阳门城楼武器铭》（戊寅十月）："顷兵三犯渔阳，京师戒严，余守大明门。"《王觉斯诗》赋卷二《峥嵘山房赋》："戊寅岁暮，虏破我六十余城。晨于大明门见仕宦之多，海大鱼也，余有山心焉。"故王觉斯砚跋所记与王氏行实相合，又铭文书法古拙朴厚，有钟、王遗格，与王氏风格相若，信为王氏真笔。

敌临城下之际，尚有闲情赠砚，可见当时王氏书名之盛，也可知绣衣使者（以御史充任之特派官员）张氏必是"王粉"之一。

砚铭他字皆全，唯"虎警"之"虎"字头下部残损，盖故意人为铲损。张叔未题拓跋语有解："'时'下字'虎'尚可见，当是铎臣国朝后所捶损者。"盖砚上"虎"字，即王氏《峥嵘山房赋》等诗文中之"虏"字，指清军。入清后，王觉斯作为"臣国朝"之"贰臣"领袖，自须自觉将贬损"国朝"之"虏"字铲毁，此是"政治态度"，更为避文字祸计也。

袁崇焕瓦形端砚

——党人作品？

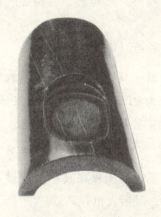

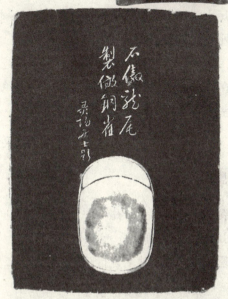

袁崇焕瓦形端砚

食其肉与偷其骨

袁督师之遭际颇似岳武穆。

然岳反"和议"甚坚决,而袁则不拒策略性变通之"谋款"(史阁部亦曾力主"借虏平寇")。虽其被杀原因颇复杂,如武穆一般大有冤屈当可无疑。

崇祯御笔"思无邪"、"九思"虽台阁体,亦难掩其锋芒。

造化弄人,被"攘外"、"安内"弄得焦头烂额之"慈父"崇祯,终也被其所称之"赤子"李闯们逼上了煤山。大明思宗烈皇帝朱由检,性固刚烈,然可思、可检之理由确也多多。

明季雅流张宗子记袁崇焕被刑一幕:

> 刽子手割一块肉,百姓付钱,取之生食。顷间肉已沽清。再开膛出五脏,截寸而沽。百姓买得,和烧酒生吞,血流齿颊。

或传云袁部下裒义士夜窃其尸(应该只有遗骨了)葬之,其后人世守其墓。

袁崇焕(1584~1630年),字元素,号自如,东莞人。万历进士。授邵武知县。其人"短小精悍,形如小猱,而性极躁暴"。慷慨负胆略,好谈兵。天启初,以兵部主事监关外军,筑宁远城。六年,"宁锦大捷"大败后金,升辽东巡抚。崇祯元年,督师蓟辽。二年,后金入塞,围北京,督军千里赴援。崇祯帝听信谗言,袁以谋反罪被磔死。

在急求事功之崇祯帝御前立下"五年复辽"军令状之失智,或是袁获罪要因,正如张宗子所言:

> 五年灭寇,寇不能灭,而自灭之矣,呜呼!(《石匮书后集·袁崇焕列传》)

"二忠"贞石

袁崇焕铭仿铜雀台瓦端砚,见刊《云间朱孔阳纪念集》及《古玩宝斋三百期选》(彩图18)。砚为海上耆老朱孔阳所藏。

砚瓦形素池,池上方行草铭:

> 不傲龙尾,制仿铜雀。爰阳居士。

砚背上部镌隶书"建安十五年"。下部镌章草铭八行:

建瓴建瓴，刊石赋形。未央沉碧，铜雀凝青。含真抱璞，岳峙渊停。侯封即墨，鲲起南溟。磨穿盾鼻，杀虏穹庭。势如破竹，若发新硎。凯旋钦至，式昭德铭。大明天启辛酉三月，东莞袁崇焕。

据朱孔阳先生公子朱德天先生说砚文字，云砚右侧尚刻有铭，为太平天国遵王赖文光献砚与东王杨秀清之题词。

砚有漆盒，正面镶嵌螺钿，花纹古雅，贴金部分已剥落。盒背刻"大明天启元年辛酉黄筱成制"字样，填金。

朱氏文中述砚传承：砚原藏扬州某旧家，民初归方尔谦，方之后人又转钱氏，1942年朱氏乃从钱家所得。

朱孔阳（1892～1986年），字云裳，又字云间、云上，晚号庸丈，松江人。早年加入松江同盟会支部。民国时，曾任金陵大学教授。能书画，精鉴赏，富收藏。朱氏交友广泛，于沪上古玩界、文化界皆名声不小。

朱氏庋砚甚夥，佳品亦复不少，号"三百方富翁"，郑逸梅先生戏称其为"江南砚王"。除此砚外，朱氏尚藏有董思翁、朱竹坨等名人款砚。部分收刊朱德天先生所编《云间朱孔阳纪念集》）。

大方所珍

《云间朱孔阳纪念集》引用罗振玉氏题此砚一跋：

此砚为胜国东莞袁督师故物，太平军时赖酋进御东酋，以邀幸宠。赖故儒家子，玩其题字颇不俗，而崇信异端，使人齿冷。其官阶奇物，想见当时筚路兰缕之草昧矣。

吾友棣山水部精鉴赏，富收藏，寓公津沽时，与诗李（或作"讨索"）金石，其介弟地山解元世居扬州。癸丑夏覩社湖西某旧家，式微子孙不能守异藏物，入郡求售，地山斥重赀得之，如获瑰宝。

考"爱阳居士"为陈忠憨公策别号，亦东莞人，字纯伯。其援辽时，有诗别亲友云："诸君蘸墨悬相待，不是铙歌即挽歌"，忠勇勋业可与督师争烈，遗迹甚鲜，诗集早佚。当时同寅辽东，遂留鸿于贞石。二难相并，诚不可多得之星凤也。

题跋之罗振玉（1866～1940年），实让人为之扼腕一叹之人物。其字叔蕴，一字叔言，号雪堂。浙江上虞人。清末任学部参事，反对维新变法。历任京师大学堂监督等职。清室退位，东渡日本，图谋复辟，后任伪满监察院长。罗氏汉奸行径，与其学术不称，为儒林所惜。其对古文字学贡献甚大，为"甲骨四堂"之一，乃甲骨学之奠基者。

获砚之"地山解元"，即方尔谦（1871～1936年），其字无隅，别署大方，原籍歙县，生于扬州。十六岁即拨贡，然无意仕进。曾任京师大学堂教授。精文史，善考据。书法挺峭，尤善制联，有"联圣"之誉。与弟尔咸（泽山）俱有文名于时，人称大、小"二方"。

"戊戌变法"后，方氏常刊文抨击袁项城。袁为笼络计，延为西席。袁寒云（克文）与其感情笃甚，受其影响亦最深，曾谏项城勿称帝，不听。方氏惧祸，与寒云逸往津门日租界，鬻字为生，且结为儿女姻亲。1936年，逝于津门。

方地山兴趣广泛且幽默诙谐，雅好集古，尤精藏古币。其四时腰缠珍品，嫁女亦随陪以名泉。

罗氏跋言方地山获砚之"癸丑夏"，乃为1913年。甓社湖，又称甓射湖，高邮湖之别称。砚盖得自高邮破落旧家。

方地山像。尝见方氏一书轴，极恣意。方氏一生嬉笑怒骂，伴狂放荡，文酒风流，声色追逐，为时人津津乐道。从其像看，亦一"老顽童"。

砚本双璧

实砚在方地山之后，钱氏之前，还曾归于寓京之东莞学者张次溪。张氏在其所著《莞乡烟水录·袁督师遗物记》记此砚云：

铜雀台瓦砚……漆匣面刻"袁督师遗砚"五字，灵阳居士所题。按：居士即东莞陈策，字纯伯。当援辽时，有诗别亲友云："诸君蘸墨悬相待，不是铙歌即挽歌。"其忠勇勋业，可与督师争烈。匣则明漆工黄筱成手制，上刻袁督师识语，曰："建瓴建瓴，剜石赋形，未央沈碧，铜雀凝青，含真抱璞，岳峙渊停，侯封即墨，鲲起南溟，磨穿盾鼻，杀虏穹庭，势如破竹，若发新硎，凯旋钦至，式昭德铭。"下署："天启辛酉三月，东莞袁崇焕。"旁有赖文光识语两行，曰："此为明东莞袁元素督师故物。方今天军北指，上帝眷顾，天恩浩荡，犁庭扫穴，咄嗟间耳。恭献东王殿下。太平天国丁巳七月亥日，殿前检点使、木一丙三总制检军司马、平天贵赖文光百拜上。"字略欹斜，极挺秀。

张氏记其得砚原委：

原藏督师左安门龙潭故居，崇祯三年督师蒙难后，遗物散落人间。迨咸丰间，太平军起，砚为赖文光所得，献东王杨秀清。东王既殂，辗转至淮阳，民国初，归方地山，又三十年，余乃得之。

与铜雀台瓦砚同时得者，还有另一方"袁督师未央宫瓦砚"，亦以黄筱成所制漆盒盛之（疑为两砚同装一盒）。

1960 年，张氏将未宫瓦砚作寿礼献与曾任溥仪家庭教师、时为中央文史研究馆馆员之汪鸾翔（公岩）。铜雀台瓦砚及原有漆匣，则于旅途丢失，张氏深以为憾。

从张次溪所记可知，铜雀台瓦砚漆盒原有还有癸阳居士所题"袁督师遗砚"之五字铭。

朱先生说砚文字，只记有砚原配漆盒，然未刊其盖，亦未言盖有极重要之癸阳居士所题"袁督师遗砚"。

崇袁世家

晚清年间，有识之士留意明季史事，"以淬厉民族气节"。推崇袁督师，遂成热点，新会梁任公所著《明季第一重要人物袁崇焕传》当为发肇，东莞张伯桢父子则称先进，其"两世一肩，承荷不衰"，"以表彰袁督师为职志"。

张伯桢（1877～1947 年），字任材，号子干，又字沧海，别号篁溪。早岁从南海康有为学。后负笈东瀛，与朱执信、邹鲁、汪精卫等同学于东京法政专科学校。民国初，曾任清史馆名誉协修等职。后长期息影京华，以鬻文、著述为业。晚从班禅司佛典，法名罗桑彭错，又号仁海居士。1917 年于北京创建袁督师庙，复别署袁庙祝驼。生平刊有《沧海丛书》五辑等。临终前，以珍藏康、梁手迹、袁督师文物及佛教法物一千三百余件，捐赠北平历史博物馆。

张伯桢曾自铭其生圹曰："嗟我身世，有如落花，纵化作泥，犹护中华。"其倾向革命，当是真心。晚归佛陀，亦是善业。

伯桢子次溪（1909～1968 年），名涵锐，一名仲锐，字江裁，号次溪。以治梨园史，尤其是北京史有声于时。秉承家学，亦积极于表彰袁督师，致力修督师祠。尝自颜其斋曰拜袁堂。只曾出任汪伪淮海省教育厅长等职，非惟有负"拜袁"初衷，且成政治名节大玷。上世纪五十年代，曾任职北师大历史系。著有《燕都风土丛书》等多种，见称于学林。

张伯祯不仅致力搜罗督师文献、文物，于民初刊行《袁督师遗集》等。更分别于北京左安门、广渠门，创建袁庙，营护袁墓，"修复"督师故居。

张氏父子竭力搜得关涉袁督师之文物，先有伯桢觅得遗像、遗墨，具刻石及庋藏于其所经营之北京袁督师故迹之中。继有次溪求得督师一手书七言联，复又搜得铜雀瓦砚、未央瓦砚、紫檀笔床及岭南诸家所题《肤公雅奏图》等。

张伯桢尝谓："袁督师为我邑明季第一重要人物。吾幼年读《明史》，慕其为人。每过其祠，瞻其遗像，为之鸣咽流涕不忍去"，"表彰先烈乌可辞？"

近代以来袁崇焕之盛名扬播，张氏父子之功，当无出其右者。

陈忠愍

罗雪堂所誉题砚匣之陈策"忠勇勋业可与督师争烈"，盖陈策乃一抗倭之名将，死辽事之烈士。

陈策（? ～1621 年），字纯伯，一字翼所，东莞人。万历间两中武举，十四年中进士，授广州左卫所镇抚，后任恩阳守备。剿灭珠池盗李茂有功，升广海游击，兼广州海防参将。万历二十五年，随总兵陈璘统粤兵五千援朝鲜，败日师平清正于陆。于露梁岛一役，焚关白平秀吉舟师于海，斩溺倭寇二万余。归国，又因平播州杨应龙乱，以功升遵义副总兵。万历四十七年，后金兵犯辽东，加策援辽总兵官率川兵援辽。天启元年二月，后金兵攻奉集，为策所败。三月，辽阳沦陷，策率兵数千赴援，被后金五万铁骑围于浑河，死战一天，终因寡不敌众，援绝战殒，时年六十九。诏赠太子少保左都督，袭升三级，仍荫一子为本卫指挥佥事，世袭；赠谥"忠"，立祠纪念。

清名士魏源感慨浑河大战之惨烈：

> 是役，明以万余人当我数万众，虽力屈而覆，为辽左用兵以来第一血战。

（《圣武记》）

此役中，明季著名巾帼英雄秦良玉之兄邦屏，统石柱"白杆兵"随陈策，亦死难。

援辽出征前，陈策曾有诗别亲友："诸君蘸墨悬相待，不是铙歌即挽歌"，以"马裹尸还"自誓，报国赤心若此。

《古今图书集成·职方典·广州府部·庙考》记东莞县有敕建忠愍祠，云：

> 天启七年，奉敕建。为辽将死事陈策，在教场尾。

天启七年，袁督师曾回东莞，祠或其奏请所建。

抗清死难，以江南、岭南为最惨烈，粤人有东莞"五忠"之说，为袁崇焕、陈策及苏观生、张家玉、陈象明（后三人亦抗清殉国）。

"长毛贼"

> 太平时，王杀王。
>
> —— （《推背图》第三十四象）。

吾乡之人对太平军似大不以为然，少时尝听里老相传"长毛贼"种种暴虐，故吾乡今日还污称男性蓄长发者为"长毛贼"。吾徽"文物之邦"之衰败，"洪杨之乱"是其要因。

太平天国"圣宝"大花钱。"天国"文化、文物乏善可陈，倒是此种花钱，乃洪天
王定都天京以后所铸之"礼钱"，有纪念或镇库性质，类似"压胜钱"。量甚少，故
今日价颇不菲。

赖文光（1827～1868年），广西人（原籍广东嘉应）。随洪秀全起事金田。后随陈
玉成转战皖、鄂等地，以功封遵王。洪氏死，天京破，遂与捻军合。同治四年，击毙清
廷名将蒙古"僧王"（僧格林沁）。次年在河南与张宗禹分领东、西捻军。后被李鸿章
淮军所破，于扬州被俘处死。

赖文光乃洪天王妻赖氏族弟，"天国"之皇亲国戚，但其封王确因军功。李鸿章称
赖：剽悍无敌。

杨秀清（1823～1856年），广西桂平人。金田起事之初，即主太平军军事，颁立军
制，制订营规。其后太平军攻长沙，破武汉，定都金陵，皆杨氏实际主事。

与洪天王并称"洪、杨"之"九千岁"杨秀清，终在"天京事变"内讧中被洪氏
以"篡教夺权"之类罪名谋杀。秀清实"天国"之柱石干城，其死后，"天国"便也
江河日下了。

抛开洪教主不论，太平军中杨、冯、李、陈、石乃至赖氏莫不一时枭才。

"天国"乌托邦之迷惑人处，当"天民"信徒们踊跃挤进天堂之门时，天堂之门却
怦然关闭，可怜见"天民"们却发现已身处地狱。洪天王借上帝之名与历史所开之玩
笑，甚是残酷。

客观上"太平天国"所带来之积极意义：撼动"清妖"之统治，致使汉人坐大，
以至清朝被"尾大不掉"之袁项城携手洪天王之客家后辈孙博士所埋葬。

"天父"被烹已一年

此砚赖文光铭，实可称漏洞百出。所署年月、赖氏署衔、所用历日，直书讳字等皆与太平天国制度不符，论者早已辨其伪品，如于之夫先生文《"赖文光题袁崇焕藏砚"是假的》（载《光明日报》1956 年 3 月 15 日《史学》第 78 号）。

于先生之考辨大意：

其铭款云在"太平天国丁巳七月亥日"，当为咸丰七年（1857 年）丁巳。铭又云"方今天军北指，上帝眷顾，天恩浩荡，犁庭扫穴，咄嗟闻耳"。"天军北指"，当指太平军林凤祥、李开芳等北伐事，其役从咸丰三年（1853 年）五月中旬誓师北征始，至咸丰五年五月底全军覆灭止，前后两年。

赖氏铭此砚时，太平军北伐覆亡已两年，作为重要将领之赖文光尚不知晓，复做"犁庭扫穴"清廷之美梦未醒？

而"狡兔""清妖"尚未灭，"走狗"杨秀清便被洪天王所烹了。

假"天父"附体而"跳大神"惑众之杨秀清，被奉洪天王上命之北王韦昌辉杀死于咸丰六年（1856 年）九月二日。即太平天国"天历"之七月二十七日。后洪天王为欲盖弥彰，将杨氏此忌日定为"东王升天节"。

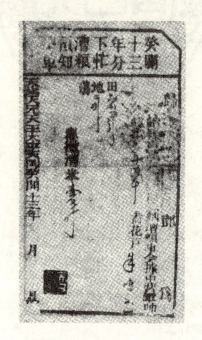

太平天国"癸开（亥）十三年"漕粮预知单。"癸开十三年"，即同治二年癸亥（1863），距咸丰元年（1851）洪秀全"金田起义"已十三年。

赖氏赠砚时，杨秀清已死一年，岂非荒唐之极？

又，《赖文光自述》记其于太平天国十年受封"杰天义"，两年后进封遵王，并未言曾官"杰天义"。且太平天国封爵六等，依次为"天义"、"天安"、"天福"、"天燕"、"天豫"、"天侯"，并无"天贵"。

更者，天国之"天历"禁用"亥"而改为"开"，计日用数字而非干支，赖铭所谓"亥日"岂非有违天国所颁历法？

不合理如此，赖铭之伪必无疑。于之夫先生因之推定袁督师之砚为赝品。

便真玉璧恐亦弃如瓦砾

余之疑问，虽然《清稗类钞》记李秀成曾宝藏一"文天祥玉带生砚"，但以当时之局势，即便赖氏得袁督师真砚，也未必珍惜。

清末沈隽曦记实：

> 贼人（太平军）入家搜掠什物，最爱金银首饰，及绸缎上色衣服。余布衣及旧细衣，皆抛满地。至古书，名人字画皆不识，或掷，或撕毁，较秦火尤甚，殊堪痛恨。人家冠带影像，目为妖，抛掷满街，祖先木主则毁之，可恶已极。（《金陵癸甲摭谈补》）

洪天王四考秀才皆落第（洪氏所写"天父诗"之类，充斥粗口、俚语，秀才不中，实不屈洪氏），或对儒家不无怨恨。

"太平天国"是"一神教"，《李秀成自述》记"拜上帝会"教规："敬上帝者，不得拜别神，拜别神者有罪"。故而"政教合一"之太平军，所过之处，逢寺庙必废，遇孔孟经书必烧。定都之后，宣布"凡一切孔孟诸子百家妖书邪说尽行焚除，皆不准买卖藏读也"，"凡一切妖书，如有敢念诵教习者，一概皆斩"。更有甚者，洪氏为确立自己独一无二之真神地位，不仅文庙被毁，连岳王庙、关帝庙亦不放过：

> （太平军）嗣是所过郡县，先毁庙宇，即忠臣义士，如关帝、岳王之凛凛，亦皆污其宫室残其身首；以至佛寺、道院、城隍、社坛，无庙不焚，无象不灭……（曾国藩《讨粤匪檄》）

连岳武穆之庙尚砸毁之，赖文光们会视一袁督师遗砚为宝？

"天国"赝物知多少

对于赖铭之伪，朱先生文中云"经考证及专家鉴别"，赖之题词系辛亥革命时，为配合"大力宣扬曾给清政府沉重打击的太平天国运动"，所伪作之许多反满"天国遗物"之一。

此说应不无可能。

所谓伪品"太平天国文物"，太平天国史专家、粤籍学者简又文对此有考证：

> 至胜朝季世，革命党兴，揭橥民族主义，努力"驱除鞑虏，恢复中华"。党中文人，因天王洪秀全以布衣起义金田，率两粤、两湖健儿，与清廷相抗十余载，大业虽终归失败，因为民族革命之前锋，辄借作宣传革命主义之极好资料……
>
> 入民国以后，民族革命既告成功，国人以河山光复，汉族重兴，乃一反"成

王败寇"之说，对于二百年来反清分子，
凡满清昔所视为大逆不道之叛贼，几至
一体认为民族英雄或革命先烈，而对于
建国垂十余年势力被十余省之太平天国
人物尤推崇备至，朝野上下，风靡一
时。不独其人之风采伟绩受人钦佩，即
断简残篇、吉光片羽无不脍炙人口。于
是乎投机的文人与奸狡的市侩纷纷伪造
太平天国文章、诗词、文告、书翰、轶
闻、史事、日记，充塞书林。近年甚且
有伪造泉币遗物者。几此无非为迎合社
会人士心理，籍作弋名或牟利计耳！
……（1950 年版《广东文物·太平天
国之文物》）

伪书《石达开遗诗》书影，见简氏
《太平天国之文物》一文。乃简又文
好友高天梅（旭）所伪作。高留学
日本，曾任中国同盟会江苏分会会
长。积极鼓吹革命。为南社主要创始
人之一。辛亥革命后，当选为众议院
议员。后沦为曹锟贿选总统之"猪仔
议员"。辑有《天梅遗集》。

辛亥元老本多粤人，"太平天国"亦粤
人（古时粤地亦多包括广西）发肇；且"反
满"理念亦同，故革命党时期及民国成立
后，皆极誉洪、杨之"革命"。

如简先生所言，清季之伪造"天国文
物"，在于为革命张目；民初之伪造"天国
文物"则多为沽名钓誉及牟取暴利。

然者，即便赖铭乃革命党人伪造，但何以区别袁督师、陈忠愍两铭，非如赖铭一样
亦为反满宣传"说事"而作之"托"？

袁督师不仅有"宁远大捷"之殊功，更有"击毙努贼"之传说，袁督师乃至陈忠
愍，岂不更是"曾给清政府（其前身后金）沉重打击"之文宣重炮？

此恐持赖铭伪而袁、陈铭真之"专家"们难以圆说。

故而，若知赖铭必伪而又幻想袁、陈铭却真，似有"选择性失明"之嫌。

忠愍殉国也三载

事实上，抛开赖铭连带因素，只论袁督师、陈忠愍两铭本身，两铭亦必伪。

罗雪堂跋砚，云陈、袁"当时同寅辽东，遂留鸿于贞石"；朱氏解砚文中云陈"为
袁战友"；连武侠小说家金庸氏所撰之学术著作《袁崇焕评传》，亦云陈忠愍乃袁督师
自粤所带子弟兵，实皆有误。

《明史·袁崇焕传》：

> 天启二年（1622年）正月，（袁）朝觐在都，侯恂（方域父）请破格用之，遂擢兵部职方主事。无何，广宁师溃，廷议扼山海关，崇焕即单骑出阅关内外。

此"监关外军"，乃袁督师首次出关。

然袁督师出关监军之前一年，陈忠愍即已战死浑河，此《明史·童仲揆传》、民国《东莞县志·陈策传》皆有记。故两人从未同在辽东战场出现，忠愍更非督师子弟兵可知。实际上浑河之战明军主力为川、浙兵，浙兵乃戚家军余部。

陈忠愍牺牲时，袁督师其时尚在距辽东万里之外一默默无闻之闽北邵武知县任上。袁名震天下之"宁锦大捷"，乃在六年之后之天启六年（1626年）；而督师蓟辽又更在两年后之崇祯元年（1628年）。

若袁铭为真，只能是袁督师至辽东后，偶得三年前已牺牲之乡贤陈忠愍遗砚而题之。但显然无此可能，盖砚匣之铭言之明了，乃陈忠愍题之袁督师遗物。

即是袁督师尚未任督师时，陈忠愍已牺牲三载，阴阳殊途，其伪铭不辨自明！

更荒谬之处在于：陈忠愍在袁督师被杀之九年以牺牲，却反题督师之"遗砚"？

从陈铭之伪，亦可反证袁铭必伪！

总戎无缘别

与砚铭与袁、陈行迹不符可互证者，尚有督师一伪诗。

诗题《南还别陈翼所总戎》，其云：

> 慷慨同仇日，间关百战时，功高明主眷，心苦后人知。
> 麋鹿还山便，麒麟绘阁宜，去留都莫讶，秋草正离离。

此诗，张伯桢《袁督师遗集》、张次溪《袁督师遗稿遗事汇辑》皆收入，认为乃督师遗诗。

实诗之伪亦一如瓦砚。

"慷慨同仇日，间关百战时"句，当久经战阵者方有之语。袁督师赴辽东之前，只任过县令之职，从未在军旅，何来"间关百战时"？如前所述，待督师赴辽之前敌，陈忠愍早已殉职周年了。

更检督师行迹，其自万历四十七年举进士后，只在天启七年七月"南还"一次，其时忠愍更已死六年了。"秋草正离离"，恐已墓草正离离，是此诗之伪也显。

吾更疑者，袁与陈两人极可能从未谋面！

自袁督师虚岁方十四始（万历二十五年），陈忠愍"曾歼关白入朝鲜，已斩杨酋定蜀川"，直至援辽牺牲止，皆转战四方。督师当无缘与见，更遑论"相别"。

"东莞五忠"中，另"三忠"皆甲申国破后于粤乡抗清死难，唯袁与陈因辽事而死，陈战死，袁冤杀。

作伪者想当然以为袁、陈必辽东战友，故有陈题袁砚、袁赠陈诗之赝作。

书艺有绝诣？

只袁铭，也大可疑。其"杀虏穹庭"、"凯旋饮至"等语，显然指砚为袁辽东前敌所用，但如前所考，天启元年，袁尚未任边事。

又疑者，袁铭之书法也。

视铭字章草，娴熟规范。虽未见有古人资料云督师擅书，想其进士出身，一代儒将，书法自是其书生本色事，只因非专家而不为世人熟知。传世袁字真迹罕有，此或督师壮年被杀而遗墨亦相对较少之故；且其获罪而死，时人恐留其手迹招祸。

民国时，香港尝办广东文物展览会，其中展品有私家所藏督师之款书法三件，皆为立轴。据云今广州美术馆亦藏有督师名款书作。但此数种，皆有疑点。

见刊一督师书于"天启元年"之题匾，题云"聚奎塔"，款"赐进士第、知邵武县事崇焕立"。塔在绍武旧墟街（今和平镇）。为袁早年官绍武知县时所书，应为真笔。此匾大字有台阁体影响，似难称精到，款字楷书尤不高明。

"聚奎塔"匾

只凭"聚奎塔"一匾，袁督师书法造诣高低尚难定论。问题是，砚上章草铭若其亲作，则其书名必见史载；盖章草历来为书中偏门，习者甚少，非钻研者不能精为。自汉末三国张芝、皇象以降，章草名家寥寥。

何以名震天下之袁督师擅此绝诣，却又未能以章草书名见传？

此亦大不合情理。

当然，不善书法，题字佳者未必尽伪，盖可请人代笔，如纪晓岚之藏砚，多弟子伊墨卿等代书。故只以铭字论，尚不足以定其必伪。

"反满"道具？

虽传世袁字绝真者难觅，绝赝者却有之。

张伯桢所编《沧海丛书·袁督师遗集》收入一"袁督师遗墨"，字行书，云：

心术不可得罪于天地，言行要留好样与子孙。壬申夏月，袁崇焕。

是帧，亦见刊《国粹学报》、《岭南文物志》、《历史文物图谱》等。

此墨迹之伪早已有人辨之，盖袁督师被害于崇祯三年（1630 年），而壬申，乃崇祯五年（1632 年）。时袁已被害三年矣。或云："当年《国粹学报》误为发表，或因提倡民族气节"。

如上述简又文先生《太平天国之文物》所考，似"袁督师遗墨"之类伪迹乃为民族主义张目之文宣品，则此"袁督师铜雀台瓦砚"及同盒另一方"袁督师未央宫瓦砚"（惜未详何状，今尚在否？），亦清季革命党人所伪造之"反满道具"？

只以砚铭论，陈之行书纵逸流美，袁之章草行笔圆熟，赖之铭字据云也"欹斜挺秀"；尤其袁铭辞意慷慨激昂，若"磨穿盾鼻，杀虏穷庭"，有灭虏以朝食之气概，不失为以砚名志之佳作。

革命党人中，本多精英，有此文笔者当如过江之鲫。惜作伪铭者即工书又善文，只于史料用功尚有疏漏。

而余更疑者，砚之出处甚诡异，盖原藏者张次溪父伯桢不仅曾属革命党，更有作伪之秽名。

伪品"袁督师遗墨"

乱替人家认祖宗

张伯桢平生之功业乃至毁誉皆缘"二袁"：为袁督师宣传鼓吹、为袁世凯复辟张目。其"崇袁"走火入魔之举，是竟使袁督师当上了"皇帝"！

迎合袁项城之"皇帝梦"者（实袁氏乃至北洋当国，可圈可点。"国父"、"国贼"，一念之差耳），若大名士杨度为首之"筹安会六君子"，为世人鄙视。见洪宪帝制既成，小名流张伯桢亦粉墨登场，巧施媚袁之术，先伪印由东汉名臣袁安至袁崇焕之《袁氏世系》一书，谓据元明麻沙刻本。又编崇焕遇祸后，其子孙某支由东莞迁至项城之始末，并将此段奇说精抄成书，托人进呈袁氏。

袁项城祖上本平庸，未出过高官名士，无足夸耀。然既已登基大宝，坐上龙廷，祖上不显赫，自感脸面无光，然自家又不便效李唐之遥接李耳、张献忠之乱攀张飞。览此张伯桢进献之家族"名谱"，大喜过望，各部遂会衔奏请尊祀督师为"肇祖原皇帝"，并建"原庙"、修葺袁墓，袁项城更派专使赴东莞致祭，祭文末署"十九世孙某袁世凯"。时有溧水濮一乘（字伯欣）作《新华打油诗》讥之：

> 华胄遥遥不可踪，督师威望溯辽东。糊涂最是张沧海，乱替人家认祖宗。

七巧玲珑心之张氏此番装"糊涂"阿世，替袁督师乱认后代之事，乃一石双鸟之超级马屁：既讨好"袁皇帝"，又为袁督师争来诸多"皇封"。但此丑闻闹剧，不仅遭世人耻笑，也足可体现此公品行之一斑。砚出其手，不免让人多心。

凭借伪刻指故居

据张次溪自言，袁督师铜雀台、未央宫二瓦砚，原藏督师左安门龙潭故居，督师蒙难后，散落人间，此说亦不可信。

对今日北京所谓"龙潭袁迹"：袁督师之庙、墓、故居，今人亦多质疑。庙，为后人记念先贤之用，本无可疑，然张次溪言之凿凿，云为当年督师驻兵之地，点将之台云云。考之督师在京行迹及明时兵制，全然不可信。墓，所谓"佘义士盗头"、"佘姓守墓"之传说，感人至深，然事多不能自圆。"文革"时，墓被掘开，穴中空空如也。故居，本无文献可考。乃张伯桢声称所"访得"。今人揭其真相：张氏先一年购得其地，原拟为自家"营建生圹及宗祠"之用。次年，又别筑所谓袁督师故居听雨楼其上，即指为督师故居。

伪刻"听雨"匾

而张氏指作"故居"之证据——袁督师"听雨"匾，有两本：东莞者木匾，北京督师故居者石刻。两者刻字、印章均同。上有三印：臣心如水、袁崇焕印、宫保尚书。袁曾受封太子太保，然明人无"宫保"之称，清人始称太子少保为"宫保"，故匾乃一伪刻。

张次溪晚年著《莞乡烟水录》，又有"新证"：

> 袁督师在京故宅，道光间先渔石公璐撰《渔石纪闻》二卷，曾述及之。有云：袁督师元素驻师北京左安门内，有楼三楹，自题榜曰"听雨"……

然不仅难查清代之"渔石公袁璐"此人，《渔石纪闻》此书也从未有人见过。

既是张氏所"访得"之"袁督师故居"大可疑，瓦砚又出之于彼，实为无源之水，其来历自然亦不可靠。

托名竞选"袁黑大佬"

按张次溪自白：砚归方地山后，"又三十年，余乃得之。"据罗雪堂砚跋，方氏得砚在民国二年癸丑夏（1913年），则张氏得砚应在1943年。

问题在于，所谓罗雪堂之砚跋，乃刊自张次溪所辑《崇饰袁督师祠墓经过》后所黏附的一无题无署之剪报，遍检罗雪堂已刊著作却似无此跋。而方地山藏此砚三十年之久，居然不见方氏及时人有此砚之记载。故罗雪堂之题砚跋文与方氏藏砚之说，亦是悬案。

所谓"爽阳居士"即抗清烈士陈策之号，亦由罗氏文中所考而来，遍查其他文献，未见陈将军有此号，亦属孤证。

又，罗氏一生为爱新觉罗氏奔命，以为清朝守节为荣。题砚跋文之鄙"赖酋"、"东酋"，必然之事。但其誉袁督师却甚反常，有违罗氏心意。

袁督师"将在外，君命有所不受"，以尚方剑斩皮岛毛帅（人龙）之是非，史家争论不休。罗氏则是力主为毛氏翻案者之中坚人物，其不仅整理主持出版推誉毛氏之《东江遗事》，并亲撰序言为之张目：

> 毛氏开府东江，辟草莱，固边围，牵制山海，厥功至伟，乃当时清议，非诋之日冒功，即诋之日冒饷，因为王化贞所识拔，至诋之日魏党。卒为袁崇焕所扼，减兵额，改饷道，已足致文龙于死地，乃犹以为未足，复矫诏杀之，以自坏长城……

实际上，罗氏编辑之《明清史料丛刊初编》上编《皇太极谕皮岛众将》之第一封，即提及毛氏差使与皇太极议和事。故今人台北"中研院"历史学家李光涛先生痛斥罗氏："妄毛文龙有功之状，其为'贼贼相护'有意淆乱是非"（李光涛论罗振玉刊《东江遗事》）。

贬袁如此，焉能题跋赞袁"忠勇勋业"、"二难相并"？

所谓罗氏题砚之跋，必为伪造，伪造者疑即张氏。

可笑者，以今人语境论，张氏虽一超级"袁粉"，却不知罗氏乃一"袁黑"大佬。

操刀恐是"袁学大师"

综上所考，所谓袁督师遗砚，真正显于世间实乃始自张氏。

以鲁迅"不惮用最坏的恶意来推测"之考证法推断，种种迹象似乎皆可表明，所谓"袁督师铜雀台瓦砚"（或还有另一"未央宫瓦砚"），应为张氏父子所炮制！

真相当是：张氏偶得明末"爽阳居士"款仿汉魏未央宫、铜雀台两瓦砚，臆造袁、赖两铭刻其上。又杜撰题砚跋文一纸，托名大学者罗雪堂，指"爽阳居士"即陈策，且砚曾先后经扬州旧家及方地山所藏，演绎出一段"二难相并"之"双忠"贞石故事。

最早记载"袁督师铜雀瓦砚"之《莞乡烟水录》，为张次溪 1958 年以后所撰成。其时罗雪堂、方地山皆已故去二十余年，故任张氏信口无忌。实者以张氏父子之张扬好事，倘砚真得于上世纪四十年代，必会遍作宣扬，砚当早已名传天下，何必秘藏二十余年后方公之于世？故砚当是张次溪 20 世纪 50 年代以后所作伪（时其父伯桢已去世）。彼时因阶级属性使然，洪杨之"天国"较民国时更受推崇，张氏推出此砚，与其父当年伪造袁氏"家谱"一样，亦收一举双得之功效：即为袁氏扬誉，又紧跟时局浪潮。

因之，此砚之伪即非清季革命党之反满作品，也非民国人之造赝以牟利，乃是张氏为彼家"崇袁"事业所造之又一"重器"耳。

应非诛心之说：张家即有"乱替人家认祖宗"之前科，又有以伪匾"听雨"石刻为据而伪指"袁督师故居"之嫌疑；为宣扬袁督师之事功，替一瓦砚"乱认祖宗"不足为奇。

从伪诗《南还别陈翼所总戎》、伪字"袁督师遗墨"、伪匾"听雨"及伪跋"罗振玉题"、伪砚"袁督师铜雀瓦砚"种种看，张氏父子虽称"袁学"专家，但其学养远未够深厚。与今日周氏之"红学"道行堪有一比。

虽然，张氏父子为乡前贤袁督师扬誉煞费苦心，其心可嘉；但伪造袁"遗迹"、"遗物"之举实不可取。

钱柳合璧砚

——鉴古钜公奇遇记

偶像之不堪

江山才子国，花草美人图。

清兵渡江，江南温柔乡中之才子佳人们从此噩梦不断。

除陈圆圆与"冲冠一怒为红颜"而认清作父之"悲情汉奸"吴三桂，算得另类"英雄"、美人外，秦淮八艳另七艳之情缘皆属才子、佳人。若说英雄、美人是"灵与肉"之结合；则才子、佳人之佳话常是写与他人看的，如冒辟疆笔底其与董小宛不食人间烟火之仙侣情话。

钱牧斋本为柳如是"非才如钱学士者不嫁"之"文学偶像"，有所谓半野堂乔装访钱、舟中结缡、黄山观浴、我闻室藏娇诸韵事，名姝配名士不可谓不浪漫风流。钱柳结缡，遭卫道士们攻悍，以至二人所乘之舟"满船载瓦砾而归"，其因缘亦不可谓不惊世骇俗。

然后来柳姬之红杏出墙野说、劝夫殉国未果，皆可证偶像大抵是"可远观而不可亵玩"的，所谓"距离产生美"。

钱谦益（1582～1664年），字受之，号牧斋，晚号虞山蒙叟等，常熟人。万历进士，授编修。崇祯时官翰林院侍读学士，弘光时官礼部尚书。清兵南下，领头衔出降，授礼部右侍郎，旋称病归里。诗

《柳如是儒装像》。晚清人所画，写柳如是着士人装束初访钱牧斋情状，所谓"半野堂乔装访钱"。

文颇负盛名，东南一带，奉为"文宗"。

钱氏早年侧身清流，却以东林巨魁、文坛宗盟之盛名而领衔降敌，为士林所不齿。若作一太平时之诗人殊不恶，本"素性怯懦"，作烈士却也难为此公，然为遗民可乎？

为钱牧斋一叹！

如是章台柳

青史常被强势者作贱如青楼，青楼中人却常有名照青史者。

明室将倾，青楼女子虽失身卑下，独多倜傥不群。八艳之民族气节多不让须眉，而其夫（或情人）如钱牧斋、吴梅村、龚定山辈皆可汗颜！故袁子才《题柳如是画像》讥讽牧斋乃"党人碑上无双士，夫婿班中第二流。"

柳如是本情属几社创始人、后抗清罹难之烈士陈卧子（子龙），奈卧子彼"河东狮子"原配不容！牧斋所少者，乃卧子那种"第一流"之志士气节、文人风骨。

钱牧斋对河东君红杏出墙事，尝自谓："国破君亡，士大夫尚不能全节，乃以不能守身责一女子耶？"此自嘲语、世故语、无奈语，亦心虚语矣。

牧斋晚年，与柳如是竭尽心力襄助复明活动，柳氏且出私蓄募义军五百，遣奔二张（名振、煌言）抗清北伐军中。牧斋以近八十高龄奔走，图密策反。故虽有失节，终能补过。其改弦易辙，柳姬功莫大焉！

柳是（1618～1664年），字如是，小字蘼芜，本名杨爱，因喜辛稼轩"料青山见我应如是"句，故改名。又以郡望称"河东君"。嘉兴人，幼家贫，妙龄即坠章台，易名柳隐，于乱世风尘中往来吴越之间。因美艳绝代，才气过人，遂成秦淮八艳之一。

陈寅恪先生身处逆境，以二十年"瞽目膑足"之惨淡余生，钩稽沉隐"颂红妆"，撰成八十余万言奇书《柳如是别传》，自有借柳氏之气节托寓深意焉。

斯是艳砚

张伯驹先生有一朝夕之间而得牧斋夫妇双砚之传奇，事载其编《春游社琐语·蘼芜砚》。其云：

> 高凤翰夜梦司马相如来拜，次日得司马相如印，以为奇珍，宝若头目（原注：见《阅微草堂笔记》）。此亦事之偶然巧合者。

> 丁亥岁，余夜过傅雪斋君，适得柳如是砚。砚宽乾隆尺五寸，高三寸八分，厚一寸，质极细腻，镌云纹，有眼四，作星月状。砚背镌篆书铭文云："奉云望诸，取水方诸。斯乃青虹贯岩之美璞，以孕兹五色珥戴之蟾蜍。"下隶书"蘼芜"小字款，阳文"如是"长方印，右上镌"冻井山房珍藏"一印。砚下侧镌隶书"美人

之贻"四字，左草书小字"汝奇作"三字。砚右侧镌隶书"河东君遗砚"五字，左小字"水岩名品，罗振玉审定"。外花梨木原装盒。余见之爱不释手，请于雪斋加润以让。雪斋毅然见允。

当夜携归。

得砚事之"丁亥岁"，为1947年丁亥。

张伯驹（1898～1982年），字家骐，号丛碧，别号游春主人，河南项城人。家财巨富，尤喜文物，所藏古书画巨迹冠绝天下。20世纪五六十年代，将所藏《平复帖》等名迹捐公。"反右"与"文革"中屡受磨难。擅词、能书，称"鹤体"。丛碧发生修身长颈，秀骨清质，近乎"鹤相"，其人亦确有鹤之洁清，诚不世出之一代名士也。

让砚与丛碧先生之溥伒（1893～1966年），清宗室，字雪斋，号雪道人。曾任辅仁大学艺术系主任、教授。山水法宋元，马学郎士宁，颇见功力，然与京、津旗人画家同一弊：泥古于"正统派"，板而乏韵。

砚外文心

蘼芜砚铭者之一汝奇，即清时著名文人制砚家谢士骥。

清中期海盐人黄锡蕃所撰《闽中书画录》引《经畲集》：

谢士骥，字宏卿，一字汝奇，闽县人。幼颖异，嗜学工诗。性故萧疏，诗境如其为人。善草书，波折清道，得涪翁（黄庭坚）法，与同里周太史绍龙交好，切靡既久，书名遂相伯仲。好蓄端溪砚材。又择寿山石之精者，随意琢镂，动合古制。黄大令任尝曰："嵇康好锻、阮孚蜡屐，谢君之癖将毋同。"其为名流赏誉如此。雅不乐仕进，构逸斋居之。几榻间，图史纵横，客至清谭竟日，樵苏不爨，泊如也。卒栖隐以老。所著有《青草集》十卷。

《闽中书画录》又引《注韩居诗话》：

汝奇前辈善书法，工怀素，大者尤苍劲。篆图章得斜蝙法，镌虫鱼兽钮，须鳞欲动，不愧周、杨二公（周彬、杨璇。皆为康熙时闽地篆钮名手）妙手。至端溪砚石，一经磨琢，即成佳制，鉴赏家珍如圭璧。

汝奇能诗善书，为人洒脱不羁，大有嵇康、阮孚等魏晋人风度，故其篆印、刻钮、琢砚，必文气充溢，为"文人砚"一大家。其为人又高蹈不乐仕进，沉浸于图史翰墨之间，与雅流清谈终日，虽无米下炊亦不之顾。胸次如此，艺格自高。

与汝奇同时尚有侯官杨洞一、董汉禹，亦善制砚、篆刻。两人曾客黄莘田署中三载，为莘田刻印、琢砚。故莘田藏砚，多出杨、董之手，亦有汝奇制品。

康乾年间，以余田生、林佶人、黄莘田为首之闽人玩砚圈之所以盛极一时，汝奇及杨洞一、董汉禹等同里文人雅士亲操铁笔，参与制砚，其推波助澜之功诚不可没！

有凤求凰

有意思者，张伯驹先生甫得蘪芜砚，便又有"好事找上门来"。

其《蘪芜砚》后文复云：

> 次晨有厂肆（琉璃厂古玩店）商来，携砚求售。视之，乃玉凤朱砚，钱谦益之砚也。砚宽乾隆尺三寸强，高二寸七分。白玉质，雕作凤形，刀工古拙，望而知为明制。外紫檀木原盒。上刻篆书铭文云："昆岗之精，璠玙之英。琢而成砚，温润可亲。出自汉制，为天下珍。永宣密藏，裕我后昆"。小字篆书款"牧斋老人"，下刻阴文"谦益"方印。余即留之，并以示蘪芜砚。肆商悔索价廉。一夜之间夫妇砚合璧，其巧岂次于南阜之得司马相如印！然南阜有梦，余则无梦。盖南阜事收汉印，日思得汉名人印，故有梦。余向不蓄砚，无得砚意，故无梦耳。此皆事之偶然巧合，无足奇也。

高南阜"梦印得印"事流传甚广。纪晓岚《阅微草堂笔记》亦记之，云纪之亲家两淮盐运使卢雅雨曾欲见夺，高离席半跪，正色云：他物皆可让于朋友，惟相如印及妻子不让。卢遂罢。

相如一曲"凤求凰"，拐得卓女归；柳姬一方蘪芜砚，也招来一钱翁"玉凤砚"。

丛碧先生斋中名迹丰盈，过目奇物无数；朝夕而得钱、柳夫妇砚，自许可比美高南阜梦相如而得相如印之奇事，虽云："此皆事之偶然巧合，无足奇也"，似乎悠然淡定。但高之得印尚有前梦，张之得砚，意外之得，喜出望外方是常情。

故彼向厂肆古董商"示以蘪芜砚，肆商悔索价廉"时，想谦谦君子如丛碧先生，当时自得之色恐亦不难想见。

美人之贻？

初读丛碧先生文，便颇疑之，疑砚侧铭云"美人之贻"四字突兀也。

"美人之贻"，美人馈赠之意。源出《诗经·邶风·静女》末四句：

> 自牧归荑，洵美且异。匪女之为美，美人之贻。

后两句，言并非柔荑本身有何美妙，因是美人所赠，故而觉其美丽。砚铭之"美人"，自当指柳如是，柳氏赠砚于何人？

从"美人之贻"四字隶书左为"汝奇作"款看，显然四字隶书乃汝奇手笔，指砚为柳氏赠与汝奇。

然汝奇虽生卒年不详，其砚友黄莘田，生于康熙二十二年，卒于乾隆三十三年。另一砚友周绍龙（瑞峰），生卒年虽也不详，但其为雍正元年进士。汝奇当与黄、周年岁相近，应是康乾时人。民国间福州人郭白阳所撰《竹间续话》亦可为一证：

　　闽县谢士骥，字汝奇，乾隆布衣。

所谓"乾隆布衣"，或出生于乾隆在位之前，但其主要生活或艺术活动必在乾隆年间。郭白阳乃汝奇同乡，其记同邑前贤之行实当必有据。黄莘田修葺之乾隆《鼓山志·艺文》收入乾隆三年举人、历诚人高本所作《丁卯夏日同谢汝奇游鼓山》一诗，诗作于乾隆十二年丁卯（1747 年），故知至少乾隆前期汝奇尚在世。

河东君乃明末清初人，明亡前已成名，康熙三年（1664 年）即以去世。按汝奇游鼓山之乾隆十二年算，距柳氏去世也有 83 年。故柳氏去世时，汝奇应尚未出生，何能受柳氏赠砚？

又，河东君为名满江南之名妓，汝奇只是闽东一地方文人、艺人，想得柳美人馈赠一水岩上品砚，恐也不易。

设局中局？

然者，"贻"又通"遗"，遗留之意。"美人之贻"，亦可解作汝奇题柳如是遗砚，此则与汝奇年龄无妨。但款只"汝奇"二字，或可作此解；款"汝奇作"三字，显然指砚为汝奇所制作，而非仅是镌铭，毕竟汝奇乃一制砚名家，故"汝奇作"之款必伪无疑。

阅林在峨《砚史》，记黄莘田有一"云月砚"，铭与蘼芜砚全同，只铭为莘田自作而非柳氏。原款为篆书："莘田任"、印二："黄任"、"冻井山房珍藏"。

所谓"柳如是蘼芜砚"之伪明矣！

至于砚侧"水岩名品，罗振玉审定"，或有罗氏真铭之可能，罗氏鉴砚原多讹误。

河东君蘼芜砚即伪，钱牧斋玉凤砚恐亦不真。

两砚钱、柳之铭辞、落款及格式皆大略相似。虽云"无巧不成书"，但"不废铁鞋"而得夫妻合璧事，其非太过"巧遇"乎？抑厂肆售赝者精心设计之套欤？

丛碧先生鉴古书画名迹，自是巨眼，他样古器，经眼无算，无疑亦可称一博识大家。然所谓"术业有专攻"，所谓"尺有所短，寸有所长"，于它种古物，原非当行，难免有走眼之时，此亦情理中事；况其"向不蓄砚，无得砚意"，所谓"种瓜得瓜，种豆得豆"，疏于鉴砚一事，无可怪也。

伪品柳如是"蘼芜砚"与可疑之钱牧斋"玉凤砚",今皆不知何在。

丛碧先生又尝藏有"脂砚斋所藏薛素素脂砚",因事关当今"显学"——"红学",故名声更在钱柳夫妇二砚之上,只其真伪尤属混沌难明(余有别文辨之)。

附考一　钱柳琴形砚——手挥五弦而目送桃花?

砚雅匣精

故宫博物院今藏一"钱柳砚",载《故宫·纸砚》。

砚端石。古琴式,小巧古雅。砚背上部铭题隶书"河东君砚",款行书"钱谦益题"。

下行楷铭:

> 诗云:"桃之夭夭,其叶蓁蓁,之子于归,宜其家人。"宜其家人,而后可以教国人。崇祯壬午因亦柳隐录。

砚有红木盒,盖嵌竹刻"还砚图"。款:

> 丁未初夏,戏作还砚图以应竹亭一兄清玩。程庭鹭。

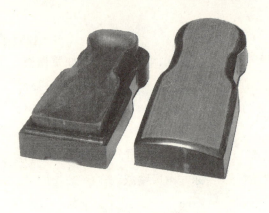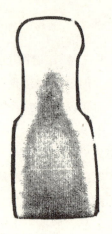

钱谦益题河东君砚

程庭鹭(1796～1858年),号绿卿、红蘅生、小松园阁等,歙人,寓居嘉定。工诗、善画、精篆刻。亦嗜砚,其著《小松园书画跋》附有砚铭五十余则。

程绿卿当是柳姬"拥趸"之一,近年苏富比拍品有一帧程绿卿摹绘之《柳如是画像》。绿卿又有《题河东君像》诗二首,见载清人袁瑛辑录之《我闻室剩稿》。

嘉定本明清徽商及徽籍文人寄寓聚集之地。歙人画家程孟阳(嘉燧)、李长蘅(流芳)即占明季"画中九友"其二。河东君乃孟阳之"梦中情人",孟阳为其代笔者之一。

　　嘉定竹刻朱氏一门（朱松邻及子小松、孙三松），亦宋时由徽迁居嘉定，故"徽州竹雕"与"嘉定竹刻"本有渊源。程绿卿原籍、侨居皆为竹刻之乡，其作竹刻正是便利事。

　　砚铭真伪不论，其匣似为程氏真笔。

　　清人字、号"竹亭"者有多人。与程绿卿同时人有道士徐世扬（生卒不详）亦字竹亭，擅画，松江人，与嘉定相邻。程绿卿为作竹刻者应即此人。

程庭鹭摹绘《柳如是画像》。眉眼差可，衣纹处理不甚高明，笔法可见松江改七芗、乌程费晓楼时风影响。河东君林下风致，却不应作如此弱不禁风状。

桃花得气美人中

　　此琴砚，从刻工之精致，铭辞之意蕴看，似为真品。但钱氏之铭似以树（桃）叶形砚为切题。

　　铭所引之"桃之夭夭"云云四句，择自《诗经·周南·桃夭》，"夭夭"，少壮意，"蓁蓁"，茂盛意。

　　桃花，对于钱牧斋而言，或可称为"丘比特之箭"，当年钱氏一见柳姬《西湖八绝句》诗，对其末句"桃花得气美人中"赞赏不已，始对小自己四十岁之才妓大动情思。

　　此琴砚铭有趣之处：钱虽抱得美人归（之子于归），一心期合幸福（宜其家人），哪曾想正是河东君太过"夭夭"、"蓁蓁"，至牧斋有头巾染绿之尴尬。牧斋死，族人谋夺遗产，柳氏不胜其辱，吭血立下遗嘱，投缳自尽抗争，方弭风波。一代风流奇女，香销玉殒，时年49岁，距钱氏去世仅两月。事又与砚铭"宜其家人"暗合。

　　清初宣城名士吴晴岩（明诸生、入清隐居）所撰《街南文集·姜子砚记》，记其友姜子有三砚，其中一方桃砚：

　　　　砚镂桃，有蕡有蓁，得之刘羽士（道士）。羽士得之钱氏，谓其嬖妾柳河东物也。

　　《骨董琐记·柳如是砚》邓氏按语：

　　　　姜子，盖谓安节。肃公有《姜氏三义斋记》，作于癸丑。此《砚记》当亦同时，距钱、柳之没方七八年，遗物已尽散矣！

姜安节，字勉中，胶东莱阳人。少颖异，颠沛中不废学。长益工诗文，不求仕进，杜门著述。为学以孟子为宗，学者称兹山先生。著有《古大学辨》等。父垛、叔垓、弟实节皆有诗名、画才，明亡后"誓不事清"，以民族气节为人所重。

吴、姜与刘道士与钱、柳同时，为同时人而言同时事，且砚直接得自钱氏，可信为真物。是柳氏真有一有蕡有蓁之桃形砚，惜吴氏未言有无铭文。

故宫此琴砚，铭文"桃之夭夭，其叶蓁蓁"正合姜氏所藏砚"镂桃，有蕡有蓁"，铭似即从姜氏砚所摹，故疑伪。

附考二　绛云楼扫眉镜砚——开奁画眉见匠心

传是名楼劫后物

砚载《云间朱孔阳纪念集》，朱孔阳及其公子德天各有一文解砚。

朱德天先生文《柳如是绛云楼扫眉镜砚》云：

> 家父朱孔阳曾藏有柳如是"绛云楼扫眉镜砚"一方。"绛云楼"是钱谦益的私家藏书楼，藏书之多、之精，几乎可与内府相比，可惜全毁于火。"绛云楼"也是钱柳的爱巢，两人每日在此诗词酬唱，相得甚欢。"扫眉"即画眉。砚身约七厘米见方，砚面右有篆字"绛云楼扫眉镜砚"，左款为"南田草衣观"，显然是后人所题。砚座紫檀木制，长八点三厘米，宽七点七厘米。匣上方有凹槽，用以放眉笔，开奁画眉时则插铜镜。匣盖镶嵌宝钿，用贝壳作梅花，绿松石为梗，珊瑚为花萼，还有一游蜂，制作精工。此砚为清代首任驻比利时大臣杨兆鋆（字诚之，号须圃，浙江乌程人）旧藏。砚匣背和右侧都有他的铭文和款识，匣盖也有他刻的"晴云"二字和"杨四"小印。与砚台放在同一红木分层盒中还有一背面有"石家宝镜"四字的方铜镜及一本由凌霞题刻"柳梢月景"的题词册，内有杨兆撰写的《绛云楼扫眉镜记》和其他名人题咏。

据朱孔阳先生文云：

> 砚匣左侧，刊有"绛云楼，牧斋宗伯河东君之居，不戒于火，殆以琐物幸免欤。甲午铁君又识"。

> 砚匣底面，刊以铭集《曹娥碑》文："显照天人，晔晔之姿。蕠艳窈窕，偏其返而。"盖以"甫铁君印"。

绛云楼扫眉镜砚及匣

此"扫眉镜砚",因砚有匣,上端留凹敛镜,开奁画眉,可竖插于空凹,其设计者之匠心可见。

绛云楼,钱牧斋纳柳氏,因取古诗"乘飙倚衾寝,齐牢携绛云"句以名其藏书楼。钱共处美姬珍籍居绛云楼,过着才子佳人"争先石鼎搜联句,薄暮银镫算劫棋"之神仙生涯。惜数年后楼即失火,所藏毁灭殆尽。

非"花魁"所宜用

柳如是妆镜一奁,背有"照日菱花出"云云诗四句。自康熙朝名诗人查慎行以降,名人题咏不绝,可考之藏者即有刘体智等六七人之多。故事甚多,此不赘述。朱孔阳先生亦藏其一，后失去。

据陈寅恪先生《柳如是别传》中考证，柳氏确有一名镜，陈子龙有词纪之。但清人所咏之镜"究难定其真伪"。故朱氏藏镜亦难言真伪，至少与见刊之刘体智所藏并非一物。而朱氏所藏"扫眉镜砚"则疑点极大。

汉唐镜，工艺精湛，为世所重。宋以降，工艺远逊之，人不以为贵。只宋代湖州石氏铸品尚有可观，其镜背多有"湖州真石家某某照子"之类铭文。但似此"石家宝镜"之四字款似未见，工艺亦无足观。

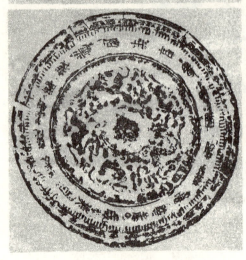

柳如是妆镜。《东南日报》副刊"金石书画"第 56 期所刊。朱氏所藏。

"湖州铸照作头石庆亲造"宋镜。《国粹学报》第 64 期刊。湖州石家所铸铜镜，模款格式多如此镜。

柳氏一代"花魁"，眼光过顶，身价傲人，查慎行笔下美轮美奂之唐镜名珍方合其身份、品味。"扫眉镜砚"之"石家宝镜"恐绛云楼中佳人不乐取用矣。

又，定"扫眉镜砚"为柳氏遗物，当据"南田草衣"所题"绛云楼扫眉镜砚"而言。按"南田草衣"为清初山水大家恽寿平之号。朱德天先生云此四字款"显然是后人所题"，想铭字古气不够，冒托恽南田大名耳。

镜非佳品，砚缺来历，"绛云楼扫眉镜砚"想是作伪者借"河东君妆镜"之艳名，更弄玄虚，托以"劫后余物"以诱嗜闺阁香泽者入彀罢了！

所谓"美人爱鉴，文人爱砚"，河东君即是美人、也是文人（才女），此"扫眉镜砚"尚属"雅赝"。

附考三　钱谦益砚事——输诚礼单幸无砚

钱氏《牧斋初学集》卷七"赠砚"，记其曾受赠一"紫纯玉砚"。赠砚者宋珏，莆田人，流寓金陵。国子监生。工诗画，善铁笔、八分，开"莆田派"印风。晚年以钱牧斋为文字友，以黄道周为气谊友。

同书卷二十七载一"驼基砚铭"，砚为新城王象春（字季木，王渔洋叔祖。有诗名）所赠。牧斋铭曰：

> 海岛有石，取以琢砚。涉彼风涛，登于书案。世无淮安，畴复海运。晴窗摩挲，使我三叹。

牧斋还作有《洮河石砚歌》、《砚山诗》等砚诗。

又《清朝野史大观·玻璃砚》记朱竹垞曾得一玻璃砚，只小儿手掌大。四缘刻铭殆遍，俱镶以金，底边隐隐似水纹。云为牧斋故物。玻璃今极平常，而清初为稀罕物。袁枚曾以紫玻璃镶窗，题咏之者几及百人。可见其时玻璃砚亦极珍贵。

牧斋砚事寥寥，知其虽文坛宗师，笔耕不辍，著述颇丰，对于藏砚并无热情。

牧斋乡人王应奎所撰《柳南随笔》，载牧斋当年输诚清帅豫王多铎礼单一。其贡品有金银壶、玉犀杯等珍玩及名扇一百把。"是日钱公捧帖入府，叩首墀下，致词于王前。王为色动，礼接甚欢。"

牧斋彼时卑躬屈膝之丑若是！

幸尔钱氏无砚癖，礼品中倒无名砚"受辱"。

附考四　柳如是文房什物数品——如是艳迹如是多

柳如是款之传世文房，尚见刊数品，皆不足道。如北京故宫藏一长方白端。砚冈浮雕一卧牛。背刻篆书"柳如是写经砚"。浙博亦藏一白端，所雕卧牛及背铭文相同。白端非端上材，两砚之古气不厚，应非河东君用品。

见载古人集中柳如是遗物数则：

一、柳如是砚：见乾嘉间休宁词人戴延介《眉妩》词注，砚背镌"秋水阁"印，印上有"如是"小款。砚右有"壬午"二字。砚藏者休宁吴蔚光，字哲甫，官至刑部主事。

　　二、柳如是印：见乾嘉间常熟孙原湘《消寒词》注。印"朱文'如是'二字，旁刻'癸未春楚秀镌赠'，其为绛云楼中物无疑。癸未，崇祯十六年也。"印藏者"眉卿"，疑为长兴人臧寿恭。其字眉卿。精小学。

　　三、红豆山庄玉杯：亦孙原湘诗题注，载其《天真阁集》。云杯为孙氏同年江曾祁家传之物。江氏高祖江德章为岐黄名手，曾为河东君疗疾，牧斋以玉杯为赠。上镌"红豆山庄"款识。据陈寅恪先生《柳如是别传》中考证，云江家此杯"自可信也"。

　　四、青田石书镇：嘉道间湖州书画家张鉴《冬青馆乙集》记，上刻山水亭树，款为小篆"仿白石翁笔"。面镌"崇祯辛巳畅月柳蘼芜制"。藏者王砚农。陈寅恪先生《柳如是别传》辨此书镇云，落款之崇祯十四年辛巳十一月（畅月），同年六月钱柳已结缡；而蘼芜乃柳氏北里时所用名，即已从良，自无再用之理，否则"置牧斋于何地？由是言之此书镇乃是赝品。"

　　五、柳如是沉香笔筒：嘉道间钱塘诗人陈文述《碧城仙馆诗钞》卷六有此题七绝四首，无注。其第二首云："也合裴钟记小名，沉香禅味悦温馨。真珠四面泥金字，留得尚书旧日铭。"知笔筒上当有钱牧斋题铭。

朱彝尊曝书亭著书砚

——当年葬砚知是谁？

读书人

康熙间收藏家、吾徽黟县胡积堂联语云"第一等好事只是读书"，语浅意远，非得个中三昧者不能言。

康熙废太子胤礽称朱竹垞："这老翰林是海内第一读书人"；民国学界亦誉陈寅恪先生为"海内最有希望的读书种子"。朱、陈皆出身轩冕世家，然朱由反清志士而走驴紫禁城"颂圣"；陈由坚持"自由之思想，独立之精神"信念之自由知识分子，先治学术，终蜗居羊城无奈"颂红妆"……

同是"读书"天才，朱、陈之解"形势比人强"甚不同调！

"读书人"，乃"社会的良心"。朱、陈们之遭际，便是一个时代之注脚。

朱竹垞一生好学不倦，嗜书成癖。典试江南时，悉钱牧斋族孙、藏书名家钱遵王撰《读书敏求记》，载秘藏之宋板元椠次第完阙甚备。钱信奉"老婆与书不借"，书成秘不示人。朱屡求观，不予。遂效淮阴侯"暗渡成仓"，置酒召诸名士高宴，亦邀钱。私以黄金及青鼠裘买通钱书童启开书箱，所雇抄手数十人录出副本而归。时人谑称"雅赚"。后朱在史馆，常私携一抄书手入馆抄录秘本。遭告发，降职，时人谓之"美贬"。朱对此并不后悔，作《书椟铭》诗自嘲："夺侬七品官，写我万卷书，或默或语，孰智孰愚。"

孔乙己先生名言"窃书不算偷"，竹垞雅赚、美贬，皆因书癖，诚一不可救药之天生读书人！

曝书·著书

经朱竹垞历年购藏、抄录，斋中书多达八万卷，所谓汗牛充栋。藏书即丰，江南多烟雨，自须常晒，此其"曝书亭"之由来。

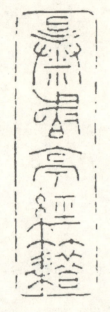

朱彝尊藏书印"曝
书亭经籍"

竹垞41岁时，买宅嘉兴梅里长水上卜居，因宅西有竹，遂名"竹垞"。以荷花池分南、北垞。后又在南、北垞间构曝书亭，作藏书、曝书、游憩之所。

嗜书者自惜书，竹垞有一藏书印，两面各刻竹垞戴笠小像及十二字印文曰："购此书，颇不易，愿子孙，勿轻弃。"祈望子孙善待藏书，勿散之。惜竹垞子昆田早死，孙桂孙、稻孙晚年困窘，藏书陆续散佚，曝书亭废为桑田，只有匾额无恙。

竹垞学富五车，满腹锦绣出而为文，遂成著作大家。著述须借砚田，此其用砚亦勤于他人。《曝书亭集》收有一"著书砚铭"。自注"背镂写照"。铭曰：

> 北垞南，南垞北，中有曝书亭。空明无四壁，八万卷，家所储。鼠衔姜，獭祭鱼，壮而不学老著书。一泓端州石，晨夕心相于。审厥象，授孙子。千秋名，身后事。

所谓"鼠衔姜，獭祭鱼"，獭将所捕之鱼排列于岸，似陈列祭品，人称獭祭鱼。李义山作诗，阅书放摆零乱，人戏称其"獭祭鱼"。明人徐本嗜书，每得一书，手自披对，若残缺，必乞善书者补之。自比如同"鼠衔姜"，意劳而无用。竹垞引用此六字笃是道尽其一天生学者之"书蠹"本色。只"千秋名，身后事"，看似洒脱，实反显其对曾经"上书房行走"之事，于"青史"之后人清议很不自信、很无奈且很在乎的。

赝品名人砚，托名竹垞者多，因其为清人玩砚之先驱，且二至端溪，著有《说砚》之故。而名人砚中，又以著书砚、写经砚、写诗砚为人所重，盖属名人笔耕长物。

竹垞著书砚，自然又为竹垞砚中之翘楚，伪品更所难免。

一泓·一片

上海博物馆藏一竹垞著书砚，见刊于《中国名砚鉴赏》、《中国历代文房用具》等（彩图19）。常见题为"清朱彝尊肖像端砚"。

传石出大西洞，有金线、鱼脑诸美。长方形，池浅素边。背下部浅刻竹垞戴笠之半身像。上部隶书铭与《曝书亭集》者同，惟原铭"一泓端州石"之"一泓"，此铭为"一片"。款"丁亥三月既望，秀水朱彝尊铭"。

砚右侧楷书铭：

> 竹垞检讨，于壬申年出都，复游南海，得西洞石数千斤归。命工制砚百余，大

而净者惟此一品。竹垞爱如拱璧，出以示余。余曰："净白细润，金银线、蕉叶、瓜练诸美毕具。用后即以天水涤之，勿留墨锈掩其妙也。"竹垞曰："孰肯使玉环垢面耶！"康熙丁丑重九前一日宋荦记。

另侧篆书：竹垞著书砚。

砚上尚镌有藏印数方：英和私印、石泉书屋珍藏、愙斋藏砚、梅景书屋。

上海博物馆藏朱彝尊曝书亭著书砚

砚曾先后归英和、李佐贤、吴愙斋及吴湖帆所藏。

李佐贤（1807～1876年），其字仲敏，号竹朋、石泉书屋，山东利津人。道光进士，官翰林院编修，汀州知府，嗜古泉、金石。以所著《古泉汇》称于世。

吴湖帆（1894～1966年），其名倩，字湖帆，斋号梅景书屋。愙斋孙（实为侄孙，愙斋无子，立为孙）。工诗善画，山水有韵致，于苏沪艺坛甚有影响。

沪博此砚名声甚大，人多目为竹垞真品，赞誉多多。

煦斋尝拥有　　愙斋誉妙手

英和（煦斋）《恩福堂笔记》卷下记：

> 旧日家藏砚甚富。而余最赏者，嘉庆丁卯夏，在袁浦，河帅戴可亭先生所赠二砚。一为"管仲姬小端砚"……一为竹垞著书砚。质为蕉叶白，约八寸许。不雕琢，四边微起，背镌竹翁戴笠半身像，上刻曝书亭题砚古风一首。今俱不存。

可知英和确曾藏有一竹垞著书砚，与另一"管夫人（道升）砚"为其斋二宝。

赠砚者戴均元（1746～1840年），字修原，号可亭，徽州休宁人，寄籍江西大庾。与兄第元及侄心亨、衢亨皆为乾隆朝进士（衢亨更为状元），后均元与衢亨皆拜体大学士，时人谓"一门四进士，叔侄两宰相。"

戴可亭享寿九十五，此老养生之道乃以人乳为饭，与同僚纪晓岚以肉为主食可有一比。

沪博砚有青花、蕉白之美，英氏砚"质为蕉叶白"；沪博砚长十九公分余，英氏砚"约八寸（约20厘米）许"；沪博砚浅边素池，英氏砚"不雕琢，四边微起"；沪博砚背刻竹垞戴笠半身像及刻自题隶书铭，英氏砚亦同。

吴愙斋《愙斋诗存》卷一《鉴古集·毛西河、朱竹垞两先生遗像》：

> 壁经古义费研寻，倡和真同白雪吟。许郑千秋谁济美，故应合传冠儒林。
>
> 先朝鸿博有遗图，一砚流传妙手摹。宝铁斋中留画本，可曾想像鹤颜无。

"一砚流传妙手摹"句后，原注云："余藏端石，为竹垞先生所藏第一砚，后有先生遗像。刻甚工雅"。可见吴氏确也曾藏一"竹垞小像砚"。其云"为竹垞先生所藏第一砚"，可解作言砚品之佳，算得朱竹垞藏砚中之翘楚。

诸般皆相符，沪博砚极可能乃英氏恩福堂、吴氏祖孙愙斋、梅景书屋先后入藏之原物。

李佐贤年长吴愙斋二十八岁而小英和三十六岁。吴、英之印为真，砚上李氏"石泉书屋"之藏印亦当近真。

砚为英、吴诸人原藏不假，却并非竹垞原物。

朱砚赝？

沪博砚竹垞铭之伪，伪在二处量词。

其铭中"一片"虽与文集原铭"一泓"只一字之异，意思却全然异趣。

所谓"著书砚"，多数皆为实用砚。视此砚池之浅，研墨偶作数行小楷尚可，何堪著书之用？原铭"一泓端州石"，当有凹池，故实用。此铭改为"一片端州石"，恐非笔误乃是欲盖弥彰。

砚上宋漫堂铭，粗看也与竹垞游粤行迹相符。

竹垞曾两次入粤，初次为顺治十三年夏，海宁杨雍建出任端州高要知县，聘竹垞为西席，教授其子杨中讷。两年后北归。其二次入粤，即铭中所说之康熙三十一年壬申冬，乃探望时游于粤抚朱宏祚幕中之子朱昆田。在粤只二月，即偕子东归返嘉兴。

竹垞有《步蟾宫·端溪观采砚》词，其句云："问岩穴，探时深浅。不妨篝火夜连朝，待割取、溪云一半。"竹垞诗《和程遵龙尾砚歌为方侍御亨咸作即送其入粤》，亦有"我昔南游度大庾，羚羊峡口戈船划。手披烟液入岩穴，硐碏瑰硊围周遮"云云。可知在端州日，竹垞探岩问穴，抚石品砚，后来撰成《说砚》一篇，即其时见闻之积累。

虽然宋漫堂铭文所言购石时间无差，但云购"西洞石数千斤归"而"命工制砚百余"，却是替竹垞大大地报了"虚帐"。

彼次购砚，竹垞《说砚》言之明白："购水岩石百余"。水岩本罕有大材，百余石者，恐不过一二百斤。更者，言竹垞从端州得石数千斤归，亦大悖常理。自岭南至江南，舟车劳顿，运回数千斤石岂是易事？竹垞又非以贩砚谋利为生之砚贾！

可见所谓"数千斤"石所制百余砚中"大而净者惟此一品"，只是为奇货可居所作一伪证而已。

此砚小像及铭字刻工尚工整，但与窳斋所誉"一砚流传妙手摹"、"刻甚工雅"似有差距。

漫堂称欲拜

北京故宫博物院亦藏一竹垞著书砚，刊《故宫文物·纸砚》。此前似从未刊出，故名气不及沪博所藏。

其砚长方素池，端石。背小像与沪博砚异者：此砚竹垞像无须，人物为线刻而非浅浮雕。竹垞隶书铭同于《曝书亭记》，款则为："丁亥春，彝尊自铭"。复有刻者小字款："青士勒石"。两侧宋漫堂行书铭则全异：

> 竹垞老人有宝晋斋癖，游岭南，蓄石最富。晚得此研，周青士为勒小像，并其所自为铭。风神玉润，石骨云腴，对之如见米家砚山，几欲巾笏百拜，真神品也！朱氏子孙其世宝之。商邱宋荦跋。

砚有鸡翅木盒。上镌隶书："曝书亭著书砚"。款："心秋居士手题"。下有一印，砚照不清，似"陈□□"。

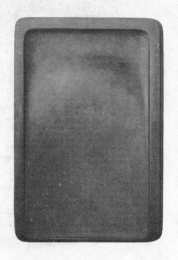

故宫博物院藏竹垞著书砚

　　王继香《砚影》亦收入一拓。砚椭圆，淌池。此砚除外形与故宫砚有椭圆、长方之别外，背小像及朱、宋、周三铭大致相同，只朱款则为："丁亥三月十有二日，秀水朱彝尊铭。"较故宫砚"丁亥春，彝尊自铭"多出题铭具体月、日。又多出朱铭款后"竹垞"、宋铭款后"牧仲氏"篆书印及砚额"竹垞著书砚"篆书题。宋氏铭"周青士为勒廿七岁小像，并其所自为铭"，比故宫砚"周青士为勒小像，并其所自为铭"多出小像具体年龄。

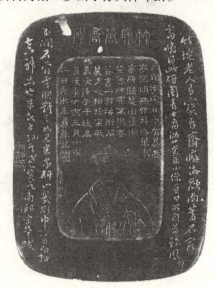

《砚影》拓

故宫博物院与《砚影》此两砚皆有刻铭文及小像者周青士款，较沪博砚信息更多。

又见刊一港人私家所藏长方端砚，门字池。覆手内刻之小像及隶书铭皆与《砚影》者同，款又为"丁亥仲春，秀水朱彝尊铭"。不知有无他铭。砚背所刻云纹，刻板繁琐，乾隆以后俗工，不足道。

勒石邑文友

周青士（1623～1687年），名筼，原字公贞，更字青士，为竹垞梅里比邻而居之文友。入清后，弃举子业，经营米肆。兵乱时，购得旧家藏书一船，遂午前读书，午后鬻米。穷年屹屹，纠史雠经，蚕头细书，盈尺满笥，未尝少息。精小楷。善诗，与同里王翃、范路及朱竹垞等有"梅里诗派"之称。

周青士为人好客，大有古贤之风。四方名士过梅里，其虽贫亦必凑钱招饮。然其性耿介，游京师，"未尝投贵人一刺，朝士愿与纳交者，一饭后不复过其邸"。显宦徐乾学好延揽海内名流，徐府西席秀才徐善为青士好友。青士尝与徐秀才同卧起，乾学欲见之，竟不可得。风骨如此，故青士甚得时人所重。

与好友朱竹垞后来之出仕清廷不同，青士终其一生皆为遗民，其不与朝中贵人交接，或亦关乎政治操守。但请饭照吃，又饭后不认人，也有趣。

周青士又尝与竹垞偕山水名家王石谷（翚）、隶书名家郑谷口（簠）等访碑于南京摄山。道见石辟邪立草中，穹碑高达二丈余，势将倾仆，人皆不敢近。独青士骑驴径诣碑下读之，知是刘孝绰所制《梁安成康王秀碑》。竹垞将此访碑事记入《布衣周君墓表》。

青士虽文人，亦一胆豪之士！

青士已故二十年

康熙二十四年秋，竹垞在京时，青士北上访之，客居京师朱寓两年，"浙西诗人周青士"之名誉满京城。在此期间，竹垞《词综》之撰亦多赖青士校勘。《词综·发凡》云：

> 周布衣青士，隐于廛市，于书无所不窥，辨证古今字句音韵之讹，辄极精当，是集藉其校雠。

青士与竹垞在京亦有砚事记载，尝联句作《宝晋斋砚山》诗，咏竹垞传家宝米元章所藏"南唐砚山"。民国《艺林月刊》刊一凤形砚，背有纳兰成德、竹垞两铭，亦有青士一跋。

青士即是竹垞里人，又为文友，交情若此，其为竹垞铭砚、刻像应正相宜。

故宫所藏之砚，不仅有宋漫堂跋，且更有刻者周青士款，似近真。但问题在此：青士年长竹垞六岁，却又不及竹垞长寿，未能活到砚上竹垞题铭之日。

康熙二十六年（1687年）丁卯暮春，朱竹垞同客京之周青士及姜宸英、查慎行等同至诗人乔莱一峰草堂看花（乔宅亭园花卉有名），竹垞并赋《看花诗》纪事。同年八月，青士自京南还，竟半途病故于宿迁，终年65岁。

青士卒后，竹垞为其所作《布衣周君墓表》，收入《曝书亭集》，其记青士行迹甚详。

故宫与《砚影》两砚竹垞之铭在康熙四十六年丁亥，其时青士已去世20年！竹垞自无回天之术，能起青士于地下为刻铭。

曝书亭，亦在青士去世十余年后方建。

又，漫堂铭云竹垞"晚得此砚"，何所刻乃翩翩少年（27岁）模样？原铭云"审厥像，授孙子"，倘刻一与孙子年岁相当之像于砚背，授予孙子，竹垞岂不尴尬？

疑是作伪者将竹垞早年写真像摹之于砚，而伪撰宋、周之跋款却又未能考虑周全。

乃兄购赝　乃弟善辩

台版《清代稿本百种汇刊》所收朱竹垞《江湖载酒集》稿本中，刊有一"竹垞著书砚"拓本。大似故宫博物院所藏砚，只"青士勒石"款不明。更有跋拓云：

> 少峯九兄购藏此砚，似是作伪者狡狯伎俩。且石质亦不精，不逮嘉兴方氏所蓄远甚。方氏砚，珍如球璧，予屡求之皆不允。后更筑"砚冢"于所居室内，以绝觊觎，可云笃好。而予之年少兴高亦可想焉。今经乱，方氏已久零替，砚更不识归于何姓。因拓此石，枨触旧事，漫笔记之。又翁。又翁（印）。

题者杨继振，约生于道光十二年，其字幼云、又云，号莲公。晚号又翁、二泉山人。家有"石筝馆"、"雪蕉馆"、"星凤堂"，汉军镶黄旗，官工部郎中。约卒于光绪十九年。自许甚高，有"江南第一风流公子"印。富藏弄，藏古泉币尤丰。有书数十万卷，有藏书巨印，文达五百字，告诫后人"勿以鬻钱，勿以借人，勿以贻不肖子孙"。其藏书至清末已散佚，叶昌炽曾得零散本数种。

杨又云曾藏有《兰墅太史手定红楼梦稿》，称杨本，为《红楼梦》重要稿本之一。

此砚藏者杨福振，其字少峰。与杨继振为兄弟行，与咸丰年间四川总督崇实为儿女亲家。事迹不详。

故宫砚之铭文、小像与杨家此赝品几乎可谓丝毫不爽，是否两者即是一物？

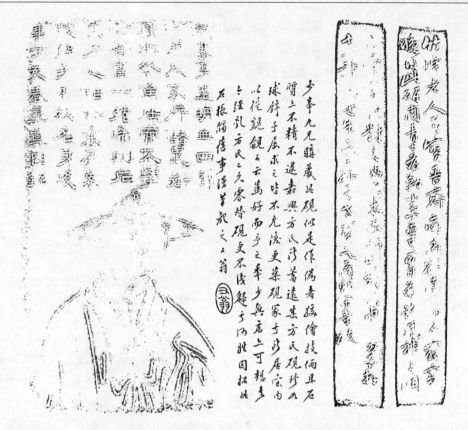

《江湖载酒集》刊杨福振所藏砚拓

奇峰对峙　片石凭几可卧游

海上朱氏亦藏一例，拓刊《云间朱孔阳纪念集》。

砚面未刊。自然形，颇雅，状似双峰并峙。纵二十公分，横二十五公分，厚三公分半。

砚侧铭篆书"竹垞著书砚"，砚背偏左下部线刻竹垞头戴斗笠席地而坐状，态甚悠然。惜拓不清，不详面貌。人物右边八分铭，与《曝书亭集》者同，款："丁亥三月朔日，秀水朱彝尊"。

砚背左上角铭：

> 不雕不琢，还反于朴。日日著书，字字奇璞。惟此佳研，先生先觉。置之几案，如对乔岳。后学查慎行敬识。夏重（印）。

铭以石喻文，以文比人，终又归之于石，甚妙，的非庸手能为。

查慎行（1650～1727年），字悔馀，号初白，原名嗣琏，字夏重，海宁人。康熙举人，赐进士，官编修，入直内廷。康熙以查氏曾有"臣本烟波一钓徒"诗句，遂在召见时称查氏为"烟波查翰林"，其器重若此。后乞休归里，雍正间，因弟查嗣庭讪谤案，以家长失教获罪，被逮入京。次年放归，不久去世。查氏曾从黄宗羲问学，诗善用白描。

海宁查氏，元季由徽州婺源迁海宁，一门文运甚隆。只慎行从叔继佐为康熙朝"明史案"告发者之一，慎行晚年诗文多有腴颂之作（慎行后人、今香江武侠小说名家查良墉先生对前清亦甚亲近）。

查慎行与朱竹垞乃远房中表兄弟。两人过从甚密，互相唱和，亲近又非他人可比。竹垞《腾笑集》刊成，查慎行为作序。得竹垞之奖掖，查氏声名渐起，遂名闻禁中。竹垞卒后，查氏更亲为《曝书亭集》作序和分任校勘。

此砚虽是可人，真伪成色又如何？

漏拓两铭　好奇书痴铭何辞

台版《江湖载酒集》复刊"竹垞著书砚"拓本二种。正有北京故宫及朱孔阳先生所藏两砚之出处。

一拓即今日朱氏所藏。有题拓二跋：

> 太史真相自以《暴书亭集》本为第一。此外如顾咸所摹及德清徐氏刻之端州石，皆未能得其神也。此嘉兴方氏以著书砚本重摹者，比诸它刻差为有据，用特冠之篇首，俟更求集本附装之。巳未八月秋期前三日，京邸视内轩中装。二泉山人（印）。

> 砚旁尚有"竹垞著书砚"五小篆字及匣盖历太鸿征君、曹种水明经题款。曼寿漏未拓。戊午夏月杨□附记于京邸味灯庵。

《江湖载酒集》刊拓其二

从杨又云拓跋可知，清道咸间，即有多种竹垞著书砚流传世间。亦由杨氏题跋可定，今日沪上朱家之砚原为嘉兴方氏所藏，但并非方氏所藏曝书亭著书砚原物，而是方氏据原物所制仿品。

历太鸿征君，即名词人历鹗（1692~1752 年）。其字太鸿，号樊榭，钱唐人。康熙举人。乾隆初举鸿博，报罢。客扬州，被祁门二马延主其家，尽探马氏所藏秘牒。大江南北，主盟坛坫凡数十年。性耽闲静，爱山水。诗取法宋人，词擅南宋诸家之胜，浙西词派中坚人物。

曹种水明经，名言纯（1757~1837 年），字种水，一号古香，秀水人。嘉庆贡生（明经）。其人貌古气醇。自弱冠后专心词章之学，家贫，妻女篝灯夜纺。苦无书，借人书籍，节取其精华，蝇头细书，三十余年无虑千百册，曰五千卷室。著有《种水词》等存世。

曹种水与竹垞同里，嗜书亦与竹垞同一癖。近人词家朱孝臧《疆村语业》卷三评历氏词："南湖隐，心折小长芦。拈出空中传恨语，不知探得颔珠无？神悟亦区区！"知竹垞如此，曹、历二人之铭当大可玩味，惜拓砚者曼寿漏拓。

撮合二图　当出近人好事者

《江湖载酒集》所刊第三拓，亦朱氏砚旧拓。又有一跋：

> 暴书亭著书砚。咸丰四年岁次甲寅病月（三月），心秋居士手拓。陈鸿诰（印）。

砚拓两下角石材破损处钤有"又云"、"继振章"，拓亦扬继振所藏。

《江湖载酒集》刊拓其三

陈鸿诰（？～1884年），字曼寿，号味梅，秀水诸生。喜吟咏，早有诗名。书法仿金农，极具古趣。又摹冬心画梅，渴笔干擦，别饶韵致。晚岁橐笔日本三年，从游者众，彼国缙绅子弟，闺阁名媛，咸以诗请业。光绪十年，卒于东瀛。著有《梅华馆诗集》、《日本同人诗选》。

从陈曼寿此题可知，其又号心秋居士。前拓杨继振云历鄂、曹言纯二题款"曼寿漏未拓"，盖砚拓亦陈鸿诰所做（后一拓更缺砚侧篆书"竹垞著书砚"五字，可见此公对于拓砚实在漫不经心）。

陈曼寿题拓"暴（同曝）书亭著书砚"六字，字在篆隶之间，其落款亦大得金冬心漆书神气，此种字最堪铭之金石。此题拓正与北京故宫所藏竹垞著书砚砚匣题字全同（匣上题字名款后之印当是"陈鸿诰"），只故宫砚少时间款一行字且改末字"拓"为"题"。

是否故宫砚即陈氏原题之物？

故宫砚砚匣之字照陈氏砚拓亦步亦趋，陈氏必无可能自摹己字再刻于造型不同、背像全异之另一砚，故今人故宫所藏疑是分别仿刻自《江湖载酒集》所刊杨又云所题两拓。

南北双赝　方氏砚冢应藏真

上考今传数砚，或仿原本或纯臆造，皆不真，然价值不同：

沪博所藏，石材大佳，且西洞大材原属罕珍，又经戴可亭、英和、李佐贤、吴大澂祖孙所传藏，亦足可称一上品尤物。

朱氏所藏，形制极雅，观之使人有山林逸思。以其仿自方氏原物，"血缘"最近，最具砚史价值，

故宫博物院所藏，人物、铭文刻工尚可。砚材一般，古气不厚，当为近人所伪。

今藏无真，杨又云言之凿凿之方氏所藏必是真品乎？

《清稗类钞·张叔未藏朱竹垞半月砚》记：

> 竹垞所居，为秀水之梅里。里中人知竹垞藏砚之为世所宝也，辄仿制之，并镌铭其上，藉以为衣食之资。

虽然里人伪造乡贤遗物，此为惯伎，之所以如此，正是因名人真迹遗存故里或长期客寓之地者亦多。故秀水方氏所藏，以地缘考虑，有获真砚近水楼台之便。此为地利。

方氏砚不仅有竹垞自铭，且有从竹垞游之竹垞远房表弟查慎行题铭，其辞切题又

颇为不俗。历樊榭、曹种水之铭，虽不详何辞，想必可观。为拓砚、题拓之陈曼寿亦秀水人，杨氏且曾亲眼目验过方氏原物，砚倘有显疵，恐杨氏不致轻言真品。此为人和。

杨又云见方氏原藏之砚，乃在早年，当为道光末咸丰初，故其少年气盛，志在必得，其跋所谓"予之年少兴高亦可想焉"。"今经乱"，应指经咸丰间太平军战乱之后，方氏之砚便失去信息。查慎行及历、曹三铭不论，除沪博所藏伪品外，以此砚名世最早，此或可谓天时。

故而，杨又云笃定方氏所藏必是竹垞曝书亭中原物当可采信。

曲终人不见

秀水方氏，视所藏竹垞著书砚若球璧，任杨又云屡求皆不让。约是杨氏屡屡登门"聒噪"，方家不胜其烦，索性筑"砚冢"于卧室内，将砚埋入土中，伴砚同眠，以绝杨氏及其他求砚者之觊觎心思。若干年后，杨氏尚谓"怅触旧事"，可见其失落感之大。但对方氏爱砚、护砚之执著，亦极钦服，赞叹方氏对砚"可云笃好"。

宋人吴兴许采癖砚入骨，声称死后当以诸砚砌圹；清人嘉兴方氏护砚心切，竟在生前筑"砚冢"护宝，先后辉映，同是砚林奇观。

就藏古而言，"秀水项氏"，人知多指项墨林；"大兴刘氏"，亦知约指刘宽夫父子。然此位藏有竹垞名砚之"嘉兴方氏"，却遍考无得。

据今存1934年《歙县罗田方氏迁禾分支宗谱》，嘉兴方姓一族，原出吾歙。明末方思祥（字端吾）为避兵乱由歙徙嘉，端吾由是为嘉兴（禾）方氏始祖。或因端吾出身寒微，故其后人囿于根基，不若他处吾徽移民如由歙徙吴门之潘氏、徙桐乡之汪氏等显达（寄寓扬州之徽人更勿论），其后裔似并无名杨海内之出色人物，只同治间有一方受谷，在郡中小有诗名，遗有《稻香馆粲香词》

嘉兴方氏虽无显宦文豪，倒也不乏富商，有"大兴桥方家"者，即曾为邑中首富。度藏砚者方氏应一富家翁，因其多赀，不为利诱，但只富不贵，有钱无势，故惧有力者攘夺，遂出笨计"葬砚"护宝（此与晋商铸成百余斤大银锭"没奈何"防盗异曲同工）。

对一土老财，汉军八旗子弟杨继振自然无心留意其大名。

于是，本该值得在青史（砚史）以重墨大书一笔之藏砚奇人，便成无名氏矣！

附考一　朱彝尊井田砚——朱地主？

与著书砚类似，朱竹垞井田砚亦一由真本衍生出多种仿作之例。

文人从笔砚中讨生活，自坡公"我生无田食破砚"句名世以来，后人对井田砚咏之赞之，乃至趋为俗套。朱竹垞所撰"井尔井，田尔田，宜丰年"（《曝书亭集·井田砚铭》）简约有古风，甚有名，故冒托者多。见刊者数品：

一、乾隆内府藏：刊《西清砚谱》卷二十一。砚长方端石。池及覆手饰以阳、阴井字，覆手内刻篆书朱氏《井田砚铭》九字，砚侧行书款"秀水朱彝尊铭"。

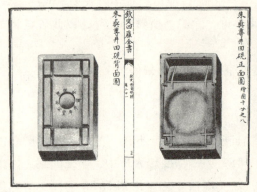

《西清砚谱》朱彝尊井田砚

二、安徽省博物馆藏：今人孙大光氏所捐，刊《四味书屋珍藏书画集》。砚近方，有胭脂晕，似端石老坑。井字池，近侧边有天然石璞，隶书镌朱氏"九字铭"，款"竹垞铭"。

安徽省博物馆藏朱彝尊井田砚

三、高士奇铭：刊《兰千山馆藏砚录》，端石。井字池。覆手内镌行书朱氏"九字铭"，款"士奇"。藏者定砚为康熙御用文人高士奇（江村）遗物。

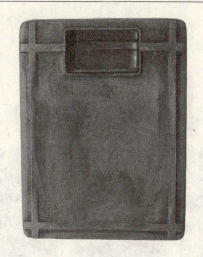

《兰千山馆藏砚录》高士奇井田砚

四、庄有恭铭：私人藏，背阳文朱氏"九字铭"，款却又是乾隆状元庄有恭。

上述诸砚，乾隆内府与皖博所藏皆甚别致。后者尤简约朴素，有明人遗格。砚铭正补石材之疵，有巧思，恂为大美，必大家手笔，更近真。

高江村虽长袖善舞之流，且有作假名迹矽名，但其与竹垞乃文友，当无窃铭事理。"海内士夫识与不识，闻公名靡不叹羡"之庄状元更不至于掠他人之美。故高、庄二铭必伪。

"田产"如此之多，竹垞算得一大"地主"矣。

附考二　朱彝尊夔龙砚——绝赝好辞

日本人藏品，刊楠文夫撰《砚台》。长方绿端。边及砚冈刻饰夔纹。侧镌各体书铭文三则：

> 天地储精，端岩蕴石。蕉叶青花，名品不一。良工下绳，三洞是劈。硁硁其声，绝无媚侧。坦坦其形，温润而栗。东都茧纸，中山兔笔。继彼结绳，是从仓颉。蔡氏八法，仲尼十翼。玉川长须，南风短黑。安石好高，介甫偏执。书家者流，屈指难悉。随遇而安，罔离时刻。珍亡永传，留之几席。此石为绿端，得之不易。旧时由友人处偶一见之，爱不释手。适索题铭，爱书数语，用志不忘云尔。秀水朱彝尊。

> 洞有石，工则度之；美如英，匠则削焉。得此他山可以?，安诸几席殊不恶。客谓主人曰：多取之而不为虐。壬午冬日。旬铭于多宝草堂之西。

维温而理，含章可贞。兹于丽泽，玉汝于我。己亥冬日，汀州伊秉绶铭于三多堂之西轩。

《砚台》绿端夔龙纹长方砚

砚一端溪凡品绿端，竹垞铭中竟云"蕉叶青花，名品不一。良工下绳，三洞是劈"云云，皆言紫端。以竹垞二莅端坑之法眼，必不致以此泛泛之论专题绿石，故铭必冒托。

"甸"，即余甸余田生。林在峨《砚史》载有此铭，题"业在研田砚"。只田生原铭落款略异。

伊墨卿（秉绶），一代隶书大家。然此砚墨卿铭，刻板呆滞，只有伊书皮相。

此砚铭字平庸，包浆不古，年份当不高。只竹垞铭虽不切题，尚有文采，疑有出处，俟考。

楠文夫氏《中国的名砚》亦刊一题名"竹垞手泽砚"之端石砚砖。砚侧竹垞铭与绿端夔纹砚皆同，只易跋文首句"绿端"为"端紫"。砚上复有铭："龙山琴隐书画之砚，丁丑雨生自题"。印"雨"、"生"及"今雨草堂"。疑亦托名道咸间山水名家汤雨生（贻汾）今雨草堂中物。

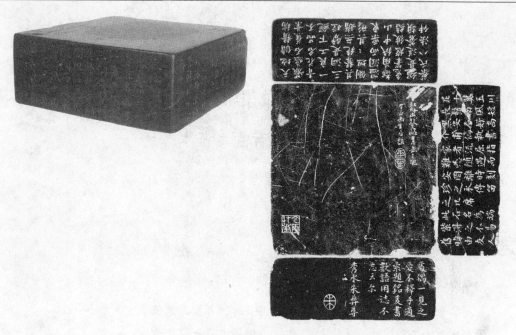

《中国的名砚》竹垞手泽砚

此日人所藏两砚，以铭意论，自是绿端仿自紫端；但两铭楷法颇似，似一手所为。让人诧异者，楠文夫氏所撰两书皆收入，其自相矛盾处，不知如何自圆？

跋　疑罪从无

——鉴砚乃至玩古之基本态度

迷古与斥古

　　婆源博物馆藏一郑板桥《骨董诗》书轴。诗曰：

　　　举世好骨董，甘为人所欺。千金买书画，百金为装池。
　　　缺角古玉印，铜章盘龟螭。乌几砚铜雀，象床烧金蜕。
　　　一器一杯罟，按图辨款仪。勾深索远求，到老如狂痴。
　　　……

郑板桥《骨董诗》

语虽刻薄，诗中描绘"迷古"者之世相实在也入木三分，颇有警世味。然就玩古而言，郑氏谬托解人，所讥尤是皮相。

郑氏虽自高标"吃亏是福"，实一不能吃亏之"聪明人"，对"乌几砚铜雀，象床烧金蜺"未必不喜，其不玩古，惧"为人所欺"耳。此公为人为艺，为怪而怪，不屑传统，笔墨全杖"聪明"，因之弊端显见——格调不高（郑氏当代暴得高名，不关艺术）。其画友金冬心则迥然异趣，其嗜奇好古，藏古金石极丰，故笔墨浸淫高古，取法乎上，艺格之高郑氏不能梦见。

以"乌几砚铜雀"句论，郑氏倒不讹，盖宋代以降，真正曹魏铜雀台原瓦已罕有。

纪晓岚亦与郑氏同一声气，其"疑古派"宣言："文人例有嗜奇癖，心知其妄姑自欺。"此公人称"世故老人"，也是"人精"。其不好古之负面影响，便是斋中所藏前代名人砚寥寥。反观其砚友铁冶亭，虽今日藏砚名声已不彰，但当年铁氏只凭所庋一欧公南唐官砚，已足使纪氏百余自铭砚黯然失色。

所谓过犹不及，郑、纪之"斥古"，拒"骨董"而远之，诚矫枉过正，因噎废食，貌似明智，实近懵懂，此法不客观不可取。

幸有《纪谱》行世，否则后人倘皆似纪氏之极端疑古，则纪氏传世真品砚难免角色尴尬。

相对郑、纪而言，明人储瓘题南宋名臣胡铨小像砚一跋所阐述之收藏观，既属智者之识，亦合仁人之心。

恍惚如见公容

王氏《砚影》收一砚拓。长方形。池类石渠。砚背平无覆手，线刻一丰颐连鬓士人半身像，拈须微笑。上篆书题"澹庵先生小像"，楷书款"绍兴戊寅四月朔，钱唐马和之写"。匣盖楷书题"宋胡忠简公遗像砚"。跋曰：

> 甲辰春仲，瓘赴礼部试。暇辄诣书肆，见案上置斯砚。谛视之，审为胡忠简公故物，亟以千钱酬之，复另市他砚易之而归。遍示同好，有疑为假托者。瓘心私谓，公在高、孝朝，名震一时，所著文集金人犹以千金购之。今去公数百载，斯砚真伪固难悬测。然明窗净几，啸歌其间；恍兮惚兮，如见公容，岂敢以为非公之砚哉！成化二十三年，泰州储瓘敬题。

砚背所刻胡铨（1102~1180年），其字邦衡，号澹庵，吉州庐陵人。宋高宗建炎二年进士，曾于乡里募义兵抗金。后至临安，任枢密院编修官。绍兴八年，上书力斥和议，乞斩秦桧，声振朝野，被谪新州，复移衡州。孝宗时，复起用，官至兵部侍郎，以资政殿学士致仕，卒谥忠简。其斥和议名言云"和议成有十可吊，不成有十可贺"。

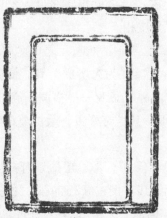

《砚影》胡铨小像砚

　　胡澹庵因请斩秦桧被贬海外十余年，堪称介然一儒，后世皆以"反秦斗士"目之；然其北归后却留恋席间一歌妓之笑靥，留诗云"群恩许归此一醉，傍有梨颊生微涡"，事颇受道学家攻悍。实者，此一"留恋"正可见此公之生趣，亦人情所不能无。

胡铨像　乾隆刊本《胡澹庵先生文集》所刊。与砚背小像极相似，但笔法远不及砚背像精练。

有生活情趣之人方有悍卫良辰美景之志，此天性也！胡澹庵如此，其同乡文信国亦如此。

砚背小像与传世澹庵先生像相近，非出臆造。

马和之（生卒年不详），杭州人。高宗绍兴间登第。因擅画，被列御前画院十人之首。善作山水、界画、佛像，尤擅人物。创柳叶描，自成一家。高宗写《毛诗》三百篇，皆由和之配图，此画今尚传世。

储瓘（一作罐，1457～1513年），字静夫，号柴墟，泰州人。幼聪慧过人，人誉神童。成化十九年乡试解元，次年会试会元。官至吏部侍郎。有廉名。工诗文，博通古今。著有《柴墟文集》。

意公得砚于石乡

马和之落款之"绍兴戊寅"为绍兴二十八年（1158年），时胡澹庵57岁，小像形象与年龄相近。查《宋史》本传，胡澹庵此年应在被谪衡州（今衡阳）时。古时贬官不得擅离谪地，而身为临安御前画院名家之马和之远赴衡州为一谪官画像之可能性应甚微。但史载马和之又曾官工部侍郎，则其身份并非单纯画院画师一职，故不能排除马和之曾在湘地会过澹庵。

砚上并无澹庵自题手迹，或款、印在砚侧？抑或只是马氏据他本摹像于砚？

此砚墨池三面曲水，为石渠砚式一种变体，虽非宋代典型砚式，也未必宋时必无。背写小像衣纹笔法非马和之"柳叶描"典型风格，却也简练爽利，近于宋人风韵。

明人《名山藏》评储瓘书法："拙而微有笔"。砚匣储氏题跋遒劲浑拙，与此评相合；又跋文辞意别致，不同俗流。故马和之画像真伪不论，至少此砚储氏铭跋近真。

马和之《唐风图》（局部）。《毛诗图》之一。清内府原藏，今在辽宁省博物馆。

　　明清时传世之"胡澹庵小像砚"不上一方。曾宾谷《赏雨茅屋诗集》收入一《胡忠简公遗砚歌》，砚为曾氏自藏。诗有云"逐客投蛮荒，意公得此于砚乡"，推测砚乃澹庵谪粤时所得。胡澹庵因上疏乞斩秦相，被谪岭南新州（今新兴），其地距端州只数十公里。端州旧有八贤祠（今已不存），祀唐宋时曾官古端州一带之直臣八人，多为谪客，澹庵亦其一。

　　曾诗有序："砚背有公像及名印，旁有唐荆川题识，曾藏杨椒山家。"即是背有澹庵名印，可知曾氏此砚与储氏所藏并非一物。

　　曾氏砚，题者唐荆川、藏者杨椒山较储瓘名气尤盛，但储氏砚得于成化二十年甲辰（一四八四），时唐、杨二人皆未出生（唐出生于1507年，杨出生于1516年），故有仿自储氏砚之嫌疑。

岂敢以为非公之砚哉！

　　暴政时代以刑杀立威，其"疑罪从有"之有罪推定视百姓为潜在贼寇，于是冤狱盛行。

　　君不见当年秦丞相因一句"莫须有"，至今尤跪在西湖边悔过？

　　绝真名人砚，少之又少。多数传世物，因无图谱可勘、史籍可考，既难归于绝真，又无必伪铁证，其真伪与否，所谓"信则有之，不信则无"，如储氏所藏"胡铨小像砚"。余以为，对此类两说之物，应取今日文明社会"疑罪从无"之无罪推定，固不宜当砚史标准器看，却不妨当作真品取赏，诚如储瓘之主张"明窗净几，啸歌其间；恍兮惚兮，如见公容，岂敢以为非公之砚哉！"

　　后人玩古，本存慕古思贤美意。儒家崇"恕道"，佛陀讲"慈悲"，耶稣尚"博爱"；古贤语"水至清则无鱼"，西哲言"人道主义"，故"疑罪从无"之玩砚观亦契合普世价值，合乎"道"，不妨称之为一种玩古之"人本主义"。

　　玩砚、玩古如是观，世事、人情亦当作如是观！

　　即便绝赝之物，亦不乏可取者。同时人之臆造，时代风格与真品无二，如宋人伪品"吕道人砚"。仿刻真本者，真迹亡而摹本存，客观上对名迹之传续更有殊功。今日王右军书艺之真"葫芦"，便赖唐人所描之"瓢"以传。

　　退而言之，一如陶渊明读书，取"不求甚解"法，大得"破执"意趣；即便似纪晓岚所讥"文人例有嗜奇癖，心知其妄姑自欺"，彼种自得心态亦未必不是一种玩古之超然境界。

　　实者，倘无伪品砚之存在，砚史及爱砚者恐是寂寞无趣的，此点本书所考之诸般砚事可以为证。

　　当然，识赝而藏真方是鉴赏家之主旨。但识赝的过程正是砚学探究之过程，且此过程不可或缺。

题　　签：苏士澍

封面设计：吴笠谷

责任印制：陈　杰

责任编辑：贾东菅

图书在版编目（CIP）数据

赝砚考／吴笠谷著．—北京：文物出版社，
2010.9

ISBN 978－7－5010－2668－5

Ⅰ.①赝…　Ⅱ.①吴…　Ⅲ.①古砚—研究—中国
Ⅳ.①K875.44

中国版本图书馆 CIP 数据核字（2010）第 143076 号

赝　砚　考

吴笠谷　著

*

文 物 出 版 社 出 版 发 行

（北京东直门内北小街 2 号楼）

邮　　编：１０００００７

http://www.wenwu.com

E－mail：web@wenwu.com

北京君升印刷有限公司印刷

新 华 书 店 经 销

787×1092　1/16　印张：26.25

2010 年 9 月第 1 版　2010 年 9 月第 1 次印刷

ISBN 978－7－5010－2668－5　定价：80.00 元